Politische Philosophie heute

»Theorie und Gesellschaft«
Herausgegeben von
Axel Honneth, Hans Joas und Claus Offe
Band 35

Gerechtigkeit und Gleichheit sind heute die großen Themen der politischen Philosophie. Diese Begriffe stellt Kymlicka in den Mittelpunkt seines umfassenden Überblicks über die wichtigsten Positionen gegenwärtigen politischen Denkens. Ausgehend von Rawls' Theorie der Gerechtigkeit und seiner kritischen Auseinandersetzung mit dem Utilitarismus entwickelt er Grundvoraussetzungen der liberalen Argumentation, die der politischen Theorie der Gegenwart als Orientierungspunkt dient – sei es zur Weiterentwicklung oder zur Distanzierung und Kritik. Die begriffliche Klarheit der Darstellung schärft den Blick für Unterschiede und Gemeinsamkeiten so verschiedener Strömungen wie Liberalismus (*Utilitarismus*) und Marxismus oder Kommunitarismus und Feminismus. Sie können sich – ohne vorschnelle Etikettierung – in einem wechselseitigen Dialog ergänzen oder voneinander abgrenzen. Der Autor konfrontiert die dargestellten Theorien mit kritischen Fragen und überprüft die Stichhaltigkeit ihrer Argumente. Daß er dabei seine Sympathie für einen sozialen Liberalismus darlegt und erläutert, macht das Buch zu einem eigenständigen Beitrag zur politischen Philosophie – verständlich und informativ für den Anfänger, aber auch anregend und herausfordernd für Kenner der Materie.

Will Kymlicka lehrt Philosophie an der Universität Ottawa (Kanada). Er promovierte 1987 in Oxford. Vor dieser Einführung veröffentlichte er 1989 *Liberalism, Community, and Culture* und 1996 *Multicultural Citizenship* (beide bei Oxford University Press). 1992 gab er den Band *Justice in Political Philosophy* heraus.

Will Kymlicka

Politische Philosophie heute

Eine Einführung

Aus dem Englischen von Hermann Vetter

Campus Verlag
Frankfurt/New York

Die Originalausgabe erschien 1990 unter dem Titel
»Contemporary Political Philosophy. An Introduction«
bei Oxford University Press, Oxford.
Copyright © Will Kymlicka 1990

Die Deutsche Bibliothek – CIP-Einheitsaufnahme

Kymlicka, Will:
Politische Philosophie heute : eine Einführung / Will
Kymlicka. Aus dem Engl. von Hermann Vetter. – Studienausgabe –
Frankfurt/Main ; New York : Campus Verlag, 1997
(Theorie und Gesellschaft ; Bd. 35)
Einheitssacht.: Contemporary political philosophy ⟨dt.⟩
ISBN 3-593-35891-3

Studienausgabe 1997

Das Werk einschließlich aller seiner Teile ist urheberrechtlich geschützt.
Jede Verwertung ist ohne Zustimmung des Verlags unzulässig.
Das gilt insbesondere für Vervielfältigungen, Übersetzungen, Mikroverfilmungen
und die Einspeicherung und Verarbeitung in elektronischen Systemen.
Copyright © 1996
Alle deutschsprachigen Rechte bei Campus Verlag GmbH, Frankfurt am Main
Umschlaggestaltung: Atelier Warminski, Büdingen
Satz: Typo Forum Gröger, Singhofen
Druck und Bindung: Druckhaus Beltz, Hemsbach
Gedruckt auf säurefreiem und chlorfrei gebleichtem Papier.
Printed in Germany

Inhalt

Kapitel 1
Einleitung
7

1.1 Zielsetzung 7
1.2 Eine Bemerkung zur Methode 12

Kapitel 2
Utilitarismus
16

2.1 Zwei Pluspunkte 17
2.2 Definitionen des Nutzens 19
2.3 Die Maximierung des Nutzens 26
2.4 Zwei Argumente für die Nutzenmaximierung 39
2.5 Das unangemessene Konzept der Gleichbehandlung . . 44

Kapitel 3
Liberale Gleichheit
54

3.1 Rawls' Programm 54
3.2 Das intuitive Chancengleichheits-Argument 59
3.3 Das Gesellschaftsvertrags-Argument 63
3.4 Dworkin zur Gleichverteilung der Ressourcen 82
3.5 Die Politik der liberalen Gleichheit 91

Kapitel 4
Der Libertarismus
98

4.1 Eigentumsrechte und freier Markt 98
4.2 Das Argument des Eigentums an der eigenen Person . . . 107
4.3 Die Politik des Libertarismus 128

Kapitel 5
Der Marxismus
132

5.1 Kommunismus jenseits der Gerechtigkeit 133
5.2 Kommunistische Gerechtigkeit 142
5.3 Die Politik des Marxismus 166

Kapitel 6
Der Kommunitarismus
169

6.1 Liberaler Individualismus und Neutralität des Staates . . 169
6.2 Der Kommunitarismus und das Gemeinwohl des Staates . 175
6.3 Das freischwebende Ich 176
6.4 Die These von der sozialen Einbindung 184
6.5 Die Politik des Kommunitarismus 198

Kapitel 7
Der Feminismus
200

7.1 Gleichstellung und Diskriminierung 201
7.2 Das Öffentliche und das Private 209
7.3 Eine Ethik der Fürsorge 225

Anmerkungen 251
Literatur 272
Register 286

Kapitel 1
Einleitung

1.1 Zielsetzung

Dieses Buch soll eine kritische Einführung in die wichtigsten heute aktuellen Richtungen der Philosophie der Politik bieten. Behandelt werden fast ausschließlich neuere Arbeiten zur normativen politischen Philosophie, insbesondere neuere Theorien einer gerechten, freien oder guten Gesellschaft. Große historische Gestalten werden nur gelegentlich behandelt, ebenso andere Themen, die einmal im Mittelpunkt der politischen Philosophie standen, etwa die Analyse der Begriffe Macht, Souveränität oder Recht. Vor fünfundzwanzig Jahren waren diese Themen beliebt; in jüngerer Zeit traten jedoch die Ideale von Gerechtigkeit, Freiheit und Gemeinschaft in den Vordergrund, in deren Lichte man politische Institutionen und Programme beurteilt. Ich versuche nicht, alle jüngsten Entwicklungen auf diesen Gebieten abzudecken, sondern konzentriere mich auf die Theorien, die einigen Anklang gefunden haben und die eine recht umfassende Sicht der politischen Ideale vermitteln.

Ein Grund für die Abfassung dieses Buches ist meine Überzeugung, daß auf dem Gebiet viel interessante und wichtige Arbeit geleistet worden ist. Einfach gesagt, die geistige Landschaft der politischen Philosophie sieht heute ganz anders aus als vor zwanzig, ja noch vor zehn Jahren. Die Argumentationen sind oft wirklich neuartig, nicht bloß neue Variationen alter Themen (wie etwa Nozicks Ausarbeitung der Lockeschen Theorie der natürlichen Rechte), sondern sie eröffnen auch neue Perspektiven (wie etwa der Feminismus). Ein Ergebnis dieser Entwicklungen besteht darin, daß die herkömmlichen Kategorien zur Diskussion und Beurteilung politischer Theorien zunehmend unbrauchbar werden.

Unser herkömmliches Bild der politischen Landschaft ordnet die politischen Grundsätze auf einer einzigen Links-Rechts-Schiene an: Linke sind für Gleichheit und deshalb für eine Form des Sozialismus, Rechte für die Freiheit und deshalb für eine Form des Kapitalismus, des freien Marktes; in der Mitte stehen die Liberalen*, die für irgendein Gemisch aus Gleichheit und Freiheit und deshalb für eine wohlfahrtsstaatliche Form des Kapitalismus sind. Natürlich gibt es viele Positionen dazwischen, und viele Menschen treten für Bestandteile aus verschiedenen Theorien ein. Trotzdem wird die Verortung auf der Links-Rechts-Schiene oft für die beste Art gehalten, politische Grundsätze zu beschreiben und zu verstehen.

An dieser Sicht der westlichen politischen Theorie ist schon etwas Richtiges, doch sie wird zunehmend unbrauchbar. Zum einen übersieht sie eine Reihe wichtiger Gesichtspunkte. So wird Links und Rechts anhand der Auffassungen von Freiheit und Gerechtigkeit auf den herkömmlicherweise männlich dominierten Gebieten der Staatsgewalt und der Wirtschaft unterschieden. Wie steht es aber mit Fairneß und Freiheit in der traditionell weiblichen Sphäre von Haus und Familie? Die gängigen politischen Theoretiker von links bis rechts haben gewöhnlich diese andere Sphäre entweder vernachlässigt oder aber behauptet, es gebe da keine Fragen der Gerechtigkeit und Freiheit. Eine brauchbare Theorie der Gleichstellung der Geschlechter muß Gesichtspunkte enthalten, die in den herkömmlichen Links-Rechts-Diskussionen einfach nicht vorkommen. Ferner wurde der herkömmlichen Sichtweise eine Vernachlässigung der historischen Zusammenhänge vorgeworfen. Linke wie rechte Theorien möchten uns Grundsätze vermitteln, mit denen wir unsere historischen Traditionen und kulturellen Praktiken prüfen und kritisieren können. Doch die Kommunitaristen sind der Überzeugung, daß politische Institutionen nicht anhand abstrakter, unhistorischer Maßstäbe beurteilt werden können, sondern daß es dabei darum gehen müsse, die Traditionen und Bräuche, in denen wir uns schon vorfinden, zu deuten. Es gibt also Fragen der »Einbettung« in die Geschichte und die Gemeinschaft, die in der herkömmlichen Links-Rechts-Diskussion nicht auftauchen. Feminismus oder Kommuni-

---

* Die Zuschreibung »liberal« hat im amerikanischen Kontext eine andere Bedeutung. Im politischen Spektrum wie auch der politischen Philosophie ist im deutschsprachigen europäischen Raum wohl eher von sozialdemokratischen politischen Gestaltungsvorstellungen zu reden. Weil es aber gerade um den spezifisch amerikanischen Kontext geht, wird der Ausdruck hier im weiteren so verwendet. Anm. d. Ü.

tarismus sind unmöglich zu verstehen, wenn wir sie in dem Links-Rechts-Kontinuum anordnen wollen.

Ein Problem ist also die Beschränktheit der herkömmlichen Sichtweise. Diese Kritik ist heute ziemlich verbreitet, und die meisten einschlägigen Reaktionen haben die größere Bandbreite an Grundsätzen zu berücksichtigen versucht, die in der politischen Diskussion herangezogen werden. Es gibt aber noch einen anderen Zug der herkömmlichen Sichtweise, den ich für ebenso revisionsbedürftig halte, nämlich die These, daß die verschiedenen Theorien auf verschiedenen Grundwerten beruhten: daß Linke und Rechte über den Kapitalismus verschiedener Meinung sind, soll daran liegen, daß die Linken für Gleichheit und die Rechten für Freiheit seien. Da es sich um Grundwerte handle, sei der Gegensatz rational nicht auflösbar. Die Linken könnten argumentieren, wenn man für die Gleichheit sei, sollte man für den Sozialismus sein, und die Rechten könnten argumentieren, wenn man für die Freiheit sei, sollte man für den Kapitalismus sein; doch es gebe keine Möglichkeit, über Gleichheit und Freiheit zu argumentieren, denn da es sich um Grundwerte handle, gebe es keinen übergeordneten Wert oder Grundsatz, auf den sich beide Seiten beziehen könnten. Je mehr man diesen politischen Diskussionen auf den Grund zu gehen versuche, desto weniger komme man vorwärts, denn es bleibe bei gegensätzlichen Berufungen auf letzte und grundsätzlich gegensätzliche Werte.

Dieser Zug der herkömmlichen Sichtweise ist noch kaum in Frage gestellt worden, auch nicht von denen, die die herkömmliche Einteilung in Links und Rechts ablehnen. Auch die neuen Theorien berufen sich angeblich auf einen letzten Wert. Statt auf »Gleichheit« (Sozialismus) und »Freiheit« (Libertarismus) berufe man sich nun auf »vertragliche Einigung« (Rawls), »Gemeinwohl« (Kommunitarismus), »Nutzen« (Utilitarismus), »Rechte« (Dworkin) oder »Androgynie« (Feminismus). Damit gäbe es sogar noch mehr letzte Werte, zwischen denen keine rationale Diskussion möglich sein soll. Doch diese Inflation angeblich letzter Werte stellt offensichtlich ein Problem für die Entwicklung einer einheitlichen und umfassenden Theorie der Gerechtigkeit dar. Wenn es so viele mögliche letzte Werte gibt, warum sollte sich dann noch eine angemessene politische Theorie auf einem davon aufbauen lassen? Offensichtlich muß man da den Gedanken einer »monistischen« Theorie der Gerechtigkeit aufgeben. Einem Über-Wert alle anderen unterordnen zu wollen, erscheint fast als Fanatismus.

Eine erfolgreiche Theorie der Gerechtigkeit muß also Bestandteile der meisten vorhandenen Theorien aufnehmen. Doch wenn die Gegensätze zwischen den besagten Werten wirklich grundsätzlicher Natur sind, wie lassen sie sich dann in eine Theorie integrieren? Ein traditionelles Ziel der politischen Philosophie war es, kohärente und umfassende Regeln zur Entscheidung zwischen gegensätzlichen politischen Werten zu entwickeln. Doch ist dazu nicht ein tieferliegender Wert notwendig? Ohne einen solchen könne es doch nur lokale und ad-hoc-Konfliktlösungen geben. Man müsse sich mit den unvermeidlichen Kompromissen zwischen den Theorien abfinden und die Hoffnung auf eine umfassende Leittheorie aufgeben. Viele Beobachter halten das in der Tat für das Schicksal heutiger Bemühungen um eine Theorie der Gerechtigkeit; die politische Philosophie gehe an ihrem eigenen Erfolg zugrunde. Das Interesse an dem herkömmlichen Ziel, die eine wahre Theorie der Gerechtigkeit zu finden, hat explosionsartig zugenommen – doch nun erscheint dieses Ziel als völlig unplausibel.

Sieht so die politische Landschaft wirklich aus? Berufen sich die heutigen politischen Theorien wirklich auf gegensätzliche letzte Werte? Ich möchte den Gedanken Ronald Dworkins verfolgen, daß das nicht der Fall sei. Für ihn enthält jede plausible politische Theorie denselben letzten Wert, nämlich die Gleichheit. Es handelt sich also um lauter »egalitäre« Theorien (Dworkin 1977: 179–83; 1983: 24; 1986: 296–301; 1987: 7–8; vgl. Nagel 1979: 111). Das ist sicher falsch, wenn man unter einer »egalitären Theorie« eine Theorie versteht, die für eine gleiche Einkommensverteilung eintritt. Doch es gibt auch eine abstraktere und grundsätzlichere Idee der Gleichheit, nämlich die Menschen »als Gleiche« zu behandeln. Dieser grundlegendere Gedanke läßt sich auf verschiedene Weise ausdrücken. Eine Theorie ist in diesem Sinne egalitär, wenn für sie die Interessen jedes Mitglieds der Gemeinschaft in gleichem Maße zählen. Anders ausgedrückt, verlangt eine egalitäre Theorie, daß für den Staat seine Bürger gleich viel gelten, daß jeder Anspruch auf gleiche Beachtung und Respektierung hat. Dieser grundlegendere Gleichheitsgedanke findet sich in Nozicks Libertarismus ebenso wie in Marxens Kommunismus. Für die Linken ist Gleichheit des Einkommens oder des Vermögens eine Vorbedingung der Behandlung als Gleiche durch den Staat, für die Rechten sind es gleiche Rechte bezüglich der eigenen Arbeitskraft und des Eigentums.

Der abstrakte Gleichheitsgedanke läßt sich also verschieden auffassen, ohne daß er notwendig auf Gleichheit auf irgendeinem bestimmten Gebiet wie Einkommen, Vermögen, Chancen oder Freiheiten hinausläuft. Welche besondere Gleichheit der abstraktere Gedanke der Gleichbehandlung verlangt, darüber können dann die verschiedenen Theorien diskutieren. Nicht jede jemals aufgetretene politische Theorie ist in diesem allgemeinen Sinne egalitär. Doch wenn eine Theorie bestimmten Menschen weniger Gewicht als anderen in den Augen des Staates zuerkennen würde, dann würde sie von den meisten modernen Menschen sofort abgelehnt. Nach Dworkin ist die Gleichwertigkeit jedes Menschen der Kerngedanke jeder plausiblen politischen Theorie.

Diesen Gedanken möchte ich im vorliegenden Buch untersuchen, denn ich halte ihn für ebenso wichtig wie jede der speziellen Theorien, die er deuten möchte. (Einer seiner Vorzüge besteht darin, daß er die Suche nach einer einheitlichen, umfassenden Theorie der Gerechtigkeit als einleuchtender erscheinen läßt.) Nicht alle sind der Meinung, daß jede dieser Theorien auf einem Gleichheitsgrundsatz beruht, und ich werde mich auch mit anderen Deutungen beschäftigen. So werde ich diskutieren, was Freiheit als Grundwert des Libertarismus oder Nutzen als Grundwert des Utilitarismus bedeuten kann. Ich werde jedesmal die verschiedenen Deutungen einer Theorie vergleichen, um die stimmigste und überzeugendste zu finden.

Wenn Dworkins Gedanke richtig ist, dann ist die verbreitete Skepsis gegenüber der Möglichkeit einer rationalen Entscheidung zwischen verschiedenen Gerechtigkeitstheorien fehl am Platze oder jedenfalls voreilig. Wenn alle Theorien das gleiche »egalitäre Niveau« aufweisen – d.h. die gesellschaftlichen, wirtschaftlichen und politischen Bedingungen zu bestimmen versuchen, unter denen die Mitglieder der Gemeinschaft als Gleiche zu behandeln sind –, dann kann man vielleicht zeigen, daß eine von ihnen dem gemeinsamen Maßstab aller Theorien am besten gerecht wird. Während es nach herkömmlicher Auffassung in der politischen Theorie im Grunde darum geht, ob Gleichheit überhaupt als Wert anerkannt werden soll, frage ich danach, wie die Gleichheit am besten aufzufassen ist. Und dann würde gewissermaßen auf der gleichen Wellenlänge diskutiert, auch von denen, die nicht in das herkömmliche Links-Rechts-Schema passen. Somit könnte der Gedanke eines egalitären Niveaus der politischen Diskussion besser geeignet sein, der Vielfalt wie auch der Einheit der heutigen politischen Diskussion gerecht zu werden.

1.2 Eine Bemerkung zur Methode

In Büchern dieser Art ist es üblich, etwas über die Methodologie zu sagen, darüber, wie man das Anliegen der politischen Philosophie versteht und von dem etwa der Moralphilosophie unterscheidet, und wonach man ihren Erfolg beurteilt. Darüber möchte ich hier nicht sehr viel sagen, unter anderem, weil ich meine, daß sich nicht viel Allgemeines darüber sagen läßt. Jede der im folgenden untersuchten Theorien beantwortet diese Fragen anders – jede hat ihre eigene Unterscheidung zwischen politischer und Moralphilosophie und ihre eigenen Kriterien für eine erfolgreiche Argumentation. Eine bestimmte Auffassung der politischen Philosophie läßt sich also nicht unabhängig von spezifischen Gerechtigkeitstheorien beurteilen.

Ein Ausblick auf einige der in den folgenden Kapiteln diskutierten Gedanken könnte aber nützlich sein. Für mich gibt es in mindestens zwei Hinsichten eine grundlegende Verbindung zwischen politischer Philosophie und Moralphilosophie. Einmal gilt nach Robert Nozick: »Die Moralphilosophie liefert den Hintergrund und die Grenzen der Philosophie der Politik. Was die Menschen einander antun dürfen und was nicht, das setzt auch die Grenzen dafür, was sie durch den Staatsapparat tun oder zu seiner Errichtung unternehmen dürfen. Die moralischen Verbote, die durchgesetzt werden dürfen, sind der Ursprung jeglicher Berechtigung, die die grundlegende Zwangsgewalt des Staates überhaupt haben kann.« (Nozick o.J.: 21, Orig. 1974: 6) Es stehen sich also unterschiedliche moralische Verpflichtungen gegenüber. Einige davon fallen unter die öffentliche Verantwortung und werden durch öffentliche Institutionen durchgesetzt, andere fallen unter persönliche Verantwortung und individuelle Verhaltensregeln. Die politische Philosophie konzentriert sich auf die Verpflichtungen, die die Einschaltung öffentlicher Institutionen rechtfertigen. Die verschiedenen Theorien unterscheiden in verschiedener Weise zwischen öffentlicher und privater Verantwortung, doch ich bin mit Nozick der Auffassung, daß der Inhalt dieser Verantwortlichkeiten und ihre Abgrenzung gegeneinander anhand tieferliegender moralischer Grundsätze bestimmt werden muß.

Zweitens, und im Zusammenhang damit, muß jede Analyse unserer öffentlichen Verantwortlichkeiten in einen größeren moralischen Rahmen passen, der auch für unsere privaten Verantwortlichkeiten Raum schafft und sie sinnvoll macht. Auch wenn eine politische Theorie scharf zwischen öffentlicher und privater Verantwortung unterscheidet, so daß ihre politischen Grundsätze wenig unmittelbare Bedeutung für die individuellen Verhaltensregeln haben, darf sie doch nicht (weder theoretisch noch praktisch) unser persönliches Verantwortungsgefühl gegenüber hilfsbedürftigen Freunden, der Einhaltung von Versprechen, der Verfolgung von Zielen etc. ausklammern. Ich sehe darin eine Schwierigkeit für utilitaristische Gerechtigkeitstheorien (Kap. 2). Andererseits gilt ebenso, daß jede Analyse unserer persönlichen Verpflichtungen auch für die, wie Rawls es nennt, »ganz großen Werte im Zusammenhang mit den politischen Institutionen« Raum schaffen muß, etwa Demokratie, Gleichheit und Toleranz. So ist es ein wichtiger Einwand gegen die »Fürsorge-Ethik«, daß sie für diese politischen Werte keinen Raum läßt – sie werden durch die Dynamik der ethischen Fürsorge überrollt (Kap. 7).

Viele Fragen zum Verhältnis zwischen politischer Philosophie und Moralphilosophie und zwischen persönlichen und politischen Werten bleiben unbeantwortet. Diese Fragen können nur innerhalb der speziellen Theorien behandelt werden.

Was die Kriterien für den Erfolg einer politischen Philosophie betrifft, so erblicke ich sie letztlich darin, daß eine Theorie der Gerechtigkeit in einem vernünftigen Zusammenhang mit unseren wohlüberlegten Gerechtigkeitsvorstellungen stehen und zu ihrer Erhellung beitragen sollte. Wenn wir gemeinsam der begründeten Überzeugung sind, daß die Sklaverei ungerecht sei, dann ist es ein schwerwiegender Einwand gegen eine vorgeschlagene Gerechtigkeitstheorie, wenn sie die Sklaverei unterstützt. Wenn andererseits eine Gerechtigkeitstheorie unseren durchdachten Intuitionen entspricht und sie so strukturiert, daß ihre innere Logik zutage tritt, dann ist das ein starkes Argument für diese Theorie. Natürlich können diese Intuitionen unbegründet sein, und die Philosophiegeschichte ist voll von Versuchen zur Verteidigung von Theorien, die sich überhaupt nicht auf unseren intuitiven Gerechtigkeitssinn berufen. Doch ich sehe keine andere einleuchtende Möglichkeit. Jedenfalls haben wir eine intuitive Vorstellung von Recht und Unrecht, und es ist natürlich, ja unvermeidlich, daß wir ihre Implikationen herauszuarbeiten versuchen – daß wir alles zu tun versuchen, »was wir können, um unsere Vorstellungen von der sozialen Gerechtigkeit zu vereinheitlichen und zu rechtfertigen« (Rawls 1975a: 38, Orig. 1971: 21).

Verschiedene Theorien beziehen sich in verschiedener Weise auf unsere durchdachten Überzeugungen. So berufen sich Utilitaristen und Libertäre weniger unmittelbar auf sie als Liberale oder Feministen, und für Kommunitaristen haben unsere Intuitionen einen ganz anderen Status als für Marxisten. Auch diese Fragen können wieder nur im Rahmen der speziellen Theorien behandelt werden.

Politische Philosophie ist also nach meinem Verständnis eine Sache der moralischen Argumentation, und diese hat mit unseren durchdachten Überzeugungen zu tun. Das scheint mir der alltäglichen Auffassung von der moralischen und der politischen Argumentation zu entsprechen: Wir haben alle moralische Überzeugungen; diese können richtig oder falsch sein; wir haben Gründe, sie für richtig oder falsch zu halten; und diese Überzeugungen und Gründe lassen sich systematisch als moralische Prinzipien und Gerechtigkeitstheorien fassen. Ein Hauptziel der politischen Philosophie ist also die Beurteilung konkurrierender Gerechtigkeitstheorien nach der Stärke und Kohärenz ihrer Argumente für die Richtigkeit ihrer Auffassungen.

Das dürfte vielen als ein völlig unerreichbares Ziel erscheinen. Manche meinen, es gebe in Wirklichkeit keine moralischen Werte, und unsere diesbezüglichen »Überzeugungen« seien in Wahrheit nur Aussagen über persönliche Präferenzen, die weder richtig noch falsch sein können, so daß es keine Möglichkeit ihrer vernünftigen Beurteilung gebe. Andere meinen, moralische Überzeugungen könnten wohl richtig oder falsch sein, doch man könne sie nicht auf systematische Grundsätze bringen. Unsere Gerechtigkeitsurteile entsprängen aus einem stillschweigenden Sinn für Angemessenheit, der uns sage, wie wir uns unter bestimmten Bedingungen verhalten sollen. Jeder Versuch, diese Urteile zu abstrakten Regeln oder Grundsätzen zu formalisieren, entstelle sie nur und führe zu Leerformeln. Noch andere meinen, es gebe zwar Gründe für unsere Gerechtigkeitsvorstellungen, die auch systematisiert werden können, doch die einzigen einsichtigen Gründe und Grundsätze seien solche, die sich auf unsere historischen Traditionen berufen. Die Gerechtigkeit sei eine Frage der kulturbedingten Interpretation und nicht der philosophischen Argumentation.

Auf einige dieser anderen Auffassungen der politischen Philosophie werde ich in späteren Kapiteln eingehen. Doch ich halte diese (und andere) Kritiken der herkömmlichen Ziele der politischen Philosophie nicht für treffend. Ich werde nicht versuchen, die Möglichkeit einer rationalen Verteidigung einer umfassenden Gerechtigkeitstheorie zu beweisen oder die verschiedenen Einwände gegen sie zu entkräften. Mir scheint, daß man für diese Möglichkeit überhaupt nur in Form spezieller Argumente für eine spezielle Theorie argumentieren kann. Daß überzeugende Argumente für die Richtigkeit oder Falschheit von Gerechtigkeitsgrundsätzen möglich sind, läßt sich nur dadurch zeigen, daß man überzeugende Argumente anführt. Der restliche Teil dieses Buches ist daher mein einziges Argument für die Nützlichkeit meiner methodologischen Voraussetzungen. Ob es ein gutes Argument ist oder nicht, das muß der Leser entscheiden.

Kapitel 2

Der Utilitarismus

Als moderne Renaissance der normativen politischen Philosophie gilt allgemein das Erscheinen der Originalausgabe von *Eine Theorie der Gerechtigkeit* von John Rawls im Jahre 1971; diese Theorie wäre ein natürlicher Ausgangspunkt für eine Behandlung moderner Gerechtigkeitstheorien. Sie beherrscht die aktuelle Diskussion, nicht weil sie allgemein akzeptiert wäre, sondern weil andere Auffassungen oft in Form von Reaktionen auf sie auftreten. Diese sind natürlich am besten anhand ihrer Beziehung zu Rawls zu verstehen, doch dessen Verständnis erfordert wiederum das Verständnis der Theorie, auf die er reagierte, nämlich des Utilitarismus. Rawls geht, meiner Meinung nach mit Recht, davon aus, daß der Utilitarismus in unserer Gesellschaft eine Art unausgesprochenen Hintergrund bildet, vor dem sich andere Theorien etablieren und verteidigen müssen, und daher möchte auch ich mit diesem anfangen.

Der Utilitarismus behauptet in seiner einfachsten Formulierung, die moralisch richtige Handlung oder Politik sei jene, die für die Mitglieder der Gesellschaft das größte Glück erzeugt. Das wird manchmal als umfassende Moraltheorie vorgebracht, doch ich konzentriere mich auf den Utilitarismus als eine spezifisch politische Moral. Nach dieser beziehen sich utilitaristische Grundsätze auf das, was Rawls »Grundstruktur« der Gesellschaft nennt, und nicht auf das persönliche Verhalten der Menschen. Doch da die Anziehungskraft des Utilitarismus als politische Moral größtenteils auf der Meinung beruht, daß er die einzige in sich stimmige und systematische Moralphilosophie sei, werde ich in Abschnitt 2.3 kurz einige Züge des umfassenden Utilitarismus diskutieren. In seiner engeren wie seiner umfassenden Form hat der Utilitarismus sowohl ergebene Anhänger als auch scharfe Gegner gefunden. Letztere erklären seine Mängel für so zahlreich, daß er nicht anders als einfach nur aus der philosophischen Landschaft verschwinden könne (so Williams 1973). Andere wieder finden es kaum verständlich, daß es in der Moral um irgend etwas anderes gehen könne als um die Maximierung des menschlichen Glücks (so Hare 1984).

2.1 Zwei Pluspunkte

Ich beginne mit den Stärken des Utilitarismus. Es gibt zwei Züge, die den Utilitarismus zu einer attraktiven Theorie der politischen Moral machen. Einmal hängt das von den Utilitaristen verfolgte Ziel nicht von der Existenz Gottes, der Seele oder sonst einer zweifelhaften metaphysischen Entität ab. Nach einigen Moraltheorien kommt es auf den Zustand der Seele an oder auf den Willen Gottes oder auf ein ewiges Leben in einem jenseitigen Reich. Vielen gilt eine Moral ohne diese religiösen Vorstellungen als inkohärent. Ohne Gott bleibe nur ein Regelwerk – tu dies und laß jenes – ohne Sinn und Verstand.

Das kann man dem Utilitarismus nicht gut vorwerfen. Nach dem Guten, das er befördern will – Glück oder Wohlfahrt oder Wohlergehen – streben wir alle in unserem eigenen und im Leben der uns Nahestehenden. Die Utilitaristen fordern einfach, daß das Streben nach menschlichem Wohl oder Nutzen (diese beiden Ausdrücke verwende ich gleichbedeutend) für jedes Mitglied der Gesellschaft unparteiisch geschehen soll. Ob wir nun Gottes Kinder sind, eine Seele oder einen freien Willen haben oder nicht – leiden oder glücklich sein können wir alle, besser oder schlechter gehen kann es uns allen. Wie weltlich einer auch gesinnt sein mag, daß Glück wertvoll ist, kann er nicht leugnen, denn es ist ja für ihn in seinem eigenen Leben wertvoll.

Ein anderer, aber damit zusammenhängender Zug des Utilitarismus ist der »Konsequentialismus«. Dessen genaue Bedeutung werde ich später behandeln; im Augenblick ist nur wichtig, daß man sich fragen soll, ob eine Handlung oder Politik tatsächlich nachweislich gute Konsequenzen bewirkt oder nicht. Wir alle kennen ja Menschen, die etwas – z.B. Homosexualität (oder Glücksspiel, Tanzen, Trinken, Fluchen usw.) – für moralisch falsch erklären, ohne doch irgendwelche schlechten Folgen davon angeben zu können. Der Konsequentialismus schließt solche offensichtlich willkürlichen moralischen Verbote aus. Wenn etwas für moralisch schlecht erklärt werden soll, dann muß gezeigt werden, *wem dadurch geschadet wird*; und wenn etwas für moralisch gut erklärt werden soll, dann muß es jemandem nützen. Viele andere Moraltheorien – auch solche, denen es um das menschliche Wohl geht – scheinen aus einem Regelwerk zu bestehen, das ohne Rücksicht auf die Konsequenzen befolgt werden soll. Der Utilitarismus dagegen ist nicht noch ein Regelwerk von der Art »tu dies und laß jenes«. Er enthält ein Kriterium dafür, daß solche Regeln einer nützlichen Funktion dienen.

Der Konsequentialismus ist auch deshalb attraktiv, weil er unseren Intuitionen über den Unterschied zwischen der Moral und anderen Sphären entspricht. Wenn jemand bestimmte Formen einverständlicher sexueller Handlungen für moralisch falsch erklärt, weil sie »unanständig« seien, aber niemanden vorweisen kann, der darunter leiden würde, dann könnte man sagen, dieser Begriff des »anständigen« Verhaltens sei kein moralischer Begriff, sondern eher ein ästhetischer, oder eine Berufung auf Anstandsregeln oder Konventionen. Wenn jemand den Punk-Rock für ungehörig erklärt, weil er gar keine richtige Musik sei, dann wäre das eine ästhetische und keine moralische Kritik. Wenn jemand die Homosexualität als »unanständig« verurteilt, ohne auf irgendwelche schlechte Folgen verweisen zu können, dann entspricht das dem Urteil, Bob Dylan singe nicht richtig – das mag sein, aber eine moralische Kritik ist es nicht. Es gibt Anständigkeitsmaßstäbe, die im Sinne des Konsequentialismus belanglos sind; wir halten aber die Moral für wichtiger als bloße Anstandsregeln, und der Konsequentialismus liefert dafür eine Begründung.

Der Konsequentialismus scheint auch eine klare Methode zur Entscheidung moralischer Fragen zu liefern. Man muß dazu Veränderungen des menschlichen Wohlergehens messen, statt sich an geistige Führer oder obskure Traditionen zu halten. Daher war der Utilitarismus, historisch gesehen, durchaus progressiv. Er verlangte, daß Sitten und Autoritäten, die die Menschen jahrhundertelang unterdrückt hatten, am Kriterium des menschlichen Fortschritts zu messen seien (»der Mensch ist das Maß aller Dinge«). In seiner besten Form ist der Utilitarismus eine scharfe Waffe gegen Vorurteile und Aberglauben; er liefert einen Maßstab und ein Verfahren, das im Namen der Moral angemaßte Autorität in die Schranken weist.

Die beiden Pluspunkte des Utilitarismus bestehen also darin, daß er unserer Intuition entspricht, das menschliche Wohl sei wichtig, sowie unserer Intuition, moralische Regeln seien auf ihre Folgen für das menschliche Wohl hin zu prüfen. Macht man sich diese beiden Gesichtspunkte zu eigen, dann erscheint der Utilitarismus als eine fast zwangsläufige Konsequenz. Ist das menschliche Wohl das Gute, um das es der Moral geht, dann ist die moralisch beste Handlung in der Tat jene, die das menschliche Wohl maximiert und dem Wohl jedes einzelnen gleiches Gewicht beimißt. Wer den Utilitarismus für richtig hält, der ist von der Falschheit jeder Theorie überzeugt, die eine dieser beiden Intuitionen ablehnt.

Ich stimme mit den beiden Kernintuitionen überein. Wenn es eine Angriffsmöglichkeit auf den Utilitarismus gibt, dann besteht sie jedenfalls nicht in einer Ablehnung dieser Intuitionen. Eine erfolgreiche Kritik muß zeigen, daß ihnen eine andere Theorie besser gerecht wird. Ich werde später argumentieren, daß es in der Tat solche Theorien gibt. Doch zunächst müssen wir uns genauer klarmachen, was der Utilitarismus behauptet. Man kann ihn in zwei Teile aufspalten:

1. eine Analyse des menschlichen Wohls oder »Nutzens«, und
2. eine Anweisung zur Maximierung des so bestimmten Nutzens, die jeder Person das gleiche Gewicht gibt.

Der zweite Punkt ist das Kennzeichnende des Utilitarismus, und er läßt sich mit verschiedenen Antworten auf die erste Frage verbinden. Unsere abschließende Einschätzung des Utilitarismus hängt also von unserer Beurteilung des zweiten Punktes ab. Doch vorher müssen wir verschiedene Antworten auf die erste Frage betrachten.

2.2 Definitionen des Nutzens

Wie sollte Wohl oder Nutzen der Menschen definiert werden? Die Utilitaristen haben ihn herkömmlicherweise als Glück definiert, daher die bekannte, aber irreführende Formel »das größte Glück der größten Zahl«.[1] Doch nicht alle Utilitaristen haben eine solche »hedonistische« Bestimmung des menschlichen Wohls akzeptiert. Es gibt sogar mindestens vier deutlich voneinander abgrenzbare Antworten auf diese Frage.

Die hedonistische Bestimmung des Wohls

Die erste und vielleicht einflußreichste Auffassung in der utilitaristischen Tradition geht dahin, daß das größte menschliche Gut das angenehme Erlebnis sei. Es sei das einzige Gut mit Selbstzweck, alle anderen Güter seien nur Mittel dazu. Von Bentham, einem der Begründer des Utilitarismus, stammt der berühmte Ausspruch: »Kegeln ist genau so gut wie Gedichte lesen«, wenn es Freude von gleicher Dauer und Intensität verschafft. Zieht man das Kegeln vor und hält es für eine wertvollere Beschäftigung, dann muß es daran liegen, daß es einem angenehmer ist.

Diesbezüglich lassen sich Zweifel anmelden. Nach einem Klischee, an dem aber etwas Wahres sein könnte, empfinden Dichter das Schreiben oft als quälend und frustrierend, doch sie halten es für etwas Wertvolles. Gleiches gilt für das Lesen von Gedichten, wir empfinden sie oft als verwirrend und nicht etwa als angenehm. Bentham könnte antworten, das Glück des Dichters liege, wie beim Masochisten, gerade in diesen scheinbar unangenehmen Empfindungen. Vielleicht finde der Dichter sein eigentliches Glück in der Qual und Frustration.

Das bezweifle ich. Aber wir brauchen diese Frage nicht zu entscheiden, weil Robert Nozick ein noch stärkeres Argument gegen den hedonistischen Utilitarismus vorgebracht hat (Nozick o. J.: 52– 54, Orig. 1974: 42–45; vgl. Smart 1973: 18–21). Man stelle sich vor, die Neuropsychologen könnten uns an eine Maschine anschließen, die uns Substanzen verabreicht, die die angenehmsten Bewußtseinszustände hervorrufen, die man sich vorstellen kann. Wäre nun das angenehme Erlebnis unser höchstes Gut, dann würden wir uns alle mit Begeisterung lebenslang an diese Maschine anschließen und ständig von den Substanzen völlig glücklich machen lassen. Doch sicher würden sich nur ganz wenige Menschen darauf einlassen. Es wäre mitnichten das beste mögliche Leben, sondern eigentlich überhaupt kein Leben, jedenfalls nicht das lebenswerteste, sondern ein verschwendetes, wertloses.

Manche wären sogar lieber tot, als so zu existieren. Viele Amerikaner erlassen Patientenverfügungen, daß sie nicht an lebenserhaltende Maschinen angeschlossen bleiben wollen, wenn es keine Hoffnung auf Gesundung gibt, auch wenn ihnen Schmerzen genommen und Glücksgefühle vermittelt werden können. Ob wir nun tot besser daran sind oder nicht – jedenfalls sind wir besser daran, wenn wir ohne Medikamente die Dinge tun, die wir in unserem Leben für wertvoll halten. Wir hoffen nun, daß uns das glücklich macht, und möchten dieses Leben auch für ein garantiertes Glücksgefühl nicht aufgeben.

Nichthedonistische Bewußtseinszustände als Bestimmung des Wohls

Die hedonistische Bestimmung des Nutzens ist falsch, denn die Dinge und Tätigkeiten, die das Leben lebenswert machen, lassen sich nicht auf einen einzigen Bewußtseinszustand wie das Glücksgefühl zurückführen. Eine Reaktion darauf besteht darin, viele verschiedene Erlebniszustände für wertvoll und förderungswürdig zu erklären. Diese Utilitaristen erkennen an, daß der Bewußtseinszustand beim Schreiben von Gedichten lohnend sein kann, ohne angenehm zu sein. Für sie geht es beim Utilitarismus um alle wertvollen Erlebnisse, welcher Art sie auch seien.

Doch das räumt Nozicks Einwand nicht aus. Seine Erfindung heißt ja »Erlebnismaschine«: deren Substanzen können jeden gewünschten Bewußtseinszustand erzeugen, die Ekstase der Liebe, das Erfolgserlebnis beim Dichten, den inneren Frieden aufgrund religiöser Kontemplation usw., alles kann die Maschine in uns erzeugen. Möchten wir uns jetzt anschließen lassen? Die Antwort lautet immer noch: gewiß nicht.

Wir wollen im Leben mehr, oder etwas anderes, als irgendeinen Bewußtseinszustand, irgendein »inneres Glühen«, sei es angenehm oder nicht. Wir möchten nicht bloß den Eindruck haben, daß wir ein Gedicht schreiben, sondern wir möchten eines schreiben; wir möchten nicht bloß das Gefühl haben, verliebt zu sein, sondern wir möchten es sein; wir möchten nicht bloß den Eindruck haben, etwas zu leisten, sondern wir möchten etwas leisten. Natürlich möchten wir unsere Verliebtheit oder das Bewußtsein unserer Leistung auch erleben. Und wir hoffen, daß einige dieser Erlebnisse glücklicher Art sein werden. Doch die Möglichkeit, uns zu verlieben oder etwas zu leisten, möchten wir nicht aufgeben, auch wenn uns die entsprechenden Erlebnisse durch eine Maschine garantiert würden (Lomasky 1987: 231–233; Larmore 1987: 48f.; Griffin 1986: 12–23).

Manchmal möchten wir allerdings nur bestimmte Erlebnisse haben. Das ist einer der Gründe für den Gebrauch von Drogen.

Doch unsere Tätigkeiten im nüchternen Zustand sind nicht bloß ein schwacher Ersatz für das, was die Droge unmittelbar verschafft. Niemand würde annehmen, daß es uns überhaupt nur um Bewußtseinszustände gehe, so daß der Anschluß an eine Erlebnismaschine die Erfüllung aller Lebensziele wäre.

Wunscherfüllung als Bestimmung des Wohls

Das menschliche Wohl besteht in mehr, oder etwas anderem, als der richtigen Reihenfolge von Bewußtseinszuständen. Eine dritte Möglichkeit ist die Bestimmung dieses Wohls als »Erfüllung von Wünschen«, welcher Art sie auch seien. Wenn man den Eindruck des Dichtens haben will, dann kann man ihn von der Erlebnismaschine geliefert bekommen. Wenn man aber ein Gedicht schreiben möchte, dann verzichtet man auf die Maschine. Die Utilitaristen, die diesen Standpunkt vertreten, sind für die gleiche Erfüllung aller unserer Wünsche, denn für sie bedeutet Wohlergehen die Erfüllung von Wünschen.

Doch während die beiden ersten Bestimmungen den Nutzen zu weit fassen, faßt ihn diese zu eng. Die Erfüllung unserer Wünsche fördert nicht immer unser Wohl. Stellen wir uns vor, eine Gruppe möchte ein Essen bestellen, die Mehrheit Pizza, die anderen Frühlingsrollen. Wenn also möglichst viele Wünsche erfüllt werden sollen, dann muß Pizza bestellt werden. Wenn diese aber in Wirklichkeit vergiftet oder verdorben ist, dann fördert sie das Wohl nicht. Es kann für uns etwas anderes gut sein als das, was wir uns gerade wünschen. Die Marxisten betonen das in ihrer Theorie des falschen Bewußtseins: z. B. könnten die Arbeiter so indoktriniert worden sein, daß sie nicht erkennen können, daß ihr wahres Interesse im Sozialismus liegt. Doch das Problem stellt sich auch auf weniger dramatische oder umstrittene Weise. Es kann einfach die nötige Information fehlen, oder man kann bei der Abwägung von Kosten und Nutzen einer bestimmten Handlungsweise einen Irrtum begangen haben.

Die Wünsche definieren also nicht das, was für uns gut ist, sondern sind eher Voraussagen darüber. Wir möchten das haben, was für uns wertvoll ist, und unsere aktuellen Wünsche spiegeln unsere aktuellen Ansichten darüber wider, was das wohl sei. Das aber ist nicht immer leicht zu entscheiden, und wir können uns mit unseren

Ansichten irren. Wir tun oder kaufen etwas und merken dann, daß es nicht das Richtige war. Das geschieht oft, im Kleinen – etwa beim Aussuchen eines Essens – wie auch im Großen, bei der Frage, was für ein Leben man führen möchte. Jemand, der sich seit Jahren vorgenommen hat, Jura zu studieren, merkt vielleicht im ersten Semester, daß es nicht das Richtige für ihn ist. Vielleicht hat er sich den Beruf zu romantisch vorgestellt und die Konkurrenz und die Routinearbeit übersehen. Jemand, der an seinem Geburtsort bleiben wollte, kommt vielleicht zu dem Schluß, daß es dort doch zu kleinkariert und langweilig zugeht. Solche Menschen bereuen vielleicht die Jahre, die sie mit einer bestimmten Lebensweise oder mit deren Vorbereitung zugebracht haben, weil man ja das haben oder tun möchte, was für einen *wertvoll* ist, und das kann etwas anderes sein als das, was man sich *zur Zeit wünscht*. Ersteres ist für uns von Bedeutung und nicht letzteres (Dworkin 1983: 24–30).

Nach dem Wunscherfüllungs-Utilitarismus wird etwas dadurch wertvoll, daß es sich viele Menschen wünschen. Doch das ist falsch; es stellt die Dinge geradezu auf den Kopf. Nicht weil man es sich wünscht, ist es wertvoll – umgekehrt, wenn es wertvoll ist, dann ist das ein guter Grund, es sich zu wünschen. Und wenn es nicht wertvoll ist, dann fördert die Erfüllung meines fehlgeleiteten Wunsches nicht mein Wohl. Mein Wohl wird also nicht durch die Erfüllung aller meiner Wünsche gefördert, sondern nur durch die Erfüllung derer, die nicht auf falschen Vorstellungen beruhen.

Wohlinformierte Wünsche als Bestimmung des Wohls

Die vierte Bestimmung des Nutzens versucht dem Problem der fehlgeleiteten Wünsche durch Beschränkung auf »nicht vernunftwidrige« oder »wohlinformierte« Wünsche gerecht zu werden. Dieser Utilitarismus zielt darauf ab, nur diejenigen Wünsche zu erfüllen, die auf vollständiger Information und richtigen Urteilen beruhen, und die irrtümlichen und vernunftwidrigen unberücksichtigt zu lassen. Die Menschen sollen das bekommen, was sie sich mit guten Gründen wünschen, was ihr Leben wirklich verbessert.

Diese vierte Bestimmung scheint die richtige zu sein – das höchste menschliche Gut ist die Erfüllung der nicht vernunftwidrigen Wünsche.[2] Gegen sie läßt sich nichts einwenden, doch sie ist äußerst unklar. Sie schränkt in keiner Weise ein, was als »Nutzen« gelten kann. Das Glücksgefühl war wenigstens grundsätzlich meßbar gewesen. Wir alle haben eine gewisse Vorstellung davon, was uns glücklicher machen, was das Verhältnis der angenehmen zu den unangenehmen Empfindungen verbessern würde. Und die Erlebnismaschine kann das am besten. Wenn aber das Wohl als Erfüllung der wohlinformierten Wünsche bestimmt wird, dann gibt es nur noch wenige Anhaltspunkte. Einmal gibt es viele verschiedene wohlinformierte Wünsche, die nicht ohne weiteres aggregiert werden können. Woher wissen wir, ob Liebe, Dichten oder Kegeln wertvoller sein soll, wenn sie nicht an einem einzigen übergeordneten Wert wie dem Glücksgefühl gemessen werden können? Und woher wissen wir, welche Wünsche die Menschen hätten, wenn sie informiert und vernünftig wären? Die Philosophen diskutieren z.B., ob zukünftige Wünsche weniger Gewicht haben sollen. Ist es unvernünftig, sich mehr um das Heute als das Morgen zu kümmern? Darin stecken komplizierte Fragen, die aber beantwortet sein müssen, damit man mit der utilitaristischen Rechnung anfangen kann.

Noch verwirrender ist, daß die wohlinformierten Wünsche gar nichts mehr mit den Erlebnissen zu tun zu haben brauchen. So bringt Richard Hare folgendes Beispiel: Ich möchte nicht, daß mein Partner Ehebruch begeht, weil ich der Ansicht bin, daß das meine Lebensqualität beeinträchtigen würde, auch wenn ich gar nichts davon merke. Das sei ein wohlinformierter und keineswegs vernunftwidriger Wunsch, auch wenn sich meine bewußten Erlebnisse gar nicht ändern würden (Hare 1971: 131).

Ich stimme mit Hare darin überein, daß in die Bestimmung des Wohls eingehen sollte, daß es meine Lebensqualität in der Tat verschlechtert. Wenn ich etwa meinem Partner in dem Glauben gegenübertrete, daß kein Ehebruch vorliegt, dann gehe ich von einer Lebenslüge aus, und das möchte man nicht (Raz 1986: 300f.). Man sagt oft im Hinblick auf andere: Was man nicht weiß, macht einen nicht heiß. Aber das eigene Wohl möchte man wohl kaum so bestimmen. Ich möchte mich nicht für einen guten Philosophen halten, wenn ich keiner bin, oder glauben, daß mein Partner mich liebt, wenn dem gar nicht so ist. Wenn er die Wahrheit vor mir verbirgt, dann erspart mir das vielleicht gewisse unangenehme Erlebnisse, aber es untergräbt die Voraussetzung, von der ich bei allen meinen Handlungen ausgehe. Ich philosophiere, weil ich glaube, daß ich es gut mache. Wenn ich es in Wirklichkeit nicht gut mache, dann würde ich mir lieber eine andere Beschäftigung suchen, statt meine Zeit zu verschwenden und eine Lebenslüge fortzusetzen. Wenn ich entdecken würde, daß mein Glaube falsch ist, dann wäre mein Tun sinnlos, und zwar nicht erst von diesem Augenblick an, sondern seit mein Glaube nicht mehr stimmte. Und seitdem war meine Lebensqualität schlechter, weil ich die mir wichtigen Ziele gar nicht mehr erreichen konnte.

Wir müssen anerkennen, daß unsere Lebensqualität schlechter werden kann, obwohl unsere bewußten Erlebnisse noch dieselben sind. Doch das führt zu einigen seltsamen Konsequenzen. So bezieht Hare in den Nutzenbegriff auch die Wünsche Verstorbener ein. Ich kann den nicht vernunftwidrigen Wunsch haben, nach meinem Tode nicht verleumdet zu werden oder unbestattet zu bleiben. Dies in eine Nutzenabwägung einzubeziehen, erscheint abwegig, aber welcher Unterschied besteht zu dem Wunsch, daß kein heimlicher Ehebruch stattfinden soll? In beiden Fällen handelt es sich um nicht vernunftwidrige Wünsche nach Zuständen, die unsere bewußten Erlebnisse nicht beeinflussen. Mir scheint, man kann hier gewisse Grenzen ziehen. Nicht jede Verletzung der Wünsche eines Verstorbenen beeinträchtigt seine Lebensqualität.[3] Doch für den Utilitaristen gibt es hier Probleme. Wegen der Schwierigkeiten, zu entscheiden, die Erfüllung welcher Wünsche unser Wohl fördert, und der Schwierigkeiten bei der Messung des Wohls, auch wenn klar ist, welche Wünsche nicht vernunftwidrig sind, kann es Situationen geben, in denen man nicht wissen kann, welche Handlung den Nutzen maximiert, welche also die utilitaristisch richtige ist. Manche lehnen deshalb den Utilitarismus ab. Wenn man den vierten Ansatz zur Bestimmung des Wohls zugrunde legt, und wenn danach das Wohl nicht zu einer einzigen Größe aufrechenbar ist, dann kann man nicht wissen, welche Handlung das Wohl maximiert, und das moralisch Richtige muß anders bestimmt werden.

Doch diese Folgerung ist nicht schlüssig. Wenn man nicht wissen kann, welche Handlung den Nutzen maximiert, dann folgt nicht, daß die moralisch richtige Handlung nicht die nutzenmaximierende sei. Man kann sie dann eben nicht kennen. Es gibt keinen Grund, die Möglichkeit auszuschließen, daß die Menschen die moralisch richtige Handlung nicht immer bestimmen können. Auch wenn verschiedene Arten von Werten grundsätzlich unvergleichbar sind, so daß man gar keine Handlung als die wertmaximierende auszeichnen kann, kann man doch gröbere Rangordnungen bilden und damit Entscheidungen über bessere und schlechtere Handlungen treffen (Griffin 1986: 75–92).

Der Utilitarismus ist also unbeschadet seiner herkömmlichen hedonistischen Orientierung mit allen vier Ansätzen zur Bestimmung des Nutzens vereinbar. Natürlich verliert er einen seiner Pluspunkte, wenn er sich vom Hedonismus löst. Gibt man die einfache Bestimmung des Nutzens als Glücksgefühl oder Wunscherfüllung auf, dann gibt es keine klare Methode zur Messung des Nutzens mehr. Der Utilitarismus liefert kein besonders einfaches Kriterium oder eine wissenschaftliche Methode zur Bestimmung des moralisch Richtigen und Falschen. Bei der Messung des menschlichen Wohlergehens ist er anderen Theorien zwar nicht voraus, aber er steht ihnen auch nicht nach. Jede brauchbare politische Theorie muß sich diesen schwierigen Fragen der richtigen Bestimmung des menschlichen Wohls stellen, und der Utilitarismus kann sich jegliche Bestimmung zu eigen machen, die seine Kritiker bevorzugen.[4] Will man also den Utilitarismus ablehnen, so kann nur der zweite Teil der Theorie den Grund abgeben: die Anweisung, den Nutzen zu maximieren, wie immer er letztlich bestimmt sei.

2.3 Die Maximierung des Nutzens

Angenommen, wir hätten uns auf eine Bestimmung des Nutzens geeinigt, sollen wir dann die utilitaristische Vorschrift der Maximierung des Nutzens anerkennen? Ist das die beste Konkretisierung unserer intuitiven Orientierung an den Folgen des Handelns? Diese verlangt ja die Förderung des Wohls der Menschen und im Idealfall die Erfüllung aller wohlinformierten Wünsche aller Menschen. Doch das ist leider unmöglich. Die Möglichkeiten der Wunscherfüllung sind begrenzt. Außerdem können die Wünsche der Menschen miteinander in Konflikt stehen. Welche sollen erfüllt werden? Der Konsequentialismus verlangt, sich um die Folgen von Handlungen für das menschliche Wohl zu kümmern; wie steht es aber, wenn die Förderung des Wohls des einen mit der des Wohls eines anderen in Konflikt gerät? Um diese Frage zu beantworten, muß der Konsequentialismus genauer bestimmt werden.

Wie konkretisiert der Utilitarismus den Gedanken der Förderung des Wohls der Menschen? Für die Utilitaristen ist die richtige Handlung jene, die den Nutzen maximiert, die also möglichst viele wohlinformierte Wünsche erfüllt. Die Wünsche mancher Menschen bleiben unerfüllt, wenn sie nicht mit der Maximierung des Gesamtnutzens verträglich sind. Das ist zwar unerfreulich, doch wenn die Gewinner zahlreicher sind als die Verlierer, gibt es keinen Grund, warum die Wünsche der Verlierer mehr gelten sollen als die zahlreicheren (oder stärkeren) Wünsche der Gewinner. Für den Utilitaristen zählen gleiche Nutzenbeträge gleich, ohne Rücksicht darauf, wem sie zukommen. Niemand hat bei der Berechnung eine Sonderstellung, niemand hat mehr Anspruch auf Nutzen aus einer Handlung als irgendein anderer. Daher ist das anzustreben, was die meisten (wohlinformierten) Wünsche der Mitglieder der Gesellschaft erfüllt. (Das ist natürlich nur eine ganz grobe Skizze des utilitaristischen Konsequentialismus; im nächsten Abschnitt bespreche ich zwei Möglichkeiten der Konkretisierung genauer.)

Diese Festlegung auf die Folgen für das menschliche Wohl ist einer der Pluspunkte des Utilitarismus im Vergleich zu Theorien, die die Tradition oder das göttliche Recht ohne Rücksicht auf die Folgen für die Menschen für maßgebend erklären. Doch den speziellen utilitaristischen Konsequentialismus halte ich für wenig überzeugend. Wenn nicht alle Wünsche erfüllt werden können, besagen unsere Intuitionen nicht, daß gleiche Nutzenbeträge immer gleiches Gewicht haben sollen. Der Utilitarismus enthält eine zu einfache Fassung des Konsequentialismus.

Doch ehe wir diese Fragen untersuchen, müssen einige wichtige Unterschiede innerhalb des Utilitarismus dargelegt werden. Wie gesagt, man soll dieser Theorie zufolge möglichst viele Wünsche erfüllen. Doch wie schon erwähnt, gibt es im Utilitarismus dafür zwei mögliche Adressaten: Entweder soll jedermann auch privat nach utilitaristischen Grundsätzen handeln (»umfassender Utilitarismus«), oder nur die wichtigeren gesellschaftlichen Institutionen sind dazu verpflichtet (»politischer Utilitarismus«). Ferner kann das Handeln nach utilitaristischen Grundsätzen entweder bedeuten, daß man ausdrücklich Nutzenüberlegungen anstellen und versuchen soll, zu bestimmen, wie sich verschiedene Handlungen auf die Erfüllung der wohlinformierten Wünsche auswirken (»direkter Utilitarismus«), oder aber, daß die Nutzenmaximierung nur indirekt in die Entscheidungen eingehen soll: Die moralisch richtige Handlung ist zwar die nutzenmaximierende, doch sie ergibt sich eher aus der Befolgung nichtutilitaristischer Regeln oder Gewohnheiten (»indirekter Utilitarismus«).

Durch Kombination dieser beiden Unterscheidungen entstehen

verschiedene Formen des Utilitarismus. Die utilitaristischen Grundsätze können mehr oder weniger umfassend und mehr oder weniger direkt angewendet werden. Ein großer Teil der neueren Arbeiten über den Utilitarismus beschäftigt sich mit diesen Variationen, und offensichtlich führt jede zu anderen Ergebnissen. Doch wie ich meine, weisen alle den gleichen Grundfehler auf. Ich möchte eine grundsätzliche Schwäche der utilitaristischen Nutzenmaximierung aufzeigen, die im wesentlichen unabhängig davon ist, wie (d.h. direkt oder indirekt) oder wo (umfassend oder nur in der Politik) sie angewendet wird.[5]

Ich beginne mit einigen Problemen des Utilitarismus als eines umfassenden Entscheidungsverfahrens. Faßt man den Utilitarismus so auf, so ist der moralisch Verantwortliche David Brinks »U-Akteur«, d.h. jemand, der über die Verwendung seiner Zeit und Ressourcen dadurch entscheidet, daß er die Auswirkungen seiner verschiedenen möglichen Handlungen auf den Gesamtnutzen abwägt (Brink 1986: 425). Diese Form des Utilitarismus wird heute kaum vertreten, und viele Utilitaristen würden sich meinen im folgenden zu entwickelnden Einwänden anschließen. Ich beginne aber mit dem umfassenden Utilitarismus, weil er besonders klar die Probleme erkennen läßt, die auch die mehr politischen und indirekten Formen des Utilitarismus aufwerfen (Abschn. 2.5). Außerdem werden wir den hier diskutierten Problemen über den richtigen Umfang der persönlichen Beziehungen in späteren Kapiteln wieder begegnen.

Stellen wir uns also vor, wir seien U-Akteure und könnten berechnen, welche Handlung den meisten Nutzen erzeugt.[6] Sollten wir unsere Handlungen davon abhängig machen? Es gibt zwei Haupteinwände gegen die utilitaristische Entscheidung: daß sie unsere besonderen Verpflichtungen gegenüber bestimmten Menschen unberücksichtigt läßt, und daß sie Wünsche berücksichtigt, die nicht berücksichtigt werden sollten. Diese beiden Probleme haben dieselbe Wurzel, doch ich möchte sie getrennt behandeln.

Besondere persönliche Beziehungen

U-Akteure, die ihre Handlungen auf utilitaristische Kalkulationen gründen, gehen davon aus, daß jeder zu ihnen in der gleichen moralischen Beziehung steht. Damit gibt es für sie keine stärkeren moralischen Beziehungen zu Freunden, Familienangehörigen, Gläubigern usw. Doch nach unseren Intuitionen gibt es solche Beziehungen und entsprechende besondere Verpflichtungen, die auch dann erfüllt werden sollten, wenn andere Handlungen einen größeren Nutzen haben könnten.

Betrachten wir ein Darlehen. Es gehört zu unserer Alltagsmoral, daß Gläubiger gegenüber dem Schuldner besondere Ansprüche haben. Wenn mir jemand 10 Mark geliehen hat, dann hat er den Anspruch, von mir 10 Mark zurückzubekommen, auch wenn ein anderer das Geld besser gebrauchen könnte. Das utilitaristische Denken kennt keine solchen rückwärtsgerichteten Ansprüche, sondern hält nur die zukünftigen Folgen für wichtig. Für den U-Akteur liegt der moralische Wert einer Handlung allein in ihrer Fähigkeit, wünschenswerte Zustände hervorzubringen. Ich sollte also diejenige Handlung wählen, die für das ganze System den größten Nutzen zur Folge hat. Wenn ich mir überlege, wie ich meine 10 Mark ausgeben soll, muß ich die möglichen Wunscherfüllungen bei allen Menschen (auch mir selbst) betrachten und bestimmen, welche Handlung sie maximiert. Den U-Akteur interessiert an und für sich nicht, daß eine dieser Personen mir die 10 Mark geliehen hat, oder daß jemand anderes mir unter der Voraussetzung, dafür bezahlt zu werden, einen Dienst geleistet hat. In bestimmten Situationen kann der Nutzen am größten sein, wenn ich das Darlehen zurückzahle oder meinen Vertrag erfülle. Doch die Entscheidung darüber verläuft genau so, als hätte ich kein Geld geliehen oder keine Absprache getroffen.

Das ist intuitionswidrig, die meisten Menschen gehen davon aus, daß »frühere Verhältnisse oder Handlungen zu unterschiedlichen Ansprüchen auf Güter führen« können (Nozick o. J.: 148, Orig. 1974: 155). Wer mir 10 Mark geliehen hat, der hat eben dadurch einen Anspruch auf die 10 Mark erworben, die ich jetzt ausgeben will, auch wenn eine andere Verwendung des Geldes das Glück maximieren würde. Steht das im Gegensatz zu unserer Auffassung, daß sich die Moral mit den Folgen für das menschliche Wohl beschäftigen sollte? Nein, denn daß ich das Darlehen zurückzahlen sollte, bedeutet lediglich, daß ich zu diesem Zeitpunkt eine stärkere Verpflichtung gegenüber dem Wohl meines Gläubigers als dem der anderen habe. Man sollte das Darlehen zurückzahlen, nicht weil man sich nicht um die schlechten und guten Folgen dieser Handlung kümmern würde, sondern weil eine bestimmte Folge besonderes Gewicht hat.

Im Unterschied zu einer konsequent nicht-folgenorientierten Betrachtungsweise brauchen wir uns nicht auf den Standpunkt zu stellen, diese Ansprüche seien völlig immun gegenüber jeglicher Berechnung der gesamten sozialen Folgen. Wenn die Rückzahlung des Darlehens auf irgendeine Weise zu einer Atomexplosion führen würde, dann sollten wir auf jeden Fall von ihr Abstand nehmen. Doch wir können sagen, es gebe eine Verpflichtung zur Rückerstattung von Darlehen und zur Erfüllung von Verträgen mit einem gewissen Eigengewicht neben dem moralischen Gewicht des sozialen Gesamtnutzens. Aus der Vergangenheit stammende Ansprüche gewisser Menschen sind der utilitaristischen Forderung nach Maximierung des Gesamtwohls in gewissem Maße vorgeordnet, sie schränken sie ein. Die Abwendung eines katastrophalen Schadens ist ein guter Grund dafür, das Geld anders zu verwenden, doch die bloße Tatsache, daß die Rückzahlung des Darlehens das Wohl nicht maximiert, ist kein solcher guter Grund. Wenn man nur deshalb ein Darlehen nicht zurückzahlt, läßt man die besondere Art der Verpflichtung gegenüber dem Gläubiger unberücksichtigt.

Das ist in unserem moralischen Bewußtsein so fest verankert, daß viele Utilitaristen eine utilitaristische Analyse des moralischen Gewichts von Versprechen versucht haben. Sie verweisen auf die vielen Nebenwirkungen, die eintreten, wenn ein Versprechen gebrochen wird. Auch wenn ein anderer das Geld besser gebrauchen könnte, empfinde der Gläubiger vielleicht Groll, wenn er um eine versprochene Summe gebracht wird, und dieser negative Nutzen überwiege den größeren Nutzen einer anderen Verwendung des Geldes (Hare 1971: 134). Doch damit wird das Pferd am Schwanz aufgezäumt. Wir halten den Bruch eines Versprechens nicht deshalb für unrecht, weil er Groll hervorruft. Vielmehr entsteht der Groll, weil der Bruch eines Versprechens unrecht ist (vgl. Williams 1973: 143). Eine andere utilitaristische Argumentation verweist darauf, daß Versprechen zu Erwartungen führen, auf die sich die Menschen verlassen. Außerdem untergrabe die Nichtzurückzahlung von Darlehen die Bereitschaft der Gläubiger zu weiteren Darlehen und damit eine wertvolle soziale Institution. Die Utilitaristen verweisen also darauf, daß die Rückzahlung von Darlehen den Gesamtnutzen in einem größeren Maße maximiere, als man zunächst denken könne (Sartorius 1969: 79f.).

Das kann stimmen, aber es löst nicht das Problem. Es folgt z. B. immer noch: »Wenn du von einem Jungen deinen Rasen mähen läßt, und er ist fertig und fragt nach seiner Bezahlung, dann solltest du ihm das versprochene Geld nur dann geben, wenn du dafür keine bessere Verwendung finden kannst.« (Sartorius 1969: 79) Die Überlegungen des U-Akteurs sind vielleicht komplizierter, als man zunächst denkt, aber sie legen immer noch keine besondere Beziehung zwischen Arbeitgeber und Beschäftigtem oder Gläubiger und Schuldner zugrunde. Einige Utilitaristen akzeptieren das. So meint Sartorius, wenn die gewöhnlichen Bedingungen nicht gewährleisteten, daß die Rückzahlung den Nutzen maximiert, wenn also der Junge »wahrscheinlich nicht allzuviel Aufhebens vom Bruch meines Versprechens machen wird, den Menschen grundsätzlich ein gewisses Vertrauen entgegenzubringen scheint und jede Summe, die ich ihm geben könnte, bei UNICEF mehr Nutzen stiften würde, dann muß das handlungs-utilitaristische Ergebnis lauten, daß ich das Geld an UNICEF überweisen sollte. Ist das aber wirklich absurd?« (Sartorius 1969: 80) Doch, es ist absurd. Nicht unbedingt das Ergebnis, aber daß die geleistete Arbeit des Jungen oder meine Absprache mit ihm für die Entscheidung keine Rolle spielen sollen. Man beachte, daß das von Sartorius erwähnte Ergebnis genau das gleiche wäre, wenn der Junge den Rasen gar nicht gemäht hätte, sondern dies, oder daß ich ihm das Geld versprochen hätte, nur (fälschlich) geglaubt hätte. Daß der Junge gemäht hat und ich ihm das Geld versprochen habe, ist für den U-Akteur gleichgültig, weil nichts, was wir jemals tun oder sagen können, uns in eine besondere moralische Beziehung bringt, die stärker wäre als die Beziehung zu anderen. Was immer der Junge getan und was ich gesagt haben kann, er hat nie einen größeren Anspruch auf meine Handlungen als irgend jemand sonst.

Im Alltagsverständnis schafft ein Versprechen eine besondere Verpflichtung zwischen zwei Menschen. Für den U-Akteur dagegen führt es lediglich neue Faktoren in die Berechnung des Gesamtnutzens ein. Nach unserer Alltagsauffassung ist ein Darlehen zurückzuzahlen, *gleichgültig*, ob das den Nutzen maximiert. Der U-Akteur findet, ich müsse es tun, *weil* es den Nutzen maximiert. Der Junge hat mir gegenüber keinen größeren Anspruch als andere, er wird nur größeren Nutzen ziehen können, und daher ist die Zahlung die beste Art, die utilitaristische Verpflichtung zu erfüllen.

Aber damit wäre die Bedeutung eines Versprechens verfehlt: »Etwas zu versprechen heißt nicht bloß, eine kluge Einrichtung zur Förderung des allgemeinen Wohls anzuwenden; es bedeutet, zu einer bestimmten Person eine neue Beziehung einzugehen, die ihr gegenüber eine ausgesprochen neue prima-facie-Pflicht schafft, die nicht auf die Pflicht zur Förderung des Gesamtwohls zurückführbar ist.« (Ross 1930: 38) Für den U-Akteur nimmt jedermann (auch man selbst) genau die gleiche moralische Stellung ein, jeder hat gleichermaßen ein Anrecht, Nutznießer meiner Handlungen zu sein. Doch das ist eine Nivellierung der moralischen Landschaft: Bestimmte Menschen »können auch zu [jemandem] in der Beziehung des Empfängers eines Versprechens, des Gläubigers, des Ehegatten, des Kindes, des Freundes, des Landsmanns usw. stehen; und jede dieser Beziehungen begründet eine prima-facie-Pflicht.« (Ross 1930: 19)

Das Problem besteht hier nicht lediglich in einer unzureichenden Analyse von Versprechen. Der U-Akteur kann mit keinerlei besonderer Verpflichtung etwas anfangen. Doch wir alle haben solche Verpflichtungen – gegenüber unserer Familie und Arbeit, einer politischen Sache u.ä. –; sie bilden den Mittelpunkt unseres Lebens und sind identitätsstiftend für unsere Existenz. Wenn ich aber als U-Akteur handeln soll, dann müssen meine Verpflichtungen einfach zu allen Absichten anderer Menschen hinzugezählt und preisgegeben werden, wenn ich durch Förderung der Absichten eines anderen mehr Nutzen stiften kann. Das hört sich vielleicht besonders altruistisch an. Aber in Wirklichkeit ist es absurd. Denn man kann sich unmöglich einer Sache ernsthaft verschreiben und gleichzeitig bereit sein, sich von ihr zu distanzieren, sobald zufällig etwas anderes den Nutzen maximiert. Die utilitaristische Entscheidung verlangt von mir, meine Absichten und Verpflichtungen nicht als wichtiger anzusehen als die irgendeines anderen. Sie verlangt faktisch, daß ich mich nicht stärker an meine eigenen Engagements gebunden fühle als an die anderer Menschen. Doch das heißt nichts anderes, als daß ich mich eigentlich gar nicht an meine Engagements gebunden fühlen soll. Bernard Williams drückt es so aus:

»Wenn du dich von ganzem Herzen und ernsthaft einer solchen großen [Sache, Liebe, Verpflichtung] verschrieben hast, dann können sich in deinen Gedanken und Handlungen die Forderungen des Utilitarismus nicht eindeutig widerspiegeln, und du kannst es auch nicht wünschen ... Der Utilitarismus muß den Wert dieser anderen Neigungen ablehnen oder bis zur Unkenntlichkeit verwässern und auf das unverblümte Menschenbild des frühen Utilitarismus zurückfallen, für das es im Idealfall nur private und ansonsten zur Disposition stehende Absichten und eine einzige moralische Eigenschaft gibt, die utilitaristische Menschenfreundlichkeit.« (Williams 1981: 51, 53)

Nun ist es richtig und wichtig, daß ich die legitimen Absichten anderer respektieren soll, aber nicht so, daß ich ihnen gleichen Anspruch auf meine Zeit und Kraft einräume wie meinen eigenen.

Eine solche Haltung ist psychologisch unmöglich und auch gar nicht wünschenswert. Ein wertvolles menschliches Leben – so sieht es wohl fast jeder – enthält Bindungen, die ihm eine gewisse Struktur und Richtung verleihen. Unsere jetzigen Handlungen werden sinnvoll durch die Aussicht auf Erfolg oder Fortschritt im Sinne eines solchen Engagements. Doch die Handlungen des U-Akteurs sind fast gänzlich unabhängig von seinen eigenen Engagements. Sie sind »eine Funktion der Befriedigungen, die er von seiner Position aus bewirken kann, und das bedeutet, daß die Absichten der anderen seine Entscheidung in beliebig hohem Maße bestimmen« (Williams 1973: 115). Der U-Akteur kann sich kaum aussuchen, was für ein Leben er führen will, nur selten kann er seine Persönlichkeit oder sein Ich-Ideal in seinen Handlungen verwirklichen. Er kann also kaum so etwas wie »ein Leben führen«. Alles wird überrollt von der Frage, welche Handlungen optimierend sind.

Wenn ich mein eigenes Leben leben soll, dann muß es einen Freiraum für meine persönlichen Engagements geben, und dazu gehören auch die oben besprochenen Verträge und Versprechen. Wenn man den Menschen nicht gestatten will, durch Versprechen besondere Verpflichtungen gegenüber anderen einzugehen, so ist das nur eine Seite des allgemeinen Problems, daß die Menschen sich nicht selbst ihre Ziele setzen und sie verfolgen dürfen. Das Problem ist jeweils die Vorstellung des U-Akteurs, jedermann habe gleichen Anspruch auf Nutzen aus allen seinen Handlungen.

Verletzt unsere Intuition, daß Verpflichtungen ihren Sinn haben, den Gedanken, daß es in der Moral auch um die Folgen von Handlungen geht? Nein, denn zur Intuition des Konsequentialismus hat noch nie gehört, daß man seine Handlungen ständig gleichberechtigt von den Wünschen der anderen bestimmen lassen muß und es keine besonderen Beziehungen und Absichten geben kann. Das wäre nun doch eine zu einfache Auffassung des Konsequentialismus.

Unzulässige Wünsche

Ein zweites Problem des Utilitarismus als Entscheidungsverfahren betrifft seine Forderung, daß nicht nur jede Person, sondern auch jede Quelle des Nutzens (jede Art von Wunsch) gleiches Gewicht haben soll. Nehmen wir das Beispiel der Rassendiskriminierung in einer vorwiegend weißen Gesellschaft. Eine Regierung plane, für je

100 000 Menschen, unabhängig von ihrer Hautfarbe, ein Krankenhaus zu bauen. Doch einige Weiße möchten den Schwarzen nicht die gleiche Gesundheitsversorgung (oder Schulbildung usw.) zugestehen, und wenn der Nutzen ermittelt wird, stellt sich heraus, daß er in der Tat dann maximiert wird. Oder: der bloße Anblick einer als homosexuell bekannten Person sei für die heterosexuelle Mehrheit unerträglich. Vielleicht wird der Nutzen maximiert, wenn erkennbar Homosexuelle öffentlich gezüchtigt und eingesperrt werden. Oder der Alkoholiker auf Sauftour, der keine Freunde hat, viele Menschen belästigt, jedem ein Stein des Anstoßes ist, bettelt und öffentliche Parks verunreinigt? Vielleicht würde der Nutzen maximiert, wenn solche Leute in aller Stille beseitigt würden, damit niemand mehr Anstoß an ihnen nimmt und keine öffentlichen Mittel für ihre Unterbringung im Gefängnis aufgebracht werden müssen. Manche derartigen Wünsche sind natürlich nicht wohlbegründet, und ihre Befriedigung würde gar keinen Nutzen stiften (sofern nicht die rein hedonistische Bestimmung des Nutzens angewandt wird). Doch es gibt auch wohlbegründete Wünsche, die Rechte anderer zu schmälern, und auch nach der besten Bestimmung des Nutzens kann ihre Erfüllung manchen Leuten wirklichen Nutzen bringen. Nach Rawls sind solche Wünsche im Sinne der Gerechtigkeit »unvernünftig« (unreasonable), aber im Sinne des Nutzens des einzelnen nicht unbedingt »irrational« (irrational) (Rawls 1992: 98ff., Orig. 1980: 528–530). Wenn solche Nutzenformen zählen, können sie zur Diskriminierung von unbeliebten Minderheiten führen.

Nach unserer Alltagsmoral sind solche Wünsche unfair und haben kein moralisches Gewicht. Daß Rassisten eine Menschengruppe ungerecht behandeln möchten, ist überhaupt kein Grund, diese bei der Gesundheitsversorgung schlechter zu stellen. Der rassistische Wunsch ist unberechtigt, deshalb hat kein Nutzen, der aus seiner Befriedigung erwächst, moralisches Gewicht. Es kann auch Wünsche geben, die nicht ausgesprochen vorurteilsvoll, aber unfair sind und deshalb nicht zählen sollten. Jemand möchte vielleicht nicht, daß Schwarze in seine Nachbarschaft ziehen, nicht weil er sie aktiv verabscheute – vielleicht ist ihm die Hautfarbe gleichgültig –, aber weil andere sie nicht mögen und deshalb sein Haus an Wert verlieren würde. Das ist kein Rassismus, aber doch ein unberechtigter Wunsch, weil er den Schwarzen ungerechterweise etwas nehmen will. In allen diesen Fällen wird der Nutzen durch Diskriminierung maximiert, doch nur aufgrund von Wünschen, anderen ungerechterweise etwas zu nehmen. Solche Wünsche, die berechtigte Ansprüche anderer schmälern, haben nach unserer Alltagsmoral wenig oder kein Gewicht.

Die Utilitaristen erkennen nicht an, daß Ansprüche auf etwas, das »gerechterweise« anderen gehört, unberechtigt seien. Für den U-Akteur gibt es vor der Ermittlung des Nutzens kein Kriterium dafür, was irgend jemandem »gerechterweise« zukommt. Mir kommt gerechterweise das zu, was sich aus der nutzenmaximierenden Verteilung ergibt, daher kann mir eine Nutzenmaximierung definitionsgemäß kein Unrecht antun. Doch das läuft einem wichtigen Zug unserer Alltagsmoral zuwider. Zur Folgenorientierung gehört nicht, daß jede Nutzenquelle moralisches Gewicht haben soll, daß jede Art von Wunsch zählen soll.

Es scheint also, daß der U-Akteur, indem er den Nutzen zu maximieren sucht, einen intuitiven Grundsatz der Folgenorientierung nicht entwickelt, sondern verletzt. Manche bestreiten, daß utilitaristische Entscheidungen zu diesen intuitionswidrigen Ergebnissen führen. Sie geben zu, daß das utilitaristische Denken Handlungen, die besondere Beziehungen oder Grundrechte verletzen, zu erlauben oder sogar zu fordern scheint, wenn sie den Nutzen maximieren. Sie behaupten aber, daß solche Handlungen unzulässig werden, wenn man ein differenzierteres utilitaristisches Entscheidungsverfahren zugrunde legt. Ich bin davon ausgegangen, daß die U-Akteure das Kriterium der Nutzenmaximierung auf einzelne Handlungen anwenden. Doch die »Regel-Utilitaristen« wollen es auf Regeln angewandt und jene Handlungen ausgeführt wissen, die den besten Regeln entsprechen, auch wenn eine andere Handlung größeren Nutzen stiften würde. Die gesellschaftliche Zusammenarbeit verlange die Beachtung von Regeln, daher solle man fragen, welche Folgen nicht eine bestimmte Handlung in einer bestimmten Situation hat, sondern die Erhebung dieser Handlungsweise zu einer Regel.

Der U-Akteur hat also die nutzenmaximierenden Regeln zu ermitteln. Fahren wir, utilitaristisch gesehen, besser, wenn wir der Regel folgen, Versprechen zu halten, besondere Beziehungen zu honorieren und Rechte zu achten, oder der Regel, daß diese Grundsätze nur unter der Bedingung der [aktuellen, d. Üb.] Nutzenberechnung gelten? Letzteres aber würde nach der Behauptung der [Regel-]Utilitaristen den Nutzen mindern. Es würde die gesellschaftliche Zusammenarbeit erschweren und den Wert von Leben und Freiheit der Menschen schmälern. Außerdem wäre mit Mißbräuchen zu rechnen, wenn man im Namen des Gesamtwohls Versprechen brechen oder Diskriminierung üben dürfte. Jeder ist schlechter gestellt, wenn die Regel gilt, daß man Versprechen brechen oder unbeliebte Gruppen diskriminieren darf, sobald es den Nutzen zu maximieren scheint (Harsanyi 1985).

Einige Kommentatoren behaupten, der Regel-Utilitarismus laufe letztlich doch auf den Handlungs-Utilitarismus hinaus, da Regeln so detailliert und eng gefaßt werden könnten, daß ihnen einzelne Handlungen entsprechen (Lyons 1965: Kap. 4; Hare 1963: 130–136). Doch auch wenn man Handlungen und Regeln unterscheiden kann, ist wohl die Annahme, nutzenmaximierende Regeln würden stets die Rechte schwacher und unbeliebter Minderheiten schützen, zu optimistisch. Nach Williams ist die Versicherung, die Gerechtigkeit würde gewahrt, »eine Verbeugung vor der Anständigkeit und der Phantasie dieser Utilitaristen, aber nicht vor der Stimmigkeit ihres Utilitarismus« (Williams 1972: 103). Und den Einwand entkräftet diese Antwort nicht, denn auch wenn sie richtig ist, ist sie es aus den falschen Gründen. Regel-utilitaristisch gesehen, besteht das Unrecht der Diskriminierung einer Minderheit in der erhöhten Angst der Mehrheit vor den Folgen einer Regel, die Diskriminierung erlaubt. Und das Unrecht, den Jungen, der den Rasen gemäht hat, nicht zu bezahlen, besteht in den erhöhten Zweifeln der anderen an der Institution des Versprechens. Doch das ist absurd. Das Unrecht geschieht denen, die nicht unter ihrer Unbeliebtheit leiden sollten, und dem Jungen, der einen eindeutigen Anspruch auf die versprochene Bezahlung hat. Dieses Unrecht besteht unabhängig von den langfristigen Folgen für andere.

Die regel-utilitaristische Antwort geht am eigentlichen Problem vorbei. Der Einwand gegen die utilitaristische Entscheidungsfindung lautete, daß bestimmte besondere Beziehungen berücksichtigt und bestimmte unberechtigte Wünsche übergangen werden sollten. Diese moralischen Forderungen haben Vorrang vor der Nutzenmaximierung (während der U-Akteur in ihnen nur Mittel zur Nutzenmaximierung sieht). Wenn aber der Einwand so lautet, dann ist es unerheblich, wenn der Regel-Utilitarismus darauf verweist, daß die Einhaltung von Versprechen oft den langfristigen Nutzen maximiere, oder daß Versprechen und Menschenrechte viel klügere Mittel zur Nutzenmaximierung seien, als es zunächst scheine. Diese Antwort widerlegt nicht, sondern bestätigt die Kritik, für den U-

Akteur sei die Anerkennung besonderer Verpflichtungen der Nutzenmaximierung unter- statt vorgeordnet. Unser Einwand lautete nicht, daß Versprechen der Nutzenmaximierung schlecht dienlich seien, sondern daß sie ihr überhaupt nicht zu dienen haben. Dieses Problem kann nicht dadurch aus der Welt geschafft werden, daß das Nutzenprinzip auf Regeln statt auf einzelne Handlungen angewandt wird. Das Problem besteht aus der Sicht unserer Alltagsmoral darin, daß hier überhaupt das Nutzenprinzip angewendet wird.

Einige Utilitaristen würden mit dem bisher Gesagten übereinstimmen. Sie würden es für ganz in Ordnung halten, daß unsere besonderen Verpflichtungen Vorrang vor dem Gesamtnutzen haben sollen. Man solle sich der Alltagsauffassung anschließen, daß der Schaden, der bestimmten Menschen durch Betrug oder Diskriminierung angetan wird, Grund genug für die Forderung sei, daß Versprechen gehalten und Rechte geachtet werden sollen. Man solle nicht als U-Akteur seine Entscheidungen aufgrund von Nutzenberechnungen treffen und Versprechen als Mittel zur Nutzenmaximierung ansehen. Vielmehr komme diesen wie auch den Menschenrechten eine so überragende Bedeutung zu, daß sie im wesentlichen immun gegen den sozialen Interessenkalkül seien. Kurz, man solle die Moral nicht-utilitaristisch auffassen. Doch damit, so heißt es, sei der Utilitarismus nicht hinfällig. Im Gegenteil, der Grund, warum man bei seinen Entscheidungen Nicht-Utilitarist sein solle, sei gerade der, daß so der Nutzen eher maximiert werde. Eine Gesellschaft von Nicht-Utilitaristen, die Versprechen und Rechten ihre eigene Bedeutung zuschreiben, maximiere den Nutzen eher als eine Gesellschaft von Handlungs- oder Regel-Utilitaristen, für die Versprechen und Rechte nur Mittel zur Nutzenmaximierung sind.

Das mag paradox erscheinen, doch es berührt einen richtigen und wichtigen Gesichtspunkt. Der Utilitarismus ist im wesentlichen ein »moralischer Maßstab« und kein »Entscheidungsverfahren« (Brink 1986: 421–427; Railton 1984: 140–146).[7] Bestimmend für den Utilitarismus sei die Aussage, die richtige Handlung sei die nutzenmaximierende, und nicht die Aussage, daß man ausdrücklich auf die Nutzenmaximierung abzielen solle. Ob ein utilitaristisches Entscheidungsverfahren angewandt werden sollte, ist eine offene Frage, die ihrerseits durch die Untersuchung der Auswirkungen verschiedener Entscheidungsverfahren auf den Gesamtnutzen zu beantworten ist. Und es ist durchaus möglich, daß das utilitaristische Kriterium durch ein nicht-utilitaristisches Entscheidungsverfahren besser erfüllt wird. Das scheint jedenfalls für unsere persönlichen Bindungen zu gelten: das Leben ist wertvoller mit den vom direkten Utilitarismus ausgeschlossenen großherzigen und unbedingten Engagements. Wir sollten also »indirekte Utilitaristen« sein.

Das ist zwar ein wichtiger Gesichtspunkt, doch er entkräftet nicht die obigen Einwände. Nehmen wir unsere Alltagsauffassung, daß bestimmte Wünsche unfair sind und bei unseren moralischen Entscheidungen kein Gewicht haben sollten. Vielleicht kann das utilitaristische Moralkriterium ein solches nicht-utilitaristisches Entscheidungsverfahren rechtfertigen. Dann sind sich beide Seiten darin einig, daß bestimmte Wünsche nicht zählen sollen. Doch nach unserer Alltagsauffassung liegt der Grund, warum unfaire Wünsche bei unseren Entscheidungen kein Gewicht haben sollten, darin, daß sie moralisch unberechtigt sind und daher keinen Anspruch auf Berücksichtigung haben. Für den indirekten Utilitaristen dagegen besteht der Grund einfach darin, daß sie nutzenmindernd sind. Unfaire Wünsche (sofern wohlinformiert und nicht vernunftwidrig) sind nach dem utilitaristischen Maßstab ebenso berechtigt wie alle anderen, nur wird dieser Maßstab besser erfüllt, wenn sie bei den Entscheidungen als unberechtigt behandelt werden.

Es gibt also zwei gegensätzliche Begründungen dafür, bestimmte Wünsche als unberechtigt zu behandeln. Zur Verteidigung des Utilitarismus genügt es daher nicht, zu zeigen, daß der utilitaristische moralische Maßstab nicht-utilitaristische Entscheidungsverfahren rechtfertigen kann. Man muß auch zeigen, daß das die richtige Rechtfertigung ist. Der Utilitarist begründet die nicht-utilitaristischen Entscheidungsverfahren damit, daß sie zufällig den Nutzen maximieren. Sollte man nicht lieber sagen, der Grund sei eben, daß wir von einem nicht-utilitaristischen moralischen Maßstab ausgehen? Warum müssen unsere nicht-utilitaristischen Festlegungen indirekt-utilitaristisch erklärt werden?

Manche Utilitaristen scheinen davon auszugehen, daß es keiner nicht-utilitaristischen Erklärungen bedürfe, wenn es eine utilitaristische Erklärung für unsere moralischen Überzeugungen gibt. Doch damit wird das, was erst gezeigt werden müßte, einfach vorausgesetzt. Wir brauchen ein Argument dafür, den utilitaristischen Moralmaßstab anderen vorzuziehen. Gibt es in der utilitaristischen Literatur ein solches Argument? Es gibt sogar zwei, doch ich werde zu zeigen versuchen, daß keines für sich allein überzeugt, und daß der Utilitarismus nur einleuchtet, wenn sie zusammengefaßt werden. Wir werden dann erkennen, daß sich die oben behandelten Probleme unmittelbar aus dem utilitaristischen moralischen Maßstab ergeben und nicht wesentlich von seiner Anwendungsweise abhängen.

2.4 Zwei Argumente für die Nutzenmaximierung

In diesem Abschnitt möchte ich die beiden Hauptargumente für die Nutzenmaximierung als moralischen Maßstab betrachten (ob er nun als Entscheidungsverfahren angewandt wird oder nicht). Wir werden sehen, daß sie zu zwei völlig verschiedenen Deutungen des Utilitarismus führen.

Gleiche Berücksichtigung der Interessen

Nach einer Deutung ist der Utilitarismus ein Kriterium für die Aggregierung der Interessen und Wünsche der einzelnen. Die Menschen haben verschiedenartige und möglicherweise gegensätzliche Wünsche, und wir brauchen ein Kriterium dafür, welche Kompromisse zwischen ihnen moralisch zulässig und den Betroffenen gegenüber fair sind. Diese Frage versucht die erste Deutung des Utilitarismus zu beantworten. Eine von vielen verschiedenen Theorien gegebene Antwort lautet, daß die Interessen aller Menschen gleiche Berücksichtigung finden sollen. Das Leben jedes einzelnen zählt moralisch gleich, daher sollten alle mit ihren Interessen die gleiche Berücksichtigung erfahren.

Auf den ersten Blick erkennt der Utilitarismus diesen allgemeinen egalitären Grundsatz an. Doch der Gedanke der Gleichbehandlung ist unscharf und muß konkretisiert werden, wenn er einen klaren moralischen Maßstab abgeben soll. Eine naheliegende und zunächst vielleicht attraktive Konkretisierung ist die Gleichgewichtung aller Interessen ohne Rücksicht auf ihren Inhalt und die materielle Lage der jeweiligen Person. Wie Bentham sagte, zählt jeder so viel wie einer, und keiner mehr. Nach der ersten Deutung des Utilitarismus ist also der Grund für die Gleichbehandlung aller Interessen die Gleichbehandlung der Menschen, die gleiche Sorge um ihr Wohl und der gleiche Respekt für sie.

Wenn wir das als unseren moralischen Maßstab anerkennen,

dann kommen wir zu dem Schluß, daß die moralisch richtigen Handlungen die nutzenmaximierenden sind. Doch man sollte nicht verkennen, daß der Maßstab nicht unmittelbar auf die Maximierung abzielt. Sie kommt vielmehr als Nebenergebnis eines Maßstabs zustande, der die Wünsche der Menschen fair aggregieren soll. Die Forderung der Nutzenmaximierung ergibt sich ausschließlich aus der vorhergehenden Forderung der Gleichbehandlung der Menschen. Das erste Argument für den Utilitarismus lautet also:

1. Die Menschen sind etwas wert, und zwar gleich viel; deshalb
2. sollten die Interessen aller gleiches Gewicht haben; deshalb
3. maximieren die moralisch richtigen Handlungen den Nutzen.

Dieses Gleichbehandlungsargument steckt in Mills Behauptung: »In der Goldenen Regel des Jesus von Nazareth haben wir den gesamten Geist der utilitaristischen Ethik vor uns. Handle so, wie du behandelt werden möchtest, liebe deinen Nächsten wie dich selbst – das ist die utilitaristische Moral in idealer Vollkommenheit.« (Mill 1968: 16) Das Argument findet sich noch ausdrücklicher bei heutigen Utilitaristen wie Harsanyi, Griffin, Singer und Hare (Harsanyi 1976: 13f., 19f., 45f., 65–67; Griffin 1986: 208–215, 295–301; Hare 1984: 106–112; Singer 1979: 12–23; Haslett 1987: 40–43, 220–222). Hare kann sich sogar kaum eine andere Möglichkeit der Gleichbehandlung der Menschen vorstellen (Hare 1984: 107; vgl. Harsanyi 1976: 35).

Der teleologische Utilitarismus

Es gibt aber eine zweite Deutung des Utilitarismus, bei der die Maximierung des Guten das Primäre und nicht das Abgeleitete ist; die einzelnen Menschen zählen nur deshalb gleich, weil das den Wert maximiert. Unsere primäre Pflicht ist nicht die Gleichbehandlung der einzelnen, sondern die Herbeiführung wertvoller Zustände. Die Menschen gelten, wie Williams sagt, bloß als *Orte* des Nutzens oder als Einflußpunkte für das »Nutzennetz«. »Wert kommt für den Utilitarismus *nur Zuständen* zu« (Williams 1981: 4). Nach dieser Auffassung beschäftigt sich der Utilitarismus primär nicht mit Personen, sondern mit Zuständen. Rawls nennt das eine »teleologische« Theorie, d. h., die richtige Handlung ist durch die Maximierung des Guten bestimmt und nicht durch die Gleichbehandlung der einzelnen (Rawls 1975a: 42, Orig. 1971: 24).

Diese zweite Deutung ist eine eigenständige Form des Utilitarismus und nicht nur eine andere Formulierung derselben Theorie. Das wird z. B. an den utilitaristischen Diskussionen über die Bevölkerungspolitik deutlich. Derek Parfit fragt, ob wir moralisch zur Verdoppelung der Bevölkerung verpflichtet sind, auch wenn dadurch der Nutzen jedes einzelnen fast halbiert würde (weil dann die Nutzensumme immer noch etwas größer ist). Er hält diese Verdoppelung in der Tat für eine wenn auch wenig anziehende Konsequenz des Utilitarismus. Das ist aber nicht der Fall, wenn wir ihn als eine Theorie der Gleichbehandlung auffassen. Nichtexistierende Personen haben keine Ansprüche, wir sind nicht verpflichtet, sie in die Welt zu setzen. John Broome bemerkt: »Man kann gegenüber niemandem verpflichtet sein, ihn zur Existenz zu bringen, denn die Verletzung einer solchen Pflicht würde niemandem Unrecht tun.« (Broome 1990/91: 92) Was ist nun hier nach der zweiten Deutung Pflicht? Man soll den Wert maximieren, wertvolle Zustände herbeiführen, auch wenn es dadurch allen existierenden Menschen schlechter geht.

Daß diese zweite Deutung eine eigenständige ist, geht auch aus der Diskussion bei Thomas Nagel hervor. Er möchte dem Utilitarismus – dem es in seinen Augen um das »personunabhängig beste Ergebnis« geht – eine »deontologische« Einschränkung im Sinne der Gleichbehandlung beigeben (Nagel 1986: 176). Nach Nagel muß man die Pflicht, das Gute zu maximieren, durch die Pflicht zur Gleichbehandlung der Menschen modifizieren. Diese Forderung ist offensichtlich nur im Hinblick auf die zweite Deutung des Utilitarismus sinnvoll, nach der die Grundpflicht nicht die faire Aggregierung der Wünsche der einzelnen ist, sondern die Maximierung von Wert in der Welt. Nach der ersten Deutung ist der Utilitarismus schon ein Grundsatz der moralischen Gleichheit; taugt er nicht als solcher, dann hat die ganze Theorie versagt, denn eine eigene Verpflichtung auf die Nutzenmaximierung gibt es in ihr nicht.

Die zweite Deutung stellt die erste auf den Kopf. Nach der ersten ist das Rechte durch die Gleichbehandlung der Menschen bestimmt, das führt zum utilitaristischen Aggregierungsgrundsatz, und der maximiert zufällig das Gute. Nach der zweiten ist das Rechte durch die Maximierung des Guten bestimmt, das führt zum utilitaristischen Aggregierungsgrundsatz, und aus diesem folgt nebenbei die Gleichbehandlung der Interessen der Menschen. Wie wir sahen, hat diese Umkehrung wichtige theoretische und praktische Konsequenzen.

Wir haben also zwei unabhängige und sogar gegensätzliche Herleitungen der Nutzenmaximierung vor uns. Welche ist das eigentliche Argument für den Utilitarismus? Bisher bin ich stillschweigend von der ersten Deutung ausgegangen, nämlich daß der Utilitarismus am besten als eine Theorie der Achtung des moralischen Anspruchs jedes einzelnen auf Gleichbehandlung aufzufassen sei. Für Rawls dagegen ist der Utilitarismus von Grund auf eine Theorie der zweiten Art, die also das Rechte als Maximierung des Guten bestimmt (Rawls 1975a: 45, Orig. 1971: 27). Doch diese zweite Deutung hat etwas Bizarres: Es ist völlig unklar, warum die Maximierung des Nutzens als direktes Ziel eine *moralische* Pflicht sein soll. Wem gegenüber besteht sie? In der Moral geht es nach unserem Alltagsverständnis um zwischenmenschliche Verpflichtungen. Doch wem gegenüber sind wir zur Maximierung des Nutzens verpflichtet? Dem wertvollsten Zustand gegenüber nicht, denn Zustände haben keine moralischen Ansprüche. Vielleicht den Menschen gegenüber, die von der Nutzenmaximierung profitieren würden. Doch wenn diese Pflicht, wie es am plausibelsten erscheint, in der Gleichbehandlung besteht, dann sind wir wieder bei der ersten Deutung des Utilitarismus als einer Theorie der Gleichbehandlung der Menschen angekommen. Die Nutzenmaximierung ist jetzt bloß ein Nebenergebnis und nicht der eigentliche Grundsatz der Theorie. Und dann braucht die Bevölkerung nicht verdoppelt zu werden, da wir nicht verpflichtet sind, die potentiellen Neuankömmlinge zu berücksichtigen.

Nehmen wir aber trotzdem die Nutzenmaximierung als das eigentliche Ziel, dann ist sie am besten als ein moralisch indifferentes Ideal aufzufassen, ähnlich wie ein ästhetisches Ideal. Daß das die Sache trifft, zeigt Rawls' zweites Beispiel eines Teleologen, nämlich Nietzsche (Rawls 1975a: 43, Orig. 1971: 25). Das Gute, das Nietzsches Theorie maximieren möchte (etwa die Kreativität), ist nur einigen Auserwählten zugänglich. Die anderen sind nur insofern von Nutzen, als sie das Gute der wenigen Auserwählten fördern. Im Utilitarismus ist der zu maximierende Wert prosaischer, jeder kann daran teilhaben oder dazu beitragen (wenn auch die Maximierung dazu führen kann, daß viele geopfert werden). Das bedeutet, daß in der utilitaristischen Teleologie im Unterschied zu der Nietzsches die Wünsche eines jeden ein gewisses Gewicht haben müssen. Doch in beiden Fällen ist der erste Grundsatz nicht die Gleichbehandlung der Menschen, sondern die Maximierung des Guten. Und in beiden

Fällen ist nicht recht zu erkennen, wie man darin einen moralischen Grundsatz erblicken kann. Ziel ist nicht die Achtung von *Menschen*, die bestimmte Bedürfnisse haben, sondern die Achtung des *Guten*, zu dem manche Menschen nützliche Beiträge liefern oder auch nicht. Sind nun die Menschen zum Mittel für die Maximierung des Guten geworden, dann hat sich die Moral verabschiedet, und ein nichtmoralisches Ideal ist maßgebend. Eine Nietzscheanische Gesellschaft ist vielleicht ästhetisch besser, schöner, aber moralisch besser ist sie nicht (das hätte Nietzsche selbst nicht einmal zurückgewiesen – seine Theorie stand ja »jenseits von Gut und Böse«). Wird der Utilitarismus in diesem teleologischen Sinne aufgefaßt, dann ist auch er keine moralische Theorie mehr.

Ich sagte oben, eine der Stärken des Utilitarismus sei seine Weltlichkeit – daß die Moral wichtig ist, weil die Menschen wichtig sind. Doch dieser schöne Gedanke fehlt in der zweiten Deutung, deren moralische Relevanz überhaupt nicht zu erkennen ist. Die Menschen gelten als mögliche Erzeuger oder Verbraucher eines Gutes, und unsere Pflichten bestehen gegenüber diesem und nicht gegenüber anderen Menschen. Das läuft unserer Intuition zuwider, daß die Moral wichtig ist, weil die Menschen wichtig sind. Nun haben nur wenige den Utilitarismus als rein teleologische Theorie vertreten und sich überhaupt nicht auf das Ideal der Gleichbehandlung der Menschen berufen (G. E. Moores *Ethics* ist eine bedeutende Ausnahme). Der Utilitarismus verliert einfach jede Überzeugungskraft, wenn er von dieser Kernintuition gelöst wird.

Wird der Utilitarismus als eine egalitäre Theorie aufgefaßt, dann gibt es keine davon unabhängige Verpflichtung zur Maximierung des Wohls. Der Utilitarist muß zugeben, daß man das Maximierungskriterium nur dann anwenden sollte, wenn das die beste Möglichkeit zur Gleichbehandlung der Menschen ist. Das ist wichtig, denn die Anziehungskraft des Utilitarismus besteht großenteils in einer stillschweigenden Vermischung dieser beiden Begründungen.[8] Die intuitive Unfairness des Utilitarismus würde ihn schnell als eine brauchbare Fassung der Gleichbehandlung disqualifizieren, würden nicht viele sein Maximierungskriterium als einen weiteren, unabhängigen Grund für den Utilitarismus ansehen. Die Utilitaristen berufen sich stillschweigend auf den Maximierungsgrundsatz, um intuitive Einwände gegen ihre Analyse der Gleichbehandlung abzuwehren. Es könnte geradezu als eine einzigartige Stärke des Utilitarismus erscheinen, daß er diese beiden Begründungen zusammenführen kann. Doch es ist inkohärent, beide in derselben Theorie anzuwenden. Man kann sich nicht gleichzeitig auf den Standpunkt stellen, in der Moral gehe es im Grunde um die Maximierung des Guten *und* um die Beachtung des Anspruchs der Menschen auf Gleichbehandlung. Müßten sich die Utilitaristen auf einen dieser beiden Grundsätze festlegen, dann würde ihre Theorie viel von ihrer Anziehungskraft verlieren. Als teleologische Maximierungstheorie entspricht sie nicht mehr unseren Kernintuitionen bezüglich des Gegenstands der Moral; als egalitäre Theorie führt sie zu einer Reihe von Ergebnissen, die unserer Vorstellung von der Gleichbehandlung widerstreiten, was ich jetzt systematischer zeigen zu können hoffe.

2.5 Das unangemessene Konzept der Gleichbehandlung

Wenn der Utilitarismus eine einleuchtende politische Moral abgeben soll, dann muß er als eine Theorie der Gleichbehandlung aufgefaßt werden. Das klingt vielleicht seltsam, da er doch inegalitäre Handlungen rechtfertigen kann, etwa die Entrechtung unliebsamer Personen. Doch wir müssen verschiedene Ebenen unterscheiden, auf denen die Gleichheit ein Wert sein kann. Der Utilitarismus kann sich zwar auf die Menschen ungleich auswirken, doch er kann trotzdem behaupten, von einer Idee der Gleichbehandlung getragen zu sein. In der Tat fragt Hare: Wenn wir davon ausgehen, daß das Grundinteresse der Menschen die Befriedigung ihrer wohlinformierten Wünsche ist, und daß jeder gleich berücksichtigt werden soll, was könne man dann anderes tun als den Wünschen aller das gleiche Gewicht zu geben, daß jeder für einen zählt und keiner mehr? (Hare 1984: 106)

Doch obwohl der Utilitarismus die Menschen als Gleiche behandeln möchte, läuft er vielen unserer Intuitionen darüber zuwider, was Gleichbehandlung wirklich bedeutet. Nun können unsere utilitarismuswidrigen Intuitionen unzuverlässig sein. Doch ich werde zu zeigen versuchen, daß der Utilitarismus das Ideal der Gleichbehandlung der Interessen jedes Menschen falsch aufgefaßt hat und es deshalb ermöglicht, daß einige Menschen zugunsten anderer nicht als Gleiche behandelt werden.

Warum ist der Utilitarismus als Theorie der Gleichbehandlung unbefriedigend? Die Utilitaristen wollen jeder Quelle des Glücks, jeder Art von Wunsch das gleiche Gewicht geben, wenn der gleiche Nutzen entsteht. Doch ich werde zu zeigen versuchen, daß eine befriedigende Fassung der Gleichbehandlung verschiedene Arten von Wünschen unterscheiden muß, von denen nur einige ein rechtmäßiges moralisches Gewicht haben.

Fremdbezogene Wünsche

Eine wichtige Unterscheidung zwischen verschiedenen Wünschen ist die zwischen »persönlichen« und »fremdbezogenen« (»externen«) Wünschen (Dworkin 1977: 234). Erstere betreffen die Güter, Ressourcen, Chancen usw., die man sich für sich selbst wünscht, letztere diejenigen, die man den anderen zukommen lassen möchte. Die fremdbezogenen Wünsche sind manchmal vorurteilsbelastet. Manche möchten den Schwarzen weniger zugestehen, weil sie sie für weniger achtenswert halten. Sollte ein solcher auf andere gerichteter Wunsch in die utilitaristische Berechnung eingehen? Bildet er einen moralischen Grund dafür, den Schwarzen etwas vorzuenthalten?

Wie wir sahen, gibt es für die indirekten Utilitaristen Umstände, unter denen solche Wünsche nicht in unsere Alltagsentscheidungen eingehen sollten. Doch hier möchte ich untersuchen, ob sie systematischer, nämlich aus unserem moralischen Maßstab ausgeschlossen werden sollten. Und ich möchte fragen, ob der Urgrundsatz des Utilitarismus Gründe dafür liefert, fremdbezogenen Wünschen jedes moralische Gewicht abzusprechen. Der Urgrundsatz ist, wie wir sahen, egalitär: Jeder Mensch hat die gleiche moralische Stellung, jeder zählt so viel wie jeder andere; deshalb sollten die Wünsche eines jeden gleichermaßen in die moralische Rechnung eingehen. Doch wenn dies das Attraktive am Utilitarismus ist, dann erscheint es als inkonsequent, fremdbezogene Wünsche zu berücksichtigen. Denn dann hängt es von der Meinung der anderen über mich ab, was mir gerechterweise zusteht. Wenn sie mich der Gleichbehandlung nicht für würdig erachten, dann ziehe ich bei der utilitaristischen Aggregierung den kürzeren. Doch das kann der Utilitarismus nicht akzeptieren, weil er von der Gleichbehandlung aller ausgeht.

Wenn wir alle für gleichberechtigt halten, dann verletzt es unsere tiefsten Grundsätze, daß einige leiden sollen, weil die anderen sie nicht als Gleiche behandelt wissen wollen. Nach Dworkin liegen inegalitäre fremdbezogene Wünsche »auf der gleichen Ebene wie die utilitaristische Theorie, sie möchten den gleichen Raum einnehmen«. Daher kann der Utilitarismus »nicht gleichzeitig die Pflicht anerkennen, gegen die falsche Theorie vorzugehen, daß die Wünsche einiger Menschen stärker ins Gewicht fallen sollen als die anderer, und die Pflicht, sich um Erfüllung der [fremdbezogenen] Wünsche derer, die der falschen Theorie leidenschaftlich anhängen, ebenso zu bemühen wie um die Erfüllung anderer Wünsche« (Dworkin 1985: 363). Gerade der Grundsatz, nach dem jedermanns Wünsche mit gleichem Gewicht in unser Moralkriterium eingehen sollen, verlangt auch die Nichtberücksichtigung von Wünschen, die gegen eine gleiche Berücksichtigung der Wünsche aller gerichtet sind. Nach Harsanyi sollten die Utilitaristen »Widerstand aus Gewissensgründen« (wie gegen den Kriegsdienst) leisten, wenn ihnen solche Wünsche entgegentreten (Harsanyi 1977: 62; Goodin 1982: 93 f.).

Egoistische Wünsche

Eine zweite Art unberechtigter Wünsche sind solche nach einem größeren als dem eigenen fairen Anteil an den Gütern. Ich nenne sie »egoistische Wünsche«, da sie darüber hinweggehen, daß auch andere die Güter brauchen und berechtigte Ansprüche auf sie haben. Wie die inegalitären fremdbezogenen Wünsche sind auch die egoistischen oft vernunftwidrig und nicht wohlbegründet. Doch manchmal schafft ihre Befriedigung tatsächlich Nutzen. Sollten sie, sofern nicht vernunftwidrig, in das utilitaristische Moralkriterium eingehen?

Utilitaristen könnten gegen meine Fragestellung Einwände erheben. Wie wir sahen, gibt es für sie unabhängig von der utilitaristischen Berechnung keine fairen Anteile und somit auch keine egoistischen Wünsche. Für sie ist eine faire Verteilung eben die nutzenmaximierende, daher können vor der Nutzenberechnung keine Wünsche als egoistisch abqualifiziert werden. Es wird also das Umstrittene einfach vorausgesetzt, wenn man gegen den Utilitarismus einwendet, es ließen sich vor der utilitaristischen Berechnung so etwas wie egoistische Wünsche aussondern. Doch wir können fragen, ob nicht der Urgrundsatz des Utilitarismus selbst Gründe für eine Theorie der fairen Anteile liefert, die die Ab- und Ausgrenzung egoistischer Wünsche aus dem Moralkriterium ermöglicht.

Diese Frage wurde kürzlich zwischen Hare und John Mackie diskutiert. Hare ist wie die meisten Utilitaristen der Auffassung, daß alle nicht vernunftwidrigen Wünsche in die Nutzenaggregierung eingehen sollten, auch wenn sie als unfair erscheinen. Wenn ich trotz meines Reichtums auf das Wenige meines Nachbarn ein Auge geworfen habe, muß mein Wunsch in die Rechnung eingehen. Und wenn diese zu meinen Gunsten ausschlägt, vielleicht weil ich viele Freunde habe, die auch etwas davon hätten, dann sollte ich den Nachbarn ausnehmen können. Gleichgültig, wieviel ich schon habe, mein Wunsch nach noch mehr zählt immer gleich, auch wenn es zu Lasten eines Armen geht.

Warum sollte der Utilitarist solche Wünsche berücksichtigen? Hare meint, der Gleichbehandlungsgrundsatz verlange es. Dieser könne am besten in Form des folgenden Gedankenexperiments angewendet werden: Man versetze sich in den anderen hinein und frage sich, was unsere Handlungen für ihn bedeuten würden, und zwar für jeden, der von unseren Handlungen betroffen wird. Man versetzt sich in den anderen hinein und behandelt ihn als ebenso wichtig wie sich selbst, als gleich beachtenswert. Ja, man soll diese anderen Standpunkte als den eigenen behandeln. Das gewährleistet die Gleichbehandlung aller. Habe ich mich so in jeden anderen hineinversetzt, dann soll ich mich für die Handlung entscheiden, die für »mich« die beste ist, wobei dieses »Ich« alle anderen »Iche« einschließt, sämtliche Standpunkte, die ich jetzt auch als die meinen betrachte. Wenn ich so das Beste für alle meine Ichs zu finden versuche, dann komme ich zu der Handlung, die die Wünsche aller dieser Ichs maximal befriedigt. So folgt nach Hare das utilitaristische Aggregierungskriterium zwanglos aus diesem intuitiven Modell der Gleichbehandlung. Wenn ich jedermanns Interessen als gleich wichtig behandle, indem ich mir vorstelle, sie wären die meinigen, dann gelange ich zu utilitaristischen Grundsätzen (Hare 1984: 109f.; vgl. 1982: 25–27).

Hare hält das für die einzige vernünftige Möglichkeit der Gleichbehandlung. Doch nach Mackie gibt es andere Möglichkeiten, auch wenn man mit Hare die Gleichbehandlung dadurch verwirklicht, daß man sich in die anderen hineinversetzt und sie alle als gleich wichtig behandelt. Statt für sie alle die Wunscherfüllung zu maximieren, könnte man jedem eine »faire Lebenschance« bieten, d.h. ausreichende Güter und Freiheiten. Oder man könnte, wenn man sich nacheinander in die anderen hineinversetzt, sich für das entscheiden, was dem am wenigsten Begünstigten dient, oder man könnte jedem den gleichen Anteil an den verfügbaren Gütern und Freiheiten zuteilen. Das alles sind verschiedene Ausdeutungen der abstrakten Forderung der Gleichbehandlung (Mackie 1984: 92).

Wie können wir zwischen diesen verschiedenen Formen der Gleichbehandlung entscheiden? Die Utilitaristen verweisen darauf, daß auch ihre Auffassung zu einer Gleichverteilung der Güter führen könne. Wer wenig hat, zieht aus jedem zusätzlichen Gut im allgemeinen größeren Nutzen als jemand, der schon viel hat. Ein Verhungernder zieht gewiß größeren Nutzen aus einem Stück Brot als ein schon gut Versorgter (Hare 1978: 124–126; Brandt 1959: 415–420). So können sich beide Seiten für den Anfang auf eine ungefähre Gleichverteilung der Güter einigen. Diese aber stellen sich Hare und Mackie ganz verschieden vor.

Mackie meint, wenn jeder einen fairen Anteil hat, dann gehörten die anfänglich mir zugeteilten Güter mir, kein anderer habe einen gerechten Anspruch auf sie. Einige, die schon ihren fairen Anteil haben, könnten nun etwas von meinem haben wollen. Doch das zähle moralisch nicht. Diese Wünsche hätten kein moralisches Gewicht. Es handele sich um egoistische Wünsche, weil sie meinen Anspruch auf einen fairen Anteil nicht gelten lassen. Nach Mackie sollte der Staat jedem seinen fairen Güteranteil sichern und ihn nicht wegnehmen lassen, nur weil manche Leute egoistische Wünsche nach dem hegen, worauf ein anderer das Recht hat. Die beste Fassung des Gleichbehandlungsgrundsatzes würde solche egoistischen Wünsche ausschließen.

Für Hare dagegen gehören die anfänglich mir zugeteilten Güter nicht in diesem Sinne mir, sondern nur, solange kein anderer etwas Besseres damit anfangen, d.h. einen größeren Gesamtnutzen erzeugen kann. Nach Hare wird diese Enteignungsmöglichkeit von demselben Grundsatz verlangt, der den Staat zu seiner anfänglichen Verteilung veranlaßt hatte, nämlich der Gleichbehandlung der Interessen aller. Diese verlange stets eine Umverteilung der Güter, wenn damit mehr Nutzen gestiftet werden könne.

Gibt es irgendeinen Grund, eine dieser Auffassungen der Gleichbehandlung den anderen vorzuziehen? Dazu müssen wir genauer die Wünsche betrachten, die in die Haresche Umverteilung eingehen würden. Angenommen, ich habe meinen fairen Anteil, ebenso wie jeder andere, und wir leben in einer Überflußgesellschaft, so daß zu diesem fairen Anteil ein Haus mit Garten gehört. Jeder meiner Nachbarn legt einen Blumengarten an, aber aus meinem Garten möchten sie am liebsten einen Kinderspielplatz machen. Ich möchte aber meinen eigenen Garten haben. Dieser Wunsch kann im Sinne des Gesamtnutzens von den Wünschen der anderen überwogen werden. Hare hält es deshalb für richtig, daß ich auf meinen Garten verzichten muß.

Wenn es moralisch falsch ist, daß ich meinen Garten haben will, dann muß angebbar sein, *wem ein Unrecht geschieht*. Wenn mein Opfer nötig ist, um die Menschen als Gleiche zu behandeln, wer kommt dann zu kurz, wenn ich an meinem Garten festhalte? Hare meint, die Nachbarn erführen keine Gleichbehandlung, wenn ihre Wünsche nicht mehr wiegen könnten als meiner. Doch das leuchtet keineswegs ein, sie haben ja schon ihren Garten, ihren fairen Anteil an den Gütern. Nach Hare ist der Wunsch meiner Nachbarn, über die Verwendung meines Gartens so gut wie des ihren zu entscheiden, ein berechtigter Wunsch, der einen moralischen Anspruch begründet. Doch sollte man solche Wünsche nicht eher als rein egoistisch bezeichnen? Warum könnten meine Nachbarn meinen, der Gleichbehandlungsgrundsatz verleihe ihnen einen Anspruch auf meinen fairen Güteranteil? Wenn sie schon ihren Garten haben, dann behandle ich sie nicht ungerecht, wenn ich mich auf den Standpunkt stelle, mein Gartenwunsch gehe ihren Wünschen vor. Ich respektiere sie immer noch als Gleiche, da ich keine Ansprüche auf ihre Lebensgüter stelle. Sie aber behandeln mich nicht als Gleichen, wenn sie erwarten oder verlangen, daß ich auf meinen Güteranteil zugunsten ihres egoistischen Wunsches nach mehr als ihrem fairen Anteil verzichte.

Das verweist auf einen wichtigen Zug unserer Alltagsauffassung von der Gleichbehandlung: daß wir von den anderen nicht erwarten sollen, unsere Vorhaben auf Kosten ihrer eigenen zu unterstützen. Angenommen, meine Freunde und ich haben kostspielige Neigungen, wir essen gern Kaviar und spielen täglich Tennis. Daß andere zur Unterstützung dieser kostspieligen Liebhabereien auf ihren fairen Güteranteil verzichten sollen – so glücklich uns das auch machen würde – diese Erwartung ist egoistisch. Wenn ich bereits meinen Güteranteil habe und mir einen berechtigten moralischen Anspruch auf die Güter anderer zuschreibe, weil sie mich eben glücklicher machen würden, dann ist das ein Mangel an Bereitschaft zur Gleichbehandlung. Diese verlangt von uns, solche egoistischen Wünsche nicht in die utilitaristische Rechnung einzubeziehen.

Der gleiche Grundsatz, aus dem sich die anfängliche Gleichverteilung der Güter ergab, spricht also auch für die Aufrechterhaltung dieser Verteilung. Hares Regelung, daß später nutzenmaximierende Umverteilungen stattfinden sollen, untergräbt den Gesichtspunkt der Anfangsverteilung und führt ihn nicht fort. Hares Gedanke, bei der moralischen Überlegung die Interessen der anderen als die meinen zu behandeln, ist gar nicht so schlecht. Er ist eine Konkretisierung des Gedankens der moralischen Gleichheit (solche Verfahren betrachten wir im nächsten Kapitel). Doch die von ihm angestrebte Gleichbehandlung wird verfehlt, wenn die Wünsche der anderen gleiche Ansprüche an alle unsere Handlungen und Güter stellen können. Vielmehr lehrt uns die moralische Gleichheit, wieviel Hilfsmittel wir für unsere eigenen Zwecke einsetzen können und wieviel den anderen zusteht. Die Gleichbehandlung besteht darin, daß die anderen ihren fairen Anteil beanspruchen können, und nicht darin, daß sie gleiches Gewicht bei der Verfügung über meinen Anteil haben. Die von Hare angestrebte Gleichbehandlung kommt besser zustande, wenn man den Menschen ihre fairen Anteile verschafft, als wenn man diese egoistischen Wünschen ausliefert.

Das ist nach Rawls ein grundsätzlicher Unterschied zwischen seiner und der utilitaristischen Gerechtigkeitstheorie. Für Rawls ist es ein bestimmender Zug unseres Gerechtigkeitsgefühls, daß »Interessen, die eine Verletzung der Gerechtigkeit erfordern würden, keinen Wert besitzen«, so daß unberechtigte Wünsche »nicht die Ansprüche der Menschen gegeneinander verzerren« können (Rawls 1975a: 50, 611, vgl. 490; Orig. 1971: 31, 564, vgl. 450). Die Gerechtigkeit »schränkt die zulässigen Vorstellungen vom Guten ein und schließt diejenigen, die Gerechtigkeitsgrundsätze verletzen, absolut aus; die Absichten, unzulässige Vorstellungen zu verwirklichen, haben überhaupt kein Gewicht«. Weil unfaire Wünsche »gewissermaßen nie in die gesellschaftliche Rechnung eingehen«, werden die Ansprüche der Menschen »vor unvernünftigen Übergriffen anderer geschützt«. Die Utilitaristen dagegen »kennen keine auf Moral und Gerechtigkeit beruhenden Einschränkungen für die Ziele, die der Bedürfnisbefriedigung dienen können« (Rawls 1982b: 184, 171 [Anm.], 170, 182).

Jetzt können wir erkennen, warum der Utilitarismus keine besonderen Beziehungen anerkennt und keine unberechtigten Wünsche ausschließt. Er faßt jeweils die Gleichbehandlung als Aggregierung vorgegebener Wünsche beliebiger Art auf, auch wenn sie die Rechte oder Absichten anderer beeinträchtigen. Doch nach unseren

Intuitionen sollte die Gleichheit schon in die Bildung unserer Wünsche eingehen. Zur Gleichbehandlung gehört, daß man die Beachtung der berechtigten Ansprüche der anderen in seine Lebensziele einbezieht.[9] Daher werden diskriminierende und egoistische Wünsche von Anfang an disqualifiziert, denn sie verstoßen bereits gegen die Gleichbehandlung. Wenn aber meine Ziele die berechtigten Ansprüche der anderen berücksichtigen, dann steht es mir frei, besondere Beziehungen einzugehen, auch wenn eine andere Handlungsweise den Nutzen maximieren würde. Wenn meine Absichten die Gleichbehandlung berücksichtigen, dann ist nichts dagegen einzuwenden, daß ich meiner Familie oder meinem beruflichen Fortkommen einen Vorrang einräume. Das bedeutet, daß meine täglichen Handlungen eine Ungleichbehandlung enthalten: Ich kümmere mich mehr um meine Freunde oder die Dinge, die mir wichtig sind, als um die Angelegenheiten anderer. Das gehört zum Begriff der Freundschaft oder der Hingabe an eine Sache. Und es ist völlig in Ordnung, solange ich die entsprechenden Ansprüche der anderen achte.

Die Grundwerte des Utilitarismus, die ihm seine anfängliche Überzeugungskraft verleihen, müssen, das erkennen wir jetzt, modifiziert werden. Der Utilitarismus ist zunächst überzeugend, weil für ihn die Menschen zählen, und zwar gleich. Doch dieses Ziel der Gleichbehandlung wird am besten verwirklicht, wenn der Begriff des fairen Anteils eingeführt wird. Dann werden diskriminierende und egoistische Wünsche ausgeschlossen, die die berechtigten Ansprüche anderer nicht gelten lassen, und andererseits die besonderen Engagements zugelassen, die einfach zu unserer Vorstellung von einem lebenswerten Leben gehören. Diese Modifikationen stehen nicht im Gegensatz zu dem allgemeinen Grundsatz, daß es auf die Folgen unserer Handlungen ankommt, vielmehr leiten sie sich aus ihm ab. Es sind Konkretisierungen des allgemeinen Gedankens, daß die Moral mit dem Wohl der Menschen zu tun haben soll. Der Utilitarismus hat aber diese Intuition zu stark vereinfacht.

Wie wir sahen, meinen die Vertreter des indirekten Utilitarismus, die intuitive Orientierung an nicht-utilitaristischen Entscheidungsverfahren untergrabe nicht den Utilitarismus als moralischen Maßstab, weil sie sich utilitaristisch rechtfertigen lasse. Doch dieses Argument zieht hier nicht, denn mir geht es um den Utilitarismus als moralischen Maßstab. Ich behaupte, gerade die Begründung der Utilitaristen dafür, daß sich ihr moralischer Maßstab auf die Wunscherfüllung beziehen soll, ist auch ein Grund, fremdbezogene und egoistische Wünsche nicht in den Maßstab eingehen zu lassen. Das ist ein Einwand gegen die Grundsätze dieser Theorie und nicht gegen ihre Anwendungen in Entscheidungsverfahren.

Die Befürworter solcher Modifikationen des Utilitarismus nennen das Ergebnis oft einen Ausgleich oder Kompromiß zwischen den Werten des Nutzens und der Gleichheit (so Raphael 1981: 47–56; Brandt 1959: Kap. 16; Hospers 1961: 426; Rescher 1966: 59). Doch so sehe ich die Dinge nicht. Vielmehr halte ich die Modifikationen für nötig, um das Gleichbehandlungsideal, auf das sich der Utilitarismus selbst beruft, besser zu konkretisieren.

Bleiben wir etwas bei diesem Argument stehen, weil es mir eine Grundform der politischen Argumentation darzustellen scheint. Wie ich in der Einleitung bemerkte, wird der Gleichheitsgedanke oft als die Grundlage der politischen Moral bezeichnet. Hares Utilitarismus wie auch Mackies »Recht auf eine faire Chance« berufen sich auf die Idee, daß jeder Mensch das Recht auf Gleichbehandlung hat. Doch sie führen diese Idee nicht beide gleich überzeugend aus. Nach unseren Intuitionen verstößt der Utilitarismus gegen den Gleichbehandlungsgrundsatz, weil er keine Theorie der fairen Anteile kennt.

Das könnte den Anschein erwecken, in der politischen Theorie gehe es um die richtige Ableitung spezieller Grundsätze aus dieser gemeinsamen Voraussetzung der moralischen Gleichheit. Damit bestünde die politische Argumentation in erster Linie in der Aufdeckung falscher Ableitungen. Doch die politische Philosophie unterscheidet sich von der Logik, in der die Folgerung schon völlig in den Voraussetzungen enthalten ist. Die Idee der moralischen Gleichheit ist zu abstrakt, als daß wir viel Konkretes aus ihr ableiten könnten. Es gibt viele verschiedene und gegensätzliche Arten der Gleichbehandlung. So können sich aus der Chancengleichheit ungleiche Einkommen ergeben (weil manche Menschen größere Fähigkeiten haben) und aus gleichen Einkommen ungleiches Wohlergehen (weil manche Menschen größere Bedürfnisse haben). Alle diese speziellen Formen der Gleichbehandlung sind logisch verträglich mit der Idee der moralischen Gleichheit. Die Frage ist, welche dieses tieferliegende Ideal der Gleichbehandlung am besten trifft. Das ist keine Frage der Logik. Es ist eine moralische Frage, deren Beantwortung von komplexen Fragen über das Wesen des Menschen und seiner Interessen abhängt. Logische Ableitungen helfen da nicht weiter. Man braucht ein Verständnis dafür, was am Menschen Achtung und Sorge verdient, und wie sich diese am besten ausdrückt.

Die Idee der moralischen Gleichheit ist zwar grundlegend, aber zu abstrakt, um aus ihr eine Gerechtigkeitstheorie abzuleiten. In der politischen Argumentation haben wir nicht eine Voraussetzung und konkurrierende Ableitungen vor uns, sondern einen Begriff mit konkurrierenden Ausdeutungen. Die Gerechtigkeitstheorien werden nicht aus dem Gleichheitsideal *abgeleitet*, sondern sie *versuchen es zu erfüllen*, und sie sind danach zu beurteilen, wie gut es ihnen gelingt. Dworkin schreibt, wenn Angehörigen des öffentlichen Dienstes gesagt wird, sie sollten nach dem Gleichheitsgrundsatz handeln, dann »wird ihnen zugemutet, ihre eigene Vorstellung davon zu entwickeln und anzuwenden... Das bedeutet natürlich nicht, ihnen einen unbegrenzten Ermessensspielraum einzuräumen; es wird ein Maßstab aufgestellt, dem sie versuchen müssen gerecht zu werden – wobei sie auch scheitern können –, denn nicht alle Vorstellungen gelten als gleich gut.« (Dworkin 1977: 135)[10] Wie überzeugt wir auch von einer bestimmten Gleichheitsvorstellung sein mögen, sie muß anderen gegenübergestellt werden, um zu ermitteln, welche die Gleichheitsidee am besten ausdrückt oder erfaßt.

In diesem Sinne habe ich gegen den Utilitarismus zu argumentieren versucht. Die Schwächen des Utilitarismus als Gleichheitskonzeption werden erkennbar, wenn man ihn einer Konzeption gegenüberstellt, die bestimmte Rechte und faire Güteranteile garantiert. Bei diesem Vergleich erscheint der Utilitarismus nicht mehr als eine einleuchtende Konkretisierung der moralischen Gleichheit, er widerstreitet unseren diesbezüglichen Grundintuitionen. Doch das ist keine Frage logischer Fehler, und die Überzeugungskraft einer Theorie der fairen Anteile beruht nicht auf logischen Beweisen. Wer an strengere Argumentationsformen gewöhnt ist, findet das vielleicht unbefriedigend. Doch wenn der Gleichheitsgedanke richtig ist, wenn jede dieser Theorien dem Ideal der Gleichbehandlung der Menschen nachstrebt, dann muß die politische Argumentation diese Form annehmen. Verlangt man von ihr logische Beweise, so ist das einfach ein Mißverständnis. Jeder Versuch, unsere Vorstellungen von den Grundsätzen für eine politische Gemeinschaft zu formulieren und zu verteidigen, muß diese Form des Vergleichs verschiedener Konkretisierungen der Gleichheitsidee annehmen.

Kapitel 3
Liberale Gleichheit

3.1 Rawls' Programm

Intuitionismus und Utilitarismus

Im letzten Kapitel sprach ich mich dafür aus, daß der Nutzenberechnung eine Theorie der fairen Verteilung vorgeschaltet werden müsse, weil Menschen gerechterweise nicht unbegrenzt zum Nutzen anderer geopfert werden können. Wenn die Menschen als Gleiche behandelt werden sollen, dann müssen ihnen bestimmte Rechte und Freiheiten garantiert werden. Aber welche?

Ein Großteil der politischen Philosophie der letzten zwanzig Jahre war dieser Frage gewidmet. Wie wir sahen, gibt es noch Verfechter des Utilitarismus. Doch es gab eine ausgeprägte Bewegung weg von dem »einst weithin anerkannten alten Glauben, daß irgendeine Form des Utilitarismus, wenn man nur die richtige finden könnte, das Wesen der politischen Moral erfassen *müsse*« (Hart 1979: 77), und die meisten heutigen politischen Philosophen hofften eine systematische Alternative zum Utilitarismus zu finden. Eine solche legte als einer der ersten John Rawls 1971 in seinem Buch *Eine Theorie der Gerechtigkeit* vor. Viele andere hatten sich schon über das Kontraintuitive am Utilitarismus geäußert. Doch Rawls begann sein Buch mit der Klage, die politische Theorie sei zwischen zwei Extremen eingekeilt, dem Utilitarismus auf der einen und einem inkohärenten Gewirr von Ideen und Grundsätzen auf der anderen Seite, das er »Intuitionismus« nennt – wenig mehr als eine Reihe von Anekdoten aufgrund spezieller Intuitionen bezüglich spezieller Fragen.

Der Intuitionismus ist eine unbefriedigende Alternative zum

Utilarismus, denn wir haben zwar anti-utilitaristische Intuitionen bezüglich bestimmter Fragen, möchten sie aber in eine alternative Theorie eingeordnet wissen, die diese Intuitionen plausibel macht. Doch der »Intuitionismus« kommt nie über diese Anfangsintuitionen hinaus oder ihren Beziehungen zueinander auf den Grund, er liefert keine Grundsätze, die in ihnen stecken und ihnen Struktur verleihen.

Rawls schreibt den intuitionistischen Theorien zwei Eigenschaften zu:

»Einmal gibt es in ihnen mehrere erste Grundsätze, die in bestimmten Fällen zu gegensätzlichen Folgerungen führen können; zweitens enthalten sie keine ausdrücklichen Regeln zur Gewichtung dieser Grundsätze im Vergleich zueinander: dazu muß man sich intuitiv fragen, was einem am ehesten als recht erscheint. Oder wenn es Regeln zur Bestimmung des Vorranges gibt, dann werden sie als mehr oder weniger trivial und als keine wesentlichen Hilfsmittel zur Urteilsbildung angesehen.« (1975a: 53, Orig. 1971: 34)

Es gibt viele Spielarten des Intuitionismus, die sich nach der Allgemeinheit ihrer Grundsätze unterscheiden lassen.

»Der Intuitionsmus des gemeinen Verstandes besteht aus Gruppen ziemlich spezieller Vorschriften, jede für ein bestimmtes Gerechtigkeitsproblem. Es gibt eine Gruppe von Vorschriften für gerechte Löhne, eine andere für die Besteuerung, wieder eine andere für Strafen, und so weiter. Um etwa zu einer Vorstellung vom gerechten Lohn zu kommen, muß man konkurrierende Gesichtspunkte irgendwie gegeneinander abwägen, etwa Arbeit, Ausbildung, Anstrengung, Verantwortung und Gefährlichkeit der Arbeit sowie auch die Bedürftigkeit. Niemand würde wohl nur aufgrund eines dieser Gesichtspunkte entscheiden; man muß einen Kompromiß zwischen ihnen finden.« (1975a: 54, Orig. 1971: 35)

Doch die verschiedenen Grundsätze können auch wesentlich allgemeinerer Art sein. So spricht man viel vom intuitiven Ausgleich zwischen Gleichheit und Freiheit oder zwischen Gleichheit und Effizienz, und diese Grundsätze würden für das ganze Anwendungsgebiet einer Gerechtigkeitstheorie gelten (1975a: 55f., Orig. 1971: 36f.). Diese intuitionistischen Ansätze, ob nun in Form spezieller Vorschriften oder allgemeiner Grundsätze, sind nicht nur theoretisch unbefriedigend, sondern auch in der Praxis ganz unbrauchbar, weil sie versagen, wenn diese speziellen und irreduziblen Vorschriften miteinander in Konflikt geraten. Doch gerade im Konfliktfall möchten wir eine politische Theorie zu Rate ziehen können.

Daher muß man versuchen, zwischen den in Konflikt stehenden Vorschriften eine Rangordnung einzuführen. Und diese Aufgabe stellt sich Rawls: er möchte eine umfassende politische Theorie entwickeln, die unsere verschiedenen Intuitionen strukturiert. Er geht nicht von der Existenz einer solchen Theorie aus, sondern nur davon, daß man sich um eine bemühen sollte:

»Nun ist an dieser intuitionistischen Lehre an sich nichts Unvernünftiges. Sie könnte durchaus wahr sein. Man kann nicht unbedingt davon ausgehen, unsere sozialen Gerechtigkeitsurteile müßten vollständig aus ersichtlich ethischen Grundsätzen ableitbar sein. Stattdessen glaubt der Intuitionist vielmehr, die Vielschichtigkeit der moralischen Tatsachen verhindere eine vollständige Analyse unserer Urteile und erfordere eine Mehrzahl konkurrierender Grundsätze. Er behauptet, der Versuch, über diese hinauszugehen, führe entweder auf Trivialitäten – etwa daß die soziale Gerechtigkeit darin bestehe, daß jeder bekomme, was ihm zusteht – oder zu Fehlern und Übervereinfachungen, etwa wenn alles durch das Nutzenprinzip geregelt werden soll. Daher besteht der einzige Einwand gegen den Intuitionismus darin, daß man die ersichtlich ethischen Kriterien angibt, aus denen die Gewichte folgen, die wir nach unserem wohlüberlegten Urteil für die verschiedenen Grundsätze für angemessen halten. Eine Widerlegung des Intuitionismus besteht in der Angabe der Konstruktionskriterien, die es angeblich nicht gibt.« (1975a: 58f., Orig. 1971: 39)

Rawls hat also eine gewisse historische Bedeutung für die Überwindung des Patts zwischen Utilitarismus und Intuitionismus. Doch seine Theorie ist noch aus einem anderen Grunde wichtig. Sie beherrscht das Feld, nicht weil sie allgemein anerkannt wäre – nur ganz wenige akzeptieren sie vollständig –, sondern weil sich nachfolgende Theoretiker anhand ihres Gegensatzes zu Rawls bestimmt haben. Sie erläutern ihre Theorie, indem sie sie der Rawlsschen gegenüberstellen. Wir können spätere Arbeiten zur Gerechtigkeitsfrage nur verstehen, wenn wir Rawls verstehen.

Die Gerechtigkeitsgrundsätze

Zur Darstellung der Rawlsschen Ideen gebe ich zunächst seine Antwort auf die Frage der Gerechtigkeit an und diskutiere dann seine beiden Argumente dafür. Seine »allgemeine Gerechtigkeitsvorstellung« besteht in dem einen Hauptgedanken: »Alle sozialen Primärgüter – Freiheit und Chancen, Einkommen und Vermögen und die Grundlagen der Selbstachtung – sind gleich zu verteilen, es sei denn, eine Ungleichverteilung irgendeines oder aller dieser Güter komme den am wenigsten Begünstigten zugute« (1971: 303 [in der dt. Ausg. (1975a) weggefallen, d. Üb.]). In dieser »allgemeinen Gerechtigkeitsvorstellung« bindet Rawls die Gerechtigkeitsidee an eine Gleichverteilung der sozialen Güter, gibt aber eine wichtige Wendung. Die Menschen werden als Gleiche behandelt, indem nicht alle Ungleichheiten beseitigt werden, sondern nur jene, die jemanden benachteiligen. Wenn bestimmte Ungleichheiten jedem nützen, indem sie sozial nützliche Fähigkeiten und Energien mobilisieren, dann werden sie für jeden annehmbar sein. Wenn es meinen Interessen dient, daß ein anderer mehr Geld bekommt als ich, dann ist es im Sinne der gleichen Berücksichtigung meiner Interessen, daß diese Ungleichheit gestattet und nicht verboten wird. Ungleichheiten sind zulässig, wenn sie meinen ursprünglich gleichen Anteil verbessern, aber anders als im Utilitarismus jedenfalls unzulässig, wenn sie meinen ursprünglich gleichen Anteil schmälern. Das ist der einfache Grundgedanke der Rawlsschen Theorie.

Doch diese allgemeine Gerechtigkeitsvorstellung ist noch keine vollständige Gerechtigkeitstheorie, denn die Verteilung der verschiedenen Güter nach diesem Grundsatz kann zu Konflikten führen. Angenommen, das Einkommen einer [benachteiligten, d. Üb.] Personengruppe könnte durch Wegnahme einer ihrer Grundfreiheiten erhöht werden. Diese ungleiche Verteilung der Freiheit kommt diesen am wenigsten Begünstigten in einer Beziehung (Einkommen) zugute, nicht aber in einer anderen (Freiheit). Oder: wie ist zu verfahren, wenn eine ungleiche Einkommensverteilung zwar das Einkommen aller erhöht, aber die Chancengleichheit derer mit niedrigem Einkommen beeinträchtigt? Wiegen diese Einkommensvorteile die Nachteile auf dem Gebiet der Freiheit oder der Chancen auf? Die allgemeine Gerechtigkeitsvorstellung läßt diese Fragen unbeantwortet und löst damit nicht das Problem, das intuitionistische Theorien als unbrauchbar erscheinen ließ.

Man braucht ein Vorrangsystem zwischen den verschiedenen Elementen der Theorie. Die Rawlssche Lösung besteht in einer Aufgliederung der allgemeinen Gerechtigkeitsvorstellung in drei Teile, die nach einem Grundsatz des »lexikalischen Vorrangs« angeordnet sind. [D.h., daß eine Verminderung eines lexikalisch höheren Elements durch keine noch so starke Erhöhung eines lexikalisch niedrigeren Elements wettgemacht werden kann, d. Üb.]

»Erster Grundsatz. Jedermann hat gleiches Recht auf das umfangreichste Gesamtsystem gleicher Grundfreiheiten, das für alle möglich ist.
Zweiter Grundsatz. Soziale und wirtschaftliche Ungleichheiten müssen folgendermaßen beschaffen sein: (a) sie müssen unter der Einschränkung des gerechten Spargrundsatzes den am wenigsten Begünstigten den größtmöglichen

Vorteil bringen, und (b) sie müssen mit Ämtern und Positionen verbunden sein, die allen gemäß fairer Chancengleichheit offenstehen.

Erste Vorrangregel (Vorrang der Freiheit). Die Gerechtigkeitsgrundsätze stehen in lexikalischer Ordnung; demgemäß kann die Freiheit [dt. Ausg. (1975a): können die Grundfreiheiten, d. Üb.] nur um der Freiheit willen eingeschränkt werden ...

Zweite Vorrangregel (Vorrang der Gerechtigkeit vor Leistungsfähigkeit und Lebensstandard). Der zweite Gerechtigkeitsgrundsatz ist dem Grundsatz der Leistungsfähigkeit und [dem der, d. Üb.] Nutzenmaximierung lexikalisch vorgeordnet; die faire Chancengleichheit ist dem Unterschiedsprinzip vorgeordnet ...« (1975a: 336 f., Orig. 1971: 302 f.)

Diese Grundsätze bilden die »spezielle Gerechtigkeitsvorstellung«, sie sollen die systematische Richtschnur liefern, die der Intuitionismus schuldig bleibt. Nach diesen Grundsätzen sind gewisse soziale Güter wichtiger als andere und können deshalb nicht um Verbesserungen dieser anderen willen geopfert werden. Die gleichen Freiheiten sind wichtiger als die Chancengleichheit, und diese ist wichtiger als gleiche Ressourcen. Doch innerhalb jeder Kategorie bleibt Rawls' einfacher Grundgedanke bestehen: Eine Ungleichheit ist nur zulässig, wenn sie den am wenigsten Begünstigten nützt. Die Vorrangregeln setzen also den Grundsatz der fairen Anteile nicht außer kraft, er gilt weiter innerhalb jeder Kategorie.

Diese beiden Grundsätze sind Rawls' Antwort auf die Frage der Gerechtigkeit. Doch wir müssen noch seine Argumente für sie kennenlernen. In diesem Kapitel konzentriere ich mich auf seine Argumente für den zweiten Grundsatz – er nennt ihn »Unterschiedsprinzip« –, der die Verteilung der ökonomischen Ressourcen regelt. Erst in späteren Kapiteln gehe ich auf den Freiheitsgrundsatz und Rawls' Gründe für seinen Vorrang ein. Hier muß aber schon festgestellt werden, daß Rwals keinen allgemeinen Freiheitsgrundsatz befürwortet, der allem, was vernünftigerweise als eine Freiheit bezeichnet werden kann, entscheidenden Vorrang einräumen würde. Vielmehr geht es ihm um den speziellen Schutz der sogenannten »Grundfreiheiten«, also der üblichen politischen und Bürgerrechte einer liberalen Demokratie wie z.B. aktives und passives Wahlrecht, ordentliches Gerichtsverfahren, Redefreiheit, Freizügigkeit (1975a: 82, Orig. 1971: 61). Diese Rechte sind für den Liberalismus sehr wichtig; er läßt sich geradezu dadurch kennzeichnen, daß er diesen Grundfreiheiten Vorrang einräumt.

Doch der Gedanke, daß den politischen und Bürgerrechten Vorrang gebührt, ist in unserer Gesellschaft weit verbreitet. Daher spielte sich der Streit zwischen Rawls und seinen Kritikern eher auf anderen Gebieten ab. Der Schutz der Grundfreiheiten ist der am wenigsten umstrittene Teil seiner Theorie. Doch meine Ablehnung des Utilitarismus gründete sich auch auf die Notwendigkeit einer Theorie der fairen Anteile an den ökonomischen Ressourcen, und diese ist stärker umstritten. Manche lehnen den Gedanken einer solchen Theorie überhaupt ab, und die anderen haben sehr verschiedene Vorstellungen davon. Diese Frage der Güterverteilung steht im Mittelpunkt des Übergangs vom Utilitarismus zu den anderen Gerechtigkeitstheorien, die wir untersuchen werden. Daher möchte ich mich jetzt auf Rawls' Behandlung des Unterschiedsprinzips konzentrieren.

Rawls hat zwei Argumente für seine Gerechtigkeitsgrundsätze. Das eine besteht in der Gegenüberstellung seiner Theorie mit dem, was er für die vorherrschende Ideologie auf dem Gebiet der Verteilungsgerechtigkeit hält, nämlich dem Ideal der Chancengleichheit. Er behauptet, seine Theorie entspreche besser unseren durchdachten Gerechtigkeitsintuitionen und formuliere gerade die Fairneßideale besser, auf die sich die herrschende Ideologie beruft. Das zweite Argument ist ganz anderer Art. Rawls behauptet, seine Gerechtigkeitsgrundsätze seien vorzuziehen, weil sie das Ergebnis eines hypothetischen Gesellschaftsvertrags seien: Wenn die Menschen in einem bestimmten vorgesellschaftlichen Zustand über die Grundsätze ihrer Gesellschaft zu entscheiden hätten, dann würden sie sich für diese Grundsätze entscheiden. Jeder in Rawls' »Urzustand« habe ein vernünftiges Interesse daran, daß die Rawlsschen Grundsätze für das gesellschaftliche Zusammenleben gelten sollen. Dieses zweite Argument hat die meiste Kritik auf sich gezogen und Rawls am bekanntesten gemacht. Doch es ist gar nicht leicht zu deuten, und wir bekommen es besser in den Griff, wenn wir mit dem ersten Argument beginnen.[1]

3.2 Das intuitive Chancengleichheits-Argument

Die vorherrschende Rechtfertigung der Einkommens- und Vermögensverteilung in unserer Gesellschaft geht vom Gedanken der »Chancengleichheit« aus. Ungleichheiten des Einkommens, des Prestiges usw. gelten dann und nur dann als gerechtfertigt, wenn die

Ämter und Positionen, die die Vorteile mit sich bringen, in einem fairen Wettbewerb zugewiesen worden sind. Es ist zulässig, bei einem gesellschaftlichen Durchschnittseinkommen von 30000 Mark im Jahr jemandem ein Gehalt von 150000 Mark zu zahlen, falls faire Chancengleichheit geherrscht hat, d.h., falls niemand wegen Hautfarbe, Geschlecht oder sozialer Herkunft benachteiligt wurde. Ein solches Einkommen ist unabhängig davon gerecht, ob die weniger Begünstigten durch die Ungleichheit etwas gewinnen oder nicht.

Das steht im Gegensatz zur Rawlsschen Theorie, die zwar ebenfalls Chancengleichheit bei der Verteilung der Positionen fordert, aber mit diesen kein Recht auf größere Anteile an den gesellschaftlichen Ressourcen verbindet. Eine Rawlssche Gesellschaft kann bestimmte Menschen nur dann überdurchschnittlich bezahlen, wenn alle etwas davon haben, nämlich nach dem Unterschiedsprinzip nur dann, wenn auch die weniger Begünstigten etwas davon haben.

Warum erscheint die Ideologie der Chancengleichheit vielen Menschen in unserer Gesellschaft als fair? Weil sie dafür sorgt, daß das Schicksal der Menschen von ihren Entscheidungen (choices) und nicht von ihren Lebensumständen (circumstances) bestimmt wird. Wenn ich ein persönliches Ziel in einer Gesellschaft mit Chancengleichheit verfolge, dann hängt mein Erfolg oder Mißerfolg von meiner Leistung ab und nicht von meiner Hautfarbe, Klasse oder meinem Geschlecht. In einer Gesellschaft, in der niemand aufgrund seiner sozialen Umstände bevorzugt oder benachteiligt wird, ergibt sich der Erfolg (oder Mißerfolg) der Menschen aus ihren eigenen Entscheidungen und Anstrengungen, er wird »erarbeitet« und nicht bloß verliehen. In einer Gesellschaft mit Chancengleichheit ist ungleiches Einkommen fair, weil es »verdientermaßen« denen zufließt, denen es »gebührt«.

Man ist sich uneins darüber, was zur Verwirklichung fairer Chancengleichheit nötig ist. Einige halten ein gesetzliches Diskriminierungsverbot bei Bildung und Beschäftigung für ausreichend. Andere halten Förderungsprogramme für wirtschaftlich und kulturell benachteiligte Gruppen für notwendig, damit deren Mitglieder wirklich gleiche Chancen beim Erwerb der Qualifikationen haben, die für den wirtschaftlichen Erfolg nötig sind. Doch der Kerngedanke ist jeweils der, daß ungleiche Anteile an den sozialen Gütern dann fair sind, wenn sie erarbeitet sind und verdientermaßen zufließen, d. h. wenn sie sich aus den Entscheidungen und Handlungen des Betreffenden ergeben. Unfair ist die Bevorzugung oder Benachteiligung aufgrund willkürlicher und unverdienter Unterschiede der sozialen Umstände.

Rawls erkennt die Überzeugungskraft dieser Betrachtungsweise an. Doch es gebe eine weitere Quelle unverdienter Ungleichheit, die von ihr nicht berücksichtigt werde. Soziale Ungleichheiten seien in der Tat unverdient, und deshalb sei es unfair, wenn jemandes Schicksal durch sie verschlechtert wird. Doch dasselbe gelte für Ungleichheiten der natürlichen Begabung. Niemand habe es verdient, daß er behindert oder daß er mit einem Intelligenzquotienten von 140 geboren wird, ebensowenig wie daß er in eine bestimmte Klasse oder Ethnie oder mit einem bestimmten Geschlecht geboren wird. Wenn es ungerecht sei, daß das Schicksal der Menschen von diesen letzteren Faktoren beeinflußt wird, dann müsse man fragen, warum es nicht ebenso ungerecht sein soll, wenn es von den erstgenannten Faktoren bestimmt wird. Die Ungerechtigkeit sei in beiden Fällen die gleiche, denn die Güteranteile sollten nicht durch moralisch willkürliche Faktoren beeinflußt werden. Natürliche Gaben und soziale Umstände seien beides reine Glückssache, und die moralischen Ansprüche der Menschen sollten davon nicht abhängen.

Daher sei das herrschende Ideal der Chancengleichheit »instabil«, denn »wenn man einmal mit dem Einfluß entweder gesellschaftlicher oder natürlicher Zufälle auf die Verteilung unzufrieden ist, dann wird man durch Nachdenken dazu geführt, mit beidem unzufrieden zu sein. Vom moralischen Gesichtspunkt aus erscheint beides als gleich willkürlich« (1975a: 95, Orig. 1971:74f.). Dworkin erklärt sogar die herrschende Auffassung wegen der Unverdientheit der natürlichen Gaben für – weniger instabil als vielmehr – »betrügerisch« (Dworkin 1985: 207). Die herrschende Auffassung meint, die Beseitigung sozialer Ungleichheiten gebe jedem gleiche Chancen beim Erwerb sozialer Güter, somit kämen alle individuellen Einkommensunterschiede dem Betreffenden als Ergebnis seiner Entscheidungen oder Anstrengungen verdientermaßen zu. Doch die von Natur Benachteiligten haben keine gleiche Chance beim Erwerb sozialer Güter, und ihr Mißerfolg hat nichts mit ihren Entscheidungen oder Anstrengungen zu tun. Wenn wir wirklich an der Beseitigung unverdienter Ungleichheiten interessiert sind, dann ist die herrschende Auffassung von der Chancengleichheit unhaltbar.

Der überzeugende Grundgedanke der herrschenden Auffassung ist der, daß das Schicksal der Menschen von ihren Entscheidungen über ihre Lebensführung bestimmt sein soll und nicht von den Umständen, in denen sie sich zufällig vorfinden. Doch die herrschende Auffassung erkennt nur Unterschiede der sozialen Umstände an und übersieht solche der natürlichen Gaben (oder behandelt sie wie Entscheidungen). Das ist eine willkürliche Beschränkung bei der Anwendung ihrer eigenen Hauptintuition.

Wie sollte man mit Unterschieden bei den natürlichen Gaben umgehen? Manche meinen, ausgehend von den Parallelen zwischen sozialen und natürlichen Ungleichheiten, daß niemand davon einen Vorteil haben sollte. Doch Rawls meint:

»Niemand hat seine besseren natürlichen Fähigkeiten oder einen besseren Startplatz in der Gesellschaft verdient. Doch das ist kein Grund, diese Unterschiede zu beseitigen. Man kann anders mit ihnen umgehen. Die Grundstruktur läßt sich so gestalten, daß diese Unterschiede auch den am wenigsten Begünstigten zugute kommen. Man wird also auf das Unterschiedsprinzip geführt, wenn man das Gesellschaftssystem so gestalten möchte, daß niemand von seinem zufälligen Platz in der Verteilung der natürlichen Gaben oder seiner Ausgangsposition in der Gesellschaft Vor- oder Nachteile hat, ohne einen Ausgleich zu geben oder zu empfangen.« (1971: 102, [leicht verändert in der dt. Ausg.] 1975a: 122f.)

Niemand sollte unter unverdienten natürlichen Ungleichheiten zu leiden haben, doch es könnte sein, daß alle davon profitieren. Niemand verdient Vorteile aufgrund seiner natürlichen Gaben, doch ihre Zulassung ist dann nicht unfair, wenn sie denen zugute kommen, die bei der »Lotterie der Natur« schlechter weggekommen sind. Und genau dies besagt das Unterschiedsprinzip.

Das also ist Rawls' erstes Argument für seine Theorie der fairen Anteile. Unter der herrschenden Auffassung können Begabte natürlicherweise ein höheres Einkommen erwarten. Doch da diese Vorteile unverdient sind, sind sie »genau dann gerecht, wenn sie zur Verbesserung der Aussichten der am wenigsten begünstigten Mitglieder der Gesellschaft beitragen« (1975a: 96, Orig. 1971: 75). So gelangt man aufgrund einer kritischen Prüfung der herrschenden Auffassung von der Chancengleichheit zum Unterschiedsprinzip. Rawls formuliert so: »Wenn man [den Gedanken der Chancengleichheit so fassen möchte, daß man] jedermann als moralisches Subjekt gleich behandeln will und die Anteile der Menschen an den Früchten und Lasten der gesellschaftlichen Zusammenarbeit nicht durch gesellschaftliche oder natürliche Zufälligkeiten bestimmen lassen möchte,

dann ist offensichtlich [das Unterschiedsprinzip] die beste ... Möglichkeit.« (1971: 75, [leicht verändert in der dt. Ausg.] 1975a: 95.)
Dies ist also das erste Argument. Ich halte seine Grundvoraussetzung für richtig. Die herrschende Auffassung von der Chancengleichheit ist instabil, unser Platz in der Verteilung der natürlichen Gaben ist moralisch willkürlich. Doch Rawls' Folgerung ist nicht ganz richtig. Daraus, daß natürliche und soziale Ungleichheiten willkürlich sind, könnte man folgern, daß sie sich nur dann auf die Verteilung auswirken sollten, wenn es den am wenigsten Begünstigten zugute kommt. Doch nach dem Unterschiedsprinzip müssen alle Ungleichheiten den am wenigsten Begünstigten zugute kommen. Wie steht es aber, wenn ich nicht in einer privilegierten sozialen Gruppe und ohne besondere Gaben geboren bin, aber durch meine Entscheidungen und Anstrengungen ein höheres Einkommen erzielt habe? Es ist nicht zu erkennen, warum das Unterschiedsprinzip für alle Ungleichheiten gelten soll statt nur für jene, die moralisch willkürlichen Faktoren zu verdanken sind. Auf diesen Gesichtspunkt komme ich nach der Untersuchung des zweiten Arguments zurück.

3.3 Das Gesellschaftsvertrags-Argument

Rawls hält das erste Argument für seine Gerechtigkeitsgrundsätze für weniger wichtig als das zweite. Sein Hauptargument hat mit einem »Gesellschaftsvertrag« zu tun, damit, welche politische Moral die Menschen wählen würden, wenn sie die Gesellschaft aus einem »Urzustand« heraus zu schaffen hätten. Über das gerade betrachtete Argument sagt Rawls:

>»Ich habe auch [für diese Gerechtigkeitsvorstellung] [mit meinen Bemerkungen über die Chancengleichheit] noch keine Argumente vorgebracht, denn in einer Vertragstheorie können sich diese, genau genommen, nur darauf beziehen, was im Urzustand vernünftig wäre. Hier ging es mir darum, der bevorzugten Deutung der beiden Grundsätze den Weg zu bereiten, damit diese, besonders [das Unterschiedsprinzip], dem Leser nicht als zu ausgefallen oder abwegig erscheinen mögen.« (1971: 75, [leicht verändert in der dt. Ausg.] 1975a: 95.)

Rawls betrachtet also sein erstes intuitives Argument nur als Vorbereitung für das eigentliche Argument, das auf der Idee des Gesellschaftsvertrags beruht. Das ist eine ungewöhnliche Strategie, denn

Gesellschaftsvertragsargumente gelten gewöhnlich als schwach, und Rawls scheint so einem ziemlich starken Argument lediglich eine Hilfsfunktion für das schwächere Vertragsargument zuzuweisen.

Warum gelten Gesellschaftsvertragsargumente als schwach? Weil sie von ganz unplausiblen Voraussetzungen auszugehen scheinen. Man soll sich einen Naturzustand vor jeder politischen Organisation vorstellen. Jeder ist auf sich selbst gestellt, da es keine Autorität über ihm gibt, die ihm befehlen könnte oder seine Interessen oder Besitztümer zu schützen hätte. Es fragt sich nun, was für einen Vertrag diese Personen im Naturzustand zur Errichtung einer politischen Autorität mit diesen Machtbefugnissen und Verpflichtungen schließen würden. Kennt man die Bestimmungen dieses Vertrags, dann kennt man die Pflichten der Regierung wie auch der Bürger.

Verschiedene Theoretiker – Hobbes, Locke, Kant, Rousseau – haben sich dieses Kunstgriffs bedient und sind zu verschiedenen Ergebnissen gelangt. Doch gegen alle richtete sich dieselbe Kritik, nämlich daß es einen solchen Naturzustand und Vertrag nie gegeben hat, so daß Bürger und Regierung nicht daran gebunden sind. Verträge schaffen nur Verpflichtungen, wenn sie tatsächlich abgeschlossen werden. Ein Vertrag, den Menschen in irgendeinem Naturzustand geschlossen *hätten*, ist als ein bloß hypothetischer Vertrag zu bezeichnen. Doch ein »hypothetischer Vertrag ist nicht eine blasse Form eines wirklichen Vertrags, sondern überhaupt kein Vertrag« (Dworkin 1977: 151). Daß wir durch den Vertrag gebunden seien, dem wir im Naturzustand zustimmen *würden*, läuft darauf hinaus,

»daß es fair sei, Grundsätze, denen jemand, wenn er vorher gefragt worden wäre, zugestimmt hätte, später, wenn er nicht zustimmt, auf ihn anzuwenden. Doch das ist ein schlechtes Argument. Stellen wir uns vor, ich hätte am Montag den Wert meines Gemäldes nicht gekannt; hättest du mir 100 Mark dafür geboten, so hätte ich eingeschlagen. Am Dienstag entdecke ich, daß es wertvoll ist. Dann kannst du nicht behaupten, es wäre fair, wenn ich gerichtlich gezwungen würde, es dir am Mittwoch für 100 Mark zu verkaufen. Ich habe vielleicht nur Glück gehabt, daß du mich nicht am Montag gefragt hast, aber das rechtfertigt nicht, mich später zwangsweise darauf festzulegen.« (Dworkin 1977: 152.)

Der Gedanke eines Gesellschaftsvertrags erscheint also entweder als historisch absurd (wenn es sich um eine tatsächliche Vereinbarung handeln soll) oder als moralisch unerheblich (wenn es sich um eine hypothetische Vereinbarung handeln soll).

Doch wie Dworkin bemerkt, kann man Gesellschaftsvertrags-Argumente auch anders auffassen, nämlich nicht als wirkliche oder hypothetische Vereinbarung, sondern als einen Kunstgriff zur Herausarbeitung der Implikationen bestimmter moralischer Voraussetzungen bezüglich der moralischen Gleichheit der Menschen. Der Gedanke eines Naturzustands soll nicht die historischen Ursprünge der Gesellschaft oder die historischen Verpflichtungen von Regierungen und Individuen beschreiben, sondern den Gedanken der moralischen Gleichheit der Menschen verkörpern.

Zur moralischen Gleichheit gehört die These, daß niemand grundsätzlich dem Willen anderer unterworfen ist, daß niemand als Eigentum oder Untertan eines anderen auf die Welt kommt. Wir sind alle frei und gleich geboren. Während des größten Teils der Geschichte wurde vielen Gruppen diese Gleichheit vorenthalten; so galten in Feudalgesellschaften die Bauern als natürliche Untertanen der Adligen. Es war die historische Mission klassischer Liberaler wie Locke, diese feudale Prämisse anzugreifen, und dazu erfanden sie einen Naturzustand, in dem die Menschen gleichgestellt waren. Rousseau sagte: »Der Mensch wird frei geboren, und doch liegt er allenthalben in Ketten.« Der Gedanke eines Naturzustands ist also keine anthropologische Behauptung über die vorgesellschaftliche Existenz der Menschen, sondern eine moralische Behauptung über die Nichtexistenz natürlicher Unterordnungsverhältnisse zwischen den Menschen.

Die klassischen Liberalen waren aber keine Anarchisten, die Regierungen grundsätzlich ablehnen und davon überzeugt sind, daß Menschen niemals eine legitime Autorität über andere haben können und niemand legitimerweise gezwungen werden kann, einer solchen Autorität zu gehorchen. Da die Liberalen keine Anarchisten waren, mußten sie unbedingt erklären, wie es dazu kommen kann, daß frei und gleich geborene Menschen einer Regierung unterworfen sind. Ihre Antwort lautete etwa so: Wegen der Ungewißheit und Knappheit im gesellschaftlichen Leben wären die Menschen unbeschadet ihrer moralischen Gleichheit bereit, bestimmte Machtbefugnisse dem Staat zu übertragen, aber nur, sofern er sie treuhänderisch zum Schutze der Menschen vor den Ungewißheiten und Knappheiten anwendet. Mißbrauchte eine Regierung dieses Vertrauen und diese Macht, dann brauchten ihr die Bürger nicht mehr zu gehorchen und hatten sogar das Recht zum Widerstand. Daß einige Menschen Machtbefugnisse über die anderen haben, verträgt sich mit der moralischen Gleichheit, weil die Herrschenden mit dieser Macht nur treuhänderisch zu Schutz und Förderung der Interessen der Regierten betraut sind.

Von einer solchen Theorie geht nun Rawls aus. Er sagt: »Ich möchte eine Gerechtigkeitsvorstellung darlegen, die die bekannte Theorie des Gesellschaftsvertrages etwa von Locke, Rousseau und Kant verallgemeinert und auf eine höhere Abstraktionsebene hebt.« (1975a: 27f., Orig. 1971: 11.) Das Wesentliche an dem Vertrag ist die Festlegung von Gerechtigkeitsgrundsätzen aus einem Zustand der Gleichheit heraus. In der Rawlsschen Theorie

»spielt die ursprüngliche Situation der Gleichheit dieselbe Rolle wie der Naturzustand in der herkömmlichen Theorie des Gesellschaftsvertrags. Dieser Urzustand wird natürlich nicht als ein wirklicher geschichtlicher Zustand vorgestellt, noch weniger als ein primitives Stadium der Kultur. Er wird als rein theoretische Situation aufgefaßt, die so beschaffen ist, daß sie zu einer bestimmten Gerechtigkeitsvorstellung führt.« (1975a: 28f., Orig. 1971: 12.)

Der Rawlssche Urzustand »spielt« zwar »dieselbe Rolle« wie der Naturzustand, doch er unterscheidet sich auch von ihm, denn nach Rawls ist der übliche Naturzustand gar keine »anfängliche Situation der Gleichheit« (1975a: 28, Orig. 1971: 11). Hier trifft sich das Vertragsargument mit seinem intuitiven Argument. Die übliche Darstellung des Naturzustands ist unfair, weil einige Menschen mehr Verhandlungsmacht haben – mehr natürliche Fähigkeiten, anfängliche Ressourcen oder einfach körperliche Stärke – und zäher verhandeln können, während die anderen Zugeständnisse machen müssen. Die Wechselfälle der Natur treffen jeden, doch manche können besser mit ihnen fertig werden, und diese werden keinem Gesellschaftsvertrag zustimmen, der nicht ihre natürlichen Vorteile festschreibt. Und das ist, wie wir wissen, in Rawls' Augen unfair. Da diese natürlichen Vorteile unverdient sind, dürfen sie bei der Festlegung der Gerechtigkeitsgrundsätze niemanden besser oder schlechter stellen.[2]

Es ist also ein neues Verfahren nötig, um die Implikationen der moralischen Gleichheit zu entwickeln, ein Verfahren, das es den Menschen nicht erlaubt, ihre natürlichen Vorteile bei der Festlegung von Gerechtigkeitsgrundsätzen auszunützen. Deshalb entwickelt Rawls die ansonsten merkwürdige Konstruktion der »Urzustands«. In diesem revidierten Urzustand befinden sich die Menschen hinter einem »Schleier des Nichtwissens«, derart, daß

»niemand seine Stellung in der Gesellschaft kennt, seine Klasse oder seinen Status, ebensowenig sein Los bei der Verteilung natürlicher Gaben wie Intelligenz oder Körperkraft. Ich nehme sogar an, daß die Beteiligten ihre Vorstellung vom Guten und ihre besonderen psychologischen Neigungen nicht kennen. Die Grundsätze der Gerechtigkeit werden hinter einem Schleier des Nichtwissens festgelegt. Dies gewährleistet, daß dabei niemand durch die Zufälligkeiten der Natur oder der gesellschaftlichen Umstände bevorzugt oder benachteiligt wird. Da sich alle in der gleichen Lage befinden und niemand Grundsätze ausdenken kann, die ihn aufgrund seiner besonderen Verhältnisse bevorzugen, sind die Grundsätze der Gerechtigkeit das Ergebnis einer fairen Übereinkunft oder Verhandlung.« (1975a: 29, Orig. 1971: 12.)

Viele Kritiker sahen in dieser postulierten Ausklammerung der Kenntnis der eigenen sozialen Verhältnisse und persönlichen Wünsche eine abwegige Theorie der persönlichen Identität. Was bleibt vom Ich übrig, wenn dieses ganze Wissen ausgeklammert wird? Man kann sich nur schwer sich selbst hinter einem solchen Schleier des Nichtwissens vorstellen, noch viel schwerer als im herkömmlichen Naturzustand, wo die fiktiven Personen wenigstens noch verhältnismäßig unversehrt an Geist und Körper waren.

Doch der Schleier des Nichtwissens drückt keine Theorie der persönlichen Identität aus. Er ist ein intuitiver Fairneßtest, ähnlich wie man eine faire Aufteilung eines Kuchens dadurch zu erreichen sucht, daß man dafür sorgt, daß die Person, die die Stücke schneidet, nicht weiß, welches sie bekommen wird.[3] So sorgt auch der Schleier des Nichtwissens dafür, daß denjenigen, die die Entscheidung aufgrund ihrer besseren Position zu ihren Gunsten beeinflussen könnten, diese Möglichkeit genommen wird. Rawls schreibt:

»Man darf sich also durch die etwas ungewöhnlichen Bedingungen, die den Urzustand kennzeichnen, nicht irreführen lassen. Der Gedanke ist einfach der, uns die Einschränkungen lebhaft vor Augen zu führen, die für die Argumentation über Gerechtigkeitsgrundsätze und damit für diese selbst als vernünftig erscheinen. So erscheint es als vernünftig und allgemein akzeptabel, daß durch die Wahl der Grundsätze niemand aufgrund natürlicher oder gesellschaftlicher Gegebenheiten bevorzugt oder benachteiligt werden soll. Ebenso scheint man sich weithin darüber einig zu sein, daß niemand die Grundsätze auf seine eigenen Verhältnisse zuschneiden können soll. ... So gelangt man auf natürliche Weise zum Schleier des Nichtwissens.« (1975a: 36, Orig. 1971: 18f.)

Der Urzustand soll »die Gleichheit zwischen Menschen als moralischen Subjekten darstellen«, und die sich daraus ergebenden Gerechtigkeitsgrundsätze sind jene, auf die sich die Menschen »als Gleiche einigen würden, wenn von keinem bekannt ist, daß er durch natürliche oder gesellschaftliche Umstände bevorzugt oder benachteiligt ist« (1975a: 36f., Orig. 1971: 19). Der Urzustand sei aufzufassen als »ein Darstellungsmittel, das die Bedeutung [unserer Fairneßvorstellungen] zusammenfaßt und uns beim Ziehen der Folgerungen behilflich ist« (1975a: 39, Orig. 1971: 21).

Rawls argumentiert also nicht, daß sich eine bestimmte Gleichheitskonzeption aus der Idee eines hypothetischen Vertrags herleite – damit würde er sich allen von Dworkin angeführten Kritikpunkten aussetzen. Vielmehr ist der hypothetische Vertrag eine Art der Verkörperung einer bestimmten Gleichheitskonzeption und eine Entwicklung ihrer Konsequenzen für die gerechte Gestaltung gesellschaftlicher Institutionen. Indem Rawls Ursachen der Voreingenommenheit ausschaltet und Einmütigkeit fordert, hofft er eine Lösung zu finden, die für jeden aus einer Situation der Gleichheit heraus annehmbar ist, die also den Anspruch eines jeden auf Behandlung als freies und gleiches Wesen achtet.

Da die Voraussetzung des Arguments die Gleichheit und nicht der Vertrag ist, muß eine Kritik zeigen, daß es keine adäquate Konzeption von Gleichheit enthält. Es genügt nicht – es ist sogar unerheblich –, zu erklären, der Vertrag sei historisch unrichtig, oder der Schleier des Nichtwissens sei psychologisch unmöglich, oder der Urzustand sei in irgendeiner anderen Beziehung unrealistisch. Es geht nicht darum, ob der Urzustand irgendwann einmal wirklich bestanden haben kann, sondern ob die Grundsätze, die in ihm gewählt würden, angesichts des Entscheidungsverfahrens als fair gelten können.

Auch wenn wir Rawls' Gedanken des Gesellschaftsvertrags als Fassung einer Gleichheitskonzeption anerkennen, ist keineswegs klar, welche Grundsätze nun im Urzustand gewählt werden würden. Rawls meint natürlich, daß das Unterschiedsprinzip gewählt würde. Doch sein Argument dafür soll unabhängig von dem ersten intuitiven Argument bezüglich der Chancengleichheit sein. Wie wir sahen, betrachtet er ein solches Argument im Rahmen einer Vertragstheorie, »genau genommen«, nicht als relevant. Damit ist das Unterschiedsprinzip nur eine von vielen möglichen Entscheidungen, die die Beteiligten im Urzustand treffen könnten.

Wie werden die Gerechtigkeitsgrundsätze gewählt? Der Grundgedanke lautet: Wenn wir nicht wissen, welche Stellung wir in der Gesellschaft einnehmen und welche Ziele wir haben werden, so gibt es doch bestimmte Dinge, die wir für ein gutes Leben haben wollen oder brauchen werden. Bei allen Unterschieden zwischen den Lebensplänen der einzelnen ist ihnen doch allen eines gemeinsam – es wird *ein Leben gelebt*. Waldron drückt es so aus: »Es gibt so etwas wie die *Verfolgung einer Konzeption vom guten Leben*, die man allen zuschreiben kann, auch wenn sie noch so unterschiedliche Ziele haben. ... Die Menschen haben nicht alle die gleichen Ideale, doch sie können zumindest aus ihrer Erfahrung abstrahieren, *was es bedeutet, ein Ideal des guten Lebens zu haben.*« (Waldron 1987: 145; vgl. Rawls 1975a: 113–115, 445–454, Orig. 1971: 92–95, 407–416.) Wir haben alle ein Ideal des guten Lebens, und bestimmte Dinge sind notwendig, um es verfolgen zu können, wie immer es des näheren beschaffen sein mag. In der Rawlsschen Theorie heißen diese Dinge »Grundgüter«. Es gibt zwei Arten davon:

1. gesellschaftliche Grundgüter, die von sozialen Institutionen verteilt werden, etwa Einkommen und Vermögen, Chancen und Machtbefugnisse, Rechte und Freiheiten;
2. natürliche Grundgüter wie Gesundheit, Intelligenz, Vitalität, Phantasie und natürliche Begabungen, die von sozialen Institutionen beeinflußt, aber nicht direkt verteilt werden.

Bei der Wahl von Gerechtigkeitsgrundsätzen versuchen die Menschen hinter dem Schleier des Nichtwissens dafür zu sorgen, daß sie den bestmöglichen Zugang zu denjenigen Grundgütern haben, die von gesellschaftlichen Institutionen verteilt werden (den gesellschaftlichen Grundgütern). Das bedeutet nicht, daß unserem Gerechtigkeitssinn Egoismus zugrunde liegen würde. Da niemand weiß, welche Position er einnehmen wird, führt es zum gleichen Ergebnis, ob man nun das Beste für sich selbst oder unparteiisch für jeden wählen soll. Wenn ich hinter einem Schleier des Nichtwissens entscheiden soll, welche Grundsätze mein Wohl fördern, muß ich mich in jedes Mitglied der Gesellschaft hineinversetzen und überlegen, was sein Wohl fördert, da ich ja später jeder dieser Menschen sein kann. Man kann also sagen: die Voraussetzung des vernünftigen Eigeninteresses in Verbindung mit dem Schleier des Nichtwissens »erfüllt /weitgehend/ den gleichen Zweck wie die Voraussetzung des Altruismus« (Rawls 1975a: 173, Orig. 1971: 148), denn ich muß mich in jedes Mitglied der Gesellschaft einfühlen und sein Wohl berücksichtigen, als wäre es mein eigenes. Auf diese Weise entsprechen die im Urzustand getroffenen Vereinbarungen dem Gleichbehandlungsgrundsatz.

Die Vertragspartner im Urzustand möchten sich also den bestmöglichen Zugang zu den Grundgütern sichern, die ihnen ein lebenswertes Leben ermöglichen, ohne daß sie wissen, wo sie in der Gesellschaft einmal stehen werden. Sie können immer noch viele verschiedene Grundsätze wählen. Sie könnten sich für eine Gleichverteilung der gesellschaftlichen Grundgüter über alle sozialen Positionen entscheiden. Doch Rawls hält das für unvernünftig, sofern gewisse Ungleichheiten – z. B. die dem Unterschiedsprinzip entsprechenden – jedermann einen besseren Zugang zu den Grundgütern verschaffen. Sie könnten einen utilitaristischen Grundsatz wählen, nach dem die gesellschaftlichen Institutionen die Grundgüter so zu verteilen haben, daß der Gesamtnutzen in der Gesellschaft maximiert wird. Damit würde der Durchschnittsnutzen maximiert, den die Vertragspartner im Urzustand nachher erwarten können, und nach manchen Rationalitätsdefinitionen wäre das eine rationale Wahl. Doch sie schließt auch das Risiko ein, daß man einer von denen sein wird, die endlos zugunsten anderer geopfert werden. Freiheiten, Besitz, ja das Leben sind dann den egoistischen und unberechtigten Ansprüchen anderer ausgeliefert. Ja, der Schutz fehlt dann gerade in den Situationen, in denen man ihn am nötigsten hat, etwa wenn man wegen seiner Überzeugungen, Hautfarbe, natürlichen Fähigkeiten oder seines Geschlechts bei der Mehrheit unbeliebt oder einfach entbehrlich ist. Damit ist der Utilitarismus nach manchen Rationalitätsdefinitionen keine rationale Wahl, denn es ist rational, die Grundrechte und grundlegenden Ressourcen zu sichern, auch wenn dadurch die Aussicht verringert wird, darüber hinaus Vorteile zu erlangen.

Es gibt also gegensätzliche Vorstellungen davon, was in einer solchen Situation vernünftig ist – Glücksspiel oder auf Nummer sicher gehen. Wüßten wir, wie wahrscheinlich es ist, daß unsere Grundrechte in einer utilitaristischen Gesellschaft verletzt werden, dann wüßten wir besser, wie vernünftig es wäre, das Risiko auf sich zu nehmen. Aber der Schleier des Nichtwissens schließt dieses Wissen aus. Ob Risiko vernünftig ist, hängt auch von der persönlichen Risikobereitschaft ab; die einen sind zum Risiko bereit, die anderen ziehen die Sicherheit vor. Doch der Schleier des Nichtwissens erstreckt sich auch auf das Wissen um die späteren persönlichen Neigungen. Was ist dann die vernünftige Entscheidung? Nach Rawls ist es eine »Maximin«-Strategie: man rechnet jeweils mit dem Schlechtesten (dem Minimum) und sorgt dafür, daß dieses möglichst günstig (maximal) ist. Nach Rawls entspricht es dem, daß man seinen schlimmsten Feind entscheiden läßt, welchen Platz man in der Gesellschaft einnehmen wird (Rawls 1975a: 178, Orig. 1971: 152 f.). Daher wählt man diejenige Ordnung, in der der ungünstigste eigene Anteil am günstigsten ist.

Betrachten wir als Beispiel folgende möglichen Güterverteilungen in einer Dreipersonenwelt:

1. 10 : 8 : 1
2. 7 : 6 : 2
3. 5 : 4 : 4

Die Rawlssche Strategie wählt Nr. 3. Wenn man nicht weiß, mit welcher Wahrscheinlichkeit man die beste oder schlechteste Position einnehmen wird, dann ist diese Wahl nach Rawls am vernünftigsten. Denn auch wenn man auf der schlechtesten Position landet, fährt man so immer noch besser als auf der schlechtesten Position bei einer anderen Verteilung.

Man beachte, daß man Nr. 3 wählen soll, obwohl die anderen beiden Ordnungen einen höheren Durchschnittsnutzen aufweisen. Sie schließen aber eine – unbekannte – Wahrscheinlichkeit ein, daß man besonders schlecht fährt. Und da jeder nur ein Leben hat, wäre es unvernünftig, dieses Risiko auf sich zu nehmen. Und daher, schließt Rawls, würden die Menschen im Urzustand das Unterschiedsprinzip wählen. Das trifft sich glücklich mit dem ersten intuitiven Argument. Ein faires Entscheidungsverfahren für Gerechtigkeitsgrundsätze führt zum gleichen Ergebnis wie unsere Intuitionen.

Rawls' Behauptung, die Maximin-Strategie sei die vernünftige, wurde viel kritisiert. Manche erklären die utilitaristische Wahl für mindestens ebenso vernünftig. Nach anderen läßt sich die Vernünftigkeit einer Risikobereitschaft gar nicht beurteilen, ohne daß etwas über die Wahrscheinlichkeiten oder aber über die individuelle Risikobereitschaft bekannt ist. Diese Kritiker halten Rawls vor, er gelange nur deshalb zum Unterschiedsprinzip, weil er den Schleier des Nichtwissens darauf zugeschnitten habe, oder weil er willkürliche und ungerechtfertigte psychologische Annahmen mache (so Hare 1975: 88–107; Barry 1973: Kap. 9).

Die Konvergenz der beiden Argumente

An diesen Kritiken ist etwas Richtiges, doch ihr Ansatz ist verfehlt. Denn Rawls gibt zu, daß er den Urzustand auf das Unterschiedsprinzip hin zugeschnitten habe. Er erkennt an, »daß es zu jeder herkömmlichen Gerechtigkeitsvorstellung eine Konkretisierung des Urzustands gibt, die deren Grundsätze als bevorzugte Lösung hat«, und daß einige Konkretisierungen zum Utilitarismus führen (1975a: 143, Orig. 1971: 121). Es gibt viele Bestimmungen des Urzustands, die mit einem fairen Entscheidungsverfahren verträglich sind, und nicht immer würde das Unterschiedsprinzip gewählt werden. Ehe man also entscheiden kann, welche Grundsätze im Urzustand gewählt würden, muß man wissen, von welcher Bestimmung des Urzustands man ausgehen soll. Und einer der Gründe für die Wahl einer Bestimmung des Urzustands ist nach Rawls, daß sich Grundsätze ergeben, die wir intuitiv akzeptabel finden.

Nachdem also Rawls dem Urzustand die Aufgabe übertragen hat, die Idee der moralischen Gleichheit der Menschen zu konkretisieren, sagt er weiter: »Die Rechtfertigung einer bestimmten Konkretisierung des Urzustands hat aber noch eine andere Seite. Man muß prüfen, ob die Grundsätze, die gewählt würden, unseren wohlüberlegten Gerechtigkeitsvorstellungen entsprechen oder sie auf annehmbare Weise erweitern« (1975a: 37, Orig. 1971: 19). Bei der Entscheidung für eine Bestimmung des Urzustands »gehen wir von beiden Enden her vor«. Wenn die nach einer Bestimmung gewählten Grundsätze nicht unseren Gerechtigkeitsüberzeugungen entsprechen,

»dann können wir zweierlei tun. Wir können entweder die Konkretisierung des Urzustands oder unsere gegenwärtigen Urteile abändern, denn auch unsere vorläufigen Fixpunkte können ja revidiert werden. Wir gehen hin und her, einmal ändern wir die Bedingungen für die Vertragssituation, ein andermal geben wir unsere Urteile auf und passen sie den Grundsätzen an; so, glaube ich, gelangen wir schließlich zu einer Konkretisierung des Urzustands, die sowohl vernünftigen Bedingungen genügt als auch zu Grundsätzen führt, die mit unseren – gebührend bereinigten – wohlüberlegten Urteilen übereinstimmen.« (1975a: 37f., Orig. 1971: 20.)

Das intuitive und das Vertragsargument sind also keineswegs voneinander unabhängig. Rawls gibt zu, daß er den Urzustand so zurechtrückt, daß er Grundsätze liefert, die unseren Intuitionen entsprechen (jedenfalls denen, die nach dieser wechselseitigen Anpassung von Theorie und Intuitionen weiterbestehen). Das könnte wie Taschenspielerei aussehen. Aber eben nur, wenn man Rawls die Behauptung unterstellt, die beiden Argumente seien völlig unabhängig voneinander und stützten sich gegenseitig. Das behauptet er zwar gelegentlich, aber an anderen Stellen gibt er zu, daß sie nicht unabhängig sind, sondern auf denselben überlegten Intuitionen beruhen.

Warum dann aber der Kunstgriff mit dem Gesellschaftsvertrag? Warum stützt man sich nicht einfach auf das erste intuitive Argument? Eine gute Frage. Das Vertragsargument ist zwar nicht so schlecht, wie die Kritiker meinen, aber auch nicht so gut, wie Rawls meint. Wenn jede Gerechtigkeitstheorie ihre eigene Bestimmung der Vertragssituation enthält, dann muß man erst entscheiden, welche Gerechtigkeitstheorie man anerkennt, um zu wissen, welche Bestimmung des Urzustands angemessen ist. Weil Rawls dagegen ist, daß man vielleicht wesentliche Lebensqualität für andere hergeben muß, oder daß Menschen unter unverdienten natürlichen Benachteiligungen zu leiden haben, konkretisiert er den Urzustand auf seine Art; wer in diesen Fragen anderer Meinung ist, konkretisiert ihn anders. Und dieser Streit ist nicht durch Berufung auf ein Vertragsargument entscheidbar. Es wäre ein Zirkelschluß, sich zur Verteidigung einer Gerechtigkeitstheorie auf die jeweilige Vertragssituation zu berufen, denn diese setzt ja die Theorie voraus. Alle wichtigen Gerechtigkeitsfragen müssen also vorher entschieden sein, wenn man wissen will, welche Bestimmung des Urzustands man annehmen soll. Dann aber ist der Vertrag überflüssig.

Das soll nicht heißen, der Vertrags-Kunstgriff sei völlig nutzlos. Einmal ist der Urzustand eine Möglichkeit, unsere Intuitionen anschaulich zu machen, ähnlich wie die älteren Theoretiker den Naturzustand beschworen, um die Idee der natürlichen Gleichheit anschaulich zu machen. Zweitens zeigen zwar die Intuitionen, auf die sich das Chancengleichheitsargument beruft, daß faire Chancengleichheit nicht genügt, aber sie sagen uns nicht, was darüber hinaus erforderlich ist; die Vertragssituation könnte dann dazu beitragen, unsere Intuitionen zu präzisieren. Das meint Rawls, wenn er sagt, sie könne beim »Ziehen der Folgerungen« aus unseren Intuitionen behilflich sein. Drittens liefert die Vertragssituation einen Blickwinkel für die Prüfung gegensätzlicher Intuitionen. Wer von der Natur begünstigt ist, könnte sich voller Überzeugung gegen den Gedanken wenden, natürliche Gaben seien etwas Willkürliches. Es lägen also gegensätzliche Intuitionen vor. Doch wenn dieselbe Person nichts mehr einzuwenden hätte, sofern sie nicht wüßte, welches Los sie bei der Lotterie der Natur ziehen wird, dann könnten wir mit einigem Recht sagen, unsere Intuition sei die richtige und die andere lediglich Ausfluß persönlicher Interessen. Manche Intuitionen erscheinen vielleicht als weniger überzeugend, wenn sie von einem Standpunkt aus betrachtet werden, der von der eigenen Stellung in der Gesellschaft unabhängig ist. Das Vertragsargument prüft unsere Intuitionen, indem es zeigt, ob sie unter unvoreingenommenen Gesichtspunkten gewählt würden. Es macht bestimmte allgemeine Intuitionen anschaulich und liefert eine unparteiische Betrachtungsweise für speziellere Intuitionen (Rawls 1975a : 38 f., 636, Orig. 1971: 21 f., 586).

Der Vertrags-Kunstgriff hat also seinen Nutzen. Andererseits ist er zu diesen Zwecken nicht notwendig. Wie wir im letzten Kapitel sahen, arbeiten manche Theoretiker (etwa Hare) mit einem »idealen Mitfühlenden« (ideal sympathizer) statt unparteiischen Vertragspartnern, um den Gedanken der gleichen Berücksichtigung auszudrücken (s.o., 2.5.b). Beide Theorien weisen den moralisch Handelnden an, einen unparteiischen Standpunkt einzunehmen; die unparteiischen Vertragspartner betrachten jedes Gesellschaftsmitglied als eines der möglichen Subjekte ihres eigenen Wohls, die »idealen Mitfühlenden« dagegen als einen Teil ihres eigenen Wohls, sie versetzen sich in alle hinein und machen ihr Schicksal zum ihren. Beide Theorien verwenden verschiedene Kunstgriffe, doch der Unterschied ist ein ziemlich oberflächlicher, denn der entscheidende Schritt besteht in beiden Fällen darin, dem Handelnden einen Standpunkt vorzuschreiben, der ihm die Kenntnis oder die Förderung seines persönlichen Wohls unmöglich macht. Ja, es ist oft schwierig, überhaupt zwischen unparteiischen Vertragspartnern und idealen Mitfühlenden zu unterscheiden (Gauthier 1986: 237f.; Diggs 1981: 277; Barry 1989: 77, 196).[4]

Zur Gleichbehandlung kommt man auch ohne jeden Kunstgriff, indem man einfach den Handelnden auferlegt, die anderen gleich zu behandeln, obwohl sie ihre eigenen Interessen kennen und fördern können (so Scanlon 1982; Barry 1989: 340–348). Ja, der Kunstgriff mit dem Vertrag oder dem Mitfühlenden, um die Idee der moralischen Gleichheit auszudrücken, hat eine seltsame Perversität an sich. Der Begriff eines Schleiers des Nichtwissens soll den Gedanken veranschaulichen, daß andere Menschen an sich selbst etwas gelten und nicht bloß als Faktoren unseres eigenen Wohls. Doch dazu schafft er einen Standpunkt, von dem aus das Wohl der anderen lediglich ein Bestandteil unseres eigenen (tatsächlichen oder möglichen) Wohls ist. Der Gedanke, daß jeder Mensch Zweck an sich selbst ist, wird verdunkelt durch den »Gedanken einer Entscheidung, die die Interessen eines einzigen rationalen Individuums fördert, für das die verschiedenen Einzelexistenzen in der Gesellschaft nur lauter Möglichkeiten sind« (Scanlon 1982: 127; vgl. Barry 1989: 214 f., 336, 370). Rawls versucht diesen Gesichtspunkt herunterzuspielen, doch der Vertrags-Kunstgriff betont ihn eher und verdunkelt so die eigentliche Bedeutung der gleichen Berücksichtigung.

Der Vertrags-Kunstgriff bereichert also die Rawlssche Theorie nur wenig. Das intuitive Argument ist das primäre, so sehr das Rawls auch bestreitet, und das Vertragsargument trägt (bestenfalls) nur zu seiner Artikulierung bei. Doch es steht gar nicht fest, daß Rawls überhaupt ein unabhängiges Vertragsargument braucht. Er hatte sich zunächst darüber beklagt, daß man sich zwischen dem Utilitarismus, einer systematischen, aber kontraintuitiven Theorie, und dem Intuitionismus, einem Sammelsurium von Intuitionen ohne theoretische Struktur, entscheiden müsse. Wenn er eine systematische Alternative zum Utilitarismus gefunden hat, die mit unseren Intuitionen harmoniert, dann hat seine Theorie Gewicht und wird durch die Interdependenz des intuitiven und des Vertragsarguments keineswegs geschwächt. Rawls schreibt: »Eine Gerechtigkeitsvorstellung läßt sich nicht aus evidenten Voraussetzungen oder Bedingungen für die Grundsätze ableiten; vielmehr ergibt sich ihre Rechtfertigung aus der gegenseitigen Stützung vieler Erwägungen, daraus, daß sich alles zu einer einheitlichen Theorie zusammenfügt.« (1975a: 39, Orig. 1971: 21) Er bezeichnet das als »Überlegungsgleichgewicht«, und das ist sein Ziel. Seine Gerechtigkeitsgrundsätze werden wechselseitig gestützt durch Betrachtung einmal unserer Alltagsintuitionen und zum anderen des Wesens der Gerechtigkeit von einem unparteiischen Standpunkt aus, der von unseren Alltagsverhältnissen abgelöst ist. Weil Rawls nach einem solchen Überlegungsgleichgewicht strebt, schießt eine Kritik wie die von Hare oder Barry übers Ziel hinaus. Denn auch wenn sie damit recht haben, daß das Unterschiedsprinzip in dem von Rawls beschriebenen Urzustand gar nicht gewählt würde, so könnte er den Urzustand so umdefinieren, daß das Unterschiedsprinzip doch herauskommt. Das sieht wie Taschenspielerei aus, aber es ist nützlich und berechtigt, wenn es wirklich zu einem Überlegungsgleichgewicht führt, wenn es darauf hinausläuft, daß »wir getan haben, was wir können, um unsere Vorstellungen von der sozialen Gerechtigkeit zu vereinheitlichen und zu rechtfertigen« (Rawls 1975a: 38, Orig. 1971: 21).

Eine wirklich durchschlagende Kritik an Rawls muß entweder seine Grundintuitionen angreifen oder zeigen, warum das Unterschiedsprinzip nicht die beste Konkretisierung dieser Intuitionen ist (so daß eine andere Bestimmung des Urzustands in das Überlegungsgleichgewicht eingehen sollte). Theorien, die die Grundintuitionen in Frage stellen, betrachte ich in späteren Kapiteln. Vorher möchte ich mich der zweiten Möglichkeit zuwenden. Können wir innerhalb der Rawlsschen Theorie Probleme aufdecken, die nicht seine Intuitionen betreffen, sondern die Art ihrer Konkretisierung?

Interne Probleme der Rawlsschen Theorie

Eine der Rawlsschen Hauptintuitionen betrifft, wie wir sahen, die Unterscheidung zwischen Entscheidungen (choices) und (Lebens-)-Umständen (circumstances). Sein Argument gegen die herrschende Auffassung der Chancengleichheit stützt sich entscheidend auf die Behauptung, sie gebe den unverdienten natürlichen Gaben zuviel Raum. Darin gab ich Rawls recht. Doch Rawls selbst gibt den natürlichen Ungleichheiten zuviel und gleichzeitig den persönlichen Entscheidungen zu wenig Raum.

a) Der Ausgleich für natürliche Ungleichheiten

Zunächst wende ich mich den natürlichen Gaben zu. Nach Rawls sollte der Anspruch der Menschen auf gesellschaftliche Güter nicht von ihren natürlichen Gaben abhängen. Den Begabten steht kein höheres Einkommen zu, es sei denn, das nützte den weniger Begünstigten. Somit ist für Rawls das Unterschiedsprinzip der beste Grundsatz zur Verhinderung eines unfairen Einflusses natürlicher Gaben.

Doch der Rawlssche Vorschlag läßt immer noch zu viele willkürliche Einflüsse auf das menschliche Leben zu, und zwar deshalb, weil Rawls die Position der am wenigsten Begünstigten ausschließlich anhand gesellschaftlicher Grundgüter definiert, also anhand von Rechten, Chancen, Besitz usw., nicht aber anhand der natürlichen Grundgüter. Für Rawls sind (in diesem Zusammenhang) zwei Menschen gleich gestellt, wenn sie die gleiche Kollektion gesellschaftlicher Grundgüter besitzen, auch wenn der eine unbegabt, körperlich oder geistig behindert oder kränklich ist. Und wenn jemand bei den gesellschaftlichen Gütern nur geringfügig bevorzugt ist, dann ist er für Rawls besser gestellt, auch wenn sein Einkommensvorteil nicht ausreicht, um die Mehrkosten wegen natürlicher Benachteiligungen zu bestreiten, etwa Arztkosten oder Sonderausstattungen wegen einer Behinderung.

Doch warum soll das Kriterium für die Gerechtigkeit gesellschaftlicher Institutionen in den Aussichten derer bestehen, die bei den gesellschaftlichen Gütern am wenigsten begünstigt sind? Das läuft dem intuitiven wie auch dem Vertragsargument zuwider. Im Rahmen des Vertragsarguments ergibt sich das Kriterium nicht aus der Rationalität der Partner im Urzustand. Wenn nach Rawls Gesundheit ebenso wichtig ist wie Geld, um ein erfolgreiches Leben zu führen, und wenn die Vertragspartner eine Gesellschaftsordnung finden wollen, die ihnen unter den ungünstigsten Umständen noch die meisten Grundgüter garantiert (Maximin-Prinzip), warum betrachten sie dann nicht gesundheitliche und finanzielle Benachteiligung als gleichermaßen relevant für die gesellschaftliche Verteilung? Jeder Mensch ist der Meinung, daß er schlechter gestellt wäre, wenn er plötzlich zum Behinderten würde, auch wenn ihm die gleichen gesellschaftlichen Güter verbleiben. Warum sollte er nicht von der Gesellschaft eine Berücksichtigung seiner Benachteiligung erwarten?

Das intuitive Argument geht in die gleiche Richtung. Natürliche Grundgüter sind für die Lebensqualität nicht nur ebenso wichtig wie gesellschaftliche, sondern die Menschen haben auch ihre Ausstattung mit natürlichen Gaben nicht verdient, und daher ist es nicht gerecht, wenn sie deshalb bevorzugt oder benachteiligt sind. Wie wir sahen, führt diese Intuition für Rawls zum Unterschiedsprinzip, nach dem man für seine besonderen Fähigkeiten nur dann mehr bekommt, wenn das den weniger Begünstigten nützt: »Man wird ... auf das Unterschiedsprinzip geführt, wenn man das Gesellschaftssystem so gestalten möchte, daß niemand von seinem zufälligen Platz in der Verteilung der natürlichen Gaben oder seiner Ausgangsposition in der Gesellschaft Vor- oder Nachteile hat, ohne einen Ausgleich zu geben oder zu empfangen« (1975a: 123, Orig. 1971: 102). Doch das ist falsch, oder zumindest irreführend. Zum Unterschiedsprinzip gelangt man nur, wenn unter den »Vor- und Nachteilen« nur solche auf dem Gebiet der gesellschaftlichen Güter verstanden werden. Das Unterschiedsprinzip sorgt dafür, daß die Begabten nicht mehr und die Behinderten nicht weniger gesellschaftliche Güter bekommen. Aber damit werden »die Wirkungen natürlicher und gesellschaftlicher Zufälligkeiten« nicht völlig »abgemildert« (1975a: 121, Orig. 1971: 100). Denn die Begabten haben immer noch ihre Begabung, die den Behinderten unverdienterweise fehlt. Das Unterschiedsprinzip sorgt wohl dafür, daß eine behinderte Person die gleiche Kollektion gesellschaftlicher Güter hat wie eine unbehinderte. Aber sie hat höhere Arzt- und Transportkosten. Sie erleidet eine unverdiente Einbuße an Lebensqualität, die auf den Umständen und nicht ihren Entscheidungen beruht. Das Unterschiedsprinzip beseitigt sie nicht, es läßt sie auf sich beruhen.[5]

Rawls scheint die volle Tragweite seines eigenen Arguments gegen die herrschende Auffassung von Chancengleichheit nicht erkannt zu haben. Er hatte ja folgende Position kritisiert: (1) Gesellschaftliche Ungleichheiten sind unverdient und sollten berichtigt oder ausgeglichen werden, doch natürliche Ungleichheiten können die Verteilung beeinflussen, ohne daß das die Chancengleichheit verletzt. Rawls behauptet, gesellschaftliche und natürliche Ungleichheiten seien gleichermaßen unverdient, also ist (1) »instabil«. Er vertritt demgegenüber folgendes: (2) Gesellschaftliche Ungleichheiten sollten ausgeglichen werden, und natürliche sollten die Verteilung nicht beeinflussen. Aber wenn beide wirklich gleichermaßen unverdient sind, dann ist auch (2) instabil. Wir sollten stattdessen vertreten: (3) Natürliche und gesellschaftliche Ungleichheiten sollten ausgeglichen werden. Nach Rawls sollten Menschen, die in eine benachteiligte Klasse oder Ethnie hineingeboren werden, nicht nur keine Einbuße an gesellschaftlichen Gütern erleiden, sondern sie haben auch einen Anspruch auf Ausgleich ihrer Benachteiligung. Warum aber sollten Menschen mit einer natürlichen Benachteiligung nicht genau so behandelt werden? Warum sollten sie neben ihrem Anspruch auf Nichtdiskriminierung nicht auch einen Anspruch auf Ausgleich ihrer Benachteiligung haben (z. B. Ausgleich für Arzt-, Transport-, Umschulungskosten)?

Es gibt also intuitive wie auch vertragstheoretische Gründe für einen Ausgleich natürlicher Benachteiligungen und die Einbeziehung der natürlichen Grundgüter in das Kriterium für die Position der am wenigsten Begünstigten. Der Ausgleich natürlicher Ungleichheiten stößt auf Schwierigkeiten, auf die ich unten in (vgl. S. 83) eingehen werde. Vielleicht kann man gar nicht das erreichen, was nach unseren Intuitionen am fairsten wäre. Doch Rawls stellt es nicht einmal als wünschenswert hin, einen Ausgleich solcher Ungleichheiten zu versuchen.

b) Die Subventionierung von Entscheidungen anderer

Das zweite Problem betrifft die Kehrseite dieser Intuition. Die Menschen verdienen nicht, mit Kosten, die nicht Folgen ihrer Entscheidungen sind, belastet zu werden; wie sollen wir uns aber gegenüber Leuten verhalten, die sich für kostspielige Dinge entscheiden? Gewöhnlich finden wir nicht gewählte Kosten gewichtiger als gewählte. Wir betrachten jemanden, der jede Woche 100 Mark wegen einer unverschuldeten Krankheit aufwenden muß, anders als jemanden, der ebensoviel für teure Weine ausgibt. Rawls beruft sich auf diese Intuition, wenn er das vorherrschende Unverständnis für die Tatsache kritisiert, daß man sich die natürlichen Ungleichheiten nicht ausgesucht hat. Doch wie sollten wir uns gegenüber freiwilligen Entscheidungen der Menschen verhalten?

Angenommen, es sei gelungen, die sozialen und natürlichen Umstände der Menschen auszugleichen. Nehmen wir als einfachsten Fall zwei gleich natürlich Begabte mit gleicher sozialer Herkunft. Der eine möchte den ganzen Tag Tennis spielen; er arbeitet auf einem benachbarten Bauernhof nur so viel, daß er Land für einen Tennisplatz kaufen, Tennis spielen und seinen bevorzugten Lebensstil (bei Nahrung, Kleidung, Ausstattung) bestreiten kann. Der andere möchte ebensoviel Land, um darauf Gemüse für Eigenverbrauch und Verkauf anzubauen. Ferner habe nach Rawls anfänglich eine Gleichverteilung der Ressourcen geherrscht, so daß beide das gewünschte Land kaufen können. Doch bald ist der Gärtner reicher geworden als der Tennisspieler, wenn es einen freien Markt gibt. Der Tennisspieler hat seinen anfänglichen Anteil in den Tennisplatz gesteckt, und seine Gelegenheits-Landarbeit reicht gerade für Lebensunterhalt und Tennisspielen. Der Gärtner dagegen hat seinen anfänglichen Anteil so investiert, daß er in Verbindung mit längerer Arbeit einen ständigen Einkommensüberschuß erzielt. Den gestattet ihm Rawls aber nur, wenn es dem am wenigsten Begünstigten nützt – also dem Tennisspieler. Und wenn das nicht der Fall ist, dann sollte ihm der Staat so viel vom Gärtnereinkommen übertragen, daß Gleichheit herrscht.

Ein merkwürdiger Standpunkt, daß eine solche Steuer zur Durchsetzung der Gleichheit nötig sein soll, wenn diese als Gleichbehandlung verstanden wird. Die beiden haben ja gleiche Begabung und gleiche soziale Herkunft und waren anfänglich finanziell gleich ausgestattet. Der Tennisspieler hätte also ebensogut Gartenbau betreiben können. Beiden stand eine Reihe von Möglichkeiten offen, die in verschiedenem Maße Arbeit, Freizeit und Einkommen mit sich brachten. Beide wählten die ihnen zusagende Möglichkeit. Der Tennisspieler entschied sich also gegen das Gärtnern, weil er lieber Tennis spielen als durch Gärtnern Geld verdienen wollte. Die Menschen unterscheiden sich darin, wieviel Freizeit sie aufgeben mögen, um Geld zu verdienen. So auch unsere beiden.

Beruhen nun diese verschiedenen Lebensstile auf freien Entscheidungen, so muß man sich wirklich fragen, worin eine Ungleichbehandlung des Tennisspielers bestehen soll, wenn dem Gärtner der Lebensstil und das Einkommen zugestanden wird, das jener nicht haben wollte. Rawls verteidigt das Unterschiedsprinzip damit, daß es den zufälligen natürlichen und sozialen Ungleichheiten entgegenwirke. Doch die spielen hier keine Rolle. Das Unterschiedsprinzip beseitigt hier keine Benachteiligung, sondern zwingt einfach den Gärtner, den Wunsch des Tennisspielers nach mehr Freizeit zu subventionieren. Der Gärtner muß die Konsequenzen seiner Entscheidung tragen, er verliert Freizeit, um mehr Einkommen zu erzielen; der [subventionierte] Tennisspieler aber nicht: er verliert *kein* Einkommen, um mehr Freizeit zu haben. Er erwartet, und Rawls verlangt, daß der Gärtner die Konsequenzen seiner eigenen Entscheidung trägt und außerdem dem Tennisspieler die Konsequenzen von dessen Entscheidung abnimmt, sie subventioniert. Das führt nicht zu mehr Gleichheit, sondern ruiniert sie. Der Tennisspieler bekommt seinen gewünschten Lebensstil plus einen Teil des Gärtnereinkommens, der Gärtner bekommt seinen gewünschten Lebensstil minus einen Teil des damit verbundenen Einkommens. Er muß auf einen Teil seiner Lebensqualität verzichten, damit der andere mehr davon bekommt. In diesem Sinne herrscht Ungleichbehandlung ohne einen berechtigten Grund.

Wenn Ungleichheiten des Einkommens auf Entscheidungen und nicht auf gegebenen Umständen beruhen, dann beseitigt das Unterschiedsprinzip keine Unfairneß, sondern schafft welche. Die Gleichbehandlung verlangt, daß die Menschen die Kosten ihrer Entscheidungen selbst zu tragen haben. Das ist die Kehrseite unserer Intuition, daß man nicht die Folgen von ungleichen Umständen tragen soll. Es ist ungerecht, wenn Menschen durch die Verhältnisse, denen sie unterworfen sind, benachteiligt werden, doch es ist ebenso ungerecht, wenn ich von jemand anderem verlange, die Kosten meiner Entscheidungen zu tragen. Dworkin (1981: 311) drückt es so aus: Ein

Verteilungsprinzip sollte »ausstattungs-insensitiv« (endowment-insensitive) und »absichts-sensitiv« (ambition-sensitive) sein. Das Schicksal der Menschen sollte von ihren Absichten, ihren Lebenszielen und -plänen abhängen, aber nicht von ihrer natürlichen und gesellschaftlichen Austattung (den Umständen, unter denen sie ihre Absichten zu verwirklichen suchen).

Rawls betont selbst, wir müßten für die Kosten unserer Entscheidungen einstehen. Das ist überhaupt der Grund, warum sich seine Theorie der Gerechtigkeit auf die Grundgüter der Menschen bezieht und nicht auf ihr Wohlergehen. Dem Anspruchsvolleren vermittelt dieselbe Kollektion von Grundgütern weniger Befriedigung als dem Genügsameren. Doch nach Rawls folgt daraus nicht, daß dieser den Anspruchsvolleren subventionieren sollte, denn »wir können unsere Ziele in eigener Verantwortung« gestalten. Daher »haben die Genügsameren wahrscheinlich im Laufe ihres Lebens ihren Geschmack an ihr vernünftigerweise zu erwartendes Einkommen und Vermögen angepaßt, und es gilt als unfair, daß sie weniger haben sollten, um [den Anspruchsvolleren, d. Üb.] die Folgen abzunehmen« (Rawls 1982b: 168f.; vgl. 1975a: 553; 1992: 121f., Orig. 1980: 545; 1974: 643; 1978: 63; 1992: 70, Orig. 1978: 63; 1992: 282, Orig. 1985: 243f.). Rawls möchte also nicht, daß der Gärtner den Tennisspieler subventionieren muß. Er sagt sogar oft, bei seiner Gerechtigkeitstheorie gehe es um die Berichtigung von Ungleichheiten, die die Lebenschancen beeinflussen, nicht der Ungleichheiten, die sich aus Lebensentscheidungen ergeben; für diese trägt der Betreffende selbst die Verantwortung (1975a: 23, 116, Orig. 1971: 7, 96; 1992: 59, Orig. 1978: 56; 1979: 14f.; 1982b: 70). Doch das Unterschiedsprinzip kennt keinerlei Unterschied zwischen gewählten und vorgegebenen Ungleichheiten. Daher kann es dazu führen, daß manche für die Entscheidungen anderer einstehen müssen, nämlich wenn die Ärmsten aufgrund eigener Entscheidungen arm sind, wie der Tennisspieler. Rawls möchte, daß das Unterschiedsprinzip die ungerechten Auswirkungen natürlicher und sozialer Benachteiligungen abdämpft, aber es dämpft auch die gerechten Auswirkungen persönlicher Entscheidungen und Anstrengungen.

Rawls beruft sich also auf die Unterscheidung zwischen Entscheidungen und vorgegebenen Umständen, doch sein Unterschiedsprinzip verletzt sie in zwei wichtigen Beziehungen. Es soll die Auswirkungen unterschiedlicher natürlicher Gaben kompensieren. Doch weil Rawls diese nicht in das Kriterium der Benachteiligung einbezieht, gibt es am Ende doch keinen Ausgleich für unverdient von der Natur Benachteiligte. Andererseits sollen die Menschen die Folgen ihrer Entscheidungen tragen. Doch das Unterschiedsprinzip verlangt von einigen, die Kosten der Entscheidungen anderer mitzutragen. Das ist nun wirklich nicht »absichts-sensitiv« und »ausstattungs-insensitiv«. Kann man es besser machen? Dieses Ziel hat sich die Theorie Dworkins gesetzt.

3.4 Dworkin zur Gleichverteilung der Ressourcen

Dworkin hat sich das gleiche Ziel gesetzt, das Rawls mit seinem Unterschiedsprinzip verfolgte, nämlich für »absichts-sensitive« und »ausstattungs-insensitive« Verhältnisse zu sorgen. Doch er hält dafür ein anderes Verteilungsprinzip für geeigneter. Seine Theorie ist kompliziert – sie enthält Versteigerungen, Versicherungen, freie Märkte und Steuern – und kann hier unmöglich vollständig dargestellt werden. Doch ich möchte einige ihrer intuitiven Hauptgedanken darlegen.

Die Kosten der eigenen Entscheidungen tragen: die absichts-sensitive Versteigerung

Ich beginne mit Dworkins Darstellung eines absichts-sensitiven Verteilungssystems. Zur Vereinfachung nehme ich wieder an, daß alle die gleichen natürlichen Gaben haben (Dworkins Lösung des Problems der ungleichen natürlichen Gaben untersuche ich später). Nach Dworkin soll man sich vorstellen, sämtliche Ressourcen einer Gesellschaft würden versteigert, und jeder könne bieten. Alle haben anfänglich gleich viel Kaufkraft – 100 Muscheln –, und sie möchten damit das ersteigern, was ihrem Lebensplan am besten dient.

Am Ende ist jeder mit dem Ergebnis zufrieden in dem Sinne, daß ihm kein fremdes Güterbündel lieber ist als sein eigenes – sonst hätte er ja diese anderen Güter ersteigern können. Das verallgemeinert den Fall des Tennisspielers und des Gärtners, die ja mit gleicher finanzieller Ausstattung das ihren Zwecken dienliche Land gekauft haben. Nach der Versteigerung gilt das für jeden, er möchte kein anderes als sein Bündel haben. Dworkin nennt dies das »Neidkriterium« (envy test), und wenn es erfüllt ist, dann sind die Menschen gleich behandelt worden, denn die Unterschiede zwischen ihnen spiegeln nur noch ihre verschiedenen Absichten wider, ihre verschiedenen Auffassungen davon, was ihr Leben lebenswert macht. Eine ordnungsgemäß abgelaufene Versteigerung erfüllt das Neidkriterium und läßt jeden die Kosten seiner Entscheidungen tragen (Dworkin 1981: 285).

Dieser Gedanke des Neidkriteriums drückt die Gerechtigkeitsauffassung der liberalen Gleichheit in ihrer überzeugendsten Form aus. Könnte er vollständig verwirklicht werden, dann wären die drei Hauptziele der Rawlsschen Theorie erfüllt: Achtung der moralischen Gleichheit der Menschen, Milderung der Auswirkungen moralisch irrelevanter Benachteiligungen und Übernahme der Folgen der eigenen Entscheidungen. Ein solches Verteilungsprinzip wäre gerecht, obwohl es gewisse Einkommensunterschiede zuläßt. Der Gärtner und der Tennisspieler haben unterschiedliches Einkommen, aber es liegt keine Ungleichbehandlung vor, denn beide können das von ihnen gewählte Leben führen, und beide sind anfänglich mit den gleichen Mitteln ausgestattet, um das Bündel gesellschaftlicher Güter zu ersteigern, das am besten ihren Lebenszielen dient. Anders gesagt, keiner kann behaupten, bei der Güterverteilung benachteiligt worden zu sein, denn wenn er ein anderes Bündel gewollt hätte, dann hätte er dieses ersteigern können. Es ist einfach nicht zu erkennen, wer sich mit Recht gegenüber wem beklagen könnte.[6]

Ausgleich für natürliche Benachteiligungen: die Versicherung

Die Versteigerung erfüllt das Neidkriterium freilich nur, wenn angenommen wird, daß niemand von der Natur benachteiligt ist. In der wirklichen Welt erfüllt sie es nicht, denn manche Unterschiede haben sich die Menschen nicht ausgesucht. Jemand mit einer Behinderung oder Erbkrankheit kann das gleiche Güterbündel ersteigern wie die anderen, aber er hat besondere Bedürfnisse, so daß er mit seinen 100 Muscheln schlechter dasteht als andere. Er würde lieber mit einem nicht Behinderten tauschen.

Wie soll mit natürlichen Benachteiligungen verfahren werden?

Dworkin gibt darauf eine komplizierte Antwort, doch wir können vorbereitend eine einfachere betrachten. Der Behinderte hat Sonderaufwendungen, die er mit einem Teil seiner 100 Muscheln decken muß. Könnte man die nicht alle vor der Versteigerung aus öffentlichen Mitteln abdecken und dann nur die übrigbleibenden Ressourcen versteigern? Man würde also vor der Versteigerung den Benachteiligten so viel gesellschaftliche Güter übertragen, daß die nicht von ihnen zu verantwortenden natürlichen Benachteiligungen ausgeglichen werden. Von den übrigen Ressourcen bekommt dann jeder einen gleichen Anteil, mit dem er sich an der Versteigerung beteiligen kann. Jetzt würde das Ergebnis der Versteigerung das Neidkriterium erfüllen. Der Ausgleich vor der Versteigerung würde dafür sorgen, daß jeder gleich fähig ist, einen ihm wertvollen Lebensplan zu wählen und zu verwirklichen, und die Gleichverteilung der Ressourcen für die Versteigerung sorgt dafür, daß diese Entscheidungen fair behandelt werden. Damit wäre die Verteilung ausstattungs-insensitiv und absichts-sensitiv.

Doch diese einfache Lösung funktioniert nicht. Mit Geld kann man einige natürliche Benachteiligungen kompensieren; so können einige Körperbehinderte ebenso mobil sein wie Nichtbehinderte, wenn sie die bestmöglichen technischen Mittel zur Verfügung haben (und die können teuer sein). Doch in anderen Fällen ist das nicht möglich, manche natürlichen Benachteiligungen können durch noch so viel gesellschaftliche Güter nicht völlig ausgeglichen werden. Nehmen wir einen mehrfach Behinderten und/oder unheilbar Kranken. Mit Geld kann er sich medizinische Güter oder qualifizierte Hilfe beschaffen, so daß er keine vermeidbaren Schmerzen leiden muß. Und noch etwas mehr Geld bringt immer noch ein bißchen bessere medizinische Versorgung oder Lebensverlängerung. Doch er kann nie in eine Lage versetzt werden, als wäre er überhaupt nicht benachteiligt. Keine Geldsumme kann dem Schwerbehinderten die Lebensqualität der Gesunden verschaffen.

Eine vollständige Angleichung der Lebensumstände ist unmöglich. Man kann versuchen, dabei möglichst weit zu gehen. Doch auch das dürfte unannehmbar sein. Da jedes zusätzliche Geld dem Schwerbehinderten immer noch ein bißchen hilft, ohne doch je seine Lage völlig zu normalisieren, könnte man gezwungen sein, alle Ressourcen für die Benachteiligten zu verwenden, so daß für die anderen gar nichts mehr übrig bleibt (Dworkin 1981: 242, 300; vgl. Fried 1978: 120–128). Wenn die gesamten Ressourcen vor der Versteigerung zur Kompensation ausgegeben werden müssen, kann niemand mehr etwas nach seiner Wahl ersteigern. Doch eines der Ziele bei der Angleichung der Lebensumstände war ja gerade, daß jeder den Lebensplan seiner Wahl ausführen kann. Unsere Fähigkeit dazu hängt von unseren Lebensumständen ab. Deshalb sind diese mit ihren Ungleichheiten moralisch von Bedeutung. Wenn wir uns die Umstände der Menschen angelegen sein lassen, so deshalb, damit sie ihre Lebensziele besser erreichen können. Und wenn bei dem Versuch, die Mittel dazu auszugleichen, irgend jemand an der Erreichung seiner Ziele gehindert wird, dann stimmt überhaupt nichts mehr.

Wenn die völlige Angleichung der Lebensumstände unmöglich ist und man nicht ständig danach streben soll, wie soll man sich dann verhalten? Angesichts dieser Schwierigkeiten ist es gar nicht so abwegig, daß Rawls natürliche Benachteiligungen nicht ausgleichen will. Wollte man natürliche Nachteile in das Kriterium für die Benachteiligung aufnehmen, so scheint ein unlösbares Problem zu entstehen. Wir möchten solche Benachteiligungen nicht übergehen, aber ausgleichen können wir sie nicht; welchen anderen Mittelweg gibt es dann als ad-hoc-Handlungen des Mitleids oder Erbarmens?

Dworkins Vorschlag ähnelt dem Rawlsschen Gedanken des Urzustands. Man soll sich die Menschen hinter einem modifizierten Schleier des Nichtwissens vorstellen. Sie kennen ihre natürliche Ausstattung nicht und sollen davon ausgehen, daß sie auf diesem Gebiet alle den gleichen Risiken ausgesetzt sind. Jeder bekommt wieder 100 Muscheln und die Gelegenheit, einen beliebigen Teil davon für eine Versicherung gegen Behinderung oder sonstige natürliche Benachteiligung auszugeben. Das seien z. B. 30 %. Dann würde man in dieser Höhe eine Steuer erheben und aus diesem Fonds die Leistungen erbringen, die die vorher angebotene Versicherung enthalten sollte.

Das wäre der Mittelweg zwischen der Nichtbeachtung natürlicher Nachteile und dem illusorischen Versuch, sie völlig auszugleichen. Er würde nicht zur Nichtbeachtung führen, denn jeder würde etwas für die Versicherung ausgeben wollen. Es wäre ja unvernünftig, auf jeden Schutz zu verzichten. Doch niemand würde seine gesamten Mittel darauf verwenden, weil ihm ja dann für die Verfolgung seiner Lebensziele nichts mehr bliebe. Welcher Anteil der Ressourcen einer Gesellschaft auf den Ausgleich natürlicher Benachteiligungen verwendet wird, das wird durch den Teil der Anfangsausstattung bestimmt, den die Menschen für die Versicherungsprämie aufwenden würden (Dworkin 1981: 296–299).

Einige sind jetzt immer noch unverdient benachteiligt, die gesuchte absichts-sensitive und ausstattungs-insensitive Güterverteilung ist also nicht gefunden. Doch dieses Ziel ist auf jeden Fall unerreichbar, wir müssen uns nach einer zweitbesten Lösung umsehen. Dworkin betrachtet sein Versicherungsmodell als eine faire zweitbeste Lösung, weil es aus einem fairen Entscheidungsverfahren hervorgeht, das alle als Gleiche behandelt und naheliegende Quellen von Unfairneß ausschaltet, so daß niemand bei Kauf der Versicherung bevorzugt ist. Man hofft, daß es alle fair finden, wenn der Ausgleich durch das bestimmt wird, was sie in einer solchen hypothetischen Situation der Gleichheit gewählt hätten.

Daß Dworkin nicht alles versuchen will, um natürliche Benachteiligungen auszugleichen, könnte als Rücksichtslosigkeit gegenüber den Benachteiligten erscheinen. Schließlich haben sie sich ihre Benachteiligung nicht ausgesucht. Doch wenn man die Benachteiligungen im höchstmöglichen Maße ausgleichen möchte, würde man bei der »Versklavung der Begabten« landen. Wie sieht es denn für jemanden aus, der die Versicherung bezahlen muß und weiß, daß er keine Leistung erhält?

»Wer in diesem Sinne ›verliert‹, muß fleißig arbeiten, um die Prämie aufzubringen, ehe er an die beste Kombination von Arbeit und Konsum gehen kann, die er sonst hätte frei bestimmen können. Ist die Prämie und die Versicherungsleistung hoch, dann wird der Versicherte versklavt, nicht bloß wegen der Höhe der Prämie, sondern weil es äußerst unwahrscheinlich ist, daß seine Begabung wesentlich über das von ihm gewählte Niveau hinausgehen wird, und das bedeutet, daß er angestrengt arbeiten muß und sich die Art der Arbeit kaum aussuchen kann.« (Dworkin 1981: 322.)

Die von der Natur Begünstigten müßten möglichst viel arbeiten, um die hohe Versicherungsprämie zu bezahlen, für die sie sich in der hypothetischen Situation entschieden hätten. Das Versicherungsmodell wäre für die Begabten nicht mehr eine zumutbare Einschränkung, sondern der bestimmende Faktor ihrer Lebensführung. Ihre Begabung wäre eine Belastung, die ihre Möglichkeiten einschränkt, statt ein Vorteil, der ihre Möglichkeiten erweitert. Das Versicherungsmodell würde dazu führen, daß die Begabteren einen geringeren Spielraum bei der Wahl einer Kombination von Freizeit und Konsum hätten als die Benachteiligten. Daher verlangt die gleiche Berücksichtigung der Bevorzugten und Benachteiligten etwas anderes als den maximalen Ausgleich der Benachteiligungen, obwohl dann die Benachteiligten die Bevorzugten beneiden werden.[7]

Für Jan Narveson stellt diese Nichterfüllung des Neidkriteriums in der wirklichen Welt die Theorie Dworkins grundsätzlich in Frage. Sei Schmidt behindert geboren, so daß er nicht so viel verdienen kann wie Schulze. Auch wenn Schulze in Höhe der hypothetischen Versicherungsprämie besteuert wird, hat Schmidt immer noch unverdientermaßen ein niedrigeres Einkommen als Schulze. Dazu Narveson: »*Tatsache* ist, daß in der wirklichen Welt Schmidt in jeder Hinsicht, die für ihn oder Schulze von Bedeutung ist, weit schlechter gestellt ist als Schulze. Können wir ehrlicherweise behaupten, das zu seinem tatsächlichen Güterbündel [in der bloß hypothetischen Situation, d. Üb.] fiktiv hinzukommende Bündel schaffe für ihn einen ausreichenden ›Ausgleich‹ im Sinne einer nicht bloß formalen Theorie der Gleichheit?« (Narveson 1983: 18). Das Neidkriterium ist in der wirklichen Welt nicht erfüllt, und für Narveson ist es abwegig, zu behaupten, das werde dadurch ausgeglichen, daß es in einer hypothetischen Situation erfüllt wäre.

Doch dieser Einwand geht am Problem vorbei. Wenn die Lebensumstände in der wirklichen Welt nicht völlig angeglichen werden können, wie könnten wir denn sonst unsere Überzeugung zum Tragen bringen, daß die natürlichen und sozialen Gegebenheiten etwas Willkürliches sind? Dworkin behauptet nicht, sein System gleiche unverdiente Benachteiligungen völlig aus, sondern nur, es sei die bestmögliche Verwirklichung unserer Gerechtigkeitsvorstellungen. Will man ihn kritisieren, so muß man entweder zeigen, wie man diese besser verwirklichen kann, oder warum man es gar nicht versuchen sollte. Narveson tut weder das eine noch das andere.

Die Gegenstücke in der wirklichen Welt: Steuern und Umverteilung

Wenn das Versicherungsmodell eine gerechte, wenn auch zweitbeste Lösung des Problems der Angleichung der Lebensumstände ist, wie läßt es sich dann in der wirklichen Welt durchführen? Eine Pflichtversicherung kommt nicht in Frage, der Versicherungsmarkt war ja eine Fiktion [Jetzt *weiß* jeder, ob er benachteiligt ist, d. Üb.]. Was entspricht dann der Entrichtung von Prämien und den Versicherungsleistungen? Ich sagte oben, man könne die von der Natur Bevorzugten besteuern und die Einnahmen als Wohlfahrtsleistungen den Benachteiligten zufließen lassen. Doch eine Besteuerung kann aus zwei Gründen die Wirkungen eines Versicherungssystems nur annähernd erzielen (Dworkin 1981: 312–314).

Erstens kann man in der wirklichen Welt die Benachteiligungen und Bevorzugungen der Menschen gar nicht messen. Einmal deshalb, weil sich die Menschen auch dazu entschließen können, ihre Talente zu entwickeln. Menschen, die mit gleicher natürlicher Begabung geboren wurden, können später unterschiedliche Fähigkeiten haben. Solche Unterschiede sollten nicht kompensiert werden, sie gehen ja auf Entscheidungen zurück. Auch Menschen mit größerer angeborener Begabung können diese weiterentwickeln, so daß ihre späteren Fähigkeiten teils auf die natürliche Ausstattung und teils auf Entscheidungen zurückgehen. Dann müßten sie zum Teil kompensiert werden. Doch es wäre äußerst schwierig, diesen Anteil zu messen.

Außerdem läßt sich vor der Versteigerung gar nicht bestimmen, was als eine natürliche Benachteiligung oder Bevorzugung gelten soll. Das hängt davon ab, welche Fähigkeiten den Menschen wertvoll sind, und das wiederum hängt von ihren Lebenszielen ab. Heute sind bestimmte Fähigkeiten (z. B. Körperkraft) weniger wichtig als früher und andere (z. B. mathematische Fähigkeiten) sehr viel wichtiger. Ehe die Menschen gewählt haben, kann man nicht sagen, welche natürlichen Fähigkeiten Vorteile und welche Nachteile sind. Das ändert sich ständig (womöglich grundlegend) und kann nicht laufend erfaßt werden.

Wie läßt sich dann das Versicherungsmodell fair verwirklichen, wenn nicht auszumachen ist, welche Vorteile auf gegebenen Begabungen und nicht auf gesetzten Zielen beruhen? Dworkins Antwort ist vielleicht recht enttäuschend: Man besteuert die Reichen, obwohl manche nur aufgrund ihrer Anstrengungen und nicht wegen natürlicher Vorteile reich sind, und läßt es den Armen zugute kommen, obwohl manche, wie der Tennisspieler, aufgrund ihrer Entscheidungen arm sind und nicht wegen natürlicher Nachteile. Somit bekommen Leute, die sich ein höheres Einkommen erarbeitet haben, weniger heraus als ihre hypothetische Versicherungsprämie und andere, wie der Tennisspieler, mehr.

Ein zweites Problem bei der Verwirklichung des Modells besteht darin, daß natürliche Benachteiligungen nicht die einzige Ursache ungleicher Lebensumstände sind (auch in einer Gesellschaft mit

Chancengleichheit für die Ethnien, Klassen und Geschlechter). In der wirklichen Welt sind wir nicht vollständig informiert, so daß das Neidkriterium verletzt sein kann, wenn Unerwartetes eintritt. Der Gärtner kann jahrelang durch eine Pflanzenkrankheit geschädigt werden. Doch dafür sollte er nicht aufkommen müssen. Hätte er gewußt, was ihm bevorsteht, dann wäre er nicht Gärtner geworden (während der Tennisspieler die Kosten seines Lebensstils im voraus kannte und sich dafür entschied). Solche unerwarteten Belastungen müssen fair behandelt werden. Doch wenn man sie mit einem Versicherungsmodell ähnlich wie die natürlichen Benachteiligungen ausgleichen will, handelt man sich dessen sämtliche Mängel ein.

Wir haben jetzt also zwei Ursachen für eine Abweichung vom Ideal einer absichts-sensitiven und ausstattungs-insensitiven Güterverteilung kennengelernt. Das Schicksal der Menschen soll von den Entscheidungen bestimmt sein, die sie von einer fairen und gleichen Ausgangssituation aus treffen. Doch diese würde nicht nur unaufbringbare Ausgleichsleistungen verlangen, sondern auch eine unmögliche Vorausschau, damit die Kosten der Entscheidungen bekannt sind und zugerechnet werden können. Das Versicherungsmodell ist eine zweitbeste Lösung dieser Probleme, und die Besteuerung ist eine zweitbeste Verwirklichung dieses Modells. Bei diesem Abstand zwischen Ideal und Wirklichkeit ist es unvermeidlich, daß einige unverdient unter ihren ungünstigen Lebensumständen leiden müssen und andere unverdient die Kosten ihrer Entscheidungen subventioniert bekommen.

Kann man einer absichts-sensitiven und ausstattungs-insensitiven Güterverteilung wirklich nicht näher kommen? Dworkin gesteht zu, daß man dem einen oder dem anderen Ziel noch näher kommen kann, aber sie tendieren in entgegengesetzte Richtung: je absichts-sensitiver die Verteilung gemacht wird, desto eher haben einige unverdient unter gegebenen Umständen zu leiden, und umgekehrt. Das sind gleich wichtige Abweichungen vom Ideal, man muß also auf beides verzichten. Man muß an beiden Kriterien festhalten, die beide nicht vollständig erfüllt werden können (Dworkin 1981: 327f., 333f.).

Das ist ein recht enttäuschendes Ergebnis. Dworkin legt überzeugend dar, eine gerechte Güterverteilung müsse ermitteln, »welche Aspekte der wirtschaftlichen Stellung eines jeden auf seinen Entscheidungen beruhen und welche auf anderen Vor- und Nachteilen« (Dworkin 1985: 208). Doch wenn sein Ideal in die Praxis umgesetzt wird, scheinen »die strategischen Implikationen genau die gleichen« zu sein wie bei Theorien wie dem Rawlsschen Unterschiedsprinzip, die diese Unterscheidung nicht treffen (Carens 1985: 67; vgl. Dworkin 1981: 338–344). Die hypothetischen Berechnungen, die Dworkins Theorie erfordert, sind so komplex, und ihre institutionelle Verwirklichung ist so schwierig, daß ihre theoretischen Vorteile nicht in die Praxis übersetzbar sind (Mapel 1989: 39–56; Carens 1985: 65–67; vgl. Varian 1985: 115–119; Roemer 1985a).

Trotzdem ist Dworkins Theorie wichtig. Sein Neidkriterium veranschaulicht, wann ein Verteilungsprinzip die Hauptziele der Rawlsschen Theorie erfüllen würde: Achtung der moralischen Gleichheit der Menschen durch Ausgleich ungünstiger Lebensverhältnisse bei Verantwortlichkeit für die eigenen Entscheidungen. Vielleicht kann man sie besser verwirklichen als durch Dworkins Gemisch von Versteigerungen, Versicherungen und Steuern. Doch wenn man diese Grundziele anerkennt, dann hat Dworkin zur Klärung ihrer Konsequenzen für die Verteilungsgerechtigkeit beigetragen.

Führen wir uns noch einmal die bisherigen Argumente vor Augen. Ich begann mit einer Untersuchung des Utilitarismus, für welchen spricht, daß er die Moral am Wohl der Menschen festmacht. Doch diese Absicht, eine egalitäre, braucht nicht auf die Maximierung des Gesamtwohls hinauszulaufen. Der utilitaristische Gedanke der Gleichgewichtung der Wünsche aller Menschen leuchtet zunächst als eine Möglichkeit der gleichen Berücksichtigung des Wohls aller ein. Doch bei genauerem Hinsehen verstößt der Utilitarismus oft gegen unsere Vorstellung von der Gleichbehandlung, namentlich weil er keine Theorie der fairen Anteile kennt. Das veranlaßte Rawls zur Entwicklung einer Gerechtigkeitsvorstellung, die eine systematische Alternative zum Utilitarismus bietet. Zu den vorherrschenden Vorstellungen über faire Anteile gehört die Auffassung, die Menschen dürften fairerweise nicht unter rein zufälligen, moralisch irrelevanten und von ihnen nicht beeinflußbaren Umständen zu leiden haben. Daher die Forderung der Chancengleichheit für die verschiedenen Ethnien und Klassen. Doch die gleiche Intuition sollte sich auch auf die natürlichen Gaben beziehen. Daher Rawls' Unterschiedsprinzip, nach dem den Begünstigten ein Gütervorteil nur dann zusteht, wenn das auch den Benachteiligten nützt.

Doch das Unterschiedsprinzip ist einerseits eine unzureichende und andererseits eine zu weit gehende Reaktion auf das Problem unverdienter Ungleichheiten: Einerseits gleicht es natürliche Benachteiligungen nicht aus, und andererseits ebnet es Ungleichheiten ein, die auf Entscheidungen und nicht auf gegebenen Umständen beruhen. Wir brauchen eine absichts-sensitivere und ausstattungsinsensitivere Theorie als das Rawlssche Unterschiedsprinzip. Diese beiden Ziele hat sich die Theorie Dworkins gesetzt. Doch wir sahen, daß sie in reiner Form unerreichbar sind. Jede Theorie der fairen Anteile kann nur eine zweitbeste Lösung sein. Dworkins System der Versteigerung und Versicherung ist eine Möglichkeit der fairen Auflösung der Spannung zwischen diesen beiden Hauptzielen der liberalen Gleichheitsauffassung.

Dworkins Theorie war also eine Reaktion auf Schwierigkeiten der Rawlsschen Gleichheitskonzeption, so wie die Rawlssche Theorie eine Reaktion auf Schwierigkeiten der utilitaristischen Gleichheitskonzeption war. Jede läßt sich als ein Versuch der Ausfeilung und nicht der Ablehnung der Grundintuitionen der Vorgängertheorie sehen. Rawls' Egalitarismus ist eine Reaktion gegen den Utilitarismus, aber zum Teil auch eine Weiterentwicklung seiner Kernintuitionen, und gleiches gilt für das Verhältnis von Dworkin zu Rawls. Jede der Theorien verteidigt ihre Grundsätze durch Berufung auf dieselben Intuitionen, die auch hinter der Vorgängertheorie gestanden hatten.

3.5 Die Politik der liberalen Gleichheit

Eine verbreitete Beschreibung der politischen Landschaft lautet, die Liberalen suchten einen Kompromiß zwischen den Libertären auf der Rechten, die die Freiheit hochhalten, und den Marxisten auf der Linken, die die Gleichheit hochhalten. Das soll erklären, warum die Liberalen für den Wohlfahrtsstaat sind, der kapitalistische Freiheiten und Ungleichheiten mit verschiedenen egalitären wohlfahrtsstaatlichen Maßnahmen verbindet (z. B. Sterba 1988: 31). Doch das stimmt nicht ganz, jedenfalls was die Liberalen betrifft, mit denen ich mich beschäftigt habe. Wenn sie gewisse ökonomische Freiheiten zulassen, die zu Ungleichheiten führen, so nicht, weil sie für die Freiheit im Gegensatz zur Gleichheit wären, sondern weil sie diese ökonomischen Freiheiten gerade zur Verwirklichung ihrer allgemeineren Gleichheitsidee für notwendig halten. Der gleiche Grundsatz, aus dem heraus sie für den freien Markt sind – nämlich daß er die

Menschen für ihre Entscheidungen verantwortlich macht –, veranlaßt sie auch zu Beschränkungen des Marktes da, wo er Menschen aus Gründen belastet, die nichts mit ihren Entscheidungen zu tun haben. Der Liberale ist also für die gemischte Wirtschaft und den Wohlfahrtsstaat nicht deshalb, weil er zwischen gegensätzlichen Idealen einen Kompromiß schließen möchte, »sondern zur besten praktischen Verwirklichung der Gleichheitsforderung selbst« (Dworkin 1978: 133; 1981: 313, 338).

Würde aber die Verwirklichung dieser Theorie tatsächlich zu unserem bekannten Wohlfahrtsstaat führen? Es ist schwierig, genau anzugeben, welche politischen Maßnahmen die Theorie verlangt. Sie führt zu einer bekannten Mischung von Marktfreiheiten und staatlicher Besteuerung. Doch sie verlangt auch, daß jeder seinen Lebensweg mit einem gleichen Anteil an den gesellschaftlichen Ressourcen beginnt, und das ist ein fulminanter Angriff auf die tiefverwurzelte Spaltung unserer Gesellschaft in Klassen, Ethnien und Geschlechter. Zu ihrer Beseitigung könnten ganz radikale staatliche Maßnahmen notwendig sein, etwa Verstaatlichung der Vermögen, Förderungsmaßnahmen, Arbeitereigentum an den Betrieben, Bezahlung der Hausarbeit, ein öffentliches Gesundheitswesen, kostenloses Hochschulstudium usw. Diese Maßnahmen müßten eine nach der anderen daraufhin geprüft werden, ob sie uns den Ergebnissen der fiktiven Versteigerung näher bringen, und die Antwort wird oft von den besonderen Umständen abhängen. Vielleicht würde die liberale Gleichheit so etwas wie unsere bestehende laufende Einkommens-Umverteilung verlangen, aber erst nach einer einmaligen radikalen Umverteilung des Geld- und Sachvermögens (Krouse u. McPherson 1988: 103). Dworkins Theorie beantwortet diese Fragen nicht, sie liefert nur einen Rahmen für diese Diskussionen.

Ist es also schwierig, genau anzugeben, was die Dworkinsche Theorie für die Praxis bedeuten würde, so scheint es doch sicher, daß die institutionelle Umsetzung des Liberalismus hinter seiner theoretischen Entwicklung zurückgeblieben ist. Nach William Connolly lassen sich seine theoretischen Positionen mit seinen herkömmlichen Institutionen vereinbaren, »solange man glauben kann, der Wohlfahrtsstaat in der privat organisierten Wachstumswirtschaft könne der Träger von Freiheit und Gerechtigkeit sein« (Connolly 1984: 233). Er meint jedoch, die Anforderungen der Privatwirtschaft liefen den Gerechtigkeitsgrundsätzen des Wohlfahrtsstaats zuwider. Der Wohlfahrtsstaat brauche für seine Umverteilungsprogramme eine wachsende Wirtschaft, doch die Wirtschaft sei so strukturiert, daß das Wachstum nur durch eine Politik gesichert werden könne, die den Gerechtigkeitsgrundsätzen dieser wohlfahrtsstaatlichen Programme zuwiderläuft (Connolly 1984: 227-231).

Nach Connolly hat das zu einer »Aufspaltung des Liberalismus« geführt. Die eine Richtung hält sich an die herkömmlichen Institutionen der liberalen Praxis und ermahnt die Menschen, ihre Erwartungen bezüglich Gerechtigkeit und Freiheit herunterzuschrauben. Die andere (zu der Dworkin gehört) bekräftigt die Grundsätze, doch dabei »distanziert sie sich zunehmend von den praktischen Fragen... Dieser Grundsatzliberalismus fühlt sich weder in der Zivilisation der Produktivität wohl, noch mag er ihre Hegemonie in Frage stellen« (Connolly 1984: 234). Ich halte das für eine treffende Charakterisierung des Zustands des heutigen Liberalismus. Die Ideale der liberalen Gleichheit sind höchst überzeugend, doch sie würden weitergehende Reformen verlangen, als Rawls oder Dworkin ausdrücklich befürwortet haben. Beide haben nicht die »Zivilisation der Produktivität« in Frage gestellt, die die eingewurzelten Rassen-, Klassen- und Geschlechterungleichheiten aufrechterhalten und oft noch auf die Spitze getrieben hat.

Dworkin äußert sich oft so, als wäre das naheliegendste oder wahrscheinlichste Ergebnis der Verwirklichung seiner Gerechtigkeitsvorstellung eine Erhöhung der Transferzahlungen zwischen den bestehenden sozialen Positionen (so Dworkin 1981: 321; 1985: 208). Doch aus seiner Theorie folgt eine viel radikalere Reform, nämlich eine Umdefinition der bestehenden Rollen. Zu den wichtigen Ressourcen eines Menschen gehören auch nach Dworkin Möglichkeiten zur Ausbildung der eigenen Fähigkeiten, persönliche Erfolge und Verantwortung. Und die hängen in erster Linie nicht von der materiellen Vergütung der Arbeit ab, sondern von den mit der Arbeit verbundenen sozialen Beziehungen. Im allgemeinen würde niemand freiwillig auf sie verzichten und Unterordnung oder Entwürdigung auf sich nehmen. In einer ursprünglichen Gleichheitssituation hätten die Frauen keinem Rollensystem zugestimmt, das »männliche« Tätigkeiten gegenüber »weiblichen« als höherwertig und übergeordnet definiert, und die Arbeiter hätten nicht der übertriebenen Unterscheidung zwischen »geistiger« und »körperlicher« Arbeit zugestimmt. Das steht außer Zweifel, denn diese Rollen wurden ohne die Zustimmung der Frauen und der Arbeiter geschaffen und beruhten sogar oft auf deren rechtlicher und politischer Unterdrückung. So stieß die Machtverteilung zwischen Ärzten und Pflegepersonal auf den Widerstand der Krankenschwestern (Ehrenreich u. English 1973: 19–39) und das »wissenschaftliche Management« auf den der Arbeiter (Braverman 1974). Beide Veränderung wären völlig anders verlaufen, wenn die Frauen und die Arbeiter die gleiche Macht gehabt hätten wie die Männer und die Kapitalisten.

Dworkin hält höhere Transferzahlungen für gerechtfertigt, weil man davon ausgehen könne, daß die Armen zur Verrichtung besser bezahlter Arbeit bereit wären, wenn sie unter den gleichen Bedingungen wie die anderen auf dem Markt auftreten könnten (Dworkin 1985: 207). Dann aber, davon kann man ebenfalls ausgehen, würden sie keine Machthierarchie und Unterordnung akzeptieren. Für beides gibt es sichere Anhaltspunkte. Die Liberalen sollten also nicht nur die Einkommen zwischen Ärzten und Krankenschwestern oder zwischen Kapitalisten und Arbeitern umverteilen, sondern auch dafür sorgen, daß sich die Ärzte und die Kapitalisten keine Herrschaftspositionen zuweisen können. Die Gerechtigkeit verlangt, daß die Stellung der Menschen den von Rawls und Dworkin angewandten, auf hypothetischen Situationen beruhenden Kriterien entspricht, und zwar nicht nur im Hinblick auf das Einkommen, sondern auch auf die soziale Macht. Beschränkt man sich auf die Umverteilung des Einkommens, so begeht man »den großen Fehler der Reformer und Philanthropen..., an den Folgen einer ungerechten Machtverteilung herumzubasteln, statt die Ungerechtigkeit selbst zu beseitigen« (Mill 1965: 953).

Interessanterweise schließt Rawls selbst aus, daß der Wohlfahrtsstaat die Grundsätze der liberalen Gleichheit erfüllen könne. Er stellt sich etwas ganz anderes vor, eine »Eigentums-Demokratie« (property-owning democracy) (1971: 274, vgl. 1975a: 308). Der Unterschied wurde folgendermaßen beschrieben:

»Der kapitalistische Wohlfahrtsstaat (wie er gewöhnlich verstanden wird) läßt schwerwiegende Klassenunterschiede bei der Verteilung des physischen und menschlichen Kapitals zu und versucht, die dadurch entstehenden Disparitäten der Marktergebnisse durch Steuern und Umverteilung zu verringern. Die Eigentumsdemokratie dagegen zielt auf eine entscheidend verringerte Ungleichheit der Eigentumsverteilung und größere Chancengleichheit bei der Schaffung menschlichen Kapitals, so daß der Markt von vornherein geringere Ungleichheiten erzeugt. Es handelt sich also um zwei verschiedene Strategien zur Erreichung von Gerechtigkeit in der politischen Ökonomie: Der kapitalistische Wohlfahrtsstaat akzeptiert eine gegebene wesentliche Ungleichheit der ursprünglichen Verteilung von Eigentum und Fähigkeiten und versucht dann, das Einkommen nachträglich umzuverteilen; die Eigentumsdemokratie strebt nach mehr Gleichheit bei der anfänglichen Verteilung von Eigentum und Fähigkeiten und braucht sich deshalb weniger auf anschließende Umverteilungsmaßnahmen zu verlegen.« (Krouse u. McPherson 1988: 84)[8]

Ein solches Vorgehen gegen die Ungleichheit verhindert nach Rawls Unterordnung und Entwürdigung im Zusammenhang mit der Arbeitsteilung: »Niemand braucht von anderen sklavisch abhängig zu sein und zur Wahl zwischen eintönigen Routinearbeiten gezwungen zu sein, die Verstand und Empfindung abtöten« (Rawls 1975a: 574, 315, Orig. 1971: 529, 281; vgl. Krouse u. McPherson 1988: 91 f.; DiQuattro 1983: 62f.).

Leider geht Rawls wenig auf diese Eigentumsdemokratie ein; ein Kritiker meint: »Diese Gesichtspunkte finden nirgends Eingang in die Substanz seiner Gerechtigkeitstheorie« (Doppelt 1981: 276). Außer dem recht bescheidenen Vorschlag, das Erbrecht einzuschränken, läßt Rawls nicht erkennen, wie wir gegen die Ungerechtigkeiten in unserer Gesellschaft angehen könnten, ja nicht einmal, ob in seinen Augen wesentliche Ungerechtigkeiten bestehen. Daher ist es verständlich, daß die meisten Kritiker bei Rawls nur »eine philosophische Apologie für eine egalitäre Variante des kapitalistischen Wohlfahrtsstaats« ausmachen (Wolff 1977: 195; vgl. Doppelt 1981: 262; Clark u. Gintis 1978: 311–314).

Nach Dworkin kann man das egalitäre Axiom der Rawlsschen (und seiner eigenen) Theorie »nicht im Namen einer noch radikaleren Gleichheitskonzeption ablehnen, denn es gibt keine solche« (Dworkin 1977: 182). In der Tat scheint dieses Axiom radikalere Konsequenzen zu haben, als Dworkin und Rawls gelten lassen wollen, Konsequenzen, die die herkömmlichen liberalen Institutionen sprengen würden. Vielleicht würde uns eine vollständige Umsetzung der Rawlsschen oder Dworkinschen Gerechtigkeit einer sozialistischen Marktwirtschaft näher bringen als dem kapitalistischen Wohlfahrtsstaat (Buchanan 1982: 123–131, 150–152; DiQuattro 1983), auch radikalen Veränderungen der Beziehungen zwischen den Geschlechtern. Der Wohlfahrtsstaat hat die zunehmende Verlagerung der Armut auf die Frauen nicht verhindert, und wenn sich die gegenwärtigen Trends fortsetzen, dann werden in Jahre 2000 in Amerika alle Menschen unter der Armutsgrenze Frauen oder Kinder sein. Es versteht sich von selbst, daß eine solche Fehlverteilung nicht aus freien Entscheidungen im Rawlsschen Urzustand oder bei der Dworkinschen Versteigerung hervorgehen könnte. Doch keiner der beiden verliert ein Wort darüber, wie dieser systematischen Entwertung der Frauenrolle Einhalt geboten werden kann. Rawls definiert sogar seinen Urzustand (eine Versammlung von »Familienoberhäuptern«) und seine Verteilungsgrundsätze (die sich auf das »Haushalteinkommen« beziehen) so, daß Gerechtigkeitsfragen innerhalb der Familie definitionsgemäß gar nicht gestellt werden können (Okin 1987: 49). Von allen Fragen, von denen sich die heutigen Liberalen verabschiedet haben, ist die Ungleichheit der Geschlechter die brennendste, aber auch diejenige, mit der liberale Institutionen anscheinend am schlechtesten fertig werden können (s. unten 7.1).

Somit ist die Beziehung zwischen der heutigen liberalen Theorie und der herkömmlichen liberalen politischen Praxis unklar. Sie haben sich in einer Reihe von Hinsichten voneinander gelöst. Der Liberalismus wird oft im Unterschied zur radikalen oder kritischen politischen Theorie als die Hauptströmung (mainstream) bezeichnet. Das ist in einer Beziehung richtig, denn Rawls und Dworkin möchten die Ideale formulieren und verteidigen, die für sie die moralische Grundlage unserer liberal-demokratischen Kultur bilden. Doch in einer anderen Beziehung stimmt es nicht, nämlich wenn es so verstanden würde, daß die liberalen Theorien auf die Verteidigung aller Aspekte der herrschenden liberalen Politik oder die Ablehnung aller Aspekte anderer politischer Programme festgelegt seien. Meine Analyse der liberalen Gleichheit ist nicht auf irgendeine spezielle liberale Institution festgelegt oder jedweder sozialistischen oder feministischen Forderung entgegengesetzt. Erst wenn wir diese anderen Theorien untersucht haben, werden wir angeben können, wie weit sie sich von der liberalen Gleichheit unterscheiden.

Manche behaupten, wenn die Liberalen auf diese radikaleren Reformen eingingen, dann hätten sie sich vom Liberalismus verabschiedet. Doch das ist viel zu eng gesehen, man denke an die historischen Verbindungen zwischen Liberalismus und Radikalismus (Gutmann 1980). Es ist auch irreführend, denn wie weit auch liberale Grundsätze von der herkömmlichen liberalen Praxis abweichen, es sind immer noch ausgesprochen liberale Grundsätze. Ich habe in diesem Abschnitt die Auffassung vertreten, daß die Liberalen ernsthaft über eine radikalere Politik nachdenken sollten.[9] In den folgenden Kapiteln werde ich die Auffassung vertreten, daß die radikalen Theoretiker ernsthaft über die Aufnahme liberaler Grundsätze nachdenken sollten. Kompromittiert die liberale Praxis oft die liberalen Grundsätze, so kompromittieren, wie ich zu zeigen versuchen werde, die radikalen Grundsätze oft die radikale Politik. Doch zunächst wende ich mich einer Theorie zu, die meint, die Liberalen seien schon zu weit in die Richtung sozialer und wirtschaftlicher Gleichheit gegangen.

Kapitel 4
Der Libertarismus

4.1 Eigentumsrechte und freier Markt

Die Vielfalt der politischen Rechten

Die Libertären (libertarians) verteidigen den freien Markt und möchten die staatliche Sozialpolitik eingeschränkt wissen. Daher sind sie gegen die Umverteilung über die Steuer zur Verwirklichung einer liberalen Theorie der Gleichheit. Doch nicht jeder Verfechter des freien Marktes ist Libertärer, denn nicht jeder hält den freien Markt schon an sich für gerecht. So verweist ein Argument für den uneingeschränkten Kapitalismus auf dessen Produktivität, seinen Anspruch, das stärkste Wirtschaftswachstum hervorzubringen. Viele Utilitaristen sind ebenfalls davon überzeugt und befürworten den freien Markt, weil dann die größte Gesamt-Bedürfnisbefriedigung möglich sei (Barry 1986: Kap. 2–4). Doch die utilitaristische Befürwortung des Kapitalismus ist notwendigerweise eine bedingte. Wenn es – worin sich die meisten Ökonomen einig sind – Umstände gibt, unter denen der freie Markt nicht am produktivsten ist, etwa bei natürlichen Monopolen, dann würden die Utilitaristen staatliche Einschränkungen der Eigentumsrechte (property rights) befürworten. Manche Utilitaristen sind sogar der Ansicht, daß eine Umverteilung den Gesamtnutzen erhöhen kann, auch wenn sie die Produktivität mindert. Denn wegen des sinkenden Grenznutzens gewinnen die Armen bei einer Umverteilung mehr Nutzen, als die Reichen verlieren, auch wenn die Umverteilung die Produktivität mindert.

Andere verteidigen den Kapitalismus nicht wegen einer Nutzenmaximierung, sondern weil er die Gefahr der Tyrannei minimiere. Wenn der Staat den wirtschaftlichen Austausch regulieren kann, bedeutet das zentralisierte Macht, und da Macht korrumpiert, sind Marktbeschränkungen nach der denkwürdigen Formulierung Hayeks der erste Schritt auf dem »Weg in die Sklaverei«. Je mehr der Staat das Wirtschaftsleben kontrollieren kann, desto eher ist er fähig (und willens), alle Seiten unseres Lebens zu kontrollieren. Daher sind die kapitalistischen Freiheiten notwendig, um unsere bürgerlichen und politischen Freiheiten zu bewahren (Hayek 1960: 121; Gray 1986a: 62–68; 1986b: 180–185). Doch auch diese Verteidigung des freien Marktes kann nur eine bedingte sein, denn die Geschichte läßt keine unverbrüchliche Verbindung zwischen Kapitalismus und Bürgerrechten erkennen. Länder mit im wesentlichen uneingeschränktem Kapitalismus standen manchmal bei den Menschenrechten wenig günstig da (man denke an den McCarthyismus in den Vereinigten Staaten) und Länder mit einem weit ausgebauten Wohlfahrtsstaat hervorragend (etwa Schweden).

Diese beiden Argumente für den freien Markt sind also nur bedingte. Noch wichtiger ist, daß sie den freien Markt nur als Mittel begreifen, sei es zur Nutzenmaximierung oder zur Bewahrung politischer und bürgerlicher Freiheiten. Sie führen für den freien Markt nicht die Eigentumsreche der Menschen an; vielmehr werden Eigentumsrechte vergeben, um den Nutzen zu maximieren oder die Demokratie zu stabilisieren, und wenn das anders möglich wäre, dann könnte man legitimerweise die Eigentumsrechte beschränken.

Der Libertarismus unterscheidet sich von anderen rechten Theorien durch den Standpunkt, die Besteuerung zum Zwecke der Umverteilung sei grundsätzlich abwegig, eine Verletzung menschlicher Rechte.[1] Man müsse über seine Güter und Dienstleistungen frei verfügen können, und dieses Recht sei unabhängig davon, ob so die Produktivität am besten gefördert wird. Anders gesagt, der Staat hat kein Recht, in den Markt einzugreifen, auch nicht, um die Produktivität zu erhöhen. Robert Nozick sagt es so: »Die Menschen haben Rechte, und einiges darf ihnen kein Mensch und keine Gruppe antun (ohne ihre Rechte zu verletzen). Diese Rechte sind so gewichtig und weitreichend, daß sie die Frage aufwerfen, was der Staat und seine Bediensteten überhaupt tun dürfen« (Nozick o.J.: 11, Orig. 1974: ix). Da die Menschen das Recht haben, über ihre Besitztümer nach Gutdünken zu verfügen, läuft der staatliche Eingriff auf Zwangsarbeit hinaus, auf eine Verletzung nicht der Effizienz, sondern unserer moralischen Grundrechte.

Nozicks »Anspruchstheorie«

Wie verknüpfen die Libertären Gerechtigkeit und Markt? Ich konzentriere mich auf Nozicks »Anspruchstheorie« (entitlement theory). Ihre Hauptthese, wie die der meisten anderen libertären Theorien, lautet: Wenn jeder das Recht auf die jeweils von ihm besessenen Güter hat, dann ist eine gerechte Verteilung einfach jede, die aus freien Tauschakten hervorgeht. Und jede Verteilung, die durch freie Übertragungen aus einer gerechten hervorgeht, ist ebenfalls gerecht. Eine Besteuerung dieser Tauschakte gegen irgendjemandes Willen ist ungerecht, auch wenn damit ein Ausgleich unverdienter natürlicher Benachteiligungen finanziert wird. Steuern dürfen nur zur Aufrechterhaltung der Hintergrundinstitutionen für die Sicherung des Systems des freien Austauschs erhoben werden, also für Polizei und Justiz, soweit sie zur Durchsetzung des freien Austauschs nötig sind.

Des näheren gibt es in Nozicks »Anspruchstheorie« drei Hauptgrundsätze:

1. einen Übertragungsgrundsatz: was gerecht erworben wurde, kann frei übertragen werden;
2. einen Grundsatz des gerechten ursprünglichen Erwerbs (initial acquisition) von Besitz, der dann nach (1) übertragen werden kann;
3. einen Grundsatz der Beseitigung von Ungerechtigkeit: wie mit ungerecht Erworbenem oder Übertragenem zu verfahren sei.

Wenn ich ein Stück Land besitze, dann kann ich mit ihm nach (1) beliebige Übertragungen vornehmen. (2) gibt an, wie es ursprünglich einmal zu einem Besitz wurde. (3) regelt Fälle der Verletzung von (1) oder (2). Für gerecht erworbene Besitztümer folgt als Formel für die gerechte Verteilung: »Jeder, wie er will, und jedem, wie die anderen wollen« (From each as they choose, to each as they are chosen) (Nozick o.J.: 152, Orig. 1974: 160).

Das Ergebnis von Nozicks Anspruchstheorie lautet: »Ein Minimalstaat, der sich auf einige eng umgrenzte Funktionen wie den Schutz gegen Gewalt, Diebstahl, Betrug oder die Durchsetzung von Verträgen beschränkt, ist gerechtfertigt; jeder darüber hinausgehende Staat verletzt Rechte der Menschen, zu gewissen Dingen nicht gezwungen zu werden, und ist damit ungerechtfertigt« (Nozick o.J.: 11, Orig. 1974: ix). Also kein öffentliches Schul-, Gesundheits-,

Verkehrswesen, keine öffentlichen Straßen oder Parks. All das würde Steuern gegen den Willen einiger erfordern und den Grundsatz »jeder, wie er will, und jedem, wie die anderen wollen« verletzen.

Wie wir sahen, betonen auch Rawls und Dworkin, daß eine gerechte Verteilung »absichts-sensitiv« sein muß. Aber für sie muß sie auch »ausstattung-insensitiv« sein, und das gilt für die Nozicksche nicht. Sie läßt – unfairerweise – die von der Natur Benachteiligten verhungern, wenn sie eben den anderen im freien Austausch nichts zu bieten haben, oder Kinder ohne Gesundheitsfürsorge und Ausbildung, wenn sie eben in eine arme Familie hineingeboren wurden. Deshalb sind die Vertreter der liberalen Gleichheit für die Besteuerung des freien Austauschs, um für die von Natur oder sozial Benachteiligten einen Ausgleich zu schaffen.

Für Nozick ist das ungerecht, die Menschen haben einen »Anspruch« auf ihre Besitztümer (sofern gerecht erworben), und das bedeutet: »ein absolutes Recht auf freie Verfügung nach eigenem Gutdünken, sofern nicht Gewalt oder Betrug ins Spiel kommen«. Gewisse Grenzen für meine Handlungen gibt es; zum Recht auf mein Messer gehört nicht das Recht, es in deinem Rücken zu plazieren, denn du hast ein Recht auf deinen Rücken. Aber sonst kann ich mit meinen Besitztümern machen, was ich will; ich kann damit Güter und Dienstleistungen von anderen erwerben oder sie auch verschenken (sogar an den Staat) oder sie einfach behalten (dann hat auch der Staat nichts zu bestellen). Niemand hat das Recht, sie mir wegzunehmen, auch nicht, um Behinderte vor dem Hungertod zu bewahren.

Was spricht für Nozicks Standpunkt, daß die Eigentumsrechte eine liberale Umverteilung ausschließen? Manche Kritiker erkennen bei Nozick überhaupt keine Begründung, er präsentiere uns »Libertarismus ohne Grundlagen« (Nagel 1981). Doch wenn man etwas großzügiger ist, lassen sich zwei Argumente ausmachen. Das erste ist, wie bei Rawls, ein intuitives, es soll die attraktiven Züge der freien Ausübung von Eigentumsrechten herausstellen. Das zweite ist ein mehr philosophisches, es versucht die Eigentumsrechte aus dem »Eigentum an der eigenen Person« abzuleiten. Im Einklang mit meiner allgemeinen Vorgehensweise und, wie ich meine, auch mit Nozicks Absichten möchte ich dieses Selbsteigentums-Argument als Berufung auf die Idee der Behandlung als Gleicher deuten.

Andere Autoren verteidigen den Libertarismus mit ganz anderen Argumenten. Für einige läßt sich Nozicks Anspruchstheorie am besten durch Berufung auf Freiheit statt Gleichheit verteidigen, andere berufen sich auf den gegenseitigen Vorteil in Form einer Vertragstheorie der vernünftigen Entscheidungen.

Das intuitive Argument:
Nozicks Beispiel von der Sportkanone

Zunächst also Nozicks intuitives Argument. Wie wir sahen, besagt sein Übertragungsgrundsatz, daß der rechtmäßige Erwerb einer Sache absolute Eigentumsrechte über sie verleiht. Man kann nach Gutdünken über sie verfügen, auch wenn es zu einer äußerst ungleichen Verteilung von Einkommen und Chancen beiträgt. Da nun die Menschen mit ungleichen natürlichen Anlagen geboren werden, werden einige reichlich belohnt, und andere, die wenig marktgängige Fähigkeiten haben, bekommen wenig. Wegen dieser unverdienten natürlichen Unterschiede geht es einigen glänzend, während andere verhungern. Und diese Ungleichheiten wirken sich dann auf die Chancen der Kinder aus, von denen einige in bevorzugte Verhältnisse und andere in Armut hineingeboren werden. Diese Ungleichheiten, die Nozick als mögliche Folgen des uneingeschränkten Kapitalismus anerkennt, führen zu unseren intuitiven Einwänden gegen den Libertarismus.

Wie kann nun Nozick hoffen, eine intuitive Verteidigung dieser Rechte liefern zu können? Wir sollen von einer Anfangsverteilung ausgehen, die wir als zulässig empfinden, und er meint dann, wir würden seinen Übertragungsgrundsatz intuitiv besser finden als liberale Umverteilungsgrundsätze. Ich möchte ihn ausführlich zitieren:

»Es ist nicht erkennbar, wie jemand, der eine andere Auffassung von der Verteilungsgerechtigkeit hat, die Anspruchstheorie zurückweisen könnte. Angenommen nämlich, es sei eine Verteilung verwirklicht, die einer dieser anderen Auffassungen entspricht; nennen wir sie V1. Vielleicht haben alle gleiche Anteile, vielleicht richten sie sich nach irgendeiner für wichtig gehaltenen Dimension. Nehmen wir nun an, NN [Orig.: ›Wilt Chamberlain‹] sei ein großer Torschütze und von Fußballmannschaften sehr gesucht. ... NN unterschreibt folgenden Vertrag mit einer Mannschaft: Bei jedem Heimspiel bekommt er 50 Pfennige von jeder Eintrittskarte. ... Die Spielzeit beginnt, und die Leute strömen zu den Spielen seiner Mannschaft; sie kaufen Eintrittskarten und stecken jedesmal 50 Pfennige des Preises in eine besondere Kasse, auf den der Name von NN steht. Sie sind begeistert von seinem Spiel; es ist ihnen den gesamten Eintrittspreis wert. Angenommen, in einer Spielzeit besuchten eine Million Menschen seine Heimspiele, und NN nimmt eine halbe Million ein, sehr viel mehr als das Durchschnittseinkommen und auch noch mehr als das bisherige Höchsteinkommen. Hat er einen Anspruch auf dieses Einkommen? Ist die neue Verteilung V2 ungerecht? Wenn ja, warum? Es ist überhaupt keine Frage, ob jedermann Anspruch auf seine Besitztümer in V1 hatte; nach Voraussetzung war das ja im Sinne der Auffassung meines Argumentationsgegners eine zulässige Verteilung. Alle Betreffenden *entschieden sich dafür*, 50 Pfennige von ihrem Geld NN zu geben. Sie hätten es auch für Kinokarten, Süßigkeiten, Zeitschriften oder sonst etwas ausgeben können. Aber eine Million bezahlte es an NN, um ihn dafür Fußball spielen zu sehen. Wenn V1 eine gerechte Verteilung war und die Menschen freiwillig zu V2 übergingen, indem sie einen Teil ihrer Besitztümer unter V1 hergaben (doch wohl nicht für nichts und wieder nichts?), ist dann nicht auch V2 gerecht? Wenn die Leute berechtigt waren, über ihren Besitz zu verfügen, auf den sie (unter V1) Anspruch hatten, waren sie dann nicht auch berechtigt, ihn NN zu übertragen oder mit ihm zu tauschen? Kann irgendein Dritter sich über eine Ungerechtigkeit beklagen? Jeder andere hat bereits unter V1 seinen gerechten Anteil. Unter V1 hat niemand etwas, auf das irgendein anderer einen gerechten Anspruch hätte. Nachdem einige etwas an NN übertragen haben, haben Dritte *immer noch* ihre gerechten Anteile; *die* haben sich nicht geändert. Aufgrund wovon könnte eine solche Übertragung zwischen zwei Personen zu einem in Sinne der Verteilungsgerechtigkeit berechtigten Anspruch auf einen Teil des Übertragenen seitens eines Dritten führen, der *vor* der Übertragung auf keines der Besitztümer einen gerechten Anspruch hatte?« (Nozick o.J.: 152f., Orig. 1974: 160ff.)

Weil V2 als gerecht erscheint, so Nozick, entspreche sein Übertragungsgrundsatz eher unseren Intuitionen als Umverteilungsgrundsätze wie das Rawlssche Unterschiedsprinzip.

Was ist von diesem Argument zu halten? Es wirkt zunächst einigermaßen überzeugend, weil es eine Theorie der fairen Anteile darauf reduziert, gewisse Übertragungen zu erlauben. Es sei einfach abwegig, auf einen fairen Anteil Wert zu legen, aber dann nicht zu gestatten, ihn nach Gutdünken zu verwenden. Steht das aber unserer Intuition bezüglich unverdienter Ungleichheiten entgegen? Angenommen, V1 entspreche dem Rawlsschen Unterschiedsprinzip, so daß jeder unabhängig von seinen natürlichen Gaben mit dem gleichen Ressourcenanteil anfängt. Am Ende der Spielzeit hat dann NN eine halbe Million verdient, und der Behinderte, der nichts verdienen kann, hat alles verbraucht und steht vor dem Hungertod. Unsere Intuitionen besagen ganz gewiß noch, daß wir NN besteuern können, um den Verhungernden zu retten. Nozick hat sich eindringlich auf unsere Intuition gestützt, daß wir nach freier Entscheidung handeln können sollen, aber unsere Intuition, daß mit benachteiligenden Verhältnissen fair umgegangen werden sollte, unter den Tisch fallen lassen.

Wenn dann Nozick doch auf die Frage benachteiligender Umstände eingeht, gesteht er sogar die intuitive Überzeugungskraft des liberalen Standpunkts zu. Es erscheine in der Tat als unfair, Menschen im Hinblick auf die Früchte der gesellschaftlichen Zusammenarbeit unter unverdienten Benachteiligungen leiden zu lassen. Er »empfindet« diese Frage »als durchaus gewichtig«. Jedoch:

»Der Haupteinwand dagegen, daß man jedem ein durchsetzbares Recht *auf* verschiedene Dinge wie Chancengleichheit, Leben usw. zuschreibt, ist der, daß diese ›Rechte‹ eine tragende Struktur von Gegenständen und Handlungen erfordern, auf die *andere* Menschen Rechte und Ansprüche haben können. Niemand hat ein Recht auf etwas, zu dessen Verwirklichung man bestimmte Gegenstände und Handlungen in Anspruch nehmen muß, auf die andere Menschen Rechte und Ansprüche haben.« (Nozick o. J.: 218f., Orig. 1974: 237f.)

Das heißt also, wir können NN nicht besteuern, um die Behinderungen anderer auszugleichen, weil er absolute Rechte auf sein Einkommen hat. Doch Nozick gibt zu, daß unsere Intuitionen nicht durchweg dieser Sicht der Eigentumsrechte entsprechen. Er gibt sogar zu, daß einige unserer stärksten Intuitionen für den Ausgleich unverdienter Benachteiligungen sprechen. Doch ihnen kann leider nicht stattgegeben werden, weil die Menschen Rechte auf ihr Einkommen haben. Mackies Gedanke eines allgemeinen Rechts auf eine »faire Chance« im Leben ist zwar intuitiv überzeugend, aber »die speziellen Rechte an Gegenständen machen alle Rechte aus und lassen keinen Raum für allgemeine Rechte auf bestimmte materielle Bedingungen« (Nozick o. J.: 219, Orig. 1974: 238).

Ist es wirklich so, daß »die speziellen Rechte an Gegenständen alle Rechte ausmachen und keinen Raum lassen für« ein Recht auf eine faire Chance im Leben? Nozicks zweites, mehr philosophische Argument dafür werde ich später untersuchen. Doch sein Versuch, es mit dem Beispiel von der Fußballkanone intuitiv zu verteidigen, ist irreführend. Um das deutlicher zu erkennen, wollen wir die Theorien der Verteilungsgerechtigkeit in drei Komponenten aufspalten (vgl. van der Veen u. van Parijs 1985: 73).

(G) Moralische Grundsätze (z. B. Nozicks Grundsatz des »Eigentums an der eigenen Person« oder Rawls' Grundsatz der »moralischen Willkürlichkeit« natürlicher Gaben);

(R) Gerechtigkeitsregeln für die Grundstruktur der Gesellschaft (z. B. Nozicks drei Regeln der Gerechtigkeit bei Erwerb, Übertragung und Verstoß, oder Rawls' »Unterschiedsprinzip«);

(V) eine spezielle Güterverteilung (wer hat derzeit Anspruch auf was).

Die moralischen Grundsätze (G) bestimmen die Gerechtigkeitsregeln (R) und diese wiederum eine spezielle Verteilung (V).

Nozick möchte mit dem Beispiel von der Sportkanone seine Auffassung von den moralischen Grundsätzen (G) und Gerechtigkeitsregeln (R) durch den Nachweis stützen, daß wir intuitiv eine bestimmte daraus entspringende Verteilung (V2) akzeptieren. Obwohl die anfängliche Verteilung V1 anderen Grundsätzen und Regeln entsprach (in meinem Fall dem Rawlsschen Unterschiedsprinzip), akzeptieren wir nach Nozicks Behauptung die daraus nach seiner Regel der gerechten Übertragung entstehende Verteilung V2. Doch dieses Argument scheint nur deshalb zu ziehen, weil er die Anfangsverteilung (V1) im Sinne seiner eigenen Grundsätze (G) und Regeln (R) deutet. Wir dürfen zwar eine anfängliche Güterverteilung selbst wählen, aber er geht davon aus, daß wir dabei diesen Besitztümern unumschränkte Eigentumsrechte zuordnen, wie es die Gerechtigkeitsregeln seiner Theorie verlangen. Doch diese Annahme ist irreführend, die Gerechtigkeitsregeln unserer Theorie sehen vielleicht ganz anders aus.

So bestand der Grund dafür, daß ich V1 aus der Rawlsschen Theorie hervorgehen ließ, darin, daß dann unverdiente Benachteiligungen durch gegebene Verhältnisse beseitigt werden. Indem bestimmten Menschen bestimmte Güter zugeteilt werden, wird das allgemeinere Recht auf faire Lebenschancen verwirklicht, das der Rawlsschen Theorie zugrunde liegt. Und eben dieser Grund für V1 ist für mich auch ein Grund, die Übertragung der Güter einzuschränken. Ich würde etwa Steuern und Umverteilung einführen, um auch weiterhin die Auswirkungen unverdienter natürlicher Benachteiligungen abzumildern. Diese Umverteilung würde ich zur Anfangsverteilung hinzurechnen, weil mein Grund für V1 nicht der war, »bestimmten Menschen bestimmte Rechte an bestimmten Dingen« zuzusprechen, sondern vielmehr, ein allgemeineres Recht auf faire Lebenschancen zu verwirklichen. V1 war meine bevorzugte Verteilung, weil sie aus meinen bevorzugten Gerechtigkeitsregeln R' hervorging, welche wiederum meine moralischen Grundüberzeugungen G' von der moralischen Gleichheit, unverdienten Vorteilen usw. widerspiegeln. Und genau wie V1 aus G' und R' hervorging, so sollte auch jede aus V1 hervorgehende Verteilung diesen genügen, also das Recht der Menschen auf eine faire Chance im Leben achten.

Nozick stellt das auf den Kopf. Er unterstellt meiner Verteilung V1, sie enthalte absolute Rechte über bestimmte Gegenstände, und deshalb sei keine Besteuerung und Umverteilung möglich, um das allgemeine Recht auf eine faire Chance zu wahren. Ich hatte ja bestimmten Menschen bestimmte Güter zugewiesen, um das allgemeinere Recht auf eine faire Chance im Leben zu verwirklichen; Nozick aber stellt es so hin, als hätte ich bestimmten Menschen Rechte über bestimmte Gegenstände gegeben, so daß kein allgemeines Recht auf eine faire Lebenschance möglich sei. Es verdreht also das, was ich in V1 habe gelten lassen, und meine Gründe dafür. Ich wollte in V1 bestimmte Güter zuweisen, weil dies fair mit ungleichen Lebensumständen umging. Nozick behauptet, ich hätte absolute Rechte über die Güter vergeben, und beruft sich darauf, um die Absicht einer fairen Behandlung ungleicher Lebensumstände zu blockieren. Natürlich stimmt es, daß es dann, wenn den Menschen absolute Rechte über die bestimmten in V1 verteilte Güter zuerkannt worden wären, unrecht wäre, NNs Einkommen zu besteuern, um etwas für die Benachteiligten zu tun. Aber solche Rechte habe ich nicht vergeben, und daß sie uns daran hindern würden, Benachteiligte vor dem Hungertod zu bewahren, das ist ein sehr guter Grund dazu.

Wenn wir uns klarmachen, worauf Nozicks Theorie eigentlich hinausläuft, können wir anders auf sein Beispiel reagieren. Die beste Reaktion auf sein Angebot, ein V1 anzugeben, ist die Weigerung, so etwas überhaupt zu tun. Denn wenn Nozick darauf besteht, mit V1 absolute Rechte zu unterstellen, dann ist es für uns eben keine faire Verteilung. Wenn wir uns klarmachen, daß Nozick sagt: »Hier sind ein paar absolute Eigentumsrechte – verteile sie so, wie du möchtest«, nun, dann werden wir sein Angebot dankend ablehnen. Denn die Legitimität solcher Rechte steht ja gerade in Frage.

4.2 Das Argument des Eigentums an der eigenen Person

Der Grundsatz des Eigentums an der eigenen Person

Das Beispiel mit der Sportkanone zeigt, wie wenig überzeugend es ist, den Libertarismus durch einfache Berufung auf unsere Intuitionen zu verteidigen. Es müßte also gezeigt werden, daß der Libertarismus trotz seiner unschönen Züge die unausweichliche Folge irgendeines tieferliegenden Grundsatzes ist, von dem wir fest überzeugt sind. Die Libertären machen dazu aber verschiedene Angaben. Einige berufen sich auf den gegenseitigen Vorteil, andere auf die Freiheit. Diese beiden Argumente werde ich später untersuchen. Nozick dagegen beruft sich auf einen Grundsatz des »Eigentums an der eigenen Person«, der für ihn eine Form des Grundsatzes ist, die Menschen als »Zweck an sich selbst« zu behandeln. Diese Formel Kants für die moralische Gleichheit wird auch von Rawls und den Utilitaristen herangezogen. Von diesem Grundsatz sind wir in der Tat fest überzeugt, und wenn Nozick zeigen kann, daß daraus sein Eigentum an der eigenen Person folgt und aus diesem der Libertarismus, dann hat er ein starkes Argument für diesen geliefert. Ich werde jedoch zu zeigen versuchen, daß er das Eigentum weder an der eigenen Person noch an Sachen aus dem Gedanken der Behandlung der Menschen als Gleiche oder als Zweck an sich selbst ableitet.[2]

Der Kern von Nozicks Theorie wird im ersten Satz seines Buches so formuliert: »Die Menschen haben Rechte, und einiges darf ihnen kein Mensch und keine Gruppe antun (ohne ihre Rechte zu verletzen)« (o.J.: 11, Orig. 1974: ix). Die Gesellschaft müsse diese Rechte achten, denn sie seien »Ausdruck des Kantischen Grundsatzes, daß die Menschen Zwecke und nicht bloß Mittel sind; sie dürfen nicht ohne ihr Einverständnis für andere Ziele geopfert oder gebraucht werden« (o.J.: 42, Orig. 1974: 30f.). Dieser »Kantische Grundsatz« verlangt eine starke Theorie der Rechte, denn Rechte bestätigen die »Selbständigkeit unserer individuellen Existenz« und machen ernst mit der »Existenz selbständiger Einzelmenschen, die einander nicht Mittel sind« (o.J.: 44, Orig, 1974: 33). Weil die Menschen selbständige Individuen mit je eigenen Ansprüchen sind, gibt es Grenzen für die Opfer, die man einem um anderer willen abverlangen kann, und diese Grenzen werden in einer Theorie der Rechte formuliert. Deshalb ist der Utilitarismus, der keine solchen Grenzen anerkennt, für Nozick unannehmbar. Die Achtung dieser Rechte gehört notwendig zur Achtung des Anspruchs der Menschen darauf, als Zweck an sich selbst und nicht als Mittel für andere behandelt zu werden. Nach Nozick behandelt ein libertärer Staat die einzelnen nicht als »Instrumente oder Hilfsmittel«, sondern als »Personen mit ihren Rechten und der daraus fließenden Würde. Er behandelt uns mit Respekt, indem er unsere Rechte respektiert, und gestattet uns, einzeln oder gemeinsam mit wem wir wollen über unser Leben zu entscheiden und unsere Ziele und unser Selbstverständnis zu verwirklichen, so gut wir können, wobei uns andere Menschen, denen die gleiche Würde eigen ist, freiwillig helfen« (o.J.: 303, Orig. 1974: 334).

Hier gibt es wichtige Verbindungslinien zwischen Nozick und Rawls, nicht nur bei Nozicks Berufung auf den abstrakten Gleichheitsgrundsatz, sondern auch bei seinen spezielleren Argumenten gegen den Utilitarismus. Ein wichtiger Teil der Rawlsschen Argumentation gegen den Utilitarismus ging ja dahin, daß er die Menschen nicht als Zweck an sich selbst behandle, indem er zulasse, daß einige unaufhörlich zum größeren Nutzen anderer aufgeopfert werden können. Rawls und Nozick sind sich also darin einig, daß die Gleichbehandlung der Menschen verlangt, der Verwendung einer Person zum Nutzen anderer oder der Gesellschaft Grenzen zu setzen. Die einzelnen haben Rechte, die eine gerechte Gesellschaft achtet und die keiner utilitaristischen Verrechnung unterworfen sind oder aus ihr hervorgehen.

Rawls und Nozick unterscheiden sich aber in der Frage, welche Rechte die wichtigsten sind, wenn die Menschen als Zwecke an sich selbst behandelt werden sollen. Übermäßig vereinfachend könnten wir sagen, für Rawls sei eines der wichtigsten Rechte das auf einen bestimmten Anteil an den gesellschaftlichen Gütern, für Nozick dagegen seien es Eigentumsrechte an der eigenen Person (self-ownership). Dieser Gedanke könnte als absurd erscheinen, er scheint ja einen eigenen Gegenstand zu unterstellen, das Selbst (self), den man besitze. Doch der Ausdruck »Selbst« hat hier »rein reflexive Bedeutung. Er besagt, daß Besitzer und Besitztum ein und dasselbe sind, nämlich die ganze Person« (Cohen 1986a: 110). Der Grundgedanke des Selbsteigentums wird als Gegensatz zur Sklaverei verständlich: das Eigentumsrecht, das der Sklavenhalter am Sklaven hat, wird von mir selbst ausgeübt.

Es ist nicht ohne weiteres klar, was dieser Unterschied zwischen

Nozick und Rawls zu bedeuten hat. Warum können wir nicht beide Positionen anerkennen? Wenn wir uns selbst besitzen, dann besagt das ja noch gar nichts über den Besitz äußerer Güter. Und daß man ein Recht auf einen fairen Anteil an den gesellschaftlichen Gütern habe, sollte nicht ausschließen, daß man sich selbst besitzen kann. Doch Nozick hält beides für unvereinbar. Für ihn ist die Rawlssche Forderung, von den Fähigen erzeugte Güter sollten zur Verbesserung des Loses der Benachteiligten verwendet werden, unvereinbar mit der Anerkennung des Selbsteigentums. Wenn ich mich selbst besitze, dann besitze ich meine Fähigkeiten, und damit auch alles, was ich mit ihnen herstelle; genau wie dem, der ein Stück Land besitzt, auch der Ertrag gehört. Somit ist eine Besteuerung zur Umverteilung von den Fähigen zu den Benachteiligten eine Verletzung des Selbsteigentumsrechts.

Nicht, als ob Rawls und Dworkin meinten, andere Menschen könnten meine Fähigkeiten besitzen wie ein Sklavenhalter den Sklaven. Vielmehr sollen, wie ich zu zeigen versuchte, die von ihnen verwendeten hypothetischen Arrangements die Forderung veranschaulichen, daß niemand eines anderen Besitz ist (3.3 oben). Der Anspruch des einzelnen auf seine Fähigkeiten wird von den Liberalen auf viele verschiedene Weisen anerkannt. Ich habe die Freiheit, sie im Sinne meiner gewählten Lebensziele einzusetzen. Doch weil es reiner Zufall ist, welche Fähigkeiten jemand hat, deshalb gehört nach liberaler Auffassung zu den Rechten über die Fähigkeiten nicht das Recht, eine je verschiedene Entlohnung aus ihnen zu beziehen. Weil man seine Gaben unverdient besitzt, ist es keine Verletzung der moralischen Gleichheit, wenn der Staat diese Gaben als Bestandteil der vorgegebenen Verhältnisse eines Menschen und damit als möglichen Grund für Ausgleichsansprüche ansieht. Wer von Natur benachteiligt geboren ist, der hat einen berechtigten Anspruch gegenüber den Bevorzugten, und diese haben eine moralische Verpflichtung gegenüber jenen. Daher müssen in der Dworkinschen Theorie die Begabten Versicherungsprämien bezahlen, die den Benachteiligten zugute kommen, und in der Rawlsschen Theorie haben sie nur etwas von ihren Fähigkeiten, wenn das auch den Benachteiligten nützt.

Für Nozick ist das eine Verletzung des Selbsteigentums. Ich besitze meine Talente nicht, wenn andere einen berechtigten Anspruch auf ihre Früchte haben. Die Rawlsschen Grundsätze »errichten ein (Teil-)Eigentum von Menschen an Menschen und ihrer Tätigkeit und Arbeit. Diese Grundsätze führen von der klassisch-liberalen Vorstellung des Eigentums des Menschen an sich selbst weg zu einer Vorstellung von (Teil-)Eigentumsrechten an *anderen* Menschen« (Nozick o. J.: 162, Orig. 1974: 172). Für Nozick behandelt diese liberale Auffassung die Menschen nicht als Gleiche, als Zwecke an sich selbst. Wie der Utilitarismus macht sie einige zu bloßen Hilfsmitteln für das Leben anderer, indem sie einen Teil von ihnen, ihre natürlichen Eigenschaften, zum Hilfsmittel für alle macht. Da ich mir selbst gehöre, haben die von der Natur Benachteiligten keinen berechtigten Anspruch auf meine Fähigkeiten. Gleiches gilt für alle anderen Zwangseingriffe in die Tauschakte des freien Marktes. Nur der uneingeschränkte Kapitalismus kann mein Selbsteigentum vollständig anerkennen. Nozicks Argument läßt sich in zwei Behauptungen zusammenfassen:

1. Die Rawlssche Umverteilung (oder andere staatliche Zwangseingriffe in das Marktgeschehen) ist unvereinbar mit dem Selbsteigentum der Menschen. Nur der uneingeschränkte Kapitalismus erkennt dieses an.
2. Die Anerkennung des Selbsteigentums ist entscheidend für die Gleichbehandlung der Menschen.

Nozicks Gleichheitsvorstellung fängt bei Rechten über die eigene Person an, doch er ist der Meinung, daß diese Rechte Konsequenzen für die Rechte an äußeren Gütern haben, die der liberalen Umverteilung widersprechen.

Das ist aus zwei Gründen unhaltbar. Erstens folgen aus dem Selbsteigentum nicht notwendig absolute Sacheigentumsrechte. Das Selbsteigentum ist mit verschiedenen Regelungen des Gütereigentums verträglich, auch einer Rawlsschen. Zweitens ist der Grundsatz des Selbsteigentums keine adäquate Umsetzung der Gleichbehandlung, nicht einmal nach Nozicks eigener Ansicht darüber, was im menschlichen Leben wichtig ist. Versucht man ihn im Sinne der Gleichheitsidee zurechtzurücken und eine entsprechende Wirtschaftsordnung zu finden, so wird man der liberalen Gerechtigkeitsauffassung näher gebracht und nicht etwa von ihr entfernt.

Selbsteigentum und Sacheigentum

Ich möchte diese beiden Einwände nacheinander behandeln. Erstens also: Wie führt das Selbsteigentum zum Sacheigentum?

Nozick behauptet, Tauschakte auf dem Markt enthielten menschliche Potenzen, und da die Menschen an diesen das Eigentumsrecht hätten, gehöre ihnen auch alles, was sich aus deren Betätigung im Rahmen des Marktes ergebe.

Doch das ist voreilig. Zu den Tauschakten gehört mehr als die Betätigung eigener Potenzen, nämlich Rechte über Sachen, über äußere Güter, und die werden nicht einfach durch die dem einzelnen gehörenden Fähigkeiten aus dem Nichts geschaffen. Wenn mir ein Stück Land gehört, habe ich es vielleicht mit meinen mir gehörenden menschlichen Potenzen verbessert, aber geschaffen habe ich es nicht; deshalb kann mein Anspruch auf das Land (und von daher mein Recht, es auf dem Markt zu tauschen) nicht allein auf der Betätigung meiner mir gehörenden Potenzen beruhen.

Nozick erkennt an, daß an den Markttransaktionen mehr als meine mir gehörenden Potenzen beteiligt sind. Doch in seiner Theorie rührt mein Anspruch auf äußere Güter wie das Land daher, daß es mir andere gemäß dem Übertragungsgrundsatz übertragen haben. Voraussetzung ist natürlich, daß der Vorbesitzer einen berechtigten Anspruch hatte. Wenn mir jemand ein Stück Land verkauft, ist mein Anspruch nur so gut wie seiner, und seiner nur so gut wie der des Vorbesitzers, usw. Man muß also bis auf den Anfang zurückgehen. Wie sieht der aber aus? Hat da jemand das Land mit seinen ihm gehörenden Potenzen geschaffen? Nein, niemand hat es geschaffen. Es war schon da, als es noch keine Menschen gab.

Der Anfangspunkt der Übertragungen ist also nicht eine Erschaffung des Landes, sondern seine erste Aneignung durch eine Person als ihr Privateigentum. Nach Nozick müssen wir die Übertragungen bis dahin zurückverfolgen und prüfen, ob die ursprüngliche Aneignung berechtigt war. Doch *auch* wenn uns unsere Fähigkeiten gehören, bedeutet das mitnichten, daß sich jemand etwas rechtens aneignen kann, das er nicht mit seinen Fähigkeiten geschaffen hat. War die Erstaneignung nicht berechtigt, so waren es alle späteren Übertragungen auch nicht. Sollen sie es doch sein, dann müssen die Menschen nicht nur die rechtmäßigen Eigentümer ihrer Fähigkeiten sein, sondern auch von vorher herrenlosen Gütern.

Diese Frage der Erstaneignung äußerer Güter ist allen Fragen der rechtmäßigen Übertragung vorgeordnet. Ohne rechtmäßige Erstaneignung kann es nach Nozicks eigener Theorie keine rechtmäßige Übertragung geben. Nozick schuldet uns also Rechenschaft darüber, wie äußere Güter erstmalig Eigentum eines Menschen werden. Dessen ist er sich auch bewußt. Gelegentlich äußert er sich zwar so: »Die Dinge, die in die Welt hereinkommen, sind bereits an Menschen geknüpft, die Ansprüche auf sie haben« (o.J.: 152, Orig. 1974: 160). Doch er verkennt nicht, daß in allem heutigen Eigentum etwas steckt, das nicht als Privateigentum in die Welt gelangt ist, weder juristisch noch moralisch. Alles heutige Eigentum enthält etwas Natürliches. Wie wurden nun diese zunächst herrenlosen Naturgüter zu jemandes Privateigentum?

a) Die ursprüngliche Aneignung

Die historische Antwort lautet oft, daß Naturgüter jemandes Eigentum durch Gewalt geworden sind, und das schafft ein Dilemma für jene, die mit Nozicks Theorie bestehende Ungleichheiten verteidigen möchten. Entweder machte die Anwendung von Gewalt die ursprüngliche Aneignung zu einer unberechtigten, dann gibt es auch heute keinen berechtigten Anspruch und keinen moralischen Grund, warum der Staat das Gut nicht an sich ziehen und umverteilen dürfte. Oder die Gewalt machte die ursprüngliche Aneignung nicht zu einer unberechtigten, dann können wir das Gut heute ebensogut mit Gewalt wegnehmen und neu verteilen. In beiden Fällen bedeutet die Tatsache, daß bei der ursprünglichen Aneignung oft Gewalt im Spiel war, daß es keinen moralischen Einwand gegen eine Umverteilung der heutigen Güter gibt (Cohen 1988: 253f.).

Nozick spricht sich für die erste Möglichkeit aus. Die Gewalt macht die Aneignung zu einer unberechtigten, somit ist auch der heutige Besitzanspruch unberechtigt (o.J.: 212f., Orig, 1974: 230f.). Daher haben die heutigen Besitzer knapper Güter kein Recht, sie anderen vorzuenthalten; so sind die Kapitalisten nicht berechtigt, den Arbeitern die Produkte oder Gewinne der heutigen Produktionsmittel vorzuenthalten. Im Idealfall müßten die Auswirkungen der unberechtigten Aneignung korrigiert und die Güter den rechtmäßigen Eigentümern zurückerstattet werden. Doch die sind oft nicht auszumachen, wir wissen nicht, wem die Güter unrechtmäßig weggenommen wurden. Nozick schlägt vor, die heutigen unrechtmäßigen Besitzverhältnisse durch eine einmalige allgemeine Umverteilung nach dem Rawlsschen Unterschiedsprinzip zu korrigieren. Erst danach würde der libertäre Übertragungsgrundsatz greifen. Doch soweit die rechtmäßigen Eigentümer bekannt sind, sollten die Güter ihnen zurückerstattet werden. Demnach müßte ein großer Teil Neuenglands den Indianern zurückgegeben werden, weil es ihnen seinerzeit unrechtmäßig genommen worden ist (Lyons 1981).

Diese Infragestellung der heutigen Besitzansprüche ist kein Kuriosum, das sich von der übrigen Theorie Nozicks ablösen ließe. Wenn man wirklich an seine Anspruchstheorie glaubt, dann sind die heutigen Ansprüchen nur so berechtigt wie die vorangehenden. Wenn die berechtigt waren, dann ist jede neue Verteilung gerecht, die aus ihnen durch Markttransaktionen hervorgeht. Das und nichts anderes ist die libertäre Theorie der Gerechtigkeit. Es folgt aber auch, daß die neue Verteilung ungerechtfertigt ist, wenn die früheren Ansprüche nicht berechtigt waren. Daß sie aus Markttransaktionen hervorgegangen ist, hat keine Bedeutung, denn es bestand gar keine Berechtigung, diese vorzunehmen. Auch das ist ein wesentlicher Bestandteil der Nozickschen Theorie. Es ist die Rückseite derselben Münze.

Da die meisten ursprünglichen Aneignungen in Wirklichkeit unberechtigt waren, kann Nozicks Theorie die heutigen Besitztümer nicht vor einer Umverteilung schützen. Wir wissen aber immer noch nicht, wie eine rechtmäßige ursprüngliche Aneignung zustande gekommen sein könnte. Wenn diese Frage nicht beantwortet werden kann, dann muß Nozicks Übertragungsgrundsatz nicht bloß suspendiert werden, bis die historischen Ansprüche bestätigt oder berichtigt worden sind, sondern wir sollten ihn ganz in den Schornstein schreiben. Wenn sich jemand kein herrenloses Gut aneignen kann, ohne gegen die Gleichbehandlung der anderen Menschen zu verstoßen, dann hängt Nozicks Übertragungsrecht immer nur in der Luft.

Welche ursprüngliche Aneignung absoluter Rechte über bisher herrenlose Güter ist nun mit der Gleichbehandlung verträglich? Das ist ein altes Problem für die Libertären. Nozick stützt sich auf Lokkes Lösung. Im 17. Jahrhundert gab es in England eine Bewegung zur privaten Aneignung (»enclosure«) bisher gemeinschaftlich als Weide, zum Holzsammeln u.ä. genutzten Landes (»the commons«). Dadurch wurden einige Leute reich, während andere sich nicht mehr ernähren konnten. Locke wollte den Vorgang verteidigen und mußte also darlegen, wie man zum vollgültigen Eigentum an etwas kommen könne, das vorher niemandem gehörte.

Seine Antwort, oder jedenfalls eine seiner Antworten, ging dahin, daß man sich Teile der Außenwelt aneignen könne, wenn man den anderen »genug und ebensoviel« lasse. Das sei mit der Gleichberechtigung der anderen vereinbar, sie würden ja nicht benachteiligt. Locke gab noch andere Antworten, etwa, daß man sich etwas aneignen könne, in das man seine Arbeit gesteckt hat, sofern man es nicht verschwende. Doch das Kriterium »genug und ebensoviel« scheint die Hauptbeweislast zu übernehmen, auch in Lockes eigenen Beispielen, so dem Sammeln von Eicheln, wenn es mehr als genug für jeden gibt, oder dem Wassertrinken aus einem Wasserlauf. Ein eigentlicher Arbeitsaufwand findet da nicht statt, und solange für die anderen genug und ebensoviel bleibt, wer könnte da etwas dagegen haben, auch wenn ich Eicheln oder Wasser verschwende? Wenn es nachher jedem so gut geht wie vorher, wer wäre dann ungerecht behandelt worden?

Locke war sich darüber im klaren, daß die meisten Aneignungen (im Unterschied zu den beiden Beispielen) den anderen nicht genug und ebensoviel übrig lassen. Bei der englischen Landnahme im 17. Jahrhundert war es bestimmt nicht der Fall. Doch Locke meinte, die Aneignung sei zulässig, wenn die anderen danach insgesamt mindestens so gut gestellt seien wie vorher. Ich habe vielleicht weniger Land bekommen, aber jetzt ist durch die Landnahme vieles billiger geworden, so daß ich insgesamt besser dastehe. Eine Aneignung ist also zulässig, wenn sie niemanden insgesamt schlechter stellt. Nozick nennt das die »Lockesche Bedingung« und übernimmt sie selbst: »Ein Vorgang, der gewöhnlich zu einem dauernden, erblichen Eigentumsrecht an einem bisher herrenlosen Gegenstand führt, tut dies nicht, wenn dadurch die Lage anderer verschlechtert würde, die den Gegenstand nicht mehr frei nutzen können« (o. J.: 167, Orig. 1974: 178).[3] Die Berücksichtigung der anderen ist angebracht, es entspricht dem Grundsatz der Gleichbehandlung der Interessen aller. Diese wird durch eine Aneignung nicht verletzt, wenn niemand schlechter gestellt wird.

Was für Aneignungen erfüllen dieses Kriterium? Das hängt davon ab, was als eine dadurch verursachte Schlechterstellung gilt. Bei Nozick ist es die materielle Einbuße gegenüber der vorherigen gemeinschaftlichen Nutzung. Betrachten wir Anne und Bert, die beide auf Land angewiesen sind, das zunächst der Allgemeinheit zur Verfügung steht. Anne eignet sich nun so viel davon an, daß Bert vom Verbleibenden nicht mehr leben kann. Das scheint Bert schlechter zu stellen. Aber Anne bietet ihm an, gegen Lohn auf ihrem Land zu arbeiten, und der ist höher als das, was Bert vorher erarbeitete. Anne hat jetzt auch mehr wegen der durch die Arbeitsteilung gesteigerten Produktivität, freilich ist ihr Einkommenszuwachs größer als der von Bert. Der muß das Angebot annehmen, denn es bleibt ihm, wie gesagt, jetzt nicht mehr genug Land. Er muß also auch auf dem von ihr angeeigneten Land arbeiten, und dafür kann sie die Bedingungen diktieren; er bekommt weniger als die Hälfte des aufgrund der Arbeitsteilung entstehenden Mehrertrags. Annes Aneignung erfüllt Nozicks Bedingung, weil beide materiell besser gestellt sind als vorher mit dem Gemeinschaftsland. (Es würde sogar genügen, wenn Bert nur ebensoviel verdienen würde wie vorher.)

So kann also herrenloses Land zum vollgültigen Privateigentum einzelner (sich selbst besitzender) Personen werden. Nozick meint, das Kriterium lasse sich leicht erfüllen, und so geht also der größter Teil der Welt rasch in Privateigentum über. Das Selbsteigentum führt also zum absoluten Eigentum an der Außenwelt. Und da die ursprüngliche Aneignung mit dem Übertragungsrecht verbunden ist, entsteht alsbald ein vollausgebildeter Markt für Produktionsmittel (hier das Land). Und da bei der Aneignung der Produktionsmittel manche Menschen leer ausgegangen sind, haben wir bald auch einen vollausgebildeten Arbeitsmarkt. Und weil die Menschen dann rechtmäßige Besitzer der Potenzen wie auch der an den Markttransaktionen beteiligten Güter sind, stehen ihnen auch alle bei den Markttransaktionen entstehenden Gewinne zu. Und deshalb wäre eine staatliche Umverteilung zugunsten Benachteiligter eine Verletzung von Rechten: einige würden als Mittel für andere gebraucht.

b) Die Lockesche Bedingung

Hat uns Nozick eine brauchbare Analyse der fairen ursprünglichen Aneignung geliefert? Wir fassen sie folgendermaßen zusammen:

1. Die Menschen besitzen sich selbst.
2. Die Welt gehört ursprünglich niemandem.
3. Man kann absolute Rechte über einen ungleichen Anteil an der Welt erwerben, wenn dadurch niemand schlechter gestellt wird.
4. Dies ist ziemlich leicht möglich. Daher gilt:
5. Wenn es nun Privateigentum gibt, ist ein freier Kapital- und Arbeitsmarkt moralisch erforderlich.

Ich konzentriere mich auf Nozicks Auffassung von (3), nämlich worin eine Schlechterstellung bestehen würde. Sie hat zwei relevante Eigenschaften: (a) die Schlechterstellung ist als eine materielle definiert; (b) der Vergleichsmaßstab ist die gemeinschaftliche Nutzung. Ich möchte zeigen, daß beides unangemessen ist, und zwar in solchem Maße, daß Nozicks Kriterium nicht bloß abgeändert, sondern ganz aufgegeben werden muß. Jedes einleuchtende Kriterium für die ursprüngliche Aneignung führt nur zu nur beschränkten Eigentumsrechten.

Die materielle Situation. Wie wir sahen, legt Nozick auf das Selbsteigentum wert, weil die Menschen selbständige Individuen mit ihrem eigenen Leben sind (s.o. S. 107). Das Selbsteigentum gewährleistet, daß wir unsere eigenen Zielen, unserem »Selbstbild« oder »Ichideal« nachgehen können, andere dürfen uns nicht als bloßes Mittel zu ihren Zwecken einsetzen. Wenn nun Nozick die Schlechterstellung bestimmt, möchte man erwarten, daß sie sich an eben diesen Kriterien orientiert und somit bei einer Aneignung ein Veto erzeugt, wenn jemand unnötiger- und unerwünschterweise dem Willen anderer ausgeliefert wird.

Aber mitnichten: Daß Bert jetzt von Anne abhängig ist, zählt bei Nozick nicht als Kriterium für die Fairness der Aneignung. Dabei werden Bert zwei wichtige Freiheiten genommen: (1) er hat über das von Anne – ohne seine Zustimmung – angeeignete bisher gemeinschaftlich genutzte Land nichts mehr zu bestimmen; (2) er hat über die Verwendung seiner Arbeitskraft nicht mehr zu bestimmen. Er muß die von Anne gebotenen Arbeitsbedingungen akzeptieren, sonst ist er des Todes; er kann also über einen großen Teil seiner Zeit nicht mehr selbst verfügen. Vorher war sein Selbstbild vielleicht das eines Hirten, der im Einklang mit der Natur lebt. Jetzt muß er Anne gehorchen und vielleicht die Natur ausbeuten. So gesehen, kann er schlechter gestellt sein, obwohl er jetzt etwas mehr verdient.

Nozick müßte diese Auswirkungen in Namen seiner eigenen Auffassung davon, warum das Selbsteigentum wichtig sei, berücksichtigen. Für ihn ist die Freiheit, nach eigenen Wertvorstellungen zu leben, höchstes Gut, das keinen anderen sozialen Idealen (etwa der Chancengleichheit) geopfert werden darf. Eben dies liege seiner Theorie der unbeschränkten Eigentumsrechte zugrunde. Doch sein Kriterium für die Gerechtigkeit der ursprünglichen Aneignung läßt Berts Autonomie unbeachtet.

Interessanterweise fordert Nozick nur, daß Bert nicht schlechter gestellt wird, aber nicht, daß er zustimmen muß. Und das würde er womöglich nicht. Aber wenn er damit recht hat, die Zustimmung zu verweigern, weil er tatsächlich schlechter gestellt würde, dann sollte die Aneignung nicht zulässig sein. Vielleicht würde er sich auch irren, indem sein materieller Gewinn den Autonomieverlust aufwiegen würde. Dann könnte man die Aneignung durch Anne als einen paternalistischen Akt zulassen. Aber Nozick stellt sich gegen solchen Paternalismus. So ist er gegen die gesetzliche Kranken- oder Rentenversicherung, die dem eigenen Wohl der Versicherten dienen soll. Doch eine Aneignung kann ebenso gegen jemandes Willen sein wie eine Besteuerung. Anscheinend ist Nozick gegen den Paternalismus, wenn er Eigentumsrechte bedroht, aber sofort dafür, wenn er nötig ist, um Eigentumsrechte zu schaffen. Wenn wir den Paternalismus ausschließen und die Autonomie hochhalten, wie es Nozick sonst in seiner Theorie selber tut, dann wird die Rechtfertigung einer privaten Aneignung sehr viel schwieriger (vgl. Kernohan 1988: 70; Cohen 1986a: 127, 135).

Die willkürliche Beschränkung der Möglichkeiten. Nozicks Bedingung für eine Aneignung verlangt, daß niemand gegenüber der vorherigen gemeinschaftlichen Nutzung schlechter gestellt wird. Doch das läßt viele wichtige andere Möglichkeiten unberücksichtigt. Angenommen, Bert komme Anne bei der Landnahme zuvor und mache ihr nun das gleiche Angebot, das im vorigen Beispiel sie ihm machte. Nozicks Bedingung ist wieder erfüllt. Wer die Aneignung vollzieht und den Gewinn macht, und wer lediglich nicht schlechter gestellt ist, spielt keine Rolle. Bei Nozick gilt also: wer zuerst kommt, mahlt zuerst. Und das soll ein faireres Verfahren sein als etwa eine gleiche Verteilung der Aneignungsmöglichkeiten? Was besagen denn unsere Intuitionen über die Fairness, oder Nozicks eigene Sicht unserer Interessen? Soll das Allerwichtigste, die Möglichkeit, sein Leben selbst zu bestimmen, davon abhängen, wer zufällig eher zur Tat schreitet?

Betrachten wir eine andere Möglichkeit. Bert eignet sich das Land an und erzielt eine größere Produktivitätssteigerung als bei der Aneignung durch Anne, die auch beiden mehr einbringt. Aber wenn Anne vorher zugreift, darf sie das (Bert steht ja dann nicht schlechter da als bei der gemeinschaftlichen Nutzung), die Alternative, daß bei Aneignung durch Bert beide besser dastehen würden, zählt nicht.

Und wenn Anne und Bert sich das Land gemeinsam aneignen, es gemeinsam besitzen und die Arbeit einvernehmlich organisieren?

Im Namen seines Selbsteigentums sollte Bert diese Möglichkeit offen stehen, statt daß Anne sich das Land schnappen und ihn zum Lohnarbeiter machen kann.

Aber nach Nozicks Bedingung zählt auch diese Alternative nicht. Es zählt nicht, ob es zu einer Aneignung irgendwelche Alternativen gibt, die den materiellen Interessen oder der Autonomie der Beteiligten dienlicher wäre. Nozick spricht einfach nicht davon.

Die Probleme mit Nozicks Bedingung werden noch deutlicher, wenn wir den ganzen Kapitalismus als sich entwickelndes System ins Auge fassen. Nach den ursprünglichen Aneignungen gibt es bald keine herrenlosen Güter mehr. Wer zugreifen konnte, ist jetzt vielleicht reich, andere sind völlig leer ausgegangen. Diese Unterschiede übertragen sich auf die nächste Generation; die einen müssen schon ganz früh arbeiten, andere haben alle Privilegien. Das ist für Nozick akzeptabel, solange bei der Aneignung und Übertragung stets die Lockesche Bedingung erfüllt ist: der ganze Kapitalismus ist gerecht, wenn er niemanden schlechter stellt als vor der privaten Aneignung der Außenwelt.

Daß der Kapitalismus dieser Bedingung genüge, begründet Nozick in bekannter Weise durch Berufung auf Produktivität und Wirtschaftswachstum (o.J.: 166, Orig. 1974: 177). Er genügt ihr, wohlgemerkt, obwohl die Besitzlosen mit ihrer ganzen Existenz auf die Besitzer von Produktionsmitteln angewiesen sind und auch einmal jemand verhungert, weil gerade niemand seine Arbeitskraft kaufen will. Das ist für Nozick akzeptabel, weil die Leute ohne marktgängige Fähigkeiten ja ohnehin verhungert wären, wenn das Land herrenlos geblieben wäre. Die Besitzlosen können sich nicht beklagen, denn diejenigen von ihnen, »denen es gelingt, ihre Arbeitskraft zu verkaufen..., bekommen für sie mindestens so viel und wahrscheinlich mehr, als sie mit ihr in einem Lockeschen Naturzustand hätten erarbeiten können; und die Besitzlosen, deren Arbeitskraft unverkäuflich ist, verhungern womöglich in Nozicks Nicht-Wohlfahrtsstaat..., aber im Naturzustand wären sie ja auch verhungert« (Cohen 1986b: 85 Anm. 11).

Das ist eine absurd schwache Bedingung. Es genügt einfach nicht, daß der uneingeschränkte Kapitalismus die Menschen nicht schlechter stellt als ohne Privateigentum. Das sind eben nicht die beiden einzigen Möglichkeiten, wenn es um die Berechtigung der Aneignung geht. Es ist absurd, einem Verhungernden zu erklären, er sei in Nozicks System nicht schlechter gestellt, wenn es andere

Systeme gibt, in denen er nicht verhungern würde. Daß Nozick nicht bereit ist, diese anderen Möglichkeiten ins Auge zu fassen, ist willkürlich und ungerecht.

Das Kriterium für eine gerechte Aneignung muß, wenn es die Menschen als Gleiche behandeln soll, alle einschlägigen Alternativen im Hinblick auf materielle Situation wie auch Autonomie betrachten. Läßt sich das in die Lockesche Bedingung einbauen und kann dabei der intuitive Gesichtspunkt beibehalten werden, daß es auf die Schlechterstellung ankommt? Man könnte von einer Schlechterstellung sprechen, wenn der Betreffende in einem anderen System besser gestellt wäre. Doch dann erfüllt überhaupt kein System der Eigentumszuweisung die Bedingung. Dem zur Arbeitslosigkeit Prädestinierten geht es in Nozickschen System schlechter als unter dem Rawlsschen Unterschiedsprinzip, dem Talentierten geht im Rawlsschen System schlechter. In jedem System gibt es jemanden, dem es in einem anderen besser ginge. Doch die Bedingung ist ohnehin abwegig, denn niemand kann beanspruchen, daß die Welt völlig auf ihn zugeschnitten werden sollte. Wenn es mir in einem anderen System besser ginge, dann bedeutet das noch nicht, daß mir das bestehende ein Unrecht angetan hätte. Vergleichen muß man mit einer Welt, in der meine Interessen nicht maximal, sondern fair berücksichtigt werden.

Der Anfangszustand mit Gemeineigentum ist keine zureichende Vergleichsbasis, der für mich günstigste auch nicht. Man muß ein Mittelding finden. Wie es freilich aussehen sollte, oder wie weit es sich von den Rawlsschen oder Dworkinschen Grundsätzen unterscheiden würde, ist schwer zu sagen. Für John Arthur ist es die Gleichverteilung der Naturgüter. Das sei das einzig Sinnvolle »angesichts der Tatsache, daß [jeder] auf die Güter so viel Anspruch hat wie jeder andere. Niemand wurde mit einem geringeren Anspruch geboren, und niemand hat von Natur einen größeren« (Arthur 1987: 344; vgl. Steiner 1977: 49). Für Cohen wäre das Rawlssche Unterschiedsprinzip eine faire Vergleichsbasis (Cohen 1986a: 133f.). Andere mögliche Kriterien würden zu anderen Ergebnissen führen, aber kein einleuchtendes Kriterium zu Nozicks unbeschränkten Eigentumsrechten.

Wenn das Kriterium sämtliche Interessen der Selbstbestimmten und sämtliche Alternativen berücksichtigt, führt es nicht zu unbeschränkten Rechten über ungleiche Gütermengen, denn diese würden einige Menschen in wichtigen Beziehungen schlechter stellen als moralisch relevante Alternativen. Und wenn, wie Nozick selbst sagt,

»das Recht jedes Eigentümers den geschichtlichen Schatten der Lokkeschen Bedingung für die Aneignung enthält« (o.J.: 168, Orig. 1974: 180), dann gilt nach jeder vernünftigen Interpretation, daß »der Schatten [der Bedingung] solche Ansprüche so vollständig verdeckt, daß sie gar nicht mehr erkennbar sind« (Steiner 1977: 48). Jeder Anspruch der Selbstbestimmten auf ungleiche Gütermengen wird durch die Ansprüche der Besitzlosen entscheidend eingeschränkt.

Das ursprüngliche Eigentum an der Welt. Es gibt ein weiteres Problem bei der Nozickschen Bedingung, das den Übergang vom Selbsteigentum zum uneingeschränkten Kapitalismus unmöglich macht. Hier noch einmal meine Zusammenfassung von Nozicks Argumentation:

1. Die Menschen besitzen sich selbst.
2. Die Welt gehört ursprünglich niemandem.
3. Man kann absolute Rechte über einen ungleichen Anteil an der Welt erwerben, wenn dadurch niemand schlechter gestellt wird.
4. Dies ist ziemlich leicht möglich. Daher gilt:
5. Wenn es nun Privateigentum gibt, ist ein freier Kapital- und Arbeitsmarkt moralisch erforderlich.

Mein erstes Argument betraf Nozicks Deutung von (3), die sich als zu schwach erwies, so daß (4) falsch ist. Doch es gibt ein zweites Problem. Warum soll man (2) unterschreiben, mit der Konsequenz, daß die Welt ursprünglich zur Selbstbedienung zur Verfügung stand? Warum war sie denn nicht Gemeineigentum aller, so daß jedermann ein gleiches Vetorecht bei Verfügungen über das Land hatte (Exdell 1977: 146–149; Cohen 1986b: 80–87)? Über diese Möglichkeit verliert Nozick nie ein Wort, aber andere, darunter auch einige Libertäre, erklären das für die vertretbarste Sichtweise (Locke selbst meinte, die Welt habe ursprünglich allen gehört und nicht niemandem, denn Gott »gab die Welt den Menschen gemeinsam«, vgl. Christman 1986: 159–164).

Was wäre, wenn die Welt anfänglich allen gehörte und somit von niemandem einseitig privatisiert werden konnte? Es gibt verschiedene Möglichkeiten, doch im allgemeinen widerstreiten sie den inegalitären Konsequenzen des Selbsteigentums. So könnten die Benachteiligten ihr Vetorecht einsetzen, um zu einem Verteilungsgrundsatz wie dem Rawlsschen Unterschiedsprinzip zu kommen. Es könnte zu einer Rawlsschen Verteilung kommen, nicht wegen Ablehnung des Selbsteigentums (so daß die Benachteiligten unmittelbare Ansprüche gegenüber den Bevorzugten hätten), sondern wegen des gemeinsamen Eigentums an der Außenwelt (so daß die Unbegabten gegen Verwendungen des Landes, die nur den Befähigten zugute kommen, ihr Veto einlegen können). Zu einem ähnlichen Ergebnis könnte es auch kommen, wenn die Welt weder als Selbstbedienungsreservoir noch als Gemeineigentum angesehen würde, sondern als gleichmäßig unter allen Menschen aufgeteilt (Cohen 1986b: 87–90).

Alle diese Modelle für den moralischen Status der Außenwelt sind mit dem Selbsteigentum vereinbar, da dieses nichts über das Eigentum an äußeren Gütern besagt. Verschiedene Libertäre haben in der Tat diese anderen Möglichkeiten unterstützt.[4] Jede muß im Lichte der Grundwerte geprüft werden, zu denen sich Nozick bekennt. Auf diese Prüfung läßt er sich nicht ein, doch es ist klar, daß absolute Eigentumsrechte über ungleiche Teile der Welt nur dann zustande kommen, wenn schwache und willkürliche Voraussetzungen über die Aneignung und den Status der Außenwelt gemacht werden.

Selbsteigentum und Gleichheit

Ich habe zu zeigen versucht, daß der Grundsatz des Selbsteigentums für sich allein noch keine moralische Verteidigung des Kapitalismus liefert, weil zu diesem auch das Eigentum an Gütern gehört.[5] Für Nozick führt das Selbsteigentum zu uneingeschränkten Sacheigentumsrechten, doch in Wirklichkeit sind mit ihm je nach der Theorie der rechtmäßigen Aneignung verschiedene Wirtschaftsordnungen vereinbar. Für Nozick bedeutet es, daß die Menschen Anspruch auf die vollen Erträge ihrer Markttransaktionen haben, doch die verschiedenen Wirtschaftsordnungen, die alle vom Selbsteigentum ausgehen, sehen das zum Teil anders. In einigen kann die unterschiedliche natürliche Befähigung zu unterschiedlichen Eigentumsanteilen an der Außenwelt führen (aber nicht notwendig in dem von Nozick zugelassenen Ausmaß), in anderen verschafft eine Umverteilung den von Natur Benachteiligten gleiche Anteile an den Gütern (wie bei Rawls oder Dworkin). Das Selbsteigentum ist mit allen diesen Möglichkeiten vereinbar.

Für welche wäre Nozick? Vermutlich für jene, die die Eigentumsrechte möglichst wenig einschränken. Kann er uns irgend einen

Grund dafür nennen? Ich kann mir drei Argumente denken, die sich auf Aspekte des Selbsteigentums stützen, aber auch darüber hinausgehen. Das eine hat mit der Zustimmung zu tun, das zweite mit der Selbstbestimmung und das dritte mit der Menschenwürde.

Nozick könnte sagen, die Entscheidung für eine Wirtschaftsordnung solle möglichst auf der Zustimmung der Selbsteigentümer beruhen, und die würden alle ein libertäres System wählen. Doch das stimmt nicht. Wie wir sahen, war nach Nozicks eigenem Aneignungsprinzip Berts Zustimmung zu Annes Aneignung nicht vorgesehen. Verschiedene Menschen stellen sich in verschiedenen Wirtschaftsordnungen besser und würden deshalb verschiedenen zustimmen. Man könnte versuchen, die Einmütigkeit wie Rawls mit Hilfe eines Schleiers des Nichtwissens zu erzielen, aber das würde, wie wir sahen, Nozick nichts helfen, sondern zu einem liberalen Ergebnis führen.

Zweitens könnte Nozick sagen, die Voraussetzungen, die zu liberalen Ergebnissen führen, entsprächen nur formal dem Eigentum an der eigenen Person und höhlten es in Wirklichkeit aus. So würde das gemeinschaftliche Eigentum an der Welt oder ihre gemeinschaftliche Aneignung das Eigentum an der eigenen Person aufheben, da man nichts mehr ohne die Erlaubnis der anderen tun kann. Würden dann nicht Anne und Bert nicht nur gemeinsam die Welt, sondern faktisch auch einander besitzen? Sie haben zwar (anders als der Sklave) Rechte an sich selbst, aber keine unabhängige Verfügung über Güter. Daher sei ihr Eigentum an der eigenen Person nur formal, denn wenn sie zur Erreichung ihrer Ziele Güter brauchen, sind sie auf die Zustimmung des anderen angewiesen.

Mit Charles Fried möchte ich für diese weniger formale Auffassung vom Selbsteigentum den Ausdruck »Selbstbestimmung« verwenden. Diese verlangt »einen wohlbestimmten Bereich..., auf den andere keine Ansprüche haben« (Fried 1983: 55). Ähnlich gehört nach Jon Elster zum nicht bloß formalen Selbsteigentum »das Recht, zu entscheiden, welche der eigenen Fähigkeiten man ausbilden will« (Elster 1986: 101). In beiden Fällen liegt der Gedanke vor, daß wir auf unseren wichtigsten Lebensgebieten, bei unseren wichtigsten Lebenszielen nach unseren eigenen Wertvorstellungen handeln können sollten, und daß das ein wichtiger Bestandteil der Behandlung der Menschen als Zwecke und nicht als Mittel ist, als selbständige Individuen mit ihrem eigenen Leben.

Ich glaube, Nozick beruft sich auf den formalen und den nichtformalen, den konkreten Begriff des Selbsteigentums. Den formalen verteidigt er ausdrücklich in Form der Rechte über den eigenen Körper, doch mindestens zum Teil auch damit, daß er dem konkreten Rückhalt gebe, unsere Fähigkeit zur Selbstverwirklichung fördere. Es wäre also einleuchtend, wenn Nozick die Wirtschaftsordnung wählen würde, die dem konkreten Selbsteigentum (innerhalb der Grenzen des formalen) am dienlichsten ist. Er könnte argumentieren, die liberalen Ordnungen beschränkten sich auf das formale Selbsteigentum, doch die stärker libertären gewährleisteten auch die Selbstbestimmung, da ihre Eigentumsrechte die Menschen von der Zustimmung anderer unabhängig machten.

Doch das stimmt nicht. In einer libertären Ordnung können nur manche ihr formales Selbsteigentum in Selbstbestimmung umsetzen. Nozick sagt sogar ausdrücklich, die Menschen könnten nicht mehr als das formale Selbsteigentum verlangen. Der besitzlose Arbeiter, der seine Arbeitskraft unter ungünstigen Bedingungen an den Kapitalisten verkaufen muß, habe das volle Selbsteigentum (o. J.: 240f., Orig. 1974: 262–264), auch wenn er jede Bedingung des Kapitalisten annehmen müsse, um zu überleben. Der entsprechende »Vertrag« kann dann, wie im viktorianischen England, faktisch auf die Versklavung des Arbeiters hinauslaufen. Juristisch kann er nicht Eigentum eines anderen sein, aber die wirtschaftlichen Bedingungen können ihn zu Zugeständnissen zwingen, die für ihn genau so schlimm sind.

Besitzlosigkeit kann genau so unterdrückend wirken wie Rechtlosigkeit. Mill schrieb:

»Die Menschen sind zwar nicht mehr durch die Macht des Gesetzes versklavt oder abhängig, doch die große Mehrheit ist es durch die Macht der Armut; sie sind immer noch an einen Ort, eine Beschäftigung, an den Willen eines Arbeitgebers gekettet und durch den Zufall ihrer Geburt von den Freuden, den geistigen und moralischen Vorteilen abgeschnitten, die anderen mühelos und unverdient in den Schoß fallen. Die Armen haben nicht unrecht, wenn sie das für eines der größten Menschheitsübel halten.« (Mill 1967: 710.)

Das volle Selbsteigentum des besitzlosen Arbeiters bringt nicht mehr Selbstbestimmung mit sich als das Selbsteigentum Annes und Berts in einer Welt des gemeinschaftlichen Eigentums. Anne kann nicht ohne Berts Zustimmung über die Produktionsmittel verfügen [und umgekehrt, d. Üb.], aber genau das gilt auch für den Arbeiter gegenüber dem Kapitalisten. Anne und Bert haben sogar mehr Selbstbestimmung, sie müssen sich einigen, während sich der Kapitalist mit keinem bestimmten Arbeiter einigen muß, vor allem nicht mit solchen, die keine von ihm gesuchten Fähigkeiten haben.

Der Libertarismus beschränkt nicht nur die Selbstbestimmung des besitzlosen Arbeiters, er macht ihn zum Mittel für andere. Wer in den Markt eintritt, nachdem das ganze Eigentum schon verteilt ist, der »ist auf Geschenke und Beschäftigungen angewiesen, die andere ihm zu gewähren bereit sind«, so daß er »gezwungen ist, zum Nutzen anderer zu wirken. Diese erzwungene Unterwerfung unter das Eigentumssystem ist eine Form der Ausbeutung und mit den meisten von [Nozicks] Grundgedanken unvereinbar, sie macht die Späterkommenden zu bloßen Mitteln für andere« (Bogart 1985: 833f.).

Welche Ordnung fördert am besten die Selbstbestimmung? Diese ist auch auf Güter angewiesen und nicht nur auf Rechte über den eigenen Körper. Wir können unsere wichtigsten Lebensziele nur dann unabhängig von anderen verfolgen, wenn wir nicht durch die wirtschaftlichen Verhältnisse gezwungen sind, für den Zugang zu den notwendigen Gütern beliebige Bedingungen anderer anzunehmen. Da eine sinnvolle Selbstbestimmung Freiheiten wie auch Güter erfordert, und da jeder ein Einzelwesen für sich ist, sollte jeder gleichen Anspruch auf diese Güter und Freiheiten haben.

Dann aber führt uns die Selbstbestimmung zu liberalen und nicht zu libertären Ordnungen. Die Libertären behaupten, die liberalen Wohlfahrtsprogramme, die die Eigentumsrechte einschränken, beschnitten auf unzulässige Weise die Selbstbestimmung. Daher würde die Ablehnung der Umverteilung (Nozick) oder ihre Beschränkung auf ein absolutes Minimum (Fried) die Selbstbestimmung fördern. Doch das ist ein schwacher Einwand. Die Umverteilung beschränkt zwar die Selbstbestimmung der Gutgestellten in gewissem Ausmaß, aber anderen ermöglicht sie erst eine eigene Lebensgestaltung. Sie opfert nicht die Selbstbestimmung einem anderen Ziel auf, sondern möchte die zu ihr nötigen Mittel fairer verteilen. Der Libertarismus dagegen erlaubt unverdiente Ungleichheiten bei dieser Verteilung und beschädigt so die Selbstbestimmung jener, denen die Mittel dazu am meisten fehlen. Jeder soll als Zweck an sich selbst behandelt werden, wie Nozick nicht müde wird zu betonen; doch dann sehe ich keinen Grund, den Libertarismus einer liberalen Umverteilung vorzuziehen.

Eine liberale Ordnung, die die Erträgnisse unverdienter Talente besteuert, beschränkt die Selbstbestimmung einiger, aber nur in einem vertretbaren Maße. Freie Berufswahl gehört wesentlich zur

Selbstbestimmung, nicht aber Freiheit von Besteuerung der Erträgnisse unverdienter natürlicher Gaben. Auch wenn man nach Rawlsschen Grundsätzen besteuert wird, hat man noch einen fairen Anteil an den Gütern und Freiheiten für eine in den wesentlichen Aspekten freie Lebensgestaltung. Die Besteuerung der Erträgnisse natürlicher Gaben beeinträchtigt niemanden unfair in seiner Selbstbestimmung, seiner Selbstverwirklichung.

Schließlich könnte Nozick geltend machen, die Umverteilung verstoße gegen die Menschenwürde, die wesentlich zur Gleichbehandlung gehört (so o. J.: 303, Orig. 1974: 334). Er äußert sich nicht selten in dem Sinne, daß Ansprüche anderer auf die Früchte meiner Fähigkeiten ein Angriff auf meine Würde seien. Doch das will nicht einleuchten. Nozick selbst macht häufig die Menschenwürde an der Selbstbestimmung fest, und die wird durch liberale und nicht durch libertäre Ordnungen am besten gefördert. Und auf jeden Fall ist die Menschenwürde eine Funktion anderer moralischer Überzeugungen. Wir empfinden etwas, z. B. die Umverteilung, als Verletzung unserer Menschenwürde, wenn wir es aus irgendeinem unabhängigen Grunde für moralisch falsch halten. Sehen wir aber in der Umverteilung einen notwendigen Bestandteil der Gleichbehandlung, dann ist sie kein Angriff auf die gleiche Menschenwürde für alle, sondern fördert sie.

Der Libertarismus läßt sich nicht durch Berufung auf Selbsteigentum, Zustimmung oder Menschenwürde verteidigen. Diese Gesichtspunkte sind alle entweder neutral oder sprechen für den liberalen Egalitarismus, den Liberalismus. Vielleicht könnte Nozick noch eine andere Begründung für den Libertarismus geben. Doch das ist schwer abzusehen, denn weil er vermeint, das Selbsteigentum verlange den Libertarismus, hat er die anderen Möglichkeiten nicht betrachtet. Nach Lage der Dinge hat Nozick die absoluten Eigentumsrechte oder den freien Markt, der sie achten soll, nicht erfolgreich verteidigt. Das Selbsteigentum schließt die Besteuerung zur Umverteilung nicht aus, es ist mit vielen verschiedenen Wirtschaftsordnungen formal verträglich. Und wenn wir vom formalen Selbsteigentum zur konkreten Selbstbestimmung übergehen, dann hat uns Nozick nicht den geringsten Grund für die libertären Ungleichheiten statt der liberalen Gleichheit geliefert.

Aber warum sollen wir uns überhaupt mit dem formalen Selbsteigentum abgeben? Oben benutzte ich das konkrete Selbsteigentum, die Selbstbestimmung, als Kriterium zur Entscheidung zwischen

Ordnungen, die dem formalen Selbsteigentum entsprechen. Doch die Selbstbestimmung ist zweifellos das Grundlegendere, wir befürworten sie nicht, weil sie das formale Selbsteigentum fördert, sondern wir befürworten dieses, insofern es die Selbstbestimmung fördert. Nozick selbst behandelt manchmal, wie oben bemerkt, den konkreten Begriff als den grundlegenderen. Warum also nicht gleich von der Selbstbestimmung als dem Gleichbehandlungsbegriff ausgehen? Warum die Suche nach der selbstbestimmungsfreundlichsten Ordnung auf die dem formalen Selbsteigentum entsprechenden Ordnungen beschränken? Die selbstbestimmungsfreundlichste Ordnung – und auf die kommt es uns an – könnte nicht nur über das formale Selbsteigentum hinausgehen, sondern es sogar einschränken (Cohen 1986b: 86).

Das ist so naheliegend, daß man nach einer Erklärung für Nozicks Betonung des formalen Selbsteigentums suchen muß. Eine lautet einfach, daß er es zur Verteidigung der Sacheigentumsrechte brauchte. Doch man kann auch etwas wohlwollender sein. Nozick möchte wie die klassischen Liberalen einen Gleichheitsbegriff, der keinerlei natürliche oder rechtliche Unterordnung unter andere Menschen duldet. Niemand darf, wie der Sklave, bloßes Mittel für andere sein, und von daher erscheint vielleicht als bestes Mittel zur Sicherung der Gleichheit, daß man die Eigentumsrechte, die der Herr über den Sklaven hat, jeder Person selbst verleiht. Doch leider bewahrt mich das nicht vor faktischer Versklavung durch andere. Der Kapitalist hat nicht die Rechte eines Sklavenhalters, doch trotzdem können mir die konkreten Möglichkeiten zur eigenen Lebensgestaltung fehlen. Der beste Weg zur Vermeidung solcher Ungleichheit, wie sie in der Sklaverei gegeben ist, besteht in der Gleichverteilung der konkreten Möglichkeiten des einzelnen in Form seiner Freiheiten und materiellen Güter.

Daß Nozick so großen Wert auf das formale Selbsteigentum legt, könnte auch an der Undifferenziertheit dieses Begriffs liegen. Er erweckt den falschen Eindruck, als sei Selbsteigentum entweder gegeben oder nicht gegeben, als müsse man das ganze es ausmachende Paket der Rechte und Potenzen annehmen oder ablehnen. Dann wäre es allerdings sinnvoll, auf dem Selbsteigentum herumzureiten. Doch in Wirklichkeit gibt es viele Komponenten, über die man einzeln befinden kann. Aber gerade auch in Nozicks Diskussion wird das unterdrückt. Das Selbsteigentum als Paket ist nur attraktiv, wenn als einzige Alternative seine totale Ablehnung hingestellt wird.

Wir müssen eben verschiedene Seiten der Bestimmung über sich selbst unterscheiden und ihre Beziehungen zu den verschiedenen Seiten der Bestimmung über äußere Güter untersuchen. Jedes Recht und jede Potenz muß für sich daraufhin untersucht werden, wie es die wesentlichen Interessen des einzelnen, seine Freiheit der Lebensplanung, seine Selbstverwirklichung fördert. Die beste Lösung enthält mehr als das formale Selbsteigentum (etwa die Verfügung über Güter), vielleicht aber auch weniger; vielleicht lohnt sich ein Verzicht auf gewisse Seiten des formalen Selbsteigentums, weil er mehr konkrete Selbstbestimmung ermöglicht.

Fassen wir diesen Abschnitt zusammen. Ich habe zu zeigen versucht, daß eine Rawlssche Umverteilung mit dem formalen Selbsteigentum vereinbar ist, und daß sie besser als der Libertarismus ein einigermaßen konkretes Selbsteigentum fördert; ferner, daß das formale Selbsteigentum ein Irrlicht und die konkrete Selbstbestimmung das Grundlegendere ist. Doch mit Nozicks Selbsteigentums-Argument verbindet sich ein tieferliegendes Problem. Nozick hat sich nicht zureichend mit der Rawlsschen Behauptung auseinandergesetzt, daß die Menschen keinen Anspruch auf die Erträgnisse ihrer unverdienten Fähigkeiten hätten. Ich versuchte zu zeigen, daß eine Rawlssche Verteilungsordnung auch ohne Verletzung des Selbsteigentums möglich ist, da die Umverteilung auf einer fairen Theorie der Verfügung über äußere Güter beruhen kann. Trotzdem halte ich Rawls' Ablehnung des Selbsteigentums für völlig gerechtfertigt. Die natürlichen Fähigkeiten der Menschen lassen sich als Teil ihrer vorgegebenen Verhältnisse auffassen, so daß sie *unmittelbar* zu Ausgleichsansprüchen führen können. Die Menschen haben das Recht auf ihre Fähigkeiten und deren Ausübung, aber die Benachteiligten haben vielleicht auch das Recht auf einen gewissen Ausgleich. Es ist nicht recht, daß man unter unverdienten Benachteiligungen durch gegebene Verhältnisse leiden soll, die Benachteiligten haben hier unmittelbare Ansprüche gegenüber den Bevorzugten, ganz unabhängig von der Frage der Verfügung über äußere Güter. Wie ich bei der Diskussion des Sportkanonen-Beispiels sagte, hat uns Nozick keinerlei Gründe gegen diese Rawlssche Intuition geliefert.

4.3 Die Politik des Libertarismus

Für den Libertarismus gilt, wie für den liberalen Egalitarismus (den Liberalismus), der Grundsatz, daß die Entscheidungen der Menschen zu achten sind, nicht aber der Grundsatz des Ausgleichs ungleicher gegebener Verhältnisse. In seiner extremen Form ist das nicht nur intuitiv unannehmbar, sondern auch gar nicht durchführbar, denn wenn nachteilige Gegebenheiten nicht ausgeglichen werden, so kann das gerade die Werte (z. B. die Selbstbestimmung) untergraben, die der Grundsatz der Achtung der Entscheidungen fördern soll. Wenn der Libertarismus keine moralischen Ansprüche aufgrund unverdienter gegebener Verhältnisse anerkennen will, so kann man fast nur auf eine kaum begreifliche Verkennung der tiefgreifenden Folgen solcher Unterschiede schließen.

Doch in der Praxis stellt sich der Libertarismus nicht unbedingt genau so dar. Er gewinnt einen Großteil seiner Anziehungskraft aus einer Art Argument der »schlüpfrigen schiefen Bahn«, das auf die nicht endenwollenden Kosten des Versuchs verweist, die Verhältnisse einander anzugleichen. Wie Rawls sieht der Libertäre die übliche Auffassung von der Chancengleichheit als instabil an, indem dann auch natürliche Benachteiligungen als ebenso ausgleichsbedürftig erscheinen. Für die Libertären führen zwar ungleiche Verhältnisse im Grunde zu berechtigten Ansprüchen, aber wenn man damit ernst machen wolle, dann gerate man unvermeidlich auf eine schlüpfrige schiefe Bahn, die bei unterdrückerischen Eingriffen, zentraler Planung, ja der Technisierung der menschlichen Beziehungen ende. Es sei der Weg in die Sklaverei, die Achtung der Entscheidungen werde vom Ausgleich der Gegebenheiten überrollt.

Warum könnte es dazu kommen? Die Liberalen hoffen einen Ausgleich zwischen der Achtung der Entscheidungen und dem Ausgleich der Gegebenheiten zu finden. In einigen Fällen erscheint das als unproblematisch. Der Versuch, die Gegebenheiten auf dem Gebiet der Bildung auszugleichen – z. B. in schwarzen Wohngebieten ebenso gute Schulen wie in weißen zu schaffen –, beschneidet nicht diktatorisch die Entscheidungen der einzelnen. Die Behebung eingewurzelter Ungleichheiten zwischen sozialen Gruppen verlangt wenig Eingriffe in die Entscheidungen der einzelnen oder auch nur deren Beachtung. Doch es geht ja auch um den Ausgleich für einzelne, und da ist weniger klar, wie weit Ungleichheiten auf Entscheidungen oder auf gegebenen Verhältnissen beruhen. Nehmen wir den persönlichen Einsatz. Zur Verteidigung des Grundsatzes der Absichts-Sensitivität benutzte ich das Beispiel vom Tennisspieler und Gärtner, die aufgrund unterschiedlichen produktiven Einsatzes berechtigtermaßen ein verschiedenes Einkommen hatten. Das Beispiel war nur zugkräftig, wenn die beiden eine gleiche Ausgangsposition hatten: gleiche Begabung und Ausbildung, also gleiche Ausgangsbedingungen für eine Entscheidung für oder gegen produktiven Einsatz. Doch in der wirklichen Welt gibt es immer gewisse Unterschiede bei den Ausgangsbedingungen der Menschen, auf die man ihre verschiedenen Entscheidungen vielleicht zurückführen könnte.

So hängen Unterschiede des persönlichen Einsatzes manchmal mit Unterschieden des Selbstwertgefühls zusammen, und diese wiederum oft mit Umweltfaktoren. Manche Kinder werden von ihren Eltern oder Freunden stärker unterstützt, oder es kommt ein Zufall zum Zuge (z. B. ob man bei einer Prüfung krank ist). Diese Einflüsse liegen nicht zutage, und jeder ernsthafte Versuch, zu entscheiden, ob sie vorliegen, ist nur mit erheblichen Eingriffen in die persönliche Sphäre möglich. Nach Rawls sind die sozialen Grundlagen der Selbstachtung vielleicht das wichtigste Grundgut (Rawls 1975a: 479, Orig. 1971: 440). Möchten wir aber, daß der Staat feststellt, wie unterstützend Eltern sind? Anders liegen die Dinge natürlich, wenn öffentliche Institutionen zu verschiedener Selbstachtung führen. Der Oberste Gericht der Vereinigten Staaten verbot die getrennten Schulen für Schwarze, auch wenn ihre Ausstattung gleich war, weil es als eine minderwertige Abstempelung empfunden wurde, die die Motivation und die Selbstachtung der schwarzen Kinder beschädigte. Umgekehrt meinen manche Feministinnen, die Koedukation habe sich auf die Selbstachtung der Mädchen negativ ausgewirkt, getrennte Erziehung bei gleichen Möglichkeiten wäre ihr dienlicher. Diese sozialen Ursachen ungleicher Selbstachtung lassen sich ausschalten, ohne die Entscheidungen der einzelnen ungebührlich zu mißachten. Doch es liegt eben daran, daß es sich um offensichtliche Gruppenunterschiede handelt. Die Unterschiede zwischen Weißen und Schwarzen oder zwischen Jungen und Mädchen sind so systematisch, daß man nicht in die persönlichen Verhältnisse der einzelnen einzudringen braucht. Doch bei individuellen Unterschieden liegen die Dinge schwieriger.

Und warum sollte man nicht, statt die Auswirkungen unterschiedlicher Verhältnisse auf den persönlichen Einsatz ausgleichen zu wollen, gleich dafür sorgen, daß es gar keine solchen Einflüsse gibt, indem die Kinder alle gleich erzogen werden? Für die Liberalen wäre das eine unannehmbare Einschränkung der Entscheidungsfreiheit. Doch für den Libertären ist es eher der konsequente Gipfelpunkt der liberalen Bemühungen um Ausgleich der Verhältnisse, die wohl eine bessere Beachtung der Entscheidungen ermöglichen *sollen*; doch wenn man sich einmal auf die Ebene der individuellen Unterschiede und subjektiven Dispositionen begebe, dann sei es mit der Entscheidungsfreiheit vorbei.

Und warum nicht vollends zur Technisierung des Menschlichen übergehen, oder jedenfalls zu gewissen biologischen Übertragungen? Wenn einer blind geboren ist und ein anderer mit zwei guten Augen, warum sollte man vom diesem nicht verlangen, ein Auge herzugeben (Nozick o.J.: 191, Orig. 1974: 206; Flew 1989: 159)? Nach Dworkin besteht ein Unterschied zwischen der Behandlung der Menschen als Gleiche und ihrer Behandlung so, daß sie zu Gleichen gemacht werden. Der Grundsatz des Ausgleichs der Verhältnisse verlange das erstere, er falle unter die allgemeinere Forderung, die Menschen als Gleiche zu behandeln (Dworkin 1983: 39; Williams 1971: 133f.). Das ist eine richtige Unterscheidung, doch sie löst nicht alle Probleme, denn nach Dworkins eigener Theorie gehören die natürlichen Gaben der Menschen zu ihren gegebenen Verhältnissen (»Dinge zur Verfolgung des Guten«) und nicht zur Person (»Vorstellungen, die bestimmen, was ein gutes Leben ist«). Warum sollte also eine Übertragung von Augen als Veränderung der Menschen zählen und nicht bloß als Veränderung ihrer Verhältnisse? Nach Dworkin können bestimmte Züge unserer Körperlichkeit sowohl zur Person gehören (einen wesentlichen Bestandteil ihrer Identität bilden) als auch zu ihren Verhältnissen (ein Hilfsmittel bilden). Auch das dürfte durchaus vernünftig sein. Doch die Grenze ist wohl nicht leicht zu ziehen. Wozu gehört etwa das Blut? Würden Menschen verändert, wenn sie Blut für Bluter spenden müßten? Ich meine nicht. Aber wie steht es dann mit den Nieren? Auch die zweite Niere ist kein wichtiger Bestandteil unserer Identität, doch einen berechtigten Anspruch anderer möchten wir hier wohl nicht gern erblicken.

Wir befinden uns wiederum auf einer schlüpfrigen schiefen Ebene. Wenn man einmal damit anfängt, natürliche Benachteiligungen auszugleichen, wo soll man dann aufhören? Dworkin erkennt diese schiefe Bahn und möchte den Körper unantastbar machen – gleichgültig, wie unwichtig für uns der eine oder andere Teil davon ist –, um einen Schutzzaun um die Person zu ziehen. Die Libertären setzen in der Praxis lediglich diese Strategie fort: Warum sollten nicht auch die Verhältnisse der Person unantastbar sein? Also keine moralischen Ansprüche wegen nachteiliger Verhältnisse, damit nicht alle gleich erzogen werden und als gleiche Persönlichkeiten herauskommen.

So gesehen, wird die Anziehungskraft des Libertarismus verständlicher. Es ist unmenschlich, zu bestreiten, daß ungleiche Verhältnisse zu Unfairness führen, und die Versuche der Libertären, zu zeigen, daß Armut keine Beschränkung der Freiheit oder des Selbsteigentums sei, machen nur deutlich, wie schwach ihre Verteidigung des freien Marktes ist. Doch ehe eine klare und annehmbare Unterscheidung zwischen Entscheidungen und gegebenen Verhältnissen gefunden ist, wird man wohl gewisse Bedenken nicht los, wenn diese Formen der Unfairness zu durchsetzbaren Ansprüchen führen sollen. Der Libertarismus macht sich diese Bedenken zunutze, indem er es so hinstellt, als könne man auf die Unterscheidung verzichten.

Kapitel 5
Der Marxismus

Die übliche linke Kritik an der liberalen Gerechtigkeit lautet, sie sorge für formale Gleichheit in Form von Chancengleichheit oder gleichen bürgerlichen und politischen Rechten, übersehe aber die materiellen Ungleichheiten in Form ungleicher Verfügung über Ressourcen. Das ist eine gültige Kritik des Libertarismus, der ja die formalen Rechte des Selbsteigentums auf Kosten der konkreten Selbstbestimmung betont. Doch die heutigen Theorien der liberalen Gleichheit wie die von Rawls und Dworkin scheinen dieser Kritik nicht ausgesetzt zu sein. Für Rawls sind zwar materielle Ungleichheiten (gemäß dem Unterschiedsprinzip) mit gleichen Rechten (gemäß dem Freiheitsprinzip) vereinbar, und manche Kritiker erblicken darin ein Überbleibsel einer Orientierung an der formalen Gleichheit (so Daniels 1975: 279; Nielsen 1978: 231; Macpherson 1973: 87–94). Doch die vom Unterschiedsprinzip zugelassenen Ungleichheiten sollen die materiellen Verhältnisse der weniger Begünstigten bessern. Das Unterschiedsprinzip vernachlässigt keineswegs die konkrete Selbstbestimmung im Namen einer formalen Gleichheit, sondern wird gerade damit begründet, daß »die weniger begünstigten Mitglieder der Gesellschaft ihre Ziele noch weniger erreichen könnten«, wenn sie die dem Unterschiedsprinzip entsprechenden Ungleichheiten nicht zulassen würden (Rawls 1975a: 233, Orig. 1971: 204). Eine Ablehnung dieser Ungleichheiten im Namen der konkreten Selbstbestimmung ist daher völlig irreführend.[1]

Sozialisten und Liberale legen also beide auf die materielle Gleichheit wert; haben sie auch die gleichen Gerechtigkeitsvorstellungen? Für einige sozialistische Strömungen ist es der Fall. Es scheint keinen tiefgreifenden Unterschied zu geben zwischen Dworkins freiheitlicher Theorie der Gütergleichheit und verschiedenen sozialistischen Theorien eines »gerechten Ausgleichs«, die ebenfalls eine absichts-sensitive und ausstattungs-insensitive Verteilung anstreben (z. B. Dick 1975; DiQuattro 1983; vgl. Carens 1985). Doch andere sozialistische Strömungen tendieren in eine andere Richtung. Ich möchte in diesem Kapitel zwei davon diskutieren, die sich beide in der aktuellen marxistischen Literatur finden. Die eine wendet sich gegen den Gedanken der Gerechtigkeit überhaupt. Diese bedeute die Reparatur von Fehlern im gesellschaftlichen Leben, sie wolle Konflikte zwischen Individuen schlichten; der Kommunismus aber überwinde diese und mache so die Gerechtigkeit überflüssig. Die zweite Strömung betont wie der Liberalismus die Gerechtigkeit, lehnt aber den liberalen Standpunkt ab, daß sie mit dem Privateigentum an den Produktionsmitteln vereinbar sei. Innerhalb dieser Strömung gibt es zwei Kritiken des Privateigentums, die eine aufgrund der Ausbeutung und die andere aufgrund der Entfremdung. In beiden Fällen aber verlangt die marxistische Gerechtigkeit die Vergesellschaftung der Produktionsmittel als Eigentum entweder der ganzen Gesellschaft oder der Arbeiter in den einzelnen Firmen. Die liberalen Gerechtigkeitstheorien möchten sich auf das Privateigentum stützen, aber gegen seine Ungleichheiten vorgehen; die marxistische Gerechtigkeitstheorie ist radikaler und betrachtet das Privateigentum als grundsätzlich ungerecht.

5.1 Kommunismus jenseits der Gerechtigkeit

Eine der bemerkenswertesten Thesen der Rawlsschen Theorie lautet: »Die Gerechtigkeit ist die erste Tugend sozialer Institutionen.« (Rawls 1975a: 19, Orig. 1971: 3) Die Gerechtigkeit ist für Rawls nicht einer von mehreren politischen Werten wie Freiheit, Gemeinschaft oder Leistungskraft, sondern der Maßstab, an dem diese alle zu messen sind. Ist eine Politik ungerecht, so gibt es keine anderen Werte, die das ausgleichen könnten, denn diese erhalten ihren richtigen Ort nur innerhalb der besten Gerechtigkeitstheorie. (Umgekehrt besteht eines der Kriterien einer Gerechtigkeitstheorie darin, daß sie diesen anderen Werten ihr angemessenes Gewicht zuweist. Eine Gerechtigkeitstheorie, die der Gemeinschaft und der Freiheit kein angemessenes Gewicht zuweist, ist nach Rawls für uns uninteressant.)

Die Liberalen betonen die Gerechtigkeit, weil sie einen engen Zusammenhang zwischen ihr und der Grundidee der moralischen

Gleichheit sehen. Die Liberalen setzen sich für die moralische Gleichheit der Menschen in Form einer Theorie der Rechtsgleichheit ein, die die Ansprüche jedes einzelnen auf die Bedingungen seines Wohls formuliert. Viele Marxisten betonen demgegenüber die Gerechtigkeit nicht und lehnen sogar den Gedanken ab, daß der Kommunismus auf einem Gerechtigkeitsgrundsatz beruhe. Hier folgen sie Marx selbst, der den Gedanken des »gleichen Rechts« und der »gerechten Verteilung« als »veralteten Phrasenkram« bezeichnete (*Krit. d. Gothaer Progr.*, zu Pkt. 3: MEGA-B I 25, S. 15). Diesen Schluß zieht Marx aus seiner Analyse des »Leistungsgrundsatzes«, wonach die Arbeiter ein Recht auf die Ergebnisse ihrer Arbeit haben. Damals sahen viele Sozialisten in diesem Grundsatz ein wichtiges Argument für den Sozialismus, doch für Marx war er mit vielen »Mißständen« behaftet und war bestenfalls ein Übergangsgrundsatz zwischen Kapitalismus und Sozialismus. Der Leistungsgrundsatz gibt den Menschen ein »gleiches Recht«, weil jeder mit dem gleichen Maßstab gemessen wird, nämlich der Arbeit. Doch manche haben größere natürliche Fähigkeiten, so daß aus dem gleichen Recht ein »ungleiches Recht für ungleiche Arbeit« wird:

»Es erkennt stillschweigend die ungleiche individuelle Begabung und daher Leistungsfähigkeit der Arbeiter als natürliche Privilegien an. *Es ist daher ein Recht der Ungleichheit, seinem Inhalt nach, wie alles Recht.* Das Recht kann seiner Natur nach nur in Anwendung von gleichem Maßstab bestehn; aber die ungleichen Individuen (und sie wären nicht verschiedne Individuen, wenn sie nicht Ungleiche wären) sind nur an gleichem Maßstab meßbar, so weit man sie unter einen gleichen Gesichtspunkt bringt, sie nur von einer *bestimmten* Seite faßt, z. B. im gegebenen Fall sie *nur als Arbeiter* betrachtet, und weiter nichts in ihnen sieht, von allem andern absieht.« (*Krit. d. Gothaer Progr.*, zu Pkt. 3: MEGA-B I 25, S. 14.)

Nach Allen Wood zeigt diese Passage, daß Marx nicht nur der Idee der Gerechtigkeit abgeneigt war, sondern auch dem ihr zugrundeliegenden Gedanken der moralischen Gleichheit. In Woods Augen war Marx »kein Freund des Gedankens, daß ›Gleichheit‹ etwas an sich Gutes sei« und »glaubte nicht an eine Gesellschaft der Gleichen« (Wood 1979: 281; 1981: 195; vgl. Miller 1984; Kap. 1).

Doch das betrachtete Marxsche Argument weist den Gedanken der Gleichbehandlung nicht zurück, sondern nur den einer Rechtsgleichheit. Marx spricht sich hier für einen Grundsatz der Gleichbehandlung aus, bestreitet aber, daß irgendein »gleiches Recht« ihr gerecht werden könne, weil es die Gleichbehandlung immer nur unter einem beschränkten Gesichtspunkt festlege. So betrachte der Leistungsgrundsatz die Menschen nur als Arbeitende und vernachlässige die Verschiedenheit ihrer Fähigkeiten wie auch ihrer Bedürfnisse, etwa: »Ein Arbeiter ist verheiratet, der andere nicht; einer hat mehr Kinder als der andere, etc. etc.« (*Krit. d. Gothaer Progr.*, zu Pkt. 3: MEGA-B I 25, S. 14f.). In der Wirklichkeit ist die Zahl der Gesichtspunkte für eine wahre Gleichbehandlung unbegrenzt oder kann jedenfalls nicht im voraus festgelegt werden. Doch man beachte, daß diese Beschreibung der Auswirkungen »gleicher Rechte« nur dann eine Kritik ist, wenn die Menschen Anspruch auf gleiche Beachtung haben; nur dann sind diese Ungleichheiten »Mißstände«. Marx wies den Gedanken der gleichen Rechte nicht deshalb zurück, weil er kein Freund der Gleichbehandlung gewesen wäre, sondern gerade deshalb, weil er glaubte, daß Rechte diesem Ideal nicht gerecht werden könnten. Der Gedanke der moralischen Gleichheit ist bei Marx sogar grundlegend (Arneson 1981: 214–216; Reiman 1981: 320–322; 1983: 158; Geras 1989: 231, 256–261; Elster 1983: 296; 1985: Kap. 4).[2]

Die Marxisten haben eine Reihe von Einwänden gegen die Rechtsgleichheit. Der erste geht, wie wir sahen, dahin, daß sich gleiche Rechte ungleich auswirken, da sie nur eine begrenzte Zahl moralisch bedeutsamer Gesichtspunkte heranziehen. Doch das ist ein schwaches Argument; auch wenn sich nicht alle Gesichtspunkte im voraus angeben lassen, folgt nicht, daß die beste Art der Gleichbehandlung der Menschen der Verzicht auf alle derartigen Gesichtspunkte wäre. Was könnte man auch anderes tun als versuchen, die Gesichtspunkte anzuführen, die man für moralisch bedeutsam hält? Dieser schwierigen Aufgabe kann man nur dadurch entgehen, daß man dafür sorgt, daß gar keine Verteilungsentscheidungen zu treffen sind. Das erhofften sich in der Tat einige Marxisten vom Überfluß an Gütern unter dem Kommunismus, doch es ist, wie wir sehen werden, eine unrealistische Hoffnung.

Ein zweiter Einwand geht dahin, daß sich Theorien der »gerechten Verteilung« zu sehr auf die *Verteilung* statt auf die grundlegenderen Fragen der *Produktion* konzentrieren (Young 1981; Wood 1972: 268; Buchanan 1982: 56f., 122–126; Wolff 1977: 199–208; Holmstrom 1977: 361; vgl. *Krit. d. Gothaer Progr.*, zu Pkt. 3: MEGA-B I 25, S. 15f.). Wenn lediglich Einkommen von denen, die über Produktionsmittel verfügen, auf die anderen übertragen wird, dann gibt es immer noch Klassen und Ausbeutung und damit die entgegengesetzten Interessen, die Gerechtigkeit überhaupt erst notwendig machen. Stattdessen sollte die Verfügung über die Produktionsmittel selbst übertragen werden, dann erledigten sich Fragen der gerechten Verteilung von selbst.

Das ist ein wichtiger Gesichtspunkt. Man sollte sich auf die Eigentumsverhältnisse konzentrieren, denn diese verschaffen einigen nicht nur ein höheres Einkommen, sondern auch eine gewisse Kontrolle über das Leben anderer. Bei einer stark umverteilenden Besteuerung hat vielleicht ein Kapitalist und ein Arbeiter das gleiche Einkommen, aber der Kapitalist könnte immer noch bestimmen, wie der Arbeiter einen großen Teil seiner Zeit verbringt, nicht aber umgekehrt. Doch das ist kein Einwand gegen den Gedanken der Gerechtigkeit; diese braucht sich keinesfalls auf das Einkommen zu beschränken. Im Gegenteil, wie wir gesehen haben, gehören für Rawls wie für Dworkin die Produktionsmittel zu den gesellschaftlichen Gütern, die gemäß einer Gerechtigkeitstheorie verteilt werden müssen. Nach Rawls sind sogar ausgeglichenere Besitzverhältnisse notwendig für sein Ideal der »Eigentumsdemokratie«. Und wenn Dworkin im Zusammenhang mit der praktischen Verwirklichung seiner Theorie eher die Einkommens- als die Besitzverteilung im Auge hat, dann widerstreitet das seiner Gerechtigkeitstheorie (s. 3.5 oben). Der marxistische Einwand gegen den Klassencharakter der kapitalistischen Produktionsverhältnisse hängt in erster Linie mit der Verteilung zusammen und paßt somit ohne weiteres in den gewöhnlichen Rahmen von Gerechtigkeitstheorien (wie Marx selbst gelegentlich bemerkt – *Krit. d. Gothaer Progr.*, zu Pkt. 3: MEGA-B I 25, S. 15 f.; *Grundrisse*, Heft VII, »Entfremdung«: MEGA-B II 1.2, S. 698; vgl. Arneson 1981: 222–225; Geras 1989: 228 f.; Cohen 1988: 299 f.).

Diese beiden Einwände verweisen bestenfalls auf Mängel bei der Entwicklung bestimmter Gerechtigkeitsvorstellungen. Doch der Kern der marxistischen Kritik richtet sich gegen den Grundgedanken einer vom Recht beherrschten Gesellschaft. Für die Marxisten ist die Gerechtigkeit keineswegs die erste Tugend aller gesellschaftlichen Institutionen; die wirklich gute Gesellschaft braucht sie nicht. Gerechtigkeit ist nur am Platze, wenn entsprechende Verhältnisse mit Konflikten vorliegen, die nur nach Gerechtigkeitsgrundsätzen gelöst werden können, nämlich im wesentlichen: gegensätzliche Ziele und beschränkte materielle Hilfsmittel, das führe zwangsläufig zu gegensätzlichen Ansprüchen. Gelänge es aber, die Zielkonflikte oder die Mittelknappheit zu beheben, dann wäre keine Theorie der Rechtsgleichheit mehr nötig, sie wäre sogar fehl am Platze (Buchanan 1982: 57; Lukes 1985: Kap. 3).

Für einige Marxisten bestehen die Gerechtigkeit heischenden Verhältnisse, die der Kommunismus überwinden möchte, in gegensätzlichen Vorstellungen vom Guten. Sie führen die (idealisierte) Familie als Beispiel einer nicht vom Recht gesteuerten Institution an, in der es gleiche Interessen und spontanes Eingehen auf die Bedürfnisse der anderen aus Liebe gibt und nicht aufgrund von gerechten Pflichten oder berechnender Wahrung des eigenen Vorteils (vgl. Buchanan 1982: 13). Herrschten auch in der ganzen Gesellschaft gleiche Interessen und gefühlsmäßige Bindungen, dann wäre keine Gerechtigkeit nötig, denn sich als Träger von Rechten sehen heißt »sich als mögliche Partei in interpersonellen Konflikten sehen, in denen es *notwendig* ist, Ansprüche geltend zu machen und für das eigene Recht zu kämpfen« (Buchanan 1982: 76). Würden wir unsere Bedürfnisse gegenseitig aus Liebe oder aus Interessenharmonie befriedigen, dann könnten wir auf Rechte verzichten.

Ich habe an anderer Stelle zu zeigen versucht, daß Marx nicht an diese Vision einer emotional integrierten Gesellschaft mit durchweg gleichen Interessen glaubte. Für Marx sind die kommunistischen Beziehungen frei von Antagonismen »nicht im Sinn von individuellem Antagonismus, sondern eines aus den gesellschaftlichen Lebensbedingungen der Individuen hervorwachsenden Antagonismus« (Z. Krit. d. pol. Ök., Vorw.: MEGA-B II 2, S. 101).[3] Die auf Interessenharmonie beruhende Auflösung des Gerechtigkeitsproblems ist eher ein kommunitaristisches als ein marxistisches Ideal (vgl. 6.4.c unten). Außerdem ist zweifelhaft, daß dies die Gerechtigkeit heischenden Verhältnisse aufheben könnte. Auch bei gemeinsamen Zielen können die Menschen noch gegensätzliche persönliche Interessen haben (etwa zwei Opernfreunde angesichts der letzten noch verkäuflichen Eintrittskarte). Und auch ohne gegensätzliche persönliche Interessen können die Menschen noch verschiedener Ansicht darüber sein, wie ein gemeinsames Vorhaben am besten zu verwirklichen sei, oder wieviel Unterstützung es verdient. Vielleicht möchten du und ich beide die Musik gefördert wissen, du aber so, daß möglichst viele Menschen an ihr teilhaben, auch wenn es Musik geringerer Qualität ist, während ich die höchste Qualität fördern möchte, auch wenn einige Menschen nie etwas davon haben. Solange die Mittel begrenzt sind, sind wir uneinig, wieviel auf welche musikalischen Projekte verwendet werden soll. Gemeinsame Ziele schließen Konflikte über die Verwendung knapper Mittel nur dann aus, wenn auch die Mittel und die Prioritäten gemeinsam sind. Doch die einzigen Menschen, die genau die gleichen Ziele aus genau den gleichen Gründen mit genau der gleichen Stärke hegen, sind genau gleiche Menschen – es gibt keine zwei davon. Und dann erhebt sich die Frage, ob gegensätzliche Ziele am besten als »Problem« anzusehen sind, das »behoben« werden sollte. Vielleicht sind Konflikte an sich nichts Wertvolles; vielleicht ist es aber die Vielfalt der Ziele, die solche Konflikte unvermeidlich macht.

Die andere Auflösung der Gerechtigkeit heischenden Verhältnisse ist die Beseitigung der materiellen Knappheit. Marx sah es so:

»In einer höheren Phase der kommunistischen Gesellschaft, nachdem die knechtende Unterordnung der Individuen unter die Teilung der Arbeit ... verschwunden ist; nachdem die Arbeit nicht nur Mittel zum Leben, sondern selbst das erste Lebensbedürfnis geworden; nachdem mit der allseitigen Entwicklung der Individuen auch ihre Produktivkräfte gewachsen und alle Springquellen des genossenschaftlichen Reichtums voller fließen – erst dann kann der enge bürgerliche Rechtshorizont ganz überschritten werden und die Gesellschaft auf ihre Fahnen schreiben: Jeder nach seinen Fähigkeiten, jedem nach seinen Bedürfnissen!« (*Krit. d. Gothaer Progr.*, zu Pkt. 3: MEGA-B I 25, S. 15.)

Marx hielt Überfluß für unbedingt notwendig, Knappheit schien ihm Konflikte unvermeidlich zu machen. Die höchste Entwicklung der Produktivkräfte ist »eine absolut notwendige praktische Voraussetzung [des Kommunismus], weil ohne sie nur der *Mangel* verallgemeinert [würde, d. Üb.], also mit der *Notdurft* auch der Streit um das Notwendige wieder beginnen und die ganze alte Scheiße sich herstellen müßte« (*Die deutsche Ideologie*, I.A.1: MEGA-A 3, S.34). Vielleicht hat ihn sein Pessimismus bezüglich der sozialen Auswirkungen der Knappheit so optimistisch bezüglich der Möglichkeiten des Überflusses gemacht (Cohen 1990b).

Doch auch diese Auflösung der Gerechtigkeit heischenden Verhältnisse will nicht einleuchten (Lukes 1985: 63–66; Buchanan 1982: 165–169; Nove 1983: 15–20). Manche Ressourcen (etwa der Boden) sind ihrem Wesen nach begrenzt, und die jüngste Welle von Umweltkrisen hat auch die empirischen Grenzen anderer Ressourcen (wie der Ölvorräte) deutlich gemacht. Und gewisse Konflikte und Unbilden können auch bei einem Überfluß an bestimmten Gütern eintreten. Ein Beispiel, das mit der Fähigkeit und Bereitschaft zum Helfen zusammenhängt, sind die möglichen Konflikte des Paternalismus.

Auch wenn also die Gerechtigkeit nur angesichts gesellschaftlicher Probleme am Platze ist, [läßt sich vielleicht nicht ganz auf sie verzichten, weil – d. Üb.] vielleicht nicht alle Probleme aus der Welt geschafft werden können.

Ist aber die Gerechtigkeit wirklich am besten nur als eine Abhilfe zu sehen, die überflüssig gemacht werden sollte? Die Marxisten meinen, die Gerechtigkeit helfe nicht nur Konflikte beizulegen, sondern schaffe auch welche, oder jedenfalls hemme sie das natürliche Gemeinschaftsgefühl. Sie sei gegenwärtig eine bedauerliche Notwendigkeit, aber ein Hindernis für höhere Gemeinschaftsformen unter Überflußbedingungen. Es sei besser, wenn die Menschen spontan liebevoll handeln, als wenn sie sich und die anderen als Träger berechtigter Ansprüche sehen.

Warum aber sollten wir zwischen Liebe und Gerechtigkeit wählen müssen? Schließlich meinen manche, ein Gerechtigkeitssinn sei Voraussetzung und sogar ein Bestandteil der Nächstenliebe. Die Marxisten scheinen zu meinen, wenn die Menschen Rechte hätten, würden sie sie automatisch in Anspruch nehmen, gleichgültig, wie es sich auf andere auswirkt, auch die ihnen am nächsten Stehenden. So meint Buchanan, zur Gerechtigkeit gehöre, »daß die Konfliktparteien in die engen und unnachgiebigen Rollen von Trägern von Rechten gedrängt werden« (Buchanan 1982: 178; vgl. Sandel 1982: 30–33). Aber warum kann ich nicht auf meine Rechte verzichten, wenn ihre Inanspruchnahme Menschen, an denen mir liegt, schädigen würde? Betrachten wir die Familie. In Frankreich haben die Ehefrauen das Recht, ohne Zustimmung ihres Mannes an einen anderen Ort zu ziehen und dort zu arbeiten; [wie oft, d. Üb.] nehmen sie es denn in Anspruch, statt ihre Familie zusammenzuhalten? (Und haben Männer, die dieses Recht immer hatten, noch nie auf einen für ihre Karriere vorteilhaften Ortswechsel um ihrer Familie willen verzichtet?) Buchanan meint: »Wer die gegenseitige Achtung zwischen Trägern von Rechten zu starr und kalt findet, um einiges vom Besten menschlicher Beziehungen einzufangen, für den bleibt Marxens Vision einer echten Gemeinschaft – *statt* einer bloßen Rechtsgemeinschaft – attraktiv« (Buchanan 1982: 178, Hervorhebung von mir). Doch wenn die Familie ein Beispiel für das Optimum menschlicher Beziehungen ist, dann ist der Gegensatz nur ein scheinbarer. Die Familie war schon immer eine rechtlich relevante Vereinigung, deren Mitglieder sämtlich Träger von (wenn auch ungleichen) Rechten sind. Bedeutet das, daß die Ehe keine Sphäre gegenseitiger Zuneigung wäre, sondern, wie Kant es formuliert, eine Vereinbarung zwischen zwei Menschen »zum wechselseitigen Gebrauch der Geschlechtsorgane«? Natürlich nicht. In der Familie kann es Liebe geben, und die Rechtsnatur der Ehe tut dem keinen Abbruch. Niemand glaubt, die Menschen würden nur dann aus Liebe handeln, wenn ihnen jede andere Möglichkeit genommen ist.

Rawls' Vorrang der Gerechtigkeit hat nichts damit zu tun, »ob jemand auf seinen berechtigten Ansprüchen auf bestimmte Vorteile bis zum Letzten bestehen wird oder bestehen sollte« (Baker 1985: 918), man kann sie auch mit Nahestehenden teilen. Großzügige und liebevolle Menschen gehen mit ihren Ansprüchen großzügig und liebevoll um, und der Vorrang der Gerechtigkeit behindert das keineswegs, er macht es erst möglich. Die Gerechtigkeit schließt nicht Liebe oder Zuneigung aus, sondern die Ungerechtigkeit, die Zurückstellung des Wohls einiger gegenüber anderen in Form der Verweigerung ihrer gerechten Ansprüche (Baker 1985: 920), also das Gegenteil wirklicher Liebe und Zuneigung.

Die Gerechtigkeit ist nicht nur damit verträglich, daß man sich um andere kümmert, sie ist sogar eine wichtige Erscheinungsform davon. Es heißt oft, die Betonung von Rechten entspreche einem Selbstverständnis, das auf Egoismus und der Tendenz beruhe, sich gegen die wahrscheinlichen Übergriffe anderer in einer Nullsummen-Gesellschaft zu schützen. So meint Buchanan, sich als Träger von Rechten zu sehen bedeute, »sich als mögliche Partei in interpersonellen Konflikten zu sehen, in denen es *notwendig* ist, Ansprüche geltend zu machen« (Buchanan 1982: 76). Wer ein Recht in Anspruch nimmt, hätte demnach eine bestimmte pessimistische Vorstellung von der Reaktion der anderen auf seine Wünsche. Doch Buchanan selbst verweist auf einen weiteren Grund für die Betonung von Rechten: Sich als Träger von Rechten zu sehen heiße, »sich so zu sehen, daß man etwas einfordern kann, das nicht bloß wünschenswert ist, sondern einem mit Recht zusteht« (Buchanan 1982: 75f.). Das sind zwei sehr verschiedene Arten des Selbstverständnisses, obwohl sie Buchanan in eins setzt. Die zweite hat nicht mit der Wahrscheinlichkeit zu tun, daß ich etwas Gewünschtes oder Nötiges bekomme, sondern mit den Gründen, aus denen ich es gerechterweise (z.B.: nicht egoistischerweise) besitzen würde. Vielleicht lehne ich es ab, die (womöglich aufopferungsvolle) Liebe anderer auszunützen. Dann kann die Gerechtigkeit einen Maßstab dafür abgeben, was mir bei Ausschluß von Egoismus zusteht, auch wenn die anderen mir mehr zukommen lassen würden.

Die Gerechtigkeit kann, auch wenn ich nur von Liebe geleitet bin, einen Maßstab dafür abgeben, wie ich auf die Bedürfnisse anderer reagieren soll. Vielleicht möchte ich mehreren, die es nötig haben, aus Nächstenliebe helfen und nicht, weil ich mich dazu verpflichtet fühle. Was ist nun, wenn ihre Bedürfnisse in Konflikt miteinander stehen? Rawls meint, man könne nicht sagen, ich solle eben menschenfreundlich statt gerecht handeln, denn »der Altruismus ist am Ende, wenn seine vielen Komponenten in Form seiner vielen Objekte einander entgegengesetzt sind« (Rawls 1975a: 218, Orig. 1971: 190). Ich kann von Nächstenliebe getrieben sein, aber wenn sich daraus unvereinbare Forderungen ergeben, dann ziehe ich vielleicht die Gerechtigkeit zu Rate. Während also »die Freundschaft vielleicht die Gerechtigkeit als *Motiv* überflüssig macht, sind vielleicht immer noch gewisse Seiten der Gerechtigkeit als *Maßstab* nötig. Freunde wissen nicht ohne weiteres, was sie füreinander tun sollen« (Galston 1980: 289, Anm. 11). Die Gerechtigkeit hat also zwei wichtige Funktionen. Wenn ich etwas möchte, dann möchte ich vielleicht wissen, was mir zusteht, auch wenn die anderen meinen Wunsch ohnehin erfüllen würden. Und wenn ich auf andere reagiere, möchte ich vielleicht wissen, worauf sie Anspruch haben, auch wenn ich aus Nächstenliebe handle. In beiden Fällen bedeutet mein Interesse am Spruch der Gerechtigkeit nicht, daß ich »um mein Recht kämpfen« würde.

Die öffentliche Anerkennung von Rechten kann noch in anderer Hinsicht wertvoll sein. Wenn jemand sicher ist, daß er bekommt, was er möchte, weil er an einer geachteten sozialen Tätigkeit beteiligt ist (etwa als Lehrer), hat er nach Buchanans erster Analyse Rechte nicht nötig, denn die anderen schätzen seine Tätigkeit und belohnen ihn reichlich dafür. Trotzdem möchte er vielleicht wissen, daß die anderen seine Rechte achten würden, auch wenn sie seine Anliegen nicht teilen. Und das auch, wenn er nicht die Absicht hätte, sich anders zu verhalten, denn es würde ihn als Wert an sich selbst und nicht nur qua Inhaber einer sozialen Rolle bestätigen.

Gerechtigkeit ist mehr als Ausbesserung von Mängeln. Sie gleicht Mängel der sozialen Koordination aus, und solche Mängel lassen sich nicht völlig abstellen. Sie drückt aber auch die schuldige Achtung der Menschen voreinander als Zwecken an sich selbst und nicht als Mittel zugunsten eines anderen oder auch nur des Gemeinwohls aus. Die Gerechtigkeit erkennt die Gleichwertigkeit der Mitglieder einer Gemeinschaft an, indem sie ihre Rechte und gerechten Ansprüche angibt. Sie zwingt aber nicht, sie auf Kosten von Menschen oder Anliegen, die einem wichtig sind, in Anspruch zu nehmen. Die Gerechtigkeit ist eine Form der Achtung, die den Gemeinschaftsmitgliedern entgegengebracht werden sollte, und sie ermöglicht alle Formen der Liebe und Zuneigung, die mit der grundlegenden moralischen Gleichheit vereinbar sind. Eine Gemeinschaft von Gleichen kann durch Aufgabe der Begriffe von Fairness, Rechten und Pflichten nicht entstehen.[4]

5.2 Kommunistische Gerechtigkeit

Wenn nun die Gerechtigkeit unverzichtbar wie auch wünschenswert ist, wie würde dann eine marxistische Gerechtigkeit aussehen? Der Marxismus gilt gewöhnlich als egalitär, und zwar als egalitärer als der Liberalismus, als weiter links stehend. Das gilt gewiß im Hinblick auf den klassischen Liberalismus und seine Ideologie der Chancengleichheit, nach der unbeschränkte Ungleichheiten berechtigt sind, solange um die besser bezahlten Positionen ein fairer Wettbewerb herrscht (s. 3.2 oben). Doch es ist nicht ohne weiteres klar, welchen Raum es noch links von der Rawlsschen Version der freiheitlich-egalitären Gerechtigkeit gibt, die ja auch die herrschende Ideologie ablehnt und der Bemühung um eine Gleichverteilung der Güter keine Grenzen zieht. Der Unterschied zur marxistischen Gerechtigkeit liegt nicht im Ausmaß der Gleichmachung, sondern in ihrer Form. Für Rawls betrifft sie das Privateigentum, das dem einzelnen zur Verfügung steht. Bei Marx dagegen »läßt sich die Theorie der Kommunisten in einem einzigen Satz zusammenfassen: Abschaffung des Privateigentums.« Privateigentum ist zulässig bei »persönlichen Gegenständen« wie Kleidern, Möbeln und Freizeitartikeln, die zu Hause und beim Spiel gebraucht werden. Doch »grundlegend« für den Marxismus ist, daß es »kein moralisches Recht auf privates Eigentum und private Kontrolle der Produktionsmittel gibt« (Geras 1989: 255; vgl. Cohen 1988: 298). Die Gleichverteilung der Produktionsmittel sollte durch ihre Vergesellschaftung geschehen, so daß jeder gleichen Anteil an den kollektiven Entscheidungen über ihre Verwendung hat, und zwar in Rahmen entweder der einzelnen Firma oder der nationalen Wirtschaftsplanung.

Warum dies und keine Gleichverteilung privater Güter? Ein Grund ist einfach der, daß die Rawlssche »Eigentumsdemokratie« in der Praxis vielleicht nicht lebensfähig ist. In einer modernen Wirtschaft ist eine Gleichverteilung der Produktionsmittel vielleicht nur in Form der Vergesellschaftung möglich. Engels schreibt: »Die Bourgeoisie... konnte jene beschränkten Produktionsmittel nicht in gewaltige Produktivkräfte verwandeln, ohne sie aus Produktionsmitteln der einzelnen in *gesellschaftliche*, nur von einer *Gesamtheit von Menschen* anwendbare Produktionsmittel zu verwandeln.« Doch unter dem Kapitalismus werden diese »gesellschaftlichen Produktionsmittel... behandelt, als wären sie nach wie vor die Produktionsmittel... einzelner«. Die Auflösung dieses Widerspruchs »kann nur dadurch geschehn, daß die Gesellschaft offen und ohne Umwege Besitz ergreift von den jeder anderen Leitung außer der ihrigen entwachsenen Produktivkräften«. (*D. Entw. d. Soz. v. d. Utopie z. Wiss.*, Vorw., III: MEGA-A 19, S. 212, 213, 222.)

Für Engels beruht die Notwendigkeit der Vergesellschaftung des Eigentums nicht auf einer ausgeprägten Gerechtigkeitstheorie, sondern einfach darauf, daß er sich in einer modernen Industriegesellschaft keine andere Möglichkeit vorstellen kann. Einige Marxisten erheben auch empirisch begründete Einwände gegen Rawls' Annahme, die Ungleichheiten, die in einer wohlgeordneten Gesellschaft durch die Markttransaktionen entstehen, würden den weniger Begünstigten zugute kommen (wofür er freilich keine Belege anführt). Wenn es nicht der Fall ist, und wenn die Umverteilungsmechanismen grundsätzlich gegenüber politischem Druck instabil sind, dann könnte man aufgrund des »Prinzips der größeren Wahrscheinlichkeit« zum Sozialismus kommen (Schweickart 1978: 11, 23; DiQuattro 1983: 68f.; Clark u. Gintis 1978: 324).

Hiernach ist die Rawlssche Idee einer Eigentumsdemokratie »bestenfalls eine schöne Illusion« (Nielsen 1978: 228). Einige Kritiker meinen in der Tat, die ganze Idee sei nur in ihrem ursprünglichen Jeffersonschen Kontext einer Agrargesellschaft aus unabhängigen Landeigentümern sinnvoll (Macpherson 1973: 135f.; Weale 1982: 57). Dann allerdings könnte die Vergesellschaftung der Produktionsmittel die einzige praktische Möglichkeit zur Verwirklichung des Unterschiedsprinzips sein. Leider hat Rawls sein Modell einer gerechten Gesellschaft nicht so weit entwickelt, daß man seine Durchführbarkeit beurteilen könnte.

Diese Einwände gegen die Praktikabilität eines egalitären Privateigentums machen einen Großteil der linken Kritik an der Rawlsschen Theorie – und der ständigen Diskussion zwischen Liberalen und Sozialisten – aus, doch es gibt auch stärker theoretische Einwände gegen den Gedanken des Privateigentums überhaupt. Viele Marxisten möchten das Privateigentum an den Produktionsmitteln abgeschafft sehen, weil es zu der grundsätzlich ungerechten Lohnarbeit führe. Manche Marxisten halten es für grundsätzlich ausbeuterisch, andere für grundsätzlich entfremdend. In beiden Fällen verlangt die Gerechtigkeit die Abschaffung des Privateigentums, auch wenn eine Rawlssche Eigentumsdemokratie praktikabel wäre.

Die Ausbeutung

Das marxistische Musterbeispiel für Ungerechtigkeit ist die Ausbeutung, in unserer Gesellschaft die des Arbeiters durch den Kapitalisten. Der Grundfehler der liberalen Gerechtigkeit ist nach marxistischer Auffassung der, daß sie die Fortsetzung dieser Ausbeutung ermöglicht, da sie den Kauf und Verkauf von Arbeitskraft erlaubt. Erlaubt die liberale Gerechtigkeit tatsächlich die Ausbeutung einiger durch andere? Das kommt natürlich darauf an, wie Ausbeutung definiert wird. Im Alltagsverständnis bedeutet Ausbeutung (angewandt auf Personen und nicht auf natürliche Ressourcen), jemanden unfair zu übervorteilen. Somit enthält jede Gerechtigkeitstheorie ihre eigene Theorie der Ausbeutung, weil jede ihre eigene Vorstellung davon hat, wie man zulässiger- und unzulässigerweise von anderen einen Nutzen erhalten kann. Nach der Rawlsschen Theorie zum Beispiel gewinnt ein Begabter gegenüber den Unbegabten einen unfairen Vorteil, wenn er ihre schwache Marktposition dazu ausnützt, sich einen ungleichen Güteranteil zu verschaffen, der nicht durch das Unterschiedsprinzip gerechtfertigt ist. Es ist aber keine Ausbeutung, wenn jemand aus der Beschäftigung anderer Gewinn zieht, sofern dies am besten den am schlechtesten Gestellten dient. Hält man die Rawlssche Theorie für fair, dann bestreitet man, daß sie Ausbeutung erlaubt, denn mit dieser Theorie hat man ja auch ihren Maßstab für unfaire Übervorteilung anerkannt.

Die Marxisten arbeiten aber mit einer stärker technischen Definition der Ausbeutung, nach der der Kapitalist durch die Arbeit mehr Wert (in Form der hergestellten Güter) erhält, als er dem Arbeiter (als Lohn) bezahlt. Nach der klassischen marxistischen Theorie stellen die Kapitalisten nur dann Arbeiter an, wenn sie diesen »Mehrwert« herausholen können, so daß sich diese Ausbeutung in allen Lohnverhältnissen findet. Von dieser technischen Definition der Ausbeutung heißt es manchmal, sie sei nur wissenschaftlich und nicht moralisch interessant. Daß die Kapitalisten einen Mehrwert erzielen, wird beispielsweise als Erklärung dafür genommen, wie Gewinne in einer Konkurrenzwirtschaft möglich sind, und bedeute noch nicht, daß es ungerecht wäre, einen Mehrwert einzustreichen. Doch die meisten Marxisten erblicken im Mehrwert eine Ungerechtigkeit, ja, das Musterbeispiel einer solchen.

Hat die marxistische Ausbeutung eine moralische Bedeutung, ist sie eine unfaire Übervorteilung? Die herkömmliche Argumentation, daß die technische Ausbeutung ungerecht sei, verläuft (nach Cohen 1988: 214) folgendermaßen:

1. Arbeit und nur Arbeit schafft Wert.
2. Der Kapitalist erhält einen Teil des Wertes des Produkts.
Also:
3. Der Arbeiter erhält weniger als den Wert, den er schafft.
4. Der Kapitalist erhält einen Teil des vom Arbeiter geschaffenen Wertes. Also:
5. Der Arbeiter wird vom Kapitalisten ausgebeutet.

Diese Argumentation hat mehrere Lücken. (1) ist zum allermindesten umstritten. Viele Marxisten haben diese Voraussetzung anhand der »Arbeitswerttheorie« zu verteidigen gesucht, nach der der Wert eines Gegenstandes durch die Menge der zu seiner Herstellung nötigen Arbeit bestimmt wird. Doch wie Cohen zeigt, widerspricht (1) in Wirklichkeit der Arbeitswerttheorie, denn nach ihr ist die nötige und nicht die tatsächlich aufgewendete Arbeit maßgebend. Kann man einen Gegenstand aufgrund technischen Fortschritts jetzt mit dem halben Arbeitsaufwand wie früher herstellen, dann sinkt nach der Arbeitswerttheorie auch der Wert der früher hergestellten Exemplare, obwohl in ihnen doppelt so viel Arbeit steckt. Die vom Arbeiter tatsächlich aufgewendete Arbeit ist nach der Arbeitswerttheorie irrelevant.

Moralisch von Bedeutung ist nicht, daß die Arbeiter Wert schaffen, sondern daß sie »etwas schaffen, *das Wert hat* ... Der Ausbeutungsvorwurf geht nicht davon aus, daß sich der Kapitalist einen Teil des vom Arbeiter produzierten Wertes aneignet, sondern einen Teil des Wertes *dessen, was* der Arbeiter produziert« (Cohen 1988: 226f.).

Auch wenn der Wert des Erzeugnisses nicht durch den Arbeiter geschaffen wird, sondern z. B. durch die Nachfrage der Verbraucher entsteht, würden die Marxisten immer noch sagen, der Arbeiter werde vom Kapitalisten ausgebeutet, denn er hat das Erzeugnis geschaffen und nicht der Kapitalist oder der Verbraucher. Daher lautet die richtige Argumentation (Cohen 1988: 228):

1'. Der Arbeiter ist der einzige, der das Produkt – das, was Wert hat – schafft.
2. Der Kapitalist erhält einen Teil des Wertes des Produkts. Also:
3'. Der Arbeiter erhält weniger als den Wert des von ihm Geschaffenen.
4'. Der Kapitalist erhält etwas von dem Wert des vom Arbeiter Geschaffenen. Also:
5. Der Arbeiter wird vom Kapitalisten ausgebeutet.

Diese veränderte Form der marxistischen Argumentation führt zu dem Ergebnis, daß die Lohnarbeit grundsätzlich ausbeuterisch ist. Doch es ist nicht klar, daß diese Ausbeutung ungerecht ist. Zunächst einmal ist nichts Ungerechtes daran, daß jemand freiwillig für andere arbeitet. Daher fügen die meisten Marxisten die Bedingung hinzu, daß der Arbeiter gezwungen sein muß, für den Kapitalisten zu arbeiten. Da die Arbeiter im allgemeinen keine Produktionsmittel besitzen und ihren Lebensunterhalt nur verdienen können, indem sie für einen Kapitalbesitzer arbeiten (wenn auch nicht unbedingt für einen bestimmten), erfüllen die meisten Lohnarbeitsverhältnisse diese Bedingung (Reiman 1987: 3; Holmstrom 1977: 358).

Ist die erzwungene Übertragung von Mehrwert Ausbeutung im alltäglichen Sinne? Das wäre zu schwach wie auch zu stark. Es wäre zu schwach, weil es einer Lohnarbeit, die nicht im strengen Sinne erzwungen ist, den Ausbeutungscharakter absprechen würde. Garantiert etwa ein Wohlfahrtsstaat allen ein Mindesteinkommen, das das Nötigste deckt, dann können die Besitzlosen auf die Arbeit für einen Kapitalisten verzichten. Doch man möchte vielleicht trotzdem sagen, die Arbeiter würden ausgebeutet. Vielleicht ist die Arbeit die einzige Möglichkeit, einen ordentlichen Lebensstandard zu erreichen, und man könnte es als unfair ansehen, daß dazu Mehrarbeit für den Kapitalisten verrichtet werden muß. Man kann sich auf den Standpunkt stellen, diese Menschen seien »gezwungen«, für den Kapitalisten zu arbeiten, da die Alternative in gewissem Sinne unannehmbar oder nicht sinnvoll sei. Doch wie wir sehen werden, ist der springende Punkt nicht, ob die Arbeiter gezwungen sind, für den Kapitalisten zu arbeiten, sondern ob die ungleiche Güterverteilung, die die Arbeiter »zwingt«, die Übertragung von Mehrwert zu akzeptieren, unfair ist.

Die Definition der Ausbeutung als erzwungene Übertragung von Mehrarbeit ist auch zu stark, denn es gibt Beispiele berechtigter erzwungener Übertragung von Mehrwert. Wie ist es, wenn die Arbeiter wie Lehrlinge fünf Jahre lang für andere arbeiten müssen, dann aber selbst Kapitalisten (oder Meister) werden können? Nach Jeffrey Reiman ist das Ausbeutung: »Es geht uns darum, daß Arbeiter gezwungen sind, ihre Arbeitskraft zu verkaufen, weil das in unseren Augen ein Zwang ist, unbezahlt zu arbeiten. Und es geht uns darum, wie lange Arbeiter gezwungen sind, unbezahlt zu arbeiten, weil für uns jede solche Zeit etwas bedeutet.« (Reiman 1987: 36) Doch das leuchtet nicht ein. Wenn alle Arbeiter Kapitalisten werden können und alle Kapitalisten als Arbeiter anfangen, dann gibt es zwischen den Lebensläufen keine Ungleichheit. Wie bei Lehrlingen gibt es einfach eine Zeit, in der die Arbeiter draufzahlen müssen. Wenn darin eine Ausbeutung erblickt werden soll, gleichgültig, wie es sich in die größeren Verteilungszusammenhänge einfügt, dann wird dem Vorwurf seine ganze moralische Kraft genommen. Es zeigt sich eine Art Fetischismus bezüglich des Besitzes der eigenen Arbeitskraft. Ja, es zeigt sich darin eine libertäre Orientierung am Selbsteigentum:

»Die Marxisten sagen, die Kapitalisten stehlen den Arbeitenden Arbeitszeit. Doch man kann jemandem nur etwas stehlen, was ihm rechtmäßig gehört. Aus der marxistischen Kritik an der kapitalistischen Ungerechtigkeit folgt daher, daß der Arbeiter rechtmäßiger Eigentümer seiner Arbeitszeit ist: er und niemand sonst kann entscheiden, was damit geschehen soll ... Daher beruht die marxistische Behauptung, der Kapitalist beute den Arbeiter aus, auf dem Grundsatz, die Menschen seien die rechtmäßigen Eigentümer aller ihrer Potenzen ... [Ja,] wenn man, wie die Marxisten, die Aneignung der Arbeitszeit als solche, d. h. in ihrer allgemeinsten Form, als ein Musterbeispiel der Ungerechtigkeit betrachtet, dann kommt man einfach nicht um einen Grundsatz wie den des Selbsteigentums herum.« (Cohen 1990a: 366, 369)

Daß das eine libertäre Voraussetzung ist, zeigt sich daran, daß nach Reimans Definition auch Zwangsbesteuerung zur Unterstützung von Kindern oder Kranken Ausbeutung ist. Wenn die Arbeiter gezwungen werden, Steuern für die Kranken zu bezahlen, dann werden sie zu unbezahlter Arbeit gezwungen.[5]

In seiner ursprünglichen Darstellung des marxistischen Ausbeutungsarguments bestritt Cohen, daß es voraussetze, daß die Menschen Eigentümer der Erzeugnisse ihrer Arbeit seien: »Man kann der Auffassung sein, der Kapitalist beute den Arbeiter aus, indem er sich einen Teil des Wertes des vom Arbeiter Erzeugten aneignet, ohne zu meinen, daß der gesamte Wert an den Arbeiter gehen sollte. Man kann für einen Verteilungsgrundsatz nach dem Bedürfnis sein und feststellen, daß der Kapitalist den Arbeiter ausbeutet, weil bei ihm kein dringendes Bedürfnis bestehe, um dessentwillen er einen Teil des Wertes des vom Arbeiter Erzeugten erhält« (Cohen 1988: 230 Anm. 37). Doch wie begründet sich dann die Behauptung, der Kapitalist beute den Arbeiter aus? Wenn er den Gegenstand nicht braucht und somit keinen berechtigten Anspruch auf ihn hat, dann folgt nicht, daß der Arbeiter nach dem Bedürfnisgrundsatz einen hätte. Vielleicht ist ein Dritter am bedürftigsten (z. B. ein Kind), und dann hat er den einzigen berechtigten Anspruch auf den Gegenstand. Wenn sich der Kapitalist trotzdem den Gegenstand aneignet, dann ist er ungerecht gegenüber dem Dritten und nicht dem Arbeiter. Ja, wenn der Arbeiter ihn sich aneignet, dann ist er ebenfalls ungerecht gegenüber dem Kind. Wenn es nach dem Bedürfnisgrundsatz geht, dann sind die ungerecht Behandelten die Bedürftigen und nicht die Produzenten.

Und wenn der Kapitalist den Mehrwert braucht? Angenommen, er sei krank, und er habe das Glück gehabt, viele Anteile an einer Firma zu erben. Nach Cohen dürfte das immer noch Ausbeutung sein, »weil bei ihm kein dringendes Bedürfnis besteht, um dessentwillen er einen Teil des Wertes des vom Arbeiter Erzeugten erhält«; er erhält ihn aufgrund seines Eigentums an den Produktionsmitteln. Doch auch der Arbeiter würde das Produkt nicht aufgrund seiner Bedürfnisse erhalten, sondern weil er es hergestellt hat. Wen beutet nun der Kapitalist aus? Niemanden, denn niemand sonst hatte nach dem Bedürfnisgrundsatz einen berechtigten Anspruch. Und warum kann eigentlich der Kapitalist nicht aufgrund von Bedürfnissen einen Mehrwert erhalten? Könnte nicht die Regierung die Kranken, um ihre Unterstützung aus dem Auf und Ab der Tagespolitik herauszuhalten, mit Kapital ausstatten, das ihnen ein ständiges Einkommen verschafft? Das könnte in der Tat eine gute Möglichkeit sein, den Bedürfnisgrundsatz zu verwirklichen (vgl. Cohen 1990a: 369–371; Arneson 1981: 206–208). Wenn man das Selbsteigentum fallen läßt, dann ist die Aneignung von Mehrarbeit als solche nicht grundsätzlich Ausbeutung, sondern alles hängt davon ab, wie die jeweilige Transaktion in den größeren Rahmen der Verteilungsgerechtigkeit paßt.

Es gibt noch ein weiteres Problem mit dem Ausbeutungsargument. Wie steht es mit denen, die ihre Arbeitskraft nicht verkaufen *dürfen*? Verheiratete Frauen dürfen in vielen Ländern nach der Rechtslage keine Lohnarbeit leisten. Also werden sie nicht ausgebeutet. Im Gegenteil, sie sind vor Ausbeutung geschützt, und damit verteidigen viele in der Tat die Geschlechterdiskriminierung. Wenn aber die verheirateten Frauen in diesen Ländern ein geringes Einkommen aus Steuermitteln erhalten, dann werden sie nach der marxistischen Argumentation zu Ausbeutern, da ein Teil der Arbeitereinkommen enteignet und ihnen zur Verfügung gestellt wird. Doch es wäre völlig abwegig, die Frauen unter diesen Umständen als Nutznießer einer Ausbeutung anzusehen. Sie leiden unter einer Ungerechtigkeit, die schlimmer ist als die Ausbeutung durch die Kapitalisten, und eine der ersten Aufgaben der feministischen Bewegungen bestand darin, den Frauen gleichen Zugang zum Lohnarbeitsmarkt zu verschaffen. Oder nehmen wir die Arbeitslosen, die zur Lohnarbeit berechtigt sind, aber keine finden. Auch sie werden nach der marxistischen Definition nicht ausgebeutet, da sie keinen Mehrwert erzeugen, den sich der Kapitalist aneignen könnte. Und wenn sie aus Steuermitteln eine Unterstützung erhalten, dann werden auch sie zu Ausbeutern. Doch sie sind schlechter daran als jene, die eine Lohnarbeit gefunden haben (Roemer 1982b: 297; 1988: 134f.).

Diese Beispiele zeigen, daß es am Grunde der Ausbeutung eine tieferliegende Ungerechtigkeit gibt: die ungleiche Verfügung über die Produktionsmittel. Entrechtete Frauen, Arbeitslose und Lohnarbeiter leiden alle unter dieser Ungerechtigkeit, und die Kapitalisten profitieren von ihr. Die Ausbeutung der Arbeiter durch die Kapitalisten ist nur eine Form dieser Verteilungsungleichheit. Die untergeordnete Stellung der Frauen und der Arbeitslosen sind andere Formen, und gemessen an den Anstrengungen der Menschen, eine Lohnarbeit zu finden, sind sie womöglich schlimmer. Für den Besitzlosen könnte es besser sein, seine Arbeitskraft verkaufen zu müssen, als zum Gegenteil gezwungen zu sein (Frauen), oder es nicht zu können (Arbeitslose), oder eine kümmerliche Randexistenz zu fristen mit Hilfe von Kriminalität, Bettelei oder dem, was allfälliges Land hergibt, das sich nicht in Privatbesitz befindet (Marxens »Lumpenproletariat«).

Hier ist etwas nicht in Ordnung. Die Ausbeutungstheorie sollte eine radikale Kritik des Kapitalismus liefern. Doch in ihrer gewöhnlichen Form vernachlässigt sie viele von denen, denen es unter dem Kapitalismus am schlechtesten geht, und schließt sogar nötige Hilfsmaßnahmen für sie aus (etwa Wohlfahrtsleistungen an Kinder, Arbeitslose und Kranke). Soll die Ausbeutungstheorie diesen Gruppen gerecht werden, so muß sie die Beschränkung auf die Mehrwertübertragung aufgeben und die gesamten Verteilungsverhältnisse ins Auge fassen, in deren Rahmen diese Übertragungen stattfinden. Das ist das Hauptziel der Arbeiten John Roemers zur Ausbeutung. Er definiert die marxistische Ausbeutung nicht anhand der Mehrwertübertragung, sondern der ungleichen Verfügung über die Produktionsmittel. Ob jemand ausgebeutet wird, hängt nach dieser Auffassung davon ab, ob er bei folgender hypothetischer Gleichverteilung besser daran wäre: Betrachtet man die verschiedenen Gruppen in dem Wirtschaftssystem als Spieler in einem Spiel, dessen Regeln durch die bestehenden Eigentumsverhältnisse gegeben sind, dann gilt eine Gruppe als ausgebeutet, wenn ihre Mitglieder besser daran wären, wenn sie mit dem [für alle gleichen, d. Üb.] Pro-Kopf-Anteil an der Gesamtheit der Güter und mit ihrer Arbeitskraft aussteigen und ihr eigenes Spiel anfangen würden. Nach Roemer gilt dies für die Arbeiter und für die Arbeitslosen. Diese werden also ausgebeutet.

Die Ausbeutung im technischen Sinne – die Übertragung von Mehrwert – spielt in der Theorie Roemers nur eine untergeordnete Rolle. Sie ist eines der verbreitetsten Ergebnisse der ungerechten Verteilung im Kapitalismus, ist aber über diese hinaus nicht von ethischem Interesse. Sie ist »nur dann schlecht, wenn sie Folge einer *ungerechten* Ungleichverteilung der Produktionsmittel ist« (Roemer 1988: 130). Die Übertragung von Mehrwert ist berechtigt, wenn sie nicht mit einer Verteilungsungleichheit verbunden ist oder wenn sie zu deren Ausgleich dient. So wird durch staatliche Unterstützung für Arbeitslose und entrechtete Frauen die Ausbeutung verringert und keine geschaffen, denn sie trägt bei zur Korrektur »des Verlustes infolge der ungleichen anfänglichen Besitzverteilung« (Roemer 1988: 134). Für Roemer fordert der »ethische Imperativ« der Ausbeutungstheorie somit nicht die Abschaffung der Mehrwertübertragungen, sondern »des ungleichen Besitzes an veräußerlichten Produktionsmitteln« (Roemer 1982b: 305; 1982c: 280).

Für Cohen macht die Roemersche Theorie die Marxisten zu

»konsequenteren Egalitaristen« (Cohen 1990a: 382). Doch die Roemersche Bestimmung der marxistischen Ausbeutung läßt die zwangsweise Unterstützung von Kranken (oder Kindern) immer noch als Ausbeutung gelten, denn die Unterstützung verschafft diesen mehr, als sie mit dem Pro-Kopf-Anteil an den Gütern erwirtschaften könnten.[6] Ungleichheiten infolge ungleicher natürlicher Begabung fallen nicht unter die marxistische Ausbeutung, und damit ist Roemers »ethischer Imperativ« immer noch weniger egalitär als jene Theorien, die natürliche Benachteiligungen ausgleichen wollen. Indem Roemer die Ausbeutung anhand der Folgen einer Ungleichverteilung äußerer Güter definiert, kommt er »ohne die radikale egalitäre Ablehnung des Selbsteigentums« aus (Roemer 1988: 168). Er äußert aber Sympathie mit Theorien wie denen von Rawls und Dworkin, die diesen radikalen Schritt tun. Und er geht ihn selbst, wenn er sagt, Unterschiede der natürlichen Fähigkeiten seien eine Quelle »sozialistischer Ausbeutung« (d. h. einer unter dem Sozialismus fortbestehenden Ausbeutung). Er wendet sich zwar gegen diese und befürwortet Beschränkungen des Selbsteigentums, doch es handele sich um etwas anderes als die spezifische »Ausbeutung im marxistischen Sinne«, die davon ausgehe, daß die Menschen Anspruch auf die Früchte ihrer Arbeit haben (Roemer 1982c: 282f.; 1982b: 301f.). Die marxistische Ausbeutungstheorie arbeite mit der »konservativeren« Voraussetzung des Selbsteigentums, so daß zur Gütergleichheit kein Ausgleich für ungleiche Begabungen gehört (Roemer 1988: 160; vgl. 1982a: Kap. 7-8).

Arneson analysiert die Ausbeutung ähnlich. Wie Roemer verlangt er für die Behauptung »ungerechter Ausbeutung«, daß sie auf einem Vergleich mit einer hypothetischen Gleichverteilung beruht. Und ebenso wie Roemers sozialistische (im Unterschied zur spezifisch marxistisch aufgefaßten) Ausbeutung gleicht Arnesons Gleichverteilung unterschiedliche natürliche Gaben ebenso wie unterschiedliche äußere Güter aus. Nach Arneson werden die meisten Arbeiter im Kapitalismus nach diesem Kriterium ausgebeutet, weil sie unter unverdienten Ungleichheiten an Gütern oder an Fähigkeiten leiden, so daß andere sie übervorteilen können (Arneson 1981: 208). Wie bei Roemer spielt die Mehrwertübertragung bei Arneson nur eine Nebenrolle. Sie ist ungerecht, wenn sie aus einer Ungleichverteilung entspringt, aber berechtigt, wenn dies nicht der Fall ist oder wenn sie zum Ausgleich unverdienter Unterschiede bei Gütern oder Fähigkeiten dient. Somit ist zwangsweise Unterstützung für

Arbeitslose (anders als bei Reiman) berechtigt und ebenso (anders als bei Roemers »Ausbeutung im marxistischen Sinne«) die Unterstützung der Kranken. Doch der Großteil des Mehrwerts, der den Arbeitern im Kapitalismus weggenommen wird, ist nicht berechtigt, da er bei denen landet, die von der ungleichen Verteilung von Besitz und Fähigkeiten profitieren. Daher ist der Kapitalismus ausbeuterisch, wenn auch aus differenzierteren Gründen als nach der ursprünglichen marxistischen Ausbeutungsargumentation.

Das ist eine einleuchtendere Analyse der Ausbeutung. Indem die Gesamtverteilung und nicht bloß der Austausch im Rahmen des Lohnarbeitsverhältnisses ins Auge gefaßt wird, vermeiden Roemer und Arneson die beiden Probleme, mit denen die Reimansche Analyse zu kämpfen hatte. Nach ihrer Analyse kann man von den Arbeitern in einem Wohlfahrtsstaat sagen, sie würden ausgebeutet, ob sie nun zur Arbeit für die Kapitalisten gezwungen sind oder nicht, weil sie keinen fairen Anteil an den Produktionsmitteln haben. Und man kann auch Verteilungsungerechtigkeiten außerhalb des Lohnarbeitsverhältnisses behandeln, etwa das Verbot oder die Unmöglichkeit, Arbeit zu finden, da auch hier kein fairer Ressourcenanteil vorliegt.

Attraktiver ist diese Analyse freilich gerade deshalb, weil sie alles Spezifische der ursprünglichen marxistischen Ausbeutungstheorie abgestreift hat, und zwar in drei wichtigen Beziehungen. Erstens wird die Ausbeutung jetzt an einem vorgeordneten und allgemeineren Begriff der Verteilungs-Ungleichheit festgemacht. Was als Ausbeutung gilt, ergibt sich erst, wenn man weiß, worauf die Menschen kraft ihrer Rechte über sich selbst und die äußeren Güter Anspruch haben. Und dann ist die Ausbeutung nur eine von vielen Formen der Verteilungsungerechtigkeit und nicht das Musterbeispiel. Leider neigen die Marxisten weiter dazu, die moralische Bedeutung der Ausbeutung zu übertreiben. So rechnet Roemer alle Formen der Verteilungsungleichheit zur Ausbeutung.[7] Wie wir sahen, kann er deshalb auch das Schicksal der Arbeitslosen betrachten. Doch es ist verwirrend, in beiden Fällen von Ausbeutung zu sprechen. Für den Alltagsverstand gehört zur Ausbeutung irgendeine unmittelbare Interaktion mit unfairer Übervorteilung zwischen Ausbeuter und Ausgebeutetem, und das ist beim Arbeitslosen nicht immer der Fall. Er wird unfair vernachlässigt oder ausgeschlossen, aber nicht unbedingt unfair übervorteilt, denn die Kapitalisten brauchen aus der Arbeitslosigkeit keinen Vorteil zu ziehen. Erklärt man alle Formen der Ungerechtigkeit zu Formen der Ausbeutung, so gewinnt man keine Erkenntnis, sondern verliert nur ein Wort. Auch verdunkelt dieses Vorgehen Roemers die Beziehung zwischen Gleichheit und Ausbeutung. Für ihn fallen verschiedene Formen der Ungleichheit (unfaire Übervorteilung, Ausschluß, Vernachlässigung) alle unter die weitere Kategorie der Ausbeutung. Doch das Gegenteil wäre richtiger: die Ausbeutung ist eine der vielen Formen der Ungleichheit, die sich alle im Lichte eines tieferliegenden und allgemeineren Gleichheitsgrundsatz ergeben. In der Theorie Roemers ist dieser tieferliegende Grundsatz der »ethische Imperativ« der Gütergleichverteilung, und die Ausbeutung steht nicht mehr im moralischen Mittelpunkt der Theorie.

Zweitens ist die allgemeine Gerechtigkeitstheorie, in der der Ausbeutungsbegriff angesiedelt ist, einer Rawlsschen Gerechtigkeitstheorie immer ähnlicher geworden. Das ursprüngliche marxistische Argument besagte, die Arbeiter hätten das Recht auf das Ergebnis ihrer Arbeit, und wegen dessen zwangsweiser Mißachtung sei der Kapitalismus ungerecht. Doch die meisten heutigen Marxisten haben diese libertäre Voraussetzung zu vermeiden gesucht, da sie (unter anderem) Hilfe für die Abhängigen als moralisch suspekt erscheinen ließ. Und je mehr sie sich der Alltagsauffassung zu nähern versuchen, daß nicht jede technische Ausbeutung [Mehrwertübertragung, d. Üb.] ungerecht ist, desto stärker haben sie sich auf die Rawlsschen Gleichheitsgrundsätze berufen. Die marxistische Ausbeutungsrhetorik gilt zwar als radikaler als liberale Gerechtigkeitsauffassungen, doch »die marxistische Verurteilung der Ungerechtigkeit des Kapitalismus ist nicht sehr weit von dem Ergebnis scheinbar weniger radikaler heutiger politisch-philosophischer Theorien entfernt, die freilich keine so flammende Sprache im Munde führen« (Roemer 1988: 5). So beruft sich Arnesons Theorie der marxistischen Ausbeutung auf den gleichen Grundsatz einer absichtssensitiven und ausstattungs-insensitiven Verteilung wie die Theorie Dworkins. In ihren neuen Formen scheint die marxistische Ausbeutungstheorie liberale Grundsätze anzuwenden und nicht mit ihnen in Konkurrenz zu stehen.

Schließlich gibt diese neue Analyse der Ausbeutung den Kern des ursprünglichen marxistischen Ausbeutungsarguments auf, nämlich die Behauptung, daß die Lohnarbeit grundsätzlich ungerecht sei. Denn wenn das Kriterium für ungerechte Ausbeutung in unverdienten Ungleichheiten besteht, dann sind manche Lohnarbeitsverhältnisse nicht ausbeuterisch. Es gibt zwei »unbedenkliche« Wege, die zur Lohnarbeit führen. Einmal könnte man, wie wir gesehen haben, die von der Natur Benachteiligten zum Ausgleich mit Kapital ausstatten, um einer ausstattungs-insensitiven Verteilung näher zu kommen. Zweitens können unterschiedliche Anteile an den Produktionsmitteln unter gleich Begabten entstehen, wenn sie verschiedene Neigungen im Hinblick auf Investitionen und Risiken haben. In meinem Beispiel aus Kapitel 3 führte der Tennisspieler seine Mittel unmittelbar dem Konsum zu, während sie der Gärtner produktiv investierte (s. oben S. 79). Das war in Ordnung, wie ich zu zeigen versuchte, auch wenn der Tennisspieler schließlich beim Gärtner (oder einem anderen Besitzer von Produktionsmitteln) arbeiten mußte, denn es erfüllte das »Neidkriterium«. Jeder Seite waren die gleichen Entscheidungen möglich, und keine wünschte sich den Lebensstil der anderen, der eigene entsprach den eigenen Wünschen in bezug auf Arbeit und Freizeit. Auch könnte der Gärtner durch ein größeres Risiko zu einem größeren Einkommen gelangt sein, während der Tennisspieler ein risikofreies kleineres Einkommen bevorzugte. Solche Entscheidungen können auf gerechte und neidfreie Weise zu ungleichem Produktionsmittelbesitz führen. Falls die Neigungen in dieser Beziehung nicht unterschiedlich sind oder ihre Verwirklichung den Menschen weniger wichtig ist als etwa eine demokratische Mitsprache am Arbeitsplatz, könnte sich ein System gleicher Anteile an den Produktionsmitteln erhalten. Ein Pauschalverbot der Lohnarbeit dagegen wäre ein willkürlicher Verstoß gegen die Absichts-Sensitivität einer gerechten Verteilung.

Nichts davon rechtfertigt Ungleichheiten des Produktionsmittelbesitzes. Marx verspottete jene, die behaupteten, die Kapitalisten kämen zu ihrem Eigentum durch gewissenhaftes Sparen, und er zeigte anschließend, daß »Eroberung, Unterjochung, Raubmord, kurz Gewalt die große Rolle« bei der Kapitalakkumulation spielen (*Das Kapital*, 1. Bd., Kap. 24.1, 2. Abs.: MEGA-A 23, S. 742, s. auch ebd. 24.6, letzter Satz: S. 788; vgl. Roemer 1988: 58f.). Diese ungerechte ursprüngliche Aneignung untergräbt das Risikoargument, denn auch wenn die Kapitalisten mit ihrem Kapital Risiken eingehen, ist es doch (moralisch gesprochen) nicht ihr Kapital. Die Arbeiter wären vielleicht zu den gleichen Risiken bereit wie die Kapitalisten, wenn sie nur Kapital hätten. Jedenfalls »kann man nicht ernstlich behaupten, das Leben eines Arbeiters enthalte weniger Risiken als das eines Kapitalisten. Die Arbeiter sind, anders als die Kapitalisten und Manager, den Risiken der Berufskrankheit, der

Arbeitslosigkeit und der Armut im Alter ausgesetzt.« (Roemer 1988: 66) Weder Einsatz- noch Risikobereitschaft können die bestehenden Ungleichheiten rechtfertigen (Roemer 1982b: 308; gegen Nozick o. J.: 233 f., Orig. 1971: 254 f.). Doch die Tatsache, daß der Kapitalismus historisch aus unverdienten Ungleichheiten entstand, zeigt nicht, daß es keine gerechte Lohnarbeit in einem System wie der Rawlsschen »Eigentumsdemokratie« geben könnte. Wenn die Menschen über die Folgen ihrer Entscheidungen wohlunterrichtet sind und ihre verschiedenen Entscheidungen unter gerechten Verhältnissen zustande kamen, dann erscheint in der Tat »das Argument als unwiderlegbar« (Elster 1983: 294).[8]

Das Privateigentum muß also nicht ausbeuterisch zu sein. Umgekehrt aber kann die Vergesellschaftung der Produktionsmittel ausbeuterisch sein. Die Marxisten versichern nur zu gerne, Ausbeutung sei im Sozialismus unmöglich, da die Produzenten über ihr Produkt verfügten (so Holmstrom 1977: 353). Doch nach der neuen Analyse der Ausbeutung genügt es nicht, daß die Menschen gleichen Anteil an den gesellschaftlichen Gütern haben, etwa in Form einer Stimme in einem demokratisch geführten, den Arbeitern gehörenden Betrieb. Es kommt entscheidend darauf an, welcher Mitteleinsatz demokratisch beschlossen wird. Denken wir uns einen Betrieb, der dauernd in zwei Gruppen gespalten ist: eine Mehrheit, die wie der Gärtner mehr Einkommen und weniger Freizeit möchte, und eine Minderheit mit der umgekehrten Präferenz des Tennisspielers. Wenn die Mehrheit bei allen Entscheidungen gewinnt und die Minderheit ihr sozialistisches Recht auf gleiche Verfügung über die gesellschaftlichen Güter nicht in ein liberales Recht auf gleiche Güter für den einzelnen umtauschen kann (etwa indem sie ihre Anteile an dem Betrieb verkauft), dann wird sie unfair übervorteilt. Sie wird nach Roemer-Arneson ausgebeutet, weil sie sich besser stellen würde, wenn sie mit ihrem Güteranteil aussteigen könnte (Arneson 1981: 226; Geras 1989: 257).

Bedenken wegen Ausbeutung rechtfertigen also keine allgemeine Bevorzugung der Vergesellschaftung gegenüber der Gleichverteilung der Produktionsmittel. Diese kann ausbeutungsfrei sein, auch wenn einige bei anderen arbeiten, und die Vergesellschaftung kann ausbeuterisch sein, auch wenn alle gleichermaßen Arbeitgeber und Arbeitnehmer sind. Es hängt von den Wünschen der Menschen und von den Verhältnissen ab. Wichtig ist eine Verfügung über die Güter, die Entscheidungen über Arbeit, Freizeit und Risiko gemäß dem jeweiligen Lebensentwurf ermöglichen. Eine solche Selbstbestimmung ist vielleicht am besten mit einer Mischung von privatem und öffentlichem Eigentum und Arbeiterdemokratie zu erreichen, da jede dieser Eigentumsformen bestimmte Möglichkeiten schafft und andere blockiert (Lindblom 1977: Kap. 24; Goodin 1982: 91 f.; Weale 1982: 61 f.). Das sind überwiegend technische Fragen, denen nicht mit pauschalen Ausbeutungsvorwürfen vorgegriffen werden kann.

Die Bedürfnisse

Bisher habe ich wenig zu der Aussage Marxens gesagt, die Verteilung im Kommunismus werde auf dem Grundsatz »jedem nach seinen Bedürfnissen« beruhen. Ich bemerkte, daß dieser Grundsatz mit der herkömmlichen marxistischen Auffassung von der Ausbeutung unvereinbar ist, die die zwangsweise Übertragung von Mehrwert von den Arbeitern auf andere ausschließt. Doch was ist zur Sache selbst als Gerechtigkeitsgrundsatz zu sagen? Wie wir sahen, könnte ihn Marx selbst vielleicht gar nicht als Gerechtigkeitsgrundsatz angesehen haben. Er sagte ja den Überfluß voraus, und dann ist »jedem nach seinen Bedürfnissen« kein Grundsatz für die Verteilung knapper Güter, sondern einfach eine Beschreibung dessen, was unter dem Kommunismus geschieht: die Menschen nehmen sich aus dem riesigen Vorrat, was sie brauchen (Wood 1979: 291 f.; Cohen 1990b; vgl. aber Geras 1989: 263).

Doch die meisten heutigen Marxisten teilen Marxens Optimismus hinsichtlich des Überflusses nicht und verstehen den Bedürfnisgrundsatz als einen Verteilungsgrundsatz. So gesehen, ist er am einleuchtendsten als ein Grundsatz der gleichen Bedürfnisbefriedigung aufzufassen, denn Marx führt ihn als Lösung für die »Mißstände« des Leistungsgrundsatzes an, die, wie wir sahen, in Ungleichheiten aufgrund unterschiedlicher Bedürfnisse bestehen (Elster 1983: 296; 1985: 231 f.). Ist es ein empfehlenswerter Grundsatz? Er ist wenig attraktiv, wenn nur die blanken materiellen Bedürfnisse betrachtet werden. Ein sozialistischer Staat, der nur für diese sorgte, wäre kaum ein Fortschritt gegenüber manchen demokratischen Wohlfahrtsstaaten. Doch die Marxisten verstehen die Bedürfnisse in einem viel weiteren Sinne. Für Marx zeichnen sich ja die menschlichen Bedürfnisse durch ihre »Schrankenlosigkeit und Dehnbarkeit« aus, und so gehört zu ihnen auch eine »reiche Individualität, die ebenso allseitig in ihrer Produktion als Konsumtion ist« (*Resultate d. unmittelb. Prod.-proz.*, »einzelne Seiten«: MEGA-B II 4.1, S. 7 f.; *Grundrisse*, Heft III: MEGA-B II 1.1, S. 241). »Bedürfnisse« sind also dasselbe wie »Interessen« und umfassen die materiellen Notwendigkeiten wie auch die verschiedenen Güter, die Menschen in ihrem Leben als wertvoll empfinden, ihre wichtigen Wünsche und Ambitionen. Der Bedürfnisgrundsatz ist also »am einleuchtendsten als ein Grundsatz des gleichen Wohls zu verstehen« (Elster 1983: 296) und nicht als ein Grundsatz der gleichen Bedürfnisbefriedigung in einem beschränkteren Sinne.

Wenn der Bedürfnisgrundsatz in diesem weiten Sinne verstanden wird, liefert er uns leider wenig Anhaltspunkte für die Güterverteilung. Die Marxisten scheinen den Bedürfnisgrundsatz für eine Antwort auf die Frage zu halten, worin die Gleichbehandlung der Interessen der Menschen bestehen soll. Doch wenn die »Bedürfnisse« alle Interessen umfassen sollen und nicht mehr vom Überfluß ausgegangen wird, dann ist die Aussage, die Verteilung solle nach den Bedürfnissen erfolgen, keine Antwort auf diese Frage, sondern nur eine andere Formulierung für sie. Sie sagt nichts darüber, wie die verschiedenen Interessen bedient werden sollen. Während etwa die Bedürfnisse im engsten Sinne nicht auf Entscheidungen beruhen, gilt dies für manche Bedürfnisse im weiteren marxistischen Sinne. Ob also ein bestimmter Güteranteil jemandes Bedürfnisse befriedigt, hängt davon ab, wie aufwendig diese sind, und das ist eine Sache der gegebenen Verhältnisse wie auch von Entscheidungen. Sollten Menschen mit aufwendigen Bedürfnissen dafür erhöhte Mittel bekommen? Wenn ja, sollten dann alle Mittel auf die Schwerbehinderten verwendet werden? Sollte unterschieden werden, ob aufwendige Bedürfnisse auf Entscheidungen beruhen oder nicht? Auf diese Fragen konzentrieren sich Rawls und Dworkin, denn ohne Antwort auf sie wäre eine Gerechtigkeitstheorie unvollständig. Doch die Marxisten haben im allgemeinen nicht dargelegt, welche Gewichte der Bedürfnisgrundsatz den Interessen der Menschen zuordnet.

Soweit die Marxisten dem Bedürfnisgrundsatz einen gewissen Inhalt verliehen haben, betreffen die hauptsächlichen Meinungsverschiedenheiten mit den Liberalen den Grundsatz, daß die Menschen für die Folgen ihrer Entscheidungen verantwortlich seien und demnach die Verteilungen absichts-sensitiv sein sollten. Manche Marxisten lehnen das rundweg ab, weil die Entscheidungen der Menschen Ausfluß ihrer materiellen und kulturellen Verhältnisse und sie somit nicht für sie verantwortlich seien (so Roemer 1985a: 178 f.; 1986: 107, 109; 1988: 62 f.). Für Levine ist das »eine weit radikalere Vorstellung von der Gleichbehandlung« als die der Dworkinschen Theorie (Levine 1989: 51, Anm. 25). Doch es fragt sich, was besonders radikal (oder attraktiv) daran sein soll, daß einige den aufwendigen Geschmack anderer subventionieren sollen, und viele Marxisten würden das als unfair ansehen. Arneson meint: »Betrachten wir zwei Personen, beide mit künstlerischen Bedürfnissen; der eine ist kostenbewußt und lernt, seine Bedürfnisse mittels billiger Medien zu befriedigen (Wasserfarben, Federzeichnungen); der andere entwickelt Fähigkeiten, die nur mit außerordentlichen Kosten betätigt werden können (riesige Marmorskulpturen, Tiefseefotografie). Dann liegt nicht auf der Hand, daß ›jedem nach seinen Bedürfnissen‹ der richtige Grundsatz für die Verteilung knapper gesellschaftlicher Mittel auf diese beiden Künstler wäre.« (Arneson 1981: 215) Wenn es um aufwendige Entscheidungen geht, braucht der Bedürfnisgrundsatz gewisse Richtlinien dafür, was »vernünftige« Bedürfnisse sind, so daß man »den Menschen schon früh bei der Bildung ihrer Präferenzen sagen kann, daß die Gesellschaft nicht alle aufwendigen Geschmäcker unterstützen wird« (Elster 1983: 298; Geras 1989: 264). Nach Arneson drückt sich in der Notwendigkeit solcher Richtlinien »die Unbestimmtheit der Marxschen Formel« aus, doch »ihr grundsätzlicher moralischer Impuls wird nicht in Frage gestellt« (Arneson 1981: 215). Doch für Elster ist das eine ganz neue Auffassung des Bedürfnisgrundsatzes, da er die Menschen anweist, ihre Bedürfnisse einem vorgegebenen Verteilungsgrundsatz anzupassen, während er gewöhnlich so verstanden werde, daß die Verteilung den vorgegebenen Bedürfnissen angepaßt werden soll (Elster 1983: 298).

Ob nun diese absichts-sensitive Forderung eher als Einschränkung oder als Ausbau des Bedürfnisgrundsatzes zu betrachten ist, sie läuft darauf hinaus, daß die marxistische Gleichheit mehr oder weniger der Dworkinschen Theorie der Gütergleichheit entspricht (Elster 1983: 298 Anm. 65).[9] Jedenfalls sagen uns die Marxisten nicht, worin sie sich davon unterscheidet, weil sie nicht angeben, wie die Kosten der Entscheidungen der Menschen zu messen sind. Was etwa spielt die Rolle der Dworkinschen Versteigerung? Die Marxisten haben sich bisher immer gegen Marktmechanismen gesperrt. Doch wenn die Menschen für die Folgen ihrer Entscheidungen verantwortlich gemacht werden sollen, dann ist so etwas wie ein Markt zur Ermittlung der Kosten nötig. (Nove 1983: Teil 1 zeigt, wie die marxistische Abneigung gegen den Markt in Verbindung mit der Voraussetzung des Überflusses bei den Marxisten die Entwicklung jeglicher systematischen Betrachtung der Kosten freier Entscheidungen verhindert hat.)

Weniger Uneinigkeit gibt es über die Forderung, daß eine gerechte Verteilung ausstattungs-insensitiv sein sollte. Der Bedürfnisgrundsatz »löst alle Verbindungen auf zwischen den wirtschaftlichen Leistungen, die man erhält, und den ›moralisch irrelevanten‹ genetischen und sozialen Faktoren, die die eigene wirtschaftliche Leistungsfähigkeit bestimmen« (Arneson 1981: 215f.). Hier sind die Konsequenzen des Bedürfnisgrundsatzes klarer, denn er »sollte genau diese Art von Fällen abdecken« (Elster 1983: 298). Doch auch hier ist er noch unvollständig, denn er sagt nicht, was geschehen soll, wenn die natürlichen Benachteiligungen nicht völlig ausgeglichen werden können. Wie wir in Kapitel 3 sahen, ist es bei Schwerbehinderung nicht möglich, und man möchte nicht alle verfügbaren Mittel darauf verwenden. Deshalb führte Dworkin seine hypothetische Versicherung ein. Doch in der gegenwärtigen marxistischen Literatur gibt es nichts Vergleichbares, ja, das Problem wird nicht einmal richtig erkannt. Es genügt nicht zu sagen, der Bedürfnisgrundsatz gleiche unterschiedliche gegebene Verhältnisse aus. Man muß wissen, wie und mit welchem Aufwand. Angesichts dieser unbeantworteten Fragen kann man nicht behaupten, daß der Bedürfnisgrundsatz mit den liberalen Theorien der Gleichheit konkurrieren kann, er ist lediglich eine weniger weit entwickelte Formulierung des Problems.

Die Entfremdung

Wenn also die Marxisten das Privateigentum abschaffen wollen, dann müssen sie sich auf etwas anderes berufen als auf die Ausbeutung. Nach Steven Lukes beruht Marxens Kapitalismuskritik nicht nur auf einer »kantianischen« Kritik der Ausbeutung, sondern auch auf einer »perfektionistischen« Kritik der Entfremdung (Lukes 1985: 87; vgl. Miller 1989: 52–54).[10] Der kantianische Denkansatz betont, wie das Privateigentum einige Menschen (die Arbeiter) zu Mitteln zum Vorteil anderer (der Kapitalisten) macht; der perfektionistische Denkansatz betont, wie es die Entwicklung der wichtigsten menschlichen Fähigkeiten behindert. Das Problem mit dem Privateigentum ist nicht bloß die Ausbeutung, denn auch die Ausbeuter werden ihren wesentlichen menschlichen Potenzen entfremdet. Mit diesem Entfremdungsargument scheint die Abschaffung des Privateigentums eher begründbar zu sein, denn wenn auch die Gleichmachung des Privateigentums die Ausbeutung beseitigt, verbreitet sie vielleicht überall die Entfremdung.

Perfektionistische Argumente, zu denen das Marxsche Ausbeutungsargument gehört, möchten die Güter so verteilt sehen, daß »die Verwirklichung typisch menschlicher Potenzen und Fähigkeiten« begünstigt und ihnen entgegenstehende Lebensformen zurückgedrängt werden (Lukes 1985: 87). Solche Theorien werden als »perfektionistisch« bezeichnet, weil nach ihnen bestimmte Lebensweise die menschliche »Vollkommenheit« ausmachen und gefördert werden sollten, während weniger wertvolle zurückgedrängt werden sollten. Liberale und libertäre Theorien möchten nicht bestimmte Lebensformen fördern, sondern überlassen alles dem einzelnen. Den allgemeinen Unterschied zwischen liberalen und perfektionistischen Theorien werde ich im nächsten Kapitel behandeln, hier aber kurz betrachten, wie der marxistische Perfektionismus die Abschaffung des Privateigentums begründen könnte.

Jede perfektionistische Argumentation muß darlegen, welches die »typisch menschlichen wertvollen Eigenschaften« sind und wie die Güterverteilung zu ihrer Förderung aussehen soll. Eine Produktionsweise, die diese Fähigkeiten behindert, gilt als »Entfremdung« von der wahren »menschlichen Natur«. Daher möchten die marxistischen Perfektionisten die Güter in der kommunistischen Gesellschaft so verteilt sehen, daß die Selbstverwirklichung durch gemeinschaftliche Produktion gefördert wird. Die Verteilung könnte noch vom Bedürfnisgrundsatz geleitet sein, doch in den Augen der Perfektionisten hat er sich nicht mit allen Bedürfnissen zu beschäftigen. Vielmehr liegt in seinem Sinne »eine gewisse Auswahl jener menschlichen Interessen und Anliegen, die am vollständigsten das Ideal kooperativer, kreativer und produktiver Tätigkeiten und Freizeitbeschäftigungen ausdrücken« (Campbell 1983: 138; vgl. Elster 1985: 522).

Wie sollte dieses Ideal gefördert werden? Nach den Marxisten am besten durch Abschaffung der Lohnarbeit und Vergesellschaftung der Produktionsmittel. Die Vergesellschaftung der Produktionsmittel verschaffe jedem eine wirksame Mitsprache bei der Gestaltung seines Arbeitslebens und ermögliche so mehr Befriedigung durch die Arbeit selbst, statt die Gewinne der Kapitalisten zu erhöhen. Der Kapitalismus mache die Lebensarbeit zu einem bloßen Mittel für den Lebensunterhalt, der Sozialismus dagegen werde sie wieder (oder richtiger: zum erstenmal in der Geschichte) zu einem Selbstzweck, zum »ersten Lebensbedürfnis« machen.

Dies also die perfektionistische Argumentation für die Abschaffung des Privateigentums an den Produktionsmitteln. Was sollen wir davon halten? Wenn zwischen an sich befriedigender oder unbefriedigender Arbeit zu wählen ist, werden die meisten die kreative und kooperative vorziehen. Es gibt eine Unmenge Beweise dafür, daß sich die meisten Arbeiter im Kapitalismus eine befriedigendere Arbeit wünschen. Die »Entwürdigung der Arbeit«, die der Kapitalismus so vielen auferlegt hat, ist schrecklich, eine skrupellose Behinderung der Entwicklung ihrer menschlichen Fähigkeiten (Schwartz 1982: 636–638; Doppelt 1981). Die Liberalen möchten deshalb gerechte und ungerechte Arten der Beschäftigung von Menschen durch andere unterscheiden. Doch nach marxistischer Auffassung ist jede Lohnarbeit entfremdend, da der Arbeiter nicht mehr selbst über seine Arbeitskraft und ihre Produkte verfügt. Die Lohnarbeit braucht nicht ausbeuterisch zu sein, wenn beide Seiten mit gleichen Güteranteilen angefangen haben, aber sie ist entfremdend, und das könne nur durch Vergesellschaftung der Produktionsmittel und nicht durch Gleichverteilung der Privateigentums geändert werden.

Nun ist nichtentfremdete Arbeit sicher besser als entfremdete, aber es sind auch noch andere Werte im Spiel. Vielleicht ist mir nichtentfremdete Arbeit wichtig, aber z. B. Freizeit noch wichtiger. Die produktivste Arbeitsorganisation (so die Fließbandarbeit) läßt vielleicht wenig Raum für Kreativität und Zusammenarbeit. Wenn ich etwa in 2 Stunden entfremdeter Arbeit so viel produzieren kann wie in 4 Stunden nichtentfremdeter, dann sind mir die 2 Stunden Tennis, die ich gewinnen kann, vielleicht lieber. Die Möglichkeiten für nichtentfremdete Arbeit »fallen nicht vom Himmel. Sie erfordern einen Aufwand, so daß weniger andere Güter zur Verfügung stehen« wie etwa Freizeit (Arneson 1987: 544 Anm. 38).[11]

Der Konsum ist ein anderes Gut, das zur nichtentfremdeten Produktion im Gegensatz stehen kann. Manche Menschen möchten viele verschiedene Güter und Dienstleistungen konsumieren, vom Essen bis zur Oper und zum Computer. Wenn sie gegen höheren Lohn entfremdete Arbeit leisten, können sie vielleicht ihren Konsum ausweiten; die Beseitigung der entfremdeten Arbeit würde ihnen diese Möglichkeit erschweren. Die marxistischen Perfektionisten pflegen sich hier mit möglichen Schmälerungen des materiellen Konsums nicht auseinanderzusetzen. Das Bedürfnis nach diesem betrachten sie als Symptom des vom Kapitalismus geschaffenen pathologischen Materialismus, so daß mit dem Übergang zum Sozialismus »eine nachdrückliche Verschiebung der kulturellen Schwerpunkte von Konsum zur Produktion als der Hauptsphäre der menschlichen Erfüllung verbunden sein wird« (Arneson 1987: 525, 528). Ist es aber pathologisch, mehr konsumieren zu wollen? Vielleicht ist es das Syndrom, nicht hinter dem Nachbarn zurückstehen zu wollen, denn das Streben nach Statussymbolen ist oft unvernünftig. Doch für viele Konsumwünsche gilt das nicht. Es ist nicht pathologisch, wenn ein Musikfreund eine teure Stereoanlage haben möchte und bereit ist, dafür entfremdete Arbeit zu leisten. Daher hat der Kommunismus keinen Grund, »jene auszuschließen oder zu stigmatisieren, denen die passiven Freuden des Konsums lieber sind« als die aktiven der Produktion (Elster 1985: 522).

Nichtentfremdete Arbeit kann auch für die Beziehungen zu Familie und Freunden Schwierigkeiten schaffen. Vielleicht möchte ich eine Teilzeitarbeit, um möglichst viel Zeit mit meinen Kindern verbringen zu können, oder eine Arbeit nur für einen Teil des Jahres, um den Rest mit Freunden oder Verwandten zu verbringen. Wie Elster bemerkt, kann die marxistische Selbstverwirklichung in der Arbeit zu spontanen persönlichen Beziehungen in Konkurrenz treten, denn »die Selbstverwirklichung tendiert dazu, alle verfügbare Zeit mit Beschlag zu belegen...[und das] gefährdet Konsum wie auch Freundschaft« (Elster 1986: 101).

Es geht nicht darum, ob nichtentfremdete Arbeit ein Gut ist, sondern ob sie höchstes Gut ist, das zu jedem menschenwürdigen Leben notwendig ist und schwerer wiegt als alle anderen Güter. Es gibt überhaupt keinen Grund, die nichtentfremdete Arbeit für sein solches Gut zu halten. Marxens eigene Argumentation läßt erkennen, wie wenig das einleuchtet. Er meinte, die freie kooperative Produktion sei *die* menschliche Fähigkeit, das, was den Menschen zum Menschen mache. Doch dieses Argument (mit genus und differentia) ist nicht schlüssig. Was das Beste im menschlichen Leben ist, das ist keine Frage »der biologischen Klassifikation, sondern der Moralphilosophie. Und wir kommen ihrer Beantwortung in keiner Weise näher, wenn wir, wie es hier geschieht, im voraus festlegen, daß es sich um eine einzige einfache Eigenschaft handeln müsse, die keiner anderen Art zukommt« (Midgley 1978: 204). Die Heraushebung der kooperativen Produktion »ist eine bestimmte moralische Auffassung und muß als solche anderen gegenüber verteidigt werden; sie kann nicht einfach auf dem Rücken einer groben Taxonomie in die Zielregion der Anerkennung einreiten« (Midgley 1978: 204). Ob andere Lebewesen die nämliche Fähigkeit haben, besagt nichts über deren Wert im menschlichen Leben. Es gibt keinen Grund dafür, daß unsere wichtigsten Fähigkeiten jene wären, die sich von denen anderer Lebewesen am stärksten unterscheiden.

Diese Betonung der produktiven Arbeit ist auch sexistisch. Betrachten wir Marxens Behauptung, weil die Arbeiter von ihrem »Gattungsleben« (d. h. »die Arbeit, die Lebenstätigkeit, das produktive Leben selbst«) entfremdet würden, komme es dahin, »daß der Mensch (der Arbeiter) nur mehr in seinen tierischen Funktionen, Essen, Trinken und Zeugen, höchstens noch Wohnung, Schmuck, etc. sich als freitätig fühlt, und in seinen menschlichen Funktionen nur mehr als Tier« (*Ök.-phil. Manuskr.*, Heft I, »Entfremdete Arbeit und Privateigentum«: MEGA-B I 2, S. 368, 369, 367). Doch warum ist die Produktion eine »menschlichere Funktion« als die Fortpflanzung (etwa das Kinderaufziehen)? Diese findet sich auch bei anderen Lebewesen, aber das zeigt nur, wie irrelevant das Kriterium ist, denn das Familienleben ist ja für das Menschsein gewiß so wichtig wie die Produktion. Bei Marx verbindet sich ein feines Gespür für die historischen Variationen der vorwiegend männlichen Sphäre der Produktion mit fast völliger Blindheit gegenüber denen der vorwiegend weiblichen Sphäre der Fortpflanzung, die er als wesentlich natürlich und nicht spezifisch menschlich ansah (Jaggar 1983: Kap. 4; O'Brien 1981: 168–184). Jede Theorie, die die Erfahrungen der Frauen einzubeziehen versucht, wird die Heraushebung der produktiven Arbeit in Frage stellen müssen.

Es gibt viele Werte, die zu der nichtentfremdeten Arbeit in Konkurrenz treten können, so »körperliche und geistige Gesundheit, kognitive Fähigkeiten, bestimmte Charaktereigenschaften und Gefühlsreaktionen, Spiel, Sexualität, Freundschaft, Liebe, Kunst, Religion« (Brown 1986: 126; vgl. Cohen 1988: 137–146). Manche sehen vielleicht in der produktiven Arbeit das »erste Lebensbedürfnis«, andere aber nicht. Die Ausschaltung entfremdeter Arbeit würde also eine unfaire Bevorzugung mancher gegenüber anderen bedeuten. Nach Arneson wird durch die Gleichsetzung des Sozialismus mit einer bestimmten Form des guten Lebens »eine spezielle Kategorie des Guten, die Befriedigung durch die Arbeit selbst, herausgehoben und ihre Anhänger willkürlich bevorzugt gegenüber anderen ebenso wünschenswerten Gütern und ihren ebenso klugen Anhängern« (Arneson 1987: 525). Wenn die Menschen der Arbeit verschiedenen Wert beimessen, »kann eine verschieden starke Entfremdung bei anfänglicher Chancengleichheit und fairer Güterverteilung unter den Menschen das Wohl und die Lebensqualität der Menschen gewaltig steigern«. Daher »erscheint eine perfektionistische Verteidigung der Nichtentfremdung als wenig überzeugend« (Roemer 1985b: 52).

Nicht alle Marxisten, die auf die nichtentfremdete Produktion im Kommunismus Wert legen, sind Perfektionisten. Einige Marxisten, die das Ende der Entfremdung proklamieren, machen einfach eine Voraussage darüber, was die Menschen bei gleicher Güterausstattung anfangen werden, nämlich daß sie die nichtentfremdete Arbeit über alles schätzen werden. Doch wenn sich das als falsch herausstellen sollte, dann gäbe es keinen Grund, die Menschen mit einem Entfremdungsverbot zu bevormunden. Es ist nicht klar, ob Marxens Äußerungen zur Entfremdung Voraussagen oder perfektionistische Anweisungen sind (Arneson 1987: 521). Engels aber war antiperfektionistisch eingestellt, jedenfalls was die Geschlechterbeziehungen betrifft. Im Kommunismus würden die alten patriarchalischen Beziehungen zu Ende sein, aber

»was wird hinzukommen? Das wird sich entscheiden, wenn ein neues Geschlecht herangewachsen sein wird: ein Geschlecht von Männern, die nie in ihrem Leben in den Fall gekommen sind, für Geld oder andere soziale Machtmittel die Preisgebung einer Frau zu erkaufen, und von Frauen, die nie in den Fall gekommen sind, weder aus irgendwelchen andern Rücksichten als wirklicher Liebe sich einem Mann hinzugeben, noch dem Geliebten die Hingabe zu verweigern aus Furcht vor ökonomischen Folgen. Wenn diese Leute da sind, werden sie sich den Teufel darum scheren, was man heute glaubt, daß sie tun sollen; sie werden sich ihre eigne Praxis und ihre danach abgemeßne öffentliche Meinung über die Praxis jedes einzelnen selbst machen – Punktum.« (Engels, *D. Urspr. d. Familie...*, II, vorl. Abs.: MEGA-A 21, S. 83)

Die Gütergleichverteilung sorgt dafür, daß keine Ausbeutung aufkommt, doch es gibt kein sozialistisches Modell der persönlichen Beziehungen, das gefördert oder durchgesetzt werden sollte. Warum aber sollten nicht auch die ökonomischen Beziehungen der freien Entscheidung den Menschen unter Bedingungen materieller Gleichheit überlassen bleiben? Man sollte abwarten, was das »neue Geschlecht« mit seinem Leben und seinen Fähigkeiten anfangen möchte; vielleicht wird nichtentfremdete Arbeit systematisch bevorzugt, aber es gibt keinen Grund für perfektionistische Eingriffe in dieser Richtung.

Wiederum rechtfertigt nichts von alledem die heutige Verteilung der sinnvollen Arbeit. Ich sprach mich dafür aus, daß die Menschen die Freiheit haben sollten, auf Arbeitsqualität zugunsten anderer Werte wie besserer Freizeit zu verzichten. Doch im Kapitalismus haben die Menschen mit der besten Arbeit auch den besten Konsum und die beste Freizeit, während eine unattraktive Arbeit nicht auf diesen Gebieten ausgeglichen wird. Doch die Lösung besteht nicht darin, jedem die beste mögliche Arbeit auf Kosten der Freizeit zu geben, weil diese von manchen vorgezogen würde. Arneson sagt es so: »Der sozialistische Grundeinwand gegen einen kapitalistischen Markt lautet, daß die unverschuldet weniger Bemittelten keine faire Chance zur Befriedigung ihrer Bedürfnisse haben. Die Lösung liegt nicht in der Privilegierung irgendwelcher Wünsche [etwa bezüglich der Arbeit gegenüber der Freizeit], sondern in der Beeinflussung der Verteilung der Mittel, die die einzelnen in den Markt einbringen können.« Daher ist die Dworkinsche Idee einer neidfreien, aus einem Markt hervorgehenden Verteilung »eine Seite der sozialistischen Absichten und keine konkurrierende Lehre.« (Arneson 1987: 533, 537)

Das bringt uns zu dem »kantianischen« Ansatz im marxistischen Denken zurück, der den Menschen die freie Entscheidung überläßt, was sie mit ihren fairen Güteranteilen anfangen wollen. Und wie wir sahen, führt das zu einer Reihe von Fragen zur fairen Verteilung, mit denen sich die Marxisten einfach nicht auseinandergesetzt haben. Und vorher ist schwer zu sagen, ob der Marxismus eine andere Gerechtigkeitsvorstellung vertritt als die anderen politischen Traditionen.

5.3 Die Politik des Marxismus

Beide marxistischen Strömungen sind auf die Arbeit fixiert. Die kantianische Strömung erblickt in der Arbeit den grundlegenden Ort der kapitalistischen Ungerechtigkeit (z. B. Ausbeutung), die perfektionistische Richtung den des sozialistischen Ziels der Überwindung der Entfremdung. Doch die Arbeit ist noch in einem dritten Sinne im Marxismus etwas Grundlegendes, nämlich weil die Arbeiter als Hauptakteure des sozialen Wandels angesehen werden. Nach der marxistischen Soziologie wird der Kampf gegen die kapitalistische Ungerechtigkeit die Form eines Kampfes zwischen zwei antagonistischen Klassen annehmen, den Arbeitern und den Kapitalisten. Die Kapitalisten müssen die Arbeiter unterdrücken, weil ihr Reichtum auf der Ausbeutung der Arbeiter beruht, und die Arbeiter müssen sich gegen die Kapitalisten stellen, weil sie nichts als ihre Ketten zu verlieren haben. Der Klassenkonflikt ist in der Lohnarbeit heimisch, und diese ist es im Kapitalismus; daher ist die Lohnarbeit der Angelpunkt des revolutionären Kampfes. Andere Gruppen können unfair behandelt sein, doch die Marxisten haben sie im Hinblick auf ihre Macht wie ihre Motivation als Randerscheinungen angesehen. Nur die Arbeiter sind fähig und willens, am Gesamtgebäude der kapitalistischen Ungerechtigkeit zu rütteln. Die Konzentration auf das Schicksal der anderen Gruppen ist etwas Reformistisches und nicht Revolutionäres, weil deren Unterdrückung geringfügiger und weniger wesentlich ist als die der Arbeiter.

Marxistische Gerechtigkeitstheorien sind großenteils Versuche, diesen Klassenkampf zu begründen. Roemer schreibt: »Der Zweck einer Theorie der Ausbeutung ... ist die Erklärung des Klassenkampfes. Als Marxisten blicken wir auf die Geschichte und sehen arme Arbeiter, die gegen reiche Kapitalisten kämpfen. Um das zu erklären oder zu rechtfertigen oder anzuleiten und mit ideologischer Munition zu versorgen, stellen wir eine Ausbeutungstheorie auf, in der die beiden antagonistischen Seiten als die Ausbeuter und die Ausgebeuteten bezeichnet werden« (Roemer 1982a: 274f.). Und da die Erklärung des Klassenkampfes unmittelbar in der Lohnarbeit liegt, waren die Marxisten naheliegenderweise geneigt, die Rechtfertigung des Sozialismus unmittelbar in der Lohnarbeit zu sehen. So kommt es zu Theorien der grundsätzlichen Ausbeutung oder Entfremdung durch die Lohnarbeit.

Diese herkömmliche marxistische Auffassung von der zentralen

Rolle der Arbeit für eine fortschrittliche Politik ist immer problematischer geworden. An vielen der wichtigsten heutigen Kämpfe um Gerechtigkeit sind Gruppen beteiligt, die nicht oder nicht allein durch die Lohnarbeit unterdrückt sind, etwa bestimmte Rassen, alleinstehende Mütter, Einwanderer, Schwule und Lesben, Behinderte, Alte. Wie wir sahen, kann ein Einsatz für diese Gruppen sogar zu den arbeitsorientierten Argumenten für den Sozialismus in Konflikt geraten. Die Marxisten haben in der Praxis dazu tendiert, die Forderungen dieser nichtproletarischen Gruppen zu unterstützen. Sie neigten dazu, sich für die Bedürftigen einzusetzen, gleichgültig, ob ihre Situation mit arbeitsabhängiger Entfremdung oder Ausbeutung zu tun hat. Doch nach Cohen haben sie es damit gerechtfertigt, daß sie »die ausgebeuteten Produzenten im wesentlichen mit denen, die wohlfahrtsstaatliche Leistungen brauchen, gleichgesetzt haben« (Cohen 1990a: 374). Das heißt also, die marxistische Theorie war zwar an der Arbeit orientiert, doch in der Praxis war sie bedürfnisorientiert, und die offensichtlichen Unverträglichkeiten wurden mit der Annahme übertüncht, daß die Bedürftigen auch die Ausgebeuteten seien.

Doch es wird immer deutlicher, daß die Bedürftigen und die im marxistischen Sinne Ausgebeuteten nicht immer dieselben Menschen sind. Das »erzwingt eine Entscheidung zwischen einem Grundsatz des Selbsteigentums im Rahmen der Ausbeutungslehre und einem Grundsatz der Gleichheit der Vorteile und Lasten, der das Selbsteigentum ablehnt und zugunsten der besonders Bedürftigen nötig ist, die keine Produzenten und somit jedenfalls nicht ausgebeutet sind« (Cohen 1990a: 13f.). Ich habe die Meinung vertreten, daß der »Fetischismus der Arbeit« in den Lehren von der Ausbeutung und der Entfremdung theoretisch unbegründet ist (Roemer 1985b: 64). Doch er ist auch in der Praxis unfruchtbar, denn er vernachlässigt Formen von Ungerechtigkeit, die einige der wichtigsten fortschrittlichen politischen Bewegungen der Gegenwart antreiben. Wenn es eine wirksame Bewegung für radikalen sozialen Wandel geben soll, dann muß sie die Bedürftigen und die Ausgebeuteten zusammenführen. Doch die Rhetorik der marxistischen Ausbeutung und Entfremdung hat nichts für die Nöte der Nichtarbeiter übrig und steht ihnen vielleicht sogar entgegen.

Die Marxisten rühmen sich ihrer Einheit von Theorie und Praxis. Doch ihre Theorie läßt ihre Praxis allein. Vor die Entscheidung zwischen Selbsteigentum und Verteilungsgleichheit gestellt, haben sich die Marxisten in der Praxis für die Gleichheit eingesetzt, und zwar viel nachdrücklicher als die Liberalen. Doch auf theoretischer Ebene bleiben die Marxisten dem Fetischismus der Arbeit verhaftet, der in gewisser Beziehung weniger radikal und weniger attraktiv ist als liberale Gerechtigkeitstheorien, und das hat die Bemühungen um eine wirksame radikale Bewegung gehemmt. Eine wirkliche Einheit von Theorie und Praxis könnte eine stärkere Einheit von Marxismus und Liberalismus erfordern.

Kapitel 6
Der Kommunitarismus

6.1 Liberaler Individualismus und Neutralität des Staates

Allen bisher betrachteten Theorien mit Ausnahme der perfektionistischen Variante des Marxismus ist eine wichtige Voraussetzung gemeinsam: Während sie nicht darin einig sind, wie die Gleichbehandlung der Interessen der Menschen aussehen soll, sind sie doch in der Charakterisierung dieser Interessen einig, oder jedenfalls in einem Hauptzug dieser Charakterisierung, nämlich daß die Interessen der Menschen am besten dadurch gefördert werden, daß man sie über ihre Lebensführung selbst entscheiden läßt. Uneins sind sie sich darin, welches Bündel von Rechten und Ressourcen die Menschen dazu am besten befähigt. Einig sind sie sich aber darin, daß die Nichtgewährung dieser Selbstbestimmung bedeutet, die Menschen nicht als Gleiche zu behandeln.

Ich habe die Bedeutung der Selbstbestimmung noch nicht behandelt (es ist eines der Probleme, die ich in Kap. 3 zusammen mit dem Rawlsschen Freiheitsgrundsatz zurückgestellt hatte). Ich ging einfach davon aus, daß wir intuitiv verstehen, worin sie besteht und warum sie als wichtiger Wert gilt. Doch wir müssen sie genauer untersuchen, denn die Kommunitaristen stellen viele der gängigen Vorstellungen über das, was Selbstbestimmung ist und welchen Wert sie darstellt, in Frage. Insbesondere behaupten sie, Vertreter liberaler Theorien machten sich ein falsches Bild von unserer Fähigkeit zur Selbstbestimmung und übersähen die sozialen Vorbedingungen, unter denen sie erst sinnvoll auszuüben sei. Diese beiden Einwände möchte ich nacheinander betrachten, nachdem ich zunächst die liberale Auffassung vom Wert der Selbstbestimmung dargestellt habe.

Viele Liberale halten den Wert der Selbstbestimmung für so selbstverständlich, daß er keinerlei Verteidigung nötig habe. Für sie besteht die Achtung einer Person als vollständig moralischem Wesen darin, sie in ihrer Selbstbestimmung zu respektieren. Eine Nichtgewährung der Selbstbestimmung bedeute, sie wie ein Kind oder ein Tier zu behandeln und nicht als vollwertiges Mitglied der Gemeinschaft.

Aber so einfach ist es nicht. Wir wissen, daß manche Menschen Probleme haben, in ihrem Leben schwierige Entscheidungen zu treffen. Sie entscheiden sich falsch, d. h. für Triviales, Entwürdigendes, ja Schädliches. Wenn uns die Mitmenschen nicht gleichgültig sein sollen, warum sollten wir sie dann nicht daran hindern, solche Fehler zu begehen? Manchmal kann doch die Achtung des Rechts auf Selbstbestimmung praktisch darauf hinauslaufen, jemanden einem schlimmen Schicksal zu überlassen und sich ihm gegenüber gleichgültig zu verhalten, statt sich um ihn zu sorgen. Nach Dworkin ist es »das größte Übel einer ausgesprochen ungleichen Güterverteilung«, daß einige Menschen »um die Chance betrogen werden, aus ihrem Leben etwas Wertvolles zu machen« (Dworkin 1981: 219). Wie steht es aber mit denen, die trotz vorhandener Chancen aus ihrem Leben nichts Wertvolles machen können? Haben wir nicht auch da Verpflichtungen?

Natürlich hat auch die liberale Theorie Raum für paternalistische Handlungen, etwa gegenüber Kindern, Geisteskranken oder vorübergehend in ihrer Entscheidungsfähigkeit Beeinträchtigten.[1] Doch für den Liberalen kommt jedem mündigen Erwachsenen eine von den anderen zu achtende Sphäre der Selbstbestimmung zu. Nach Mill ist es das Vorrecht eines jeden Erwachsenen, Bedeutung und Wert seiner Erfahrungen selbst zu bestimmen. Für mündige Erwachsene ist die Selbstbestimmung bei wichtigen Lebensentscheidungen unantastbar. Warum aber sollten wir dort die Grenze ziehen? Manche Erwachsene treffen trotz ihrer Mündigkeit schlechte Lebensentscheidungen. Sollte sich da nicht der Staat einschalten?

Der marxistische Perfektionismus ist ein Beispiel einer solchen Politik: er verbietet den Menschen, entfremdete Arbeit auf sich zu nehmen. Ich kritisierte diese Haltung, weil sie auf einer zu engen Auffassung des Guten beruht: gut ist für sie ausschließlich die produktive Arbeit, da uns nur diese zu wirklichen Menschen mache. Doch nicht alle paternalistischen oder perfektionistischen Konzepte gehen von einer so wenig einleuchtenden Bestimmung des guten

Lebens aus. Nehmen wir z. B. eine Kulturpolitik, die das Theater subventioniert und Boxveranstaltungen besteuert. Dazu braucht man das Theater nicht als den einzigen oder auch nur den wichtigsten Wert im Leben anzusehen, sondern nur als nach gegenwärtiger Lage der Dinge wertvoller als das Boxen. Dafür könnte man verschiedene Begründungen geben, u. a., daß das Theater anregend wirke, das Boxen aber frustrierend und abstumpfend; oder daß Boxfans ihr Tun im Rückblick viel öfter bereuen als Theaterbesucher; oder daß die Mehrzahl derer, die beides ausprobiert haben, das Theater vorziehe. Dann wäre es einigermaßen einleuchtend, das Theater für bessere Unterhaltung zu halten als das Boxen. Warum sollte dann der Staat die Menschen nicht ins Theater lenken und sie von dem nichtigen Boxen fernhalten?

Die Liberalen würden darin eine unzulässige Beschränkung der Selbstbestimmung sehen, so einleuchtend auch die dahinter stehende Vorstellung vom Guten sein mag. Wie kann der Liberale begründen, daß die freie Wahl der Freizeitbeschäftigung wichtig sei? Der Perfektionismus unterstellt, daß sich die Menschen bezüglich des Wertes ihres Tuns irren können; das könnte der Liberale mit dem Hinweis bestreiten, Werturteile seien im Unterschied zu Tatsachenaussagen bloß Ausdruck subjektiver Vorlieben und Abneigungen, sie seien letztlich willkürlich und könnten nicht vernünftig begründet oder kritisiert werden. Also dürfe sich der Staat da nicht einmischen. Viele Perfektionisten meinen, der Liberale müsse diese Skepsis gegenüber Werturteilen vertreten, denn wenn es Fehler geben könne, dann müsse doch der Staat versuchen, sie zu verhindern (Unger 1984: 52, 66 f.; Jaggar 1983: 194, 197; Sullivan 1982: 38–40).

Doch die Liberalen sind keine Wert-Skeptiker. Zum einen stützt die Wertskepsis gar nicht die Selbstbestimmung: Wenn die Menschen beim Fällen von Werturteilen keine Fehler machen können, dann kann es auch der Staat nicht. Und wenn alle Lebensweisen gleichwertig sind, dann kann sich auch niemand beschweren, wenn der Staat eine bestimmte Lebensweise für die gesamte Gesellschaft verordnet. Die Skepsis löst also das Problem nicht.

Wie verteidigen nun die Liberalen die Selbstbestimmung? Wir müssen uns genauer mit diesem Begriff beschäftigen. Zur Selbstbestimmung gehört, daß man darüber entscheiden kann, was man aus seinem Leben machen will. Wie kommt eine solche Entscheidung zustande? Ganz allgemein gesprochen, wollen wir ein gutes Leben führen. Auf dieser allgemeinen Ebene erscheint die Forderung nach

Selbstbestimmung vielleicht recht uninteressant; doch sie hat wichtige Konsequenzen. Wie wir in Kap. 2 sahen, ist das gute Leben nicht notwendig das, was wir augenblicklich dafür halten (2.2.c oben). Wir wissen, daß wir uns irren können. Wir können später zu der Auffassung kommen, daß wir unser Leben verschwendet haben, daß wir Trivialem nachgejagt sind, weil wir es für wichtig hielten. Dieser Selbstzweifel ist der Stoff großer Romane. Doch daß er jeden von uns befallen kann und nicht nur einem tragischen Helden, macht erst sinnvoll, wie wir über wichtige Lebensentscheidungen nachdenken. Wir überlegen sorgfältig, weil wir wissen, daß wir auch falsch entscheiden könnten, und dies nicht nur im Sinne einer falschen Voraussage oder Abschätzung von Unwägbarkeiten. Wir denken auch sorgfältig nach, wenn wir genau wissen, was geschehen wird, denn wir können auch dann unsere Entscheidung bereuen, nämlich weil sich unsere Wertungen geändert haben. Ich werde vielleicht der beste Kegler der Welt, aber komme dann zu der Auffassung, Gedichte seien doch mehr wert, und bereue, daß ich mich überhaupt auf das Kegeln eingelassen habe.

Wir fragen also nicht nur danach, welche Handlungsweise einen bestimmten unbezweifelten Wert maximiert, sondern wir überlegen auch, ob wir uns diesem Wert wirklich verschreiben sollen. Rawls drückt es so aus:

»Bürger als freie Personen erkennen einander als befähigt zu einer Konzeption des Guten an. Dies bedeutet, daß sie sich nicht als unabänderlich an die Verfolgung der besonderen Konzeption des Guten und ihrer letzten Ziele gebunden fühlen, für die sie zu einer beliebigen Zeit eintreten. Vielmehr werden sie, als Bürger, für fähig gehalten, diese Konzeption aus vernünftigen und rationalen Gründen zu revidieren und zu verändern. So hält man es für zulässig, daß Bürger sich von Konzeptionen des Guten distanzieren, ihre verschiedenen letzten Ziele einer Prüfung unterziehen und sie bewerten« (Rawls 1992: 120, Orig. 1980: 544).

Wir können uns von unseren früheren Zielen distanzieren und ihren Wert für uns in Frage stellen. Der Nachdruck, mit dem wir das an bestimmten Punkten unseres Lebens tun, ist nur verständlich, wenn unser eigentliches Interesse einem guten Leben und nicht dem augenblicklich von uns für gut gehaltenen gilt. Auf diesem Gebiet fällen wir nicht einfach Urteile, wir mühen uns mit ihnen ab, manchmal bis zur Verzweiflung; wir wollen einfach nicht mit falschen Vorstellungen über den Wert unseres Tuns dahinleben (Raz 1986: 300–302).

Der Gedanke, einiges sei wirklich etwas wert und anderes nicht, ist tief in unserem Selbstverständnis verankert, obwohl wir nicht immer sicher sind, was in welche Kategorie gehört. Selbstbestimmung ist im wesentlichen die Aufgabe, diese schwierigen und fehlbaren Urteile zu fällen, und unsere politische Theorie sollte diese Schwierigkeit und Fehlbarkeit berücksichtigen.

Sollten wir deshalb Perfektionisten sein und eine Politik unterstützen, die uns von trivialem Aktivitäten abbringt? Nicht unbedingt. Einmal kann ich vielleicht selbst am besten wissen, was für mich gut ist. Auch wenn ich nicht immer richtig liege, weiß ich es vielleicht immer noch besser als jeder andere. Mill verteidigte eine Form dieses Arguments mit dem Hinweis, jeder habe eine einmalige Persönlichkeit, für die etwas anderes gut sei als für irgendeinen anderen. Daher sei die Erfahrung anderer kein Grund, das eigene Urteil zu verwerfen. Das ist das Gegenteil des marxistischen Perfektionismus, nach dem das, was für jemanden gut ist, auf Eigenschaften beruht, die ihm mit allen anderen Menschen gemeinsam sind. Doch beide Extreme haben sicher unrecht. Das für uns Gute ist weder allgemein noch einmalig, sondern in wichtigen Hinsichten an die kulturellen Praktiken geknüpft, die uns mit anderen Mitgliedern unserer Gemeinschaft verbinden. Und das ist so viel, daß ein wohlwollender perfektionistischer Staat schon einiges darüber sagen kann, was für seine Bürger gut ist, indem er sich auf gemeinsame Einsichten und Erfahrungen beruft. Natürlich kann man bezweifeln, daß der Staat dafür die richtigen Absichten oder Fähigkeiten hat. Aber grundsätzlich ist nicht ausgeschlossen, daß der Staat Fehler in den Wertvorstellungen der Menschen ausmachen kann.

Warum sind dann die Liberalen gegen staatlichen Paternalismus? Weil ihrer Ansicht nach ein Leben nicht besser wird, wenn man es von außen nach Werten steuert, die der Betroffene nicht vertritt. Beten ist vielleicht etwas Wertvolles, aber davon muß ich selbst überzeugt sein. Man kann jemanden zwingen, in die Kirche zu gehen und die richtigen Gesten zu machen, aber sein Leben wird dadurch nicht besser, auch nicht, wenn sich der Betroffene darin irrt, daß Beten Zeitverschwendung sei; ein wertvolles Leben muß von innen heraus geführt werden.[2] Eine perfektionistische Politik, die dies nicht berücksichtigt und sich über die Wertvorstellungen der Menschen hinwegzusetzen versucht, gräbt sich ihr eigenes Grab (Dworkin 1989: 486f.). Vielleicht gelingt es ihr, die Menschen zu bestimmten Handlungen zu zwingen, die aber für die Handelnden keinen Wert besitzen und sie nicht weiterbringen. Der Paternalismus erzeugt also gerade die sinnlosen Handlungen, die er verhindern soll.

Es gibt also zwei Bedingungen dafür, daß wir ein gutes Leben führen können: daß wir es von innen leben, und daß wir unsere diesbezüglichen Vorstellungen im Lichte aller Informationen, Beispiele und Argumente, die unsere Kultur liefert, überprüfen können. Die Menschen müssen also die Freiheiten und Ressourcen haben, die sie zu einem Leben im Sinne ihrer Wertvorstellungen befähigen, und dürfen nicht wegen unorthodoxer religiöser, sexueller u.ä. Verhaltensweisen bestraft werden. Daher die alte liberale Sorge um die bürgerlichen und persönlichen Freiheiten. Außerdem müssen die Menschen verschiedene Wertvorstellungen kennenlernen und vernünftig abwägen können. Daher die traditionelle liberale Sorge um das Bildungswesen, die Freiheit der Rede, der Presse, der Kunst usw. Diese Freiheiten erlauben uns, unsere Lebenswerte auf die einzig mögliche Art zu beurteilen: durch die Untersuchung verschiedener Aspekte unseres gemeinsamen kulturellen Erbes.

Diese Darstellung des Wertes der Selbstbestimmung ist die Grundlage des Rawlsschen Freiheitsgrundsatzes. Nach Rawls braucht man Wahlfreiheit, um herauszufinden, was im Leben wertvoll ist, um seine Wertvorstellungen auszubilden, zu prüfen und zu revidieren.[3] Die Freiheit verhilft uns dazu, unser Wohl zu erkennen, »dem Besten nachzuspüren«, wie Nozick sagt (Nozick 1981: 314, 410f., 436–440, 498–504; vgl. Dworkin 1983: 24–30). Da wir ein ganz wesentliches Interesse daran haben, daß diese unsere Wertvorstellungen ins Lot kommen und wir nach ihnen handeln können, besteht die Gleichbehandlung durch den Staat darin, daß jeder die Freiheiten und die Mittel bekommt, die dazu nötig sind.

Nach Rawls sollte uns die so verstandene Selbstbestimmung zur Befürwortung eines »neutralen Staates« führen, der selbst keine Lebensform für die bessere erklärt und die Menschen nicht ausdrücklich zu beeinflussen versucht.[4] Dem stellt er die perfektionistischen Theorien gegenüber, die bestimmte Wertvorstellungen und eine ihnen förderliche Ressourcenverteilung vertreten. Die Menschen können dann keine eigenen Wertvorstellungen entwickeln, oder zumindest werden sie von der Gesellschaft dafür bestraft. Der Staat schreibt seinen fehlbaren Bürgern das tugendhafte Leben vor. Abweichungen davon darf er im Namen seiner Verantwortung für sie nicht unterstützen oder nicht einmal dulden.

Für Rawls dagegen würden dadurch unsere wesentlichen Lebensinteressen verletzt. Er ist für eine Verteilung der Grundgüter nach einer »schwachen Theorie des Guten«, die mit vielen verschiedenen Lebensauffassungen vereinbar ist (vgl. 3.3 oben). Wenn wir nur zu solchen Ressourcen Zugang haben, die auf eine einzige Lebensauffassung zugeschnitten sind, dann können wir, wenn wir an ihr zu zweifeln beginnen, nicht mehr nach unseren eigenen Überzeugungen handeln, jedenfalls nicht, ohne Nachteile in Kauf nehmen zu müssen. Die Lebensweise muß aber aus dem Inneren kommen. Daher keine Lenkung, sondern eine Ressourcenverteilung gemäß einer »schwachen Theorie des Guten« – Dworkin spricht von »Ressourcen im weitesten Sinne« – befähigt die Menschen am besten zur Verwirklichung und Überprüfung ihrer eigenen Wertvorstellungen und damit zur Verfolgung ihrer wesentlichen Interessen.

6.2 Der Kommunitarismus und das Gemeinwohl des Staates

Die Kommunitaristen sind gegen den neutralen Staat und für eine »Politik des Gemeinwohls« (Sandel 1984b: 16f.; Taylor 1986). Doch diese Entgegensetzung kann irreführend sein. Auch die liberale Politik kennt ein »Gemeinwohl«, auch sie will die Interessen der Gemeinschaftsmitglieder fördern. Sie kennt politische und ökonomische Verfahren zu deren Aggregierung zu einer gesellschaftlichen Entscheidung über das Gemeinwohl. Die Neutralität des Staates schließt also den Begriff des Gemeinwohls nicht aus, sondern gibt ihm eine bestimmte Deutung (Holmes 1989: 239f.) In einer liberalen Gesellschaft zählen alle Wünsche gleich (soweit sie den Gerechtigkeitsgrundsätzen genügen), »nicht in dem Sinne, daß sie vor einem anerkannten öffentlichen Wert- oder Nutzenmaßstab gleich dastehen würden, sondern daß sie [öffentlich] überhaupt nicht bewertet werden« (Rawls 1982b: 172). Wie wir gesehen haben, drückt sich in dieser anti-perfektionistischen Staatsneutralität die Überzeugung aus, daß das Interesse der Menschen an einem guten Leben nicht gefördert wird, wenn die Gesellschaft nur die ihr als wertvoll erscheinenden Vorstellungen gelten läßt. Daher wird das Gemeinwohl in einer liberalen Gesellschaft den Vorstellungen der einzelnen angepaßt.

In einer kommunitaristischen Gesellschaft dagegen entspricht das Gemeinwohl einer bestimmten Wertvorstellung, die die »Lebensweise« der Gemeinschaft bestimmt. An ihr werden die Wertvorstellungen der einzelnen und die möglichen Wertkonzeptionen öffentlich gemessen und erhalten so ihr Gewicht. Also keine Neutralität. Die individuellen Vorstellungen und Ansprüche werden zurückgedrängt, die Menschen auf die Lebensart der Gemeinschaft hingedrängt – also ein perfektionistischer Staat. Während aber der marxistische Perfektionismus einen überhistorischen Maßstab des menschlichen Wohls anlegt, erhebt der Kommunitarismus die bestehende Praxis zur Norm.

Was spricht für diese »Politik des Gemeinwohls« gegenüber der liberalen Neutralität? Für die Liberalen ist die Neutralität um der Selbstbestimmung willen notwendig. Die Kommunitaristen dagegen lehnen sowohl die liberale Auffassung der Selbstbestimmung als auch ihre Verbindung mit der Neutralität ab. Diese beiden Einwände möchte ich jetzt nacheinander behandeln.

6.3 Das freischwebende Ich

Nach der liberalen Auffassung von der Persönlichkeit kann der einzelne seine Teilnahme an den bestehenden gesellschaftlichen Praktiken überprüfen und sich gegebenenfalls von ihnen distanzieren. Er ist daher nicht als Mitglied irgendeiner ökonomischen, religiösen, Geschlechts- oder Freizeitbeziehung definiert, er kann sich frei von jeder einzelnen von ihnen distanzieren. Rawls faßt das so zusammen: »Die Person ist vor ihren Zielen da« (Rawls 1975a: 607, Orig. 1971: 560). Das will heißen, wir können uns stets von einem bestimmten Plan zurückziehen und uns fragen, ob wir ihn weiter verfolgen wollen. Das wird oft als die »Kantische« Sicht der Person bezeichnet, denn Kant war einer der nachdrücklichsten Verfechter der Auffassung, das Ich sei seinen sozial vorgegebenen Rollen und Beziehungen vorgeordnet und nur dann frei, wenn es zu ihnen auf Distanz gehen und sie vor den Richterstuhl der Vernunft ziehen könne (Taylor 1979: 75–78, 132f.).

Die Kommunitaristen halten das für falsch. Das Ich sei in bestehende soziale Praktiken »eingebettet« oder dort »situiert« und könne sich nicht jederzeit von ihnen unabhängig machen. Mindestens einige unserer sozialen Rollen und Beziehungen müßten in unsere persönlichen Überlegungen als gegebene Größen eingehen.

MacIntyre schreibt, bei unseren Lebensentscheidungen »treten wir alle unseren eigenen Verhältnissen als Träger einer bestimmten sozialen Identität gegenüber ... Was für mich gut ist, muß also das Gute für einen Träger dieser Rollen sein« (MacIntyre 1981: 204 f.). Selbstbestimmung wird also innerhalb dieser sozialen Rollen und nicht unabhängig von ihnen geübt. Daher achtet der Staat unsere Selbstbestimmung nicht dadurch, daß er uns dazu befähigte, zu ihnen auf Distanz zu gehen, sondern indem er auf eine tiefere Identifikation mit ihnen und ein tieferes Verständnis für sie drängt, und das möchte die Politik des Gemeinwohls erreichen.

Die Kommunitaristen haben eine Reihe verschiedener Argumente gegen die liberale Sicht der Persönlichkeit und ihrer Ziele. Ich möchte drei betrachten, die sich folgendermaßen zusammenfassen lassen: Die liberale Sicht der Person (1) ist leer, (2) widerspricht unserer Selbstwahrnehmung und (3) übersieht unsere Einbettung in die Praktiken einer Gemeinschaft.[5]

Zuerst also die Behauptung der Leere. Die Freiheit, alle unsere sozialen Rollen in Frage zu stellen, führt sich nach Charles Taylor selbst ad absurdum, denn »die vollständige Freiheit wäre ein Vakuum, in dem nichts der Mühe wert wäre, nichts irgend etwas zählte. Das Ich, das zur Freiheit gelangt ist, indem es alle äußeren Hindernisse und Einflüsse weggeräumt hat, hat keinen Charakter mehr und damit kein bestimmtes Ziel« (Taylor 1979: 157). Die wahre Freiheit müsse »situiert« sein. Der Wunsch, alle Seiten unserer sozialen Situation unserer vernünftigen Selbstbestimmung zu unterwerfen, ist leer, denn die Forderung nach Selbstbestimmung ist unbestimmt. Sie »kann außerhalb einer Situation, die für uns Ziele setzt und so der Vernunft eine Gestalt verleiht und die Kreativität anregt, keinen Inhalt unseres Handelns angeben« (ebd.). Wir müssen das Ziel annehmen, das unsere Situation »uns setzt«, sonst führt das Streben nach Selbstbestimmung zum Nietzscheschen Nihilismus, zur Ablehnung aller Gemeinschaftswerte als letztlich willkürlich: »Die maßgeblichen Orientierungshorizonte, seien es christliche oder humanistische, werden einer nach dem anderen als angebliche Fesseln des Willens abgestreift. Es bleibt nur der Wille zur Macht« (Taylor 1979: 159). Wenn wir in den Gemeinschaftswerten keine »maßgeblichen Orientierungshorizonte« sehen wollen, dann erscheinen sie als willkürliche Beschränkungen des Willens, und unser Freiheitswille lehnt sich gegen sie auf (MacIntyre 1981: Kap. 9).

Doch das ist eine falsche Darstellung der Rolle der Freiheit in den liberalen Theorien. Nach Taylor behaupten die Liberalen, die Freiheit zur Wahl unserer Ziele sei ein Wert an sich, und das sei eine leere Behauptung. Vielmehr müsse es eine wertvolle Aufgabe geben; doch der liberale Freiheitswille könne keine solche bilden. Er habe überhaupt nur Sinn, wenn es schon wichtige Ziele gebe. Doch die Liberalen stellen die Freiheit der Zielwahl nicht als Wert an sich und als das Wichtigste auf der Welt dar. Vielmehr sind unsere Aufgaben und Ziele das Wichtigste in unserem Leben, und deshalb sollten wir sie auch revidieren können, wenn sie uns einmal nicht mehr überzeugen sollten. Unsere Vorhaben sind das Wichtigste in unserem Leben, doch da unser Leben aus unseren inneren Wertvorstellungen heraus geführt werden muß, sollten wir in Freiheit unsere Lebenspläne fassen, revidieren und nach ihnen handeln können. Die Entscheidungsfreiheit wird von den Liberalen nicht um ihrer selbst willen hochgehalten, sondern als Bedingung für die Verfolgung jener Vorhaben, die wir um ihrer selbst willen für wertvoll halten.

Einige Liberale haben allerdings die Position vertreten, die Taylor mit Recht als leer kritisiert. Isaiah Berlin erblickt sie beispielsweise bei Mill (Berlin 1969: 192; vgl. aber Ladenson 1983: 149–153). Die Behauptung, Entscheidungsfreiheit sei ein Wert an sich, könnte als eine wirksame Verteidigung aller möglichen liberalen Freiheiten erscheinen. Doch die Konsequenzen dieser Behauptung vertragen sich nicht mit unserem Wertverständnis, und zwar in zwei wichtigen Beziehungen: (1) Wenn die Entscheidungsfreiheit ein Wert an sich ist, dann müßten wir umso freier und somit unser Leben umso wertvoller sein, je häufiger wir von ihr Gebrauch machen. Doch das ist falsch, ja, es ist absolut verkehrt. Es führt rasch zu der existentialistischen Auffassung, wir sollten jeden Morgen neu entscheiden, was für ein Mensch wir sein wollen. Das ist grundverkehrt, denn ein wertvolles Leben ist mit Bindungen und Beziehungen angefüllt, die ihm Tiefe und Charakter verleihen, und Bindungen sind ja gerade nicht etwas, das man jeden Tag in Frage stellt. Wenn jemand 20 mal heiratet, schreiben wir ihm deshalb – auch unter sonst gleichen Umständen – kein wertvolleres Leben zu als jemandem, der keinen Grund hat, seine erste Wahl in Frage zu stellen. (2) Wenn die Entscheidungsfreiheit ein Wert an sich ist, dann müßte der Wert, den wir in unseren Handlungen suchen, die Freiheit sein und nicht der Wert der Handlung selbst. So meint Carol Gould, man scheine zwar um der eigentlichen Zwecke eines bestimmten Planes willen zu handeln, doch die wahrhaft freie Handlung habe die Freiheit selbst als Endzweck: »Die Freiheit ist also nicht bloß die wertschaffende Tätigkeit, sondern das, weswegen alle anderen Werte erstrebt werden, und somit das, wodurch sie wertvoll werden.« (Gould 1978: 118)

Doch das stimmt nicht. Erstens hat Taylor damit recht, daß der Aufruf zur Freiheit den Menschen nicht sagt, welche Handlungen wertvoll sind. Doch auch wenn er es täte, würden unsere Motive falsch dargestellt. Wenn ich etwa ein Buch schreibe, dann tue ich es nicht, um frei zu sein, sondern weil ich etwas Bestimmtes sagen möchte. Wollte ich das nicht, außer als eine Möglichkeit, frei zu sein, dann wäre mein Schreiben nichts Erfüllendes. Was und wie ich schreibe, ergäbe sich aus willkürlichen und letztlich unbefriedigenden Entscheidungen. Soll es seinen eigenen Wert in sich tragen, so muß mir etwas daran liegen, was ich zu sagen habe, es muß für mich an sich selbst wertvoll sein. Wenn wir verstehen wollen, welchen Wert die Menschen mit ihren Vorhaben verknüpfen, dann muß man sich die aus ihnen entspringenden Ziele ansehen. Die Freiheit ist wertvoll, weil sie es mir erlaubt, etwas zu schreiben, was mir wichtig erscheint.

Die beste Verteidigung der individuellen Freiheiten ist nicht unbedingt die direkteste, sondern diejenige, die am besten dem durchdachten Wertverständnis der Menschen entspricht. Und so gesehen, ist die Entscheidungsfreiheit zwar für ein wertvolles Leben von größter Bedeutung, aber nicht der Wert, der in einem solchen Leben in erster Linie angestrebt wird.

Niemand bestreitet, daß unsere Lebenspläne für uns das Wichtigste sein müssen; darin unterscheiden sich Liberale und Kommunitaristen nicht. Der Streit geht nicht darum, ob wir solche Projekte brauchen, sondern wie wir zu ihnen kommen und wie wir ihren Wert beurteilen. Taylor scheint zu glauben, wir kämen zu ihnen nur, wenn wir die Gemeinschaftswerte als »maßgebliche Orientierungshorizonte« betrachteten, die »uns Ziele setzen« (Taylor 1979: 157–159). Die Liberalen dagegen bestehen auf unserer Fähigkeit, uns von jeder speziellen sozialen Praxis zu distanzieren. Die Gesellschaft setzt uns keine konkreten Ziele, keine spezielle Praxis hat eine Autorität, die über der Beurteilung und möglichen Ablehnung durch den einzelnen stünde. Wir können und sollen zu unseren Aufgaben durch freie persönliche Beurteilungen der Kultur kommen, des Systems der Verstehensweisen und Alternativen, die von den früheren Generationen auf uns gekommen sind und uns Möglichkeiten anbieten, die wir annehmen oder ablehnen können. Nichts ist »uns gesetzt«, nichts hat Autorität, ehe wir ihm einen Wert zugesprochen haben.

Natürlich müssen wir dabei irgend etwas als »gegeben« nehmen; wir, mit unserer Stellung in Schule, Arbeit oder Familie, fragen, was hier und jetzt gut für uns ist. Ein lediglich freies Vernunftwesen hätte keinen Grund, sich für eine bestimmte Lebensweise zu entscheiden (Sandel 1982: 161–165; Taylor 1979: 157; Crowley 1987: 204 f.). Doch die Liberalen meinen, dieses Gegebene könne nicht nur für verschiedene Menschen, sondern auch im Laufe der Lebens eines einzelnen verschieden sein. Vielleicht geben wir eine bestimmte religiöse Bindung, die früher unsere Werturteile bestimmte, auf und fragen jetzt, was für unsere Familie das Beste ist. Es geht also darum, ob das als gegeben Genommene auch einmal vom einzelnen in Frage gestellt werden kann, oder ob es unverrückbar durch die Gemeinschaftswerte vorgegeben ist. Taylor zeigt nicht, daß wir diese als gegeben hinnehmen müßten, daß es leer wäre, sie der individuellen Beurteilung und möglichen Ablehnung zu unterwerfen.

Man kann den kommunitaristischen Einwand dahin abschwächen, daß man zwar auf diese Weise zu gemeinschaftsunabhängigen Zielen kommen könne, aber trotzdem die Gemeinschaftsziele als maßgebend betrachten solle, denn die liberale Auffassung beruhe auf einer falschen Sicht der Person. Sie besteht ja, wie wir sahen, darin, daß »die Person vor ihren Zielen da ist«, in dem Sinne, daß wir uns das Recht vorbehalten, auch unsere tiefsten Überzeugungen vom Guten in Frage zu stellen. Michael Sandel dagegen meint, die Person werde vielmehr durch ihre Ziele konstituiert; das Ich sei nicht von seinen Zielen unterscheidbar. Und mindestens zum Teil seien es Ziele, die wir nicht gewählt haben, sondern vorfinden, da wir in einen größeren sozialen Zusammenhang eingebettet seien (Sandel 1982: 55–59, 152–154). Und deshalb laufe unser Leben besser, wenn uns nicht die Auswahl und Revision unserer Ziele erleichtert wird, sondern die rechte Erkenntnis der uns konstituierenden Gemeinschaftsziele. Eine Politik des Gemeinwohls drücke diese aus und ermögliche uns, »ein Gut in Gemeinschaft zu erkennen, das wir als einzelne nicht erkennen können« (Sandel 1982: 183).

Dafür hat Sandel zwei Argumente, die ich als das »Selbstwahrnehmungs«- und das »Icheinbettungs«-Argument bezeichnen möchte. Das erste lautet folgendermaßen: Rawls' »freischwebendes Ich« entspricht nicht unserem »tiefsten Selbstverständnis«, unserer tiefsten Selbstwahrnehmung. Wäre das Ich seinen Zielen vorgeordnet, so müßten wir nach Sandel bei der Innenschau hinter den einzelnen Zielen ein freischwebendes Ich erkennen können. Das sei aber nicht der Fall; Rawls' Sicht des Ichs als »vor seinen Zielen gegeben, reines Subjekt des Handelns und Besitzens, etwas ganz, ganz Dünnes« stehe »in schreiendem Gegensatz zu unserem viel vertrauteren Selbstbild als ›vollgepackt mit bestimmten Eigenschaften‹« (Sandel 1982: 94, 100). Rawls meine, »wenn ich etwas als *meine* Ziele, Bestrebungen, Wünsche usw. bezeichne, so stehe immer ein Subjekt namens ›Ich‹ in gewisser Entfernung hinter ihnen« (Sandel 1984a: 86, vgl. dt. 1994: 24), dem eine gewisse, wenn auch äußerst dünne Gestalt zukomme. Man müsse sich als dieses eigenschaftslose, körperlose, ziemlich gespenstische Ding im Raum sehen oder, wie Rorty es ausdrückt, als eine Art »Substanz hinter« meinen Zielen (Rorty 1985: 217). Doch nach Sandel gehören zu unseren tiefsten Selbstwahrnehmungen immer auch Motivationen, und das zeige, daß Ziele für das Ich konstitutiv seien.

Doch die Frage der Selbstwahrnehmung führt hier in die Irre. Im Mittelpunkt der liberalen Anschauung steht nicht, daß wir ein Ich unabhängig von seinen Zielen wahrnehmen könnten, sondern daß wir uns als diesen vorgeordnet verstehen in dem Sinne, daß jedes Ziel auch wieder neu geprüft werden kann. Dazu muß ich mich mit anderen Motiven als den jetzigen vorstellen können. Mein Ich geht seinen Zielen in dem Sinne voraus, daß ich mir es jederzeit auch ohne seine *augenblicklichen* Ziele vorstellen kann. Ich muß es mir aber nicht als frei von allen Zielen vorstellen können; das praktische Nachdenken besteht immer im Vergleich eines mit Zielen »beladenen« Ichs mit einem anderen mit Zielen »beladenen« Ich. Aber es gibt keine speziellen Ziele, an die es immer gebunden sein müßte. Seine Bindung kann sich, wie ich schon sagte, im Laufe eines Lebens ändern. Sandel muß daher eine weitere Behauptung begründen: daß ich mir mich selbst nicht auch mit anderen Zielen vorstellen könne. Er muß das, wie ich es genannt habe, Icheinbettungs-Argument vorbringen.

Dieses Argument setzt die kommunitaristische Sicht des praktischen Nachdenkens als Selbstbetrachtung von der liberalen Sicht als Urteil ab. In liberaler Sicht verlangt die Frage des guten Lebens ein Urteil darüber, was für ein Mensch wir werden möchten; in kommunitaristischer Sicht müssen wir herausfinden, wer wir schon sind. Das Ich »begegnet« seinen Zielen nicht »durch eine Entscheidung«, sondern »durch eine Entdeckung«, nicht »durch Wahl des bereits Gegebenen (das wäre unsinnig), sondern durch Nachdenken über sich selbst, durch Erforschung seiner Natur, seiner Gesetze und Imperative und Anerkennung seiner Ziele als die eigenen« (Sandel 1982: 58). So kritisiert Sandel z. B. Rawls' Behandlung der Gemeinschaft: »Für Rawls kann zwar das Gut der Gemeinschaft so weit verinnerlicht sein, daß es sich die Ziele und Werte des Ichs dienstbar macht, aber nicht so weit, daß es hinter den Motiven zu deren Subjekt Zugang hätte« (Sandel 1982: 149). Nach Sandel werden aber die Werte einer Gemeinschaft von ihren Mitgliedern nicht einfach bejaht, sondern sie definieren deren Identität. Das gemeinsame Streben nach einem Gemeinschaftsziel »ist keine gewählte Beziehung (wie bei einer freiwilligen Vereinigung), sondern eine vorgefundene Bindung, nicht bloß eine Eigenschaft, sondern ein Teil ihrer Identität« (Sandel 1982: 150). Das Gute wird also gefunden durch Selbstentdeckung, Wahrnehmung und Anerkennung der »vorgefundenen« Bindungen.

Doch hier ist es gewiß Sandel, der gegen unsere tiefsten Selbstwahrnehmungen verstößt. Wir haben nicht den Eindruck, daß diese Selbstentdeckung Urteile über unsere mögliche Lebensführung ersetzt oder verhindert. Wir empfinden uns nicht durch unsere gegenwärtigen Bindungen als angeschmiedet, als unfähig zur Beurteilung der uns überlieferten oder von uns selbst früher gewählten Leitbilder. Sicher finden wir uns innerhalb verschiedener Beziehungen vor, aber die gefallen uns nicht immer. Wie tief wir uns auch in eine soziale Praxis eingebunden finden, wir fühlen uns fähig, ihren Wert in Frage zu stellen – was für Sandel gar keinen Sinn hat. (Wie aber könnte es nicht wertvoll sein, da mein Gutes doch gerade in einem klareren Bewußtsein von den Bindungen besteht, in denen ich mich vorfinde?) Der Gedanke, das Nachdenken sei mit dieser Selbstentdeckung abgeschlossen (und nicht etwa mit Urteilen über den Wert der so entdeckten Bindungen), ist doch recht voreilig.

Gelegentlich gibt Sandel zu, daß das praktische Nachdenken nicht bloß auf Selbstentdeckung hinauslaufe. Die Grenzen des Ichs seien zwar durch seine Ziele bestimmt, aber doch veränderlich, es könnten neue Ziele aufgenommen und alte ausgeschieden werden: »Das Subjekt kann sich an der Konstitution seiner Identität beteiligen«; »die Grenzen des Ichs [sind] offen, und die Identität des Subjekts [ist] das Ergebnis und nicht die Voraussetzung seines Handelns« (Sandel 1982: 152). Das Subjekt kann sich trotz allem entscheiden, welche der »möglichen Leitbilder und Ziele, die alle irgendwie seine Identität berühren«, es verfolgen will und welche nicht (ebd.). Das Ich, das durch seine Ziele konstituiert wird, kann gewissermaßen »rekonstituiert« werden; die Selbstentdeckung ist also nicht alles. Doch jetzt fragt sich, ob zwischen den beiden Sichtweisen überhaupt noch ein Unterschied besteht.

Einige Unterschiede freilich scheinen hier deutlich. Nach Sandel wird das Ich durch seine Ziele konstituiert, und seine Grenzen sind fließend; nach Rawls ist es seinen Zielen vorgeordnet, und seine Grenzen liegen im voraus fest. Doch dahinter steckt eine tieferliegende Übereinstimmung: für beide kommt die *Person* vor ihren Zielen. Uneins sind sie darin, wo innerhalb der Person die Grenzen des Ichs zu ziehen sind; doch sofern diese Frage überhaupt sinnvoll ist, gehört sie in die Philosophie des Geistes und nicht in die politische Philosophie. Denn wenn Sandel zugesteht, daß die Person ihre Leitbilder überprüfen kann, auch die, die ihr Ich konstituieren, dann hat er die kommunitaristische Politik nicht gerechtfertigt. Er hat nicht gezeigt, warum den Menschen nicht die Überprüfung als unentbehrlich für die Optimierung ihrer Lebensführung erleichtert werden sollte. Und dazu gehören eben die liberalen Garantien für die Unabhängigkeit des Individuums. Sandel macht sich eine Zweideutigkeit des Personbegriffs zunutze, den er bei der Verteidigung der kommunitaristischen Politik verwendet. Die starke Behauptung, daß die Selbstentdeckung an die Stelle des Urteils tritt, leuchtet nicht ein, und die schwache, daß das durch seine Ziele konstituierte Ich rekonstituiert werden kann, ist einleuchtend, aber unterscheidet ihn nicht von der liberalen Auffassung.[6]

Sandel behauptet, der Liberalismus verkenne unsere Einbettung in soziale Rollen. Als »selbstdeutende Wesen« könnten wir den Sinn dieser konstitutiven Bindungen erfassen (Sandel 1984a: 91, vgl. dt. 1993: 30). Die Frage aber ist, ob wir sie völlig zurückweisen können, sollten wir sie einmal als trivial oder entwürdigend empfinden. Nach einer Form des Kommunitarismus können wir es nicht, oder sollten es jedenfalls nicht; wir wählen diese Bindungen nicht und verwerfen sie nicht, sondern finden uns in ihnen vor. Wir entscheiden uns nicht für unsere Leitbilder, sondern finden sie bei der Selbstentdeckung. Eine christliche Hausfrau in einer monogamen heterosexuellen Ehe kann sich klarmachen, was es bedeutet, Christin oder Hausfrau zu sein, aber sie kann nicht eines Tages beschließen, keine Christin oder keine Hausfrau mehr zu sein. Diese Rollen konstituieren ihre Person, müssen also bei ihren Lebensentscheidungen als gegeben zugrundegelegt werden. Es wäre sinnlos, wollte sie diesen Leitbildern den Wert für sie selbst absprechen, denn sie hat gar kein Ich, das unabhängig hinter diesen konstitutiven Bindungen stünde.

Es ist fraglich, ob es überhaupt Kommunitaristen gibt, die diesen Standpunkt konsequent vertreten. Er leuchtet nicht ein, wir finden ja auch Fragen nicht bloß über die Bedeutung, sondern auch über den Wert der Rollen, in denen wir uns vorfinden, sinnvoll. Das wollen die Kommunitaristen mit ihrem Gedanken der Einbettung vielleicht gar nicht bestreiten. Doch dann ist der herausgestellte Gegensatz zum Liberalismus eine Chimäre, zum Eingebettetsein in die Rollen gehörte dann eben auch die liberale Unabhängigkeit von ihnen, und zur »Selbstentdeckung« beim praktischen Nachdenken auch das liberale Urteil und die liberale Entscheidung. Es gäbe nur noch Unterschiede der Formulierung, nicht des Inhalts. Wenn man aber den Menschen die Fähigkeit zur kritischen Betrachtung und Ablehnung der Lebenswerte der Gemeinschaft zuspricht, dann ist der Versuch, sie vermittels einer »Politik des Gemeinwohls« zurückzudrängen, eine ungerechtfertigte Beschränkung der Selbstbestimmung.

6.4 Die These von der sozialen Einbindung

Viele Kommunitaristen kritisieren den Liberalismus nicht wegen seiner Auffassung von der Person und ihren Interessen, sondern weil er die sozialen Voraussetzungen für die Verwirklichung dieser Interessen vernachlässige. So behauptet Taylor, viele liberale Theorien gingen vom »Atomismus« und einer »grenzenlos leichtfertigen Moralpsychologie« aus, wonach das Individuum außerhalb der Gesellschaft sich selbst genügen könne und keinerlei Gemeinschaftsbeziehungen brauche, um seine Fähigkeit zur Selbstbestimmung auszubilden und zu betätigen. Taylor macht sich stattdessen für eine »Sozialthese« (These von der sozialen Einbindung) stark, nämlich daß diese Fähigkeit nur in einer bestimmten Art von Gesellschaft, in bestimmten sozialen Umwelt betätigt werden könne (Taylor 1985: 190f.; vgl. Jaggar 1983: 42f.; Wolgast 1987: Kap. 1).

Wenn es wirklich darum ginge, müßte man den Kommunitaristen zustimmen, die »Sozialthese« ist ja offensichtlich richtig. Daß man Selbstbestimmung außerhalb der Gesellschaft üben könnte, ist absurd. Und Liberale wie Rawls und Dworkin bestreiten die Sozialthese auch gar nicht. Autonomie des einzelnen kann es für sie nicht außerhalb sozialer Verhältnisse geben, die sinnvolle Entscheidungen ermöglichen und die Entwicklung der Fähigkeit dazu fördern (s. z. B. Rawls 1975a: 611, Orig. 1971: 563f.; Dworkin 1985: 230-233).

Taylor hingegen meint, die Sozialthese zwinge zur Aufgabe der liberalen Neutralität, weil der neutrale Staat die für die Selbstbestimmung notwendigen sozialen Bedingungen nicht gewährleisten könne.[7] Das könne nur die Politik des Gemeinwohls. Das heißt also: zur Bewahrung der sozialen Bedingungen für die Selbstbestimmung muß die Selbstbestimmung eingeschränkt werden. Ich möchte drei Versionen dieser Behauptung betrachten: (1) daß eine Kultur aufrechterhalten werden müsse, die den Menschen sinnvolle Wahlmöglichkeiten bietet; (2) daß diese auf einem Gemeinschaftsforum bewertet werden müßten; (3) betreffend die Bedingungen politischer Legitimität. In allen drei Fällen wollen die Kommunitaristen mit Hilfe der Sozialthese zeigen, wie die Sorge um die Selbstbestimmung die kommunitaristische Politik stütze und nicht etwa ausschließe.

Pflichten zum Schutz des kulturellen Rahmens

Sinnvolle Entscheidungen über unsere Ziele setzen sinnvolle Wahlmöglichkeiten voraus, und diese stammen (nach der Sozialthese) aus der Kultur. Doch die liberale Neutralität könne zu keiner reichhaltigen und vielfältigen Kultur führen. Die Selbstbestimmung verlange den Pluralismus der Lebensformen, aber

»jeder kollektive Versuch des liberalen Staates zum Schutz des Pluralismus wäre selbst eine Verletzung liberaler Gerechtigkeitsgrundsätze. Der Staat darf in den Markt der Kultur nicht eingreifen, außer natürlich, um dafür zu sorgen, daß jede(r) einen gerechten Anteil an den verfügbaren Mitteln zur Ausübung seiner oder ihrer moralischen Kräfte hat. Das Wohl und Wehe bestimmter Wertvorstellungen und damit auch das Wohl und Wehe bestimmter sozialer Gebilde geht den Staat nichts an.« (Cragg 1986: 47.)

Die Liberalen sehen in staatlichen Eingriffen in den Kulturmarkt zugunsten oder zu Lasten bestimmter Lebensweisen eine Beschränkung der menschlichen Selbstbestimmung. Doch, so die These, wenn man den Markt der Kultur sich selbst überläßt, untergräbt er auf die Dauer die kulturelle Struktur, die den Pluralismus stützt. Joseph Raz sieht es so: »Die Unterstützung wertvoller Lebensformen ist eine Sache der Gesellschaft und nicht des Individuums... Perfektionistische Ideale verlangen auf diesem Gebiet öffentliches Handeln. Der Anti-Perfektionismus würde in der Praxis nicht nur zu einem politischen Verzicht auf die Unterstützung wertvoller Vorstellungen vom Guten führen, sondern die Überlebenschancen vieler wertvoller Seiten unserer Kultur untergraben« (Raz 1986: 162). Die liberale Neutralität hebt sich also selbst auf.

Das ist ein gewichtiger Einwand. Viele Liberale schweigen sich erstaunlicherweise darüber aus, daß »die wesentlichen kulturellen Prozesse, die den Menschen eine große Vielfalt vor Augen führen, ins Wanken geraten« könnten. Taylor meint: »Man tut so, als wären die Bedingungen einer kreativen, Vielfalt schaffenden Freiheit naturgegeben« (Taylor 1985: 206, Anm. 7). Rawls hält dem die Behauptung entgegen, gute Lebensformen würden sich auf dem Markt der Kultur auch ohne staatliche Hilfe behaupten, weil die Menschen unter freiheitlichen Bedingungen ihren Wert erkennen könnten und sie unterstützen würden (Rawls 1975a: 366f., Orig, 1971: 331f.; vgl. Waldron 1989: 1138). Doch so geht es nicht. Das Interesse der Menschen an einer guten Lebensweise und die Formen ihrer freiwilligen Unterstützung dafür führen nicht unbedingt dazu, daß sie auch in späteren Generationen noch besteht, weil die dazu notwendigen Ressourcen von den Interessierten vielleicht vorzeitig erschöpft werden. Nehmen wir die Erhaltung historischer Denkmäler oder naturbelassener Gebiete. Würde sie der Staat nicht schützen, so würden sie durch den Alltagsgebrauch heruntergewirtschaftet. Auch wenn die heutigen Menschen wertvolle Lebensformen erkennen können, ist doch nicht gesagt, daß sie der Markt der Kultur auch für spätere Generationen bewahrt.

Gestehen wir also Raz zu, daß eine staatliche Unterstützung nötig sein kann, um ein breites Angebot an Leitbildern aufrechtzuerhalten. Warum aber muß dann die Neutralität aufgegeben werden? Betrachten wir zwei mögliche kulturpolitische Programme: (1) Der Staat gewährt Steuererleichterungen für kulturelle Aufwendungen, die die einzelnen gemäß ihren persönlichen perfektionistischen Idealen leisten; sein Ziel ist lediglich eine ausreichende Vielfalt auf diesem Gebiet, keine staatliche Bewertung (vgl. Dworkin 1985: Kap. 11). (2) Der Staat fördert bestimmte Konzeptionen. Raz hat gezeigt, daß eines dieser beiden Programme durchgeführt werden muß, aber welches, dafür hat er keinen oder jedenfalls keinen ausschlaggebenden Grund angegeben.

Pflichten zur Erhaltung des kulturellen Rahmens sind also mit der Neutralität nicht unvereinbar. Auch Dworkin betont unsere Pflicht, die Kultur vor »Herunterwirtschaftung oder Verfall« zu bewahren (Dworkin 1985: 230). Wie Taylor beschäftigt er sich damit, wie die Möglichkeit, mit Wertvorstellungen geistig umzugehen, eine spezialisierte Diskussion unter den Intellektuellen erfordere, oder Menschen, die die Kultur der Vergangenheit in der heutigen Kunst wieder zum Leben bringen möchten, oder kulturelle Neuerer; und wie der Staat diese wichtigen kulturellen Aktivitäten schützen könne und solle (Taylor 1985: 204–206; Dworkin 1985: 229–232). Rawls hat eine staatliche Unterstützung der Kultur nicht in seine Gerechtigkeitstheorie aufgenommen, weil er glaubt, seine beiden Gerechtigkeitsgrundsätze würden die kulturelle Vielfalt hinreichend schützen; doch wenn das nicht der Fall ist, gibt es keinen Grund, eine staatliche Unterstützung abzulehnen (Rawls 1975a: 366f., 480f., 567–574, Orig 1971: 331, 441f., 522–529). Wie Dworkin würde er nur darauf bestehen, daß der Staat die verschiedenen kulturellen Möglichkeiten nicht zu bewerten hat.

Ein kommunitaristischer Staat könnte die Qualität der Wahlmöglichkeiten verbessern wollen, indem er die Ersetzung weniger wertvoller durch wertvollere begünstigt. Doch die liberale Neutralität möchte ebenfalls die Palette der gebotenen Möglichkeiten verbessern: die Rede- und Vereinigungsfreiheit gestattet jeder Gruppe, ihre Lebensweise zu praktizieren und dafür zu werben, und die wertlosen Lebensformen werden nur wenige Anhänger finden. Das Abschneiden auf dem von der liberalen Neutralität geschaffenen Markt der Ideen hängt davon ab, was eine Lebensform ihren Anhängern Gutes zu bieten hat; daher werden befriedigende Lebensformen die unbefriedigenden verdrängen. Die Liberalen treten für die bürgerlichen Freiheiten zum Teil eben deshalb ein, weil sie ermöglichen, »daß der Wert verschiedener Lebensweisen praktisch erprobt wird« (Mill 1974: 54).

Liberale und Kommunitaristen möchten beide die Palette der Möglichkeiten für autonome individuelle Entscheidungen absichern. Uneins sind sie in der Frage, wo perfektionistische Ideale ins Spiel kommen sollen. Können gute Lebensformen ihren Wert eher auf dem Kulturmarkt der bürgerlichen Gesellschaft zur Geltung bringen, oder sollen sie zum Gegenstand politischer Entscheidungen und Handlungen des Staates gemacht werden? Es geht hier also nicht um Perfektionismus oder Neutralität, sondern um gesellschaftlichen oder staatlichen Perfektionismus; denn die andere Seite der Neutralität ist die Unterstützung perfektionistischer Ideale in der bürgerlichen Gesellschaft.

Neutralität und kollektive Überlegungen

Einige Kommunitaristen behaupten, die liberale Entscheidung für den Markt der Kultur und gegen den lenkenden Staat beruhe auf dem atomistischen Glauben, Werturteile seien nur autonom, wenn sie von isolierten, von sozialem Druck abgeschirmten einzelnen getroffen werden. Die Liberalen wollten solche Urteile aus der Politik heraushalten. Doch in Wirklichkeit erforderten individuelle Urteile den Austausch von Erfahrungen und Überlegungen, sie hingen von der kollektiven Bewertung gemeinsamer Praktiken ab. Abgetrennt von kollektiven Überlegungen würden sie subjektiv und willkürlich:

»[D]ie persönliche Erfüllung, ja die Ausbildung der persönlichen Identität und einer Orientierungsmöglichkeit in der Welt hängen von einem Gemeinschaftsprozeß ab, dem bürgerlichen Leben, und seine Wurzel ist der Kontakt mit anderen: anderen Generationen, andersartigen Persönlichkeiten, die interessant sind, weil sie etwas zu dem Ganzen beitragen, von dem unser besonderes Ichbewußtsein abhängt. Die gegenseitige Abhängigkeit ist daher der Grundbegriff des Bürgerseins... Außerhalb einer Sprachgemeinschaft mit ihren gemeinsamen Praktiken gäbe es nur den biologischen homo sapiens als logische Abstraktion, aber keine Menschen. Das ist der Sinn des griechischen und mittelalterlichen Ausspruchs, die politische Gemeinschaft sei dem Individuum ontologisch *vorgeordnet*. Die polis ist im wörtlichen Sinne das, was den Menschen als Menschen möglich macht.« (Sullivan 1982: 158, 173)

Oder nach Crowley ist der staatliche Perfektionismus

»eine Bekräftigung der Vorstellung, daß das menschliche Leben in einer Sprach- und Erfahrungsgemeinschaft der einzige Kontext ist, in dem der einzelne und die Gesellschaft ihre Werte mittels der wesentlich politischen Elemente von Diskussion, Kritik, Beispiel und Nacheiferung entdecken und prüfen können. Vermittels organisierter öffentlicher Freiräume, in denen die Menschen Ideen vortragen und aneinander messen können..., lernen die Menschen einen Teil dessen verstehen, was sie sind.« (Crowley 1987: 282; vgl. Beiner 1983: 152.)

Der Staat ist das geeignete Forum zur Formulierung unserer Wertideen, weil diese eine gemeinschaftliche Prüfung verlangen. Der isolierte einzelne kann sie nicht verwirklichen oder auch nur kennen.

Doch das ist eine falsche Darstellung von Rawls' Auffassung, daß die Bewertung von Lebensweisen keine öffentliche Angelegenheit sein solle. Die liberale Neutralität schränkt den Spielraum perfektionistischer Ideale in den kollektiven Betätigungen der einzelnen und Gruppen nicht ein. Kollektives Handeln und gemeinsame Erfahrungen stehen im Mittelpunkt des »freien inneren Lebens der verschiedenen Interessengemeinschaften, in denen einzelne und Gruppen in Vereinigungsformen, die mit der gleichen Freiheit verträglich sind, die Ziele und Werte verfolgen, zu denen sie sich hingezogen fühlen«. Das Rawlssche Argument für den Vorrang der Freiheit beruht auf der Bedeutung dieser »freien sozialen Vereinigung mit anderen« (Rawls 1971: 543 [dt. 1975a: 589 – anderer Text]). Rawls bestreitet lediglich, daß »der staatliche Zwangsapparat« ein geeignetes Forum für diese Überlegungen und Erfahrungen sei:

»Nach der Gerechtigkeit als Fairness können zwar in einer wohlgeordneten Gesellschaft die Werte der kulturellen Perfektion anerkannt werden, sie sind aber innerhalb der Grenzen des Grundsatzes der Koalitionsfreiheit zu verwirklichen.... [Die Menschen] bedienen sich nicht des staatlichen Zwangsapparats, um für sich mehr Freiheit oder eine günstigere Verteilung zu erreichen, weil ihre Tätigkeiten einen größeren inneren Wert hätten.« (Rawls 1975a: 364, Orig. 1971: 328f.)

Bedauerlicherweise unterscheiden die Kommunitaristen nur selten zwischen kollektiven und politischen Prozessen. Natürlich ermöglicht erst die Teilnahme an gemeinsamen sprachlichen und kulturellen Praktiken dem einzelnen intelligente Entscheidungen über das gute Leben. Aber warum sollte sie vom Staat organisiert sein statt durch den freien Zusammenschluß von Personen? Natürlich sollen wir »für die Menschen Möglichkeiten schaffen, das, was sie über sich selbst und die Welt entdeckt haben, bekanntzugeben und zu versuchen, andere von seinem Wert zu überzeugen« (Crowley 1987: 295). Das tut aber eine liberale Gesellschaft durchaus. Versammlungs-, Rede- und Vereinigungsfreiheit sind schließlich liberale Grundrechte. Die Möglichkeiten zu kollektiver Untersuchung bestehen einfach nur unterhalb der Ebene des Staates – zunächst mit Freunden und Verwandten, aber auch in Kirchen, kulturellen Vereinen, Berufsorganisationen, Gewerkschaften, Hochschulen, den Massenmedien. Die Liberalen bestreiten nicht, daß »der öffentliche Ausdruck von Charakter und Urteil und der Austausch von Erfahrungen und Erkenntnissen« für intelligente Werturteile nötig sind, oder auch dies, den anderen zu zeigen, daß »ich [meine] Vorstellung vom Guten vor den anderen verantworte« (Crowley 1987: 285). Diese Forderungen passen ohne weiteres in viele liberale Diskussionen über den Wert der Rede- und Vereinigungsfreiheit (z. B. Scanlon 1983: 141–147). Der Liberale lehnt nur ab, daß ich *dem Staat* eine solche Selbstdarstellung schulde.

Die liberale Neutralität verkennt also nicht die Bedeutung einer gemeinsamen Kultur für sinnvolle Wahlmöglichkeiten für den einzelnen, oder des Erfahrungsaustauschs für eine sinnvolle Bewertung der Möglichkeiten durch den einzelnen. Sie leugnet nicht diese sozialen Vorbedingungen für die Autonomie des einzelnen, sondern gibt vielmehr eine Interpretation für sie an, die auf sozialen und nicht auf politischen Prozessen beruht. Das beweist noch nicht, daß man für die Neutralität sein sollte. Diese setzt ein gewisses Vertrauen in die Brauchbarkeit nichtstaatlicher Foren und Prozesse für die individuelle Urteilsbildung und die kulturelle Entwicklung voraus sowie ein Mißtrauen gegenüber der Brauchbarkeit staatlicher Foren zur Bestimmung des Guten. Dafür habe ich noch keine Argumente angeführt. In der Tat, ebensowenig wie die Kritiker der Neutralität ihr Vertrauen in die Politik begründet haben, haben die Liberalen ihr Vertrauen in die nichtstaatlichen Foren begründet.

Beide Seiten im Neutralitätsstreit scheinen die Lektion der anderen Seite nicht gelernt zu haben. Seit Jahrhunderten betonen die Liberalen die Wichtigkeit der Unterscheidung zwischen Staat und Gesellschaft, doch die Kommunitaristen scheinen immer noch davon auszugehen, daß alles Soziale zur Sphäre des Politischen gerechnet werden müsse. Sie haben sich nicht mit der liberalen Sorge auseinandergesetzt, daß der Staat wegen seines umfassenden Charakters und seiner Zwangsmittel ein besonders ungeeignetes Forum für die von ihnen gewünschte wirklich gemeinschaftliche Überlegung und Bindung ist. Und jahrhundertelang haben Kommunitaristen auf die historische Instabilität unserer Kultur und die Notwendigkeit hingewiesen, sich zu überlegen, unter welchen Bedingungen sich eine freie Kultur erhalten kann; doch die Liberalen neigen immer noch dazu, die Entstehung und Fortexistenz einer toleranten und pluralistischen Kultur für natürlich und selbstverständlich zu nehmen, so daß sie in einer Theorie der Gerechtigkeit einfach vorausgesetzt werden könne. Die Kommunitaristen haben damit recht, daß eine Kultur der Freiheit eine historische Leistung ist, und die Liberalen sind noch die Erklärung dafür schuldig, warum der Markt der Kultur sie nicht gefährdet, indem er entweder (wie die Kommunitaristen fürchten) die Menschen nicht stark genug an ihre Gemeinschaftspraktiken bindet oder umgekehrt sie nicht stark genug von den bestehenden Praktiken und Ideologien emanzipiert. Eine Kultur, die die Selbstbestimmung fördert, braucht die rechte Mischung von Bindung an die bestehenden Praktiken und Distanzierung von ihnen. Vielleicht wird dies von der liberalen Neutralität geliefert, doch auf der Hand liegt das nicht, und vielleicht gilt dies nur zu manchen Zeiten und an manchen Orten. Beide Seiten sind uns also noch einen umfassenderen Vergleich der Chancen und Gefahren der staatlichen und der nichtstaatlichen Foren und Verfahren zur Bestimmung des Guten schuldig.

An anderer Stelle habe ich die Auffassung vertreten, ehe der Staat als Forum der Wertdiskussion herangezogen wird, sollten wir erst einmal die Foren der bürgerlichen Gesellschaft verbessern, derart, daß alle Gruppen in der Gesellschaft wirklich den freien und gleichen Zugang zum Markt der Kultur haben, den die Liberalen so hochschätzen (Kymlicka 1989b). Diese Frage ist noch offen, doch wir sollten uns darüber im klaren sein, daß es kaum weiterbringen dürfte, wenn sie weiter als Streit zwischen liberalem »Atomismus« und kommunitaristischer »Sozialthese« gesehen wird. Für die Kommunitaristen übersehen die Liberalen, daß die Menschen von Natur aus soziale Wesen sind. Angeblich meinen sie, die Gesellschaft beruhe auf einem künstlichen Vertrag, und es bedürfe der Staatsmacht, um die von Natur asozialen Menschen in der Gesellschaft zusammenzuhalten. Doch in gewisser Beziehung ist das Gegenteil richtig: die Liberalen meinen, die Menschen bildeten von Natur aus soziale Beziehungen und Foren aus, in denen sie zum Verständnis und zur Verwirklichung des Guten gelangen, und fügten sich in sie ein. Dazu sei der Staat nicht nötig, eher verbiege er die natürlichen Vorgänge der kollektiven Erwägung und der kulturellen Entwicklung. Es sind die Kommunitaristen, die zu glauben scheinen, die Menschen gerieten in atomistische Isolation, wenn der Staat sie nicht aktiv zusammenhalte zur Ermittlung und Verwirklichung des Guten.[8]

Die politische Legitimität

Die Sozialthese wirft noch ein anderes Problem auf. Die individuellen Entscheidungen erfordern einen sicheren kulturellen Kontext, dieser aber wiederum einen sicheren politischen Kontext. Was auch die richtige Rolle des Staates beim Schutz des Marktes der Kultur sei, er kann sie nur erfüllen, wenn die öffentlichen Institutionen stabil sind, und das wiederum erfordert, daß sie in den Augen der Bürger Legitimität besitzen. Taylor meint, politische Institutionen, die vom Neutralitätsgrundsatz geleitet sind, könnten für sich keine Legitimität und somit nicht den sozialen Kontext aufrechterhalten, der für die Selbstbestimmung notwendig sei.

Nach Taylor untergräbt der neutrale Staat die gemeinsame Auffassung vom Gemeinwohl, die die Bürger haben müssen, um die vom Wohlfahrtsstaat geforderten Opfer als legitim zu akzeptieren. Es müsse dazu eine »gemeinsame Lebensform« geben, die »als allerwichtigstes Gut gesehen wird, so daß ihre Fortdauer und Stärkung für die Bürger ein eigenes Anliegen ist und nicht bloß Mittel für ihre verschiedenartigen individuellen Interessen oder deren Gesamtsumme« (Taylor 1986: 213). Diese Orientierung am Gemeinwohl sei zum Teil durch die Staatsneutralität untergraben worden, unter der die Menschen ihre Ziele unabhängig von dieser »gemeinsamen Lebensform« wählen und ihr eine Absage erteilen können, wenn sie ihre Rechte verletzen sollte. Ein kommunitaristischer Staat würde die Identifikation mit der gemeinsamen Lebensform fördern, wogegen

»das Modell der Rechte sehr gut zu einem stärker atomistischen Bewußtsein paßt, bei dem die Menschenwürde einem individuellen Träger von Rechten zukommt. Wenn ich aber bereit bin, die kollektive Entscheidung im Namen individueller Rechte hintanzustellen – und hier wird der Gegensatz der beiden politischen Modelle offenkundig –, dann muß ich mich schon ein Stück von der Gemeinschaft entfernt haben, die diese Entscheidungen trifft.« (Taylor 1986: 211.)

Diese »Distanzierung« von der gemeinschaftlichen Lebensform bedeutet, daß man nicht mehr bereit ist, die Lasten der liberalen Gerechtigkeit auf sich zu nehmen. Dadurch geraten die liberalen Demokratien in eine »Legitimationskrise«: die Bürger sollen im Namen der Gerechtigkeit immer mehr Opfer bringen, aber sie stehen denen, für die das geschehen soll, immer ferner. Den Forderungen des neutralen Staates liegt keine gemeinsame Lebensform zugrunde.

Rawls und Dworkin dagegen meinen, die Bürger würden die Lasten der Gerechtigkeit auch zugunsten von Menschen mit ganz anderen Wertvorstellungen akzeptieren. Man müsse sich für jede Wertvorstellung entscheiden können, die die Gerechtigkeitsgrundsätze nicht verletzt, wie sehr sie sich auch von anderen Lebensformen in der Gemeinschaft unterscheiden mag. Solche gegensätzlichen Vorstellungen könnten toleriert werden, weil die öffentliche Anerkennung der Gerechtigkeitsgrundsätze die Stabilität auch bei solchen Konflikten noch aufrechterhalten könne (Rawls 1992: 288, Orig. 1985: 245). Menschen mit verschiedenen Wertvorstellungen achten gegenseitig ihre Rechte, nicht weil es im Sinne einer gemeinsamen Lebensform läge, sondern weil sie das Recht auf Gleichbehandlung anerkennen. Die Grundlage der Legitimität des Staates ist also eine gemeinsame Gerechtigkeitsvorstellung und keine gemeinsame Vorstellung vom Guten überhaupt. Die Liberalen möchten eine gerechte Gesellschaft durch die öffentliche Anerkennung von Gerechtigkeitsgrundsätzen, keinesfalls aber einer umfassenden Vorstellung vom guten Leben aufrechterhalten.

Taylor hält das für soziologisch naiv. Die Menschen würden die Ansprüche anderer nur anerkennen, wenn diese mit ihnen durch gleiche Wertvorstellungen und die Identifikation mit einer Politik des Gemeinwohls verbunden seien. Er beschreibt »zwei Lösungspakete, die sich herausheben aus dem Gewirr von Problemen, im späten 20. Jahrhundert eine lebensfähige staatliche Gemeinschaft aufrechtzuerhalten«; sie entsprechen in etwa dem kommunitaristischen und dem liberalen Modell, und an der langfristigen Lebensfähigkeit des letzteren bestehen, so Taylor, »ernste Zweifel«. Mit der Durchsetzung der Rechte des einzelnen und der Neutralität des Staates verhindere der liberale Staat die öffentliche Einsetzung ethischer Grundsätze, und Taylor fragt: »Könnte die zunehmende Betonung der [individuellen, d. Üb.] Rechte gegenüber den kollektiven Entscheidungen am Ende geradezu die Legitimität der demokratischen Ordnung untergraben?« (Taylor 1986: 225).

Warum ist eine gemeinsame Lebensform für die Aufrechterhaltung der Legitimität notwendig? Taylor liefert keine klare Begründung für die Notwendigkeit einer spezifisch kommunitaristischen Politik.[9] Ein Gesichtspunkt, der bei den kommunitaristischen Autoren im Hintergrund steht, ist eine Romantisierung älterer Gesellschaften, in denen die Legitimität auf der wirksamen Verfolgung gemeinsamer Ziele beruhte. Die Kommunitaristen lassen durchblicken, die alte Solidarität ließe sich wiedergewinnen, wenn wir einer Politik des Gemeinwohls zustimmten und jedem nahelegten, sich frei an ihr zu beteiligen. Beliebte Beispiele für solche alten Gesellschaften sind die antiken griechischen demokratischen Republiken oder die Stadtregierungen im Neuengland des 18. Jahrhunderts. Doch diese historischen Beispiele übersehen eine wichtige Tatsache. Die alten neuenglischen Stadtregierungen mögen ja bei den an ihnen Beteiligten wegen der wirksamen Verfolgung ihrer gemeinsamen Ziele eine große Legitimität besessen haben. Das lag aber mindestens zum Teil daran, daß Frauen, Atheisten, Indianer und Besitzlose nicht beteiligt waren. Sie wären von dem oft rassistischen und sexistischen »Gemeinwohl« nicht überzeugt worden. Die Legitimität unter den Beteiligten wurde also schlicht durch Ausschluß anderer erreicht.

Die heutigen Kommunitaristen wollen nicht mehr zur Sicherung der Legitimität Gruppen, die historisch nicht an der Gestaltung der »gemeinsamen Lebensform« beteiligt waren, vor die Tür setzen. Bestimmte gemeinschaftliche Praktiken könne jeder als Grundlage für eine Politik des Gemeinwohls unterstützen. Doch welche sind das? Die Kommunitaristen äußern sich oft so, als wäre der frühere Ausschluß bestimmter Gruppen willkürlich gewesen, heute könne man sie ohne weiteres hereinnehmen und weitermachen. Doch der Ausschluß der Frauen zum Beispiel war nicht willkürlich, er hatte seinen Grund in den sexistischen Zielen der Männer. Und von den Frauen zu verlangen, daß sie eine von den Männern für sie definierte Identität annehmen sollen, ist nicht gerade der beste Weg, ihre Gemeinschaftsbindung zu fördern. Dieses Problem läßt sich nicht aus der Welt schaffen, indem man mit Sandel erklärt, die Identität der Frauen werde durch die bestehenden Rollen konstituiert. Das stimmt einfach nicht: die Frauen können diese Rollen, die auf viele Weisen ihre besondere Identität negieren, ablehnen und haben es auch getan. So war es auch im Neuengland des 18. Jahrhunderts, aber da waren die Frauen gar nicht erst am politischen Gemeinwesen beteiligt. Wir müssen zur Sicherung der Legitimität einen anderen Weg finden als ausgeschlossenen Gruppen eine von anderen entworfene Identität zu verpassen.

Sandel und Taylor sprechen von gemeinsamen Zielen als Grundlage einer Politik des Gemeinwohls, die für alle Gruppen der Gesellschaft legitim ist. Doch sie geben dafür keine Beispiele an, und das liegt zum Teil sicher daran, daß es auch keine gibt. Sie suchen diese gemeinsamen Ziele in historischen Praktiken, erwähnen aber nicht, daß diese von einem kleinen Sektor der Gesellschaft – den besitzenden männlichen Weißen – in ihrem Interesse festgelegt wurden. Diese Praktiken sind geschlechts-, rassen- und klassen-spezifisch, auch wenn Frauen, Farbige und Arbeiter formal beteiligt sind. Die Förderung solcher Ziele beeinträchtigt die Legitimität und trägt zum

Ausschluß von Randgruppen bei. Ein solcher Legitimitätsschwund scheint in der Tat in vielen Teilen der amerikanischen Gesellschaft – bei Schwarzen, Homosexuellen, ledigen Müttern, Nichtchristen – eingetreten zu sein, da die politische Rechte ihre Vorstellung von der christlichen, patriarchalischen Familie durchzusetzen versucht. Viele Kommunitaristen stehen zweifellos der Auffassung der »moralischen Mehrheit« vom Gemeinwohl fern, doch das Problem des Ausschlusses bisher marginalisierter Gruppen ist unlösbar mit dem Kommunitarismus verbunden. Hirsch bemerkt: »Jede ›Erneuerung‹ oder Stärkung des Gemeinschaftsgefühls bringt diesen Gruppen gar nichts ein.« Im Gegenteil, unsere historischen Auffassungen und Traditionen sind »Bestandteile des Problems und nicht der Lösung« (Hirsch 1986: 424).

Betrachten wir eines der wenigen konkreten Beispiele für eine kommunitaristische Politik, die Sandel bringt, die Behandlung der Pornographie. Deren Zensierung durch eine lokale Gemeinschaft ist nach Sandel zulässig, weil sie »für deren Lebensform anstößig ist« (Sandel 1984b: 17). Wieviel Ausschluß das bedeutet, läßt sich an einer Gegenüberstellung mit neueren feministischen Diskussionen der Pornographie erkennen. Viele Frauengruppen haben eine Pornographiezensur verlangt, weil die Frauen nicht an der Definition der herkömmlichen Auffassungen von der Sexualität beteiligt gewesen seien. Die Pornographie trägt nach Auffassung einiger Feministinnen entscheidend bei zur Förderung von Gewalt gegen Frauen und zur weiteren Unterwerfung der Frauen unter männlich definierte Vorstellungen von der Sexualität und den Geschlechterrollen (z. B. MacKinnon 1987: Kap. 13–14). Das ist umstritten, aber wenn es richtig ist, dann nicht, so MacKinnon, weil die Pornographie »für unsere Lebensform anstößig ist« und sie verletzt, sondern gerade weil sie den herkömmlichen kulturellen Stereotypen entspricht und sie bestärkt.

Die Argumentation Sandels widerstreitet grundsätzlich diesem feministischen Argument. Nehmen wir die Homosexualität. Sie ist »für die Lebensform« vieler Amerikaner »anstößig«, mit Sicherheit mehr noch als die Pornographie. Möchte Sandel deshalb in den lokalen Gemeinschaften homosexuelle Beziehungen oder das öffentliche Bekenntnis zur Homosexualität unter Strafe stellen? Für den Liberalen ist maßgebend, daß die Homosexualität niemanden schädigt, und daß andere an ihr Anstoß nehmen, hat kein moralisches Gewicht. Die Mehrheit in einer lokalen (oder nationalen) Gemeinschaft hat nicht das Recht, ihre Vorstellungen einer Randgruppe aufzuzwingen (Dworkin 1985: 353–372; vgl. 2.5.a oben). Nach Sandel dagegen muß sich diese den vorherrschenden Werten der Gemeinschaft anpassen. Ihre Mitglieder dürfen die in der Geschichte von anderen für sie definierte Identität nicht von sich weisen.[10]

Auch bei der Pornographie gesteht Sandel den Frauen nicht zu, die Sexualität auf ihre eigene Weise zu definieren. Vielmehr kann die Pornographie zensiert werden, sobald eine männlich bestimmte Sicht der Sexualität (die des Pornographen) mit einer anderen, ebenfalls männlich bestimmten (der »Lebensform« der Gemeinschaft) zusammenstößt. Und nichts garantiert, daß die Männer, denen die Pornographie anstößig erscheint, nicht eine ebenso unterdrückerische Einstellung gegenüber der weiblichen Sexualität haben (etwa die fundamentalistische, daß sie überhaupt nicht in Erscheinung treten darf). Doch die Gemeinschaft entscheidet, und die Frauen müssen sich wie alle Randgruppen einer Lebensform anpassen, an deren Bestimmung sie wenig oder keinen Anteil hatten. So aber wird die Legitimität [des Staates, d. Üb.] in den Randgruppen nicht gefördert.

Die Kommunitaristen pflegen zu sagen, die politische Theorie solle sich mehr um die Geschichte jeder Kultur kümmern. Doch sie selbst lassen sich auffallend selten zu einer solchen Betrachtung herbei. Sie möchten die Ziele und Praktiken unserer kulturellen Tradition einer Politik des Gemeinwohls zugrundelegen, aber sie schweigen darüber, daß sie nur von einem kleinen Sektor der Bevölkerung festgelegt wurden. Historisch gesehen, hat die liberale Neutralität jedenfalls den großen Vorteil, daß sie nicht ausgrenzt und untergeordnete Gruppen nicht der »Lebensform« der herrschenden unterwerfen will. Die Kommunitaristen übergehen einfach diese Gefahr und die Geschichte, die so wenig zu ihrer Vermeidung beiträgt.[11]

Sandel schließt sein Buch mit der Bemerkung, wenn die Politik gut laufe, dann »können wir ein Gut in Gemeinschaft erkennen, das wir als einzelne nicht erkennen könnten« (Sandel 1982: 183). Doch angesichts der Pluralität moderner Gesellschaften sollte man vielmehr sagen, die Politik laufe gerade dann gut, wenn sie sich keiner Ideologie des »Gemeinwohls« verschreibt, die lediglich viele Gruppen ausschließt. Eine Erhöhung der Legitimität des Staates könnte durchaus eine größere Bürgerbeteiligung aller gesellschaftlichen Gruppen erfordern, aber wie Dworkin bemerkt, kann man dazu nur einladen (oder die Einladung annehmen), wenn Gleichbehandlung gewährt wird (Dworkin 1983: 33). Und die verträgt sich nicht damit, einigen Menschen fremdbestimmte Rollen aufzuzwingen. Vielmehr müssen die Unterdrückten ihre eigenen Ziele aufstellen können. Vielleicht tut der Liberalismus in dieser Hinsicht nicht genug, aber, wie Herzog treffend bemerkt, wenn der Liberalismus das Problem ist, wie könnte dann der Kommunitarismus die Lösung sein? (Herzog 1986: 484.)

Ob eine liberale Politik wirklich ihre Legitimität aufrechterhalten könnte, ist schwer zu beurteilen, weil die liberalen Grundsätze noch gar nicht richtig verwirklicht sind. Doch ich glaube, daß in pluralistischen und früher ausgrenzenden Gesellschaften wie der unseren heute am ehesten die liberale Neutralität allgemeine Zustimmung finden kann. Unter jedem anderen Vorzeichen dürfte die Einladung zur politischen Teilnahme ins Leere gehen. Nach Mill ist die Bindung an eine gemeinsame öffentliche Philosophie eine Bedingung für eine freie Kultur, und »die einzige Form, in der diese Bindung dann noch existieren dürfte«, sind »die Grundsätze der Freiheit des einzelnen und der politischen und sozialen Gleichheit, wie sie von den bisherigen Institutionen bestenfalls erst ansatzweise verwirklicht werden« (Mill 1962: 122f.). Das gilt noch heute, aber diese Grundsätze sind mehr denn je die einzige aussichtsreiche Grundlage einer Legitimität.[12]

Die kommunitaristische Sozialthese ist durchaus richtig, gesicherte soziale Rahmenbedingungen für unsere Selbstbestimmung sind wichtig. Es stimmt auch, daß diese wiederum Bürgerbeteiligung und politische Legitimität voraussetzen. Dies alles sind wichtige Probleme. Doch Liberale und Kommunitaristen sind sich nicht über die Sozialthese uneins, sondern über die Rolle des Staates. Soll er »das freie Innenleben der verschiedenen Interessengemeinschaften« schützen, »in denen Einzelpersonen und Gruppen...ihre Ziele und Werte zu verwirklichen suchen« (Rawls 1971: 543 [dt. 1975a: 589 – anderer Text]), oder soll er diesem sozialen Leben teilweise vorgreifen und eine öffentliche Rangordnung dieser Ziele und Werte durchsetzen? (Über)vereinfachend könnte man sagen, Liberale und Kommunitaristen seien nicht über die Abhängigkeit des Individuums von der Gesellschaft uneins, sondern über die der Gesellschaft vom Staat. Das ist ein wichtiges Problem, bei dem es aber nicht um die Sozialthese geht. Es handelt sich sogar um mehrere Probleme, deren jedes für sich betrachtet werden sollte, wobei mehr empirische Argumente vonnöten sind, als beide Seiten bisher beigesteuert haben.[13]

6.5 Die Politik des Kommunitarismus

Die kommunitaristische Theorie einer Politik des Gemeinwohls entsteht aufgrund einer Reihe wichtiger praktischer Probleme. Die liberale Theorie erkennt zwar die Abhängigkeit der individuellen Entscheidungen vom kulturellen Kontext an, doch die Liberalen haben sich in der Praxis auf die individuelle Entscheidungsfreiheit konzentriert und die Verbindung der Menschen mit der Kultur vernachlässigt. Liberale Organisationen wie die American Civil Liberties Union haben sich auf Bedrohungen der Redefreiheit konzentriert wie etwa Beschränkungen gegen verhetzende oder obszöne Veröffentlichungen. Doch daß 10% der Erwachsenen faktisch Analphabeten sind, ist gewiß eine ernstere Bedrohung der ungeschmälerten Teilnahme der Menschen am Markt der Kultur als eine Zensur von Obszönem. Und die Konzentration des Besitzes an den Massenmedien, die zur systematischen Unterdrückung einer Reihe von Standpunkten führt, ist eine ernstere Bedrohung des freien Informationsaustauschs als eine Zensur verhetzender Schriften. Die Liberalen haben auf dem Gebiet der Kultur oft etwas merkwürdige Akzente gesetzt.

Daß die Kommunitaristen angesichts dieser Mängel auf dem Gebiet der Zugänglichkeit der Kultur und der kollektiven Überlegungen eine politische Sprache und Praxis des Gemeinwohls schaffen möchten, ist verständlich. Aber eine solche ist in der modernen Demokratie bestenfalls irrelevant und schlimmstenfalls intolerant. In Wahrheit haben Liberale wie Kommunitaristen die eigentlichen Probleme der kulturellen Bedingungen der Selbstbestimmung verkannt.

Nehmen wir die Sprachenfrage. Kommunitaristen wie Liberale gehen ausdrücklich oder stillschweigend davon aus, daß alle Staaten aus einer »Nation« bestehen, so daß jeder Bürger dieselbe Muttersprache spricht und sich an einer sinnvollen Diskussion über die Kultur beteiligen kann. Doch die meisten Staaten enthalten mehreren Nationen und Sprachgemeinschaften. So gibt es in Kanada das Französische und das Englische sowie indianische und inuitische Ureinwohnersprachen. Sollte man um der liberalen Gleichheit oder um des kommunitaristischen Gemeinwohls willen eine einheitliche Sprache anstreben? Manche Liberale und Kommunitaristen meinen das und unterstützen Programme zur Assimilierung der sprachlichen Minderheiten. Andere finden das grob unfair (schließlich waren die anderen schon vor den Engländern in Kanada). Welche Rechte haben dann aber die Minderheiten im Hinblick auf die Sprache? In Kanada ist es etwa das Recht auf die Muttersprache im öffentlichen Unterricht und als Amtssprache. Die Minderheiten können sogar in ihren Regionen die sprachbezogenen Rechte Anderssprachiger beschränken. Derartige Rechte und/oder Institutionen gibt es auch in den Vereinigten Staaten (etwa für die Puertoricaner und Indianer), für die Ureinwohner in Australien und Neuseeland und für die Sprachgruppen in Belgien, der Schweiz und den meisten Ländern der Zweiten und der Dritten Welt.

In allen diesen Ländern ist die Schul- und Amtssprache ein wichtiges und kontroverses Problem, ja in vielen die Hauptkonfliktquelle. Doch von den heutigen Liberalen und Kommunitaristen hört man kein Wort dazu. Sie streiten darüber, welche Rolle der Staat bei der Förderung »seiner Kultur« und »seiner Sprache« spielen sollte (so Dworkin 1985: 230–233; Sullivan 1982: 173), aber sie fragen nie, *welche* Kultur und *welche* Sprache. Sie streiten darüber, ob die Schulen bestimmte Wertvorstellungen vermitteln sollten, aber sie fragen nicht, in welcher Sprache. Würden sie sich diesen elementaren Fragen zuwenden, dann würden plötzlich viele angeblich anerkannte Grundsätze über das Verhältnis zwischen Staat und Kultur als unbrauchbar dastehen. Ich habe an anderer Stelle die Meinung vertreten, daß auch vieles von der hergebrachten Auffassung der Gleichberechtigung und Nichtdiskriminierung in multinationalen Staaten aufgegeben werden muß.[14] Wir wissen einfach nicht, was die liberale Neutralität oder das kommunitaristische Gemeinwohl in einem solchen Staat fordern. Das ist vielleicht das eindringlichste Beispiel dafür, wie sich die kommunitaristische Betonung der Sozialthese von jeder konkreten Betrachtung der Verbindungen zwischen Individuum, Kultur und Staat losgelöst hat.

Kapitel 7

Der Feminismus

Die heutige feministische politische Theorie ist äußerst vielgestaltig, nach ihren Ausgangspunkten wie ihren Ergebnissen. Das gilt zwar in gewissem Maße auch für die anderen hier untersuchten Theorien. Doch diese Vielgestaltigkeit vervielfacht sich innerhalb des Feminismus, weil dort jede dieser Theorien wiederkehrt. Es gibt einen liberalen Feminismus, einen sozialistischen Feminismus, sogar einen libertären Feminismus. Außerdem gibt es im Feminismus eine bedeutende Tendenz zu theoretischen Ansätzen wie der Psychoanalyse oder dem Poststrukturalismus, die nicht zur Hauptströmung der angloamerikanischen politischen Philosophie gehören. Alison Jaggar meint, daß die Verpflichtung, die Unterordnung der Frau aufzuheben, die verschiedenen Strömungen der feministischen Theorie eint (Jaggar 1983: 5). Doch diese Übereinstimmung löst sich (wie sie ebenfalls bemerkt) bald in grundsätzlich verschiedene Analysen dieser Unterordnung und der Maßnahmen zu ihrer Behebung auf.

Eine Behandlung aller dieser Strömungen der feministischen Theorie würde ein eigenes Buch erfordern.[1] Ich konzentriere mich stattdessen auf drei feministische Kritiken an der Art, wie die maßgebenden politischen Theorien die Interessen und Belange der Frauen beachten oder nicht beachten. Ich versuche zu zeigen, daß viele heutige politische Theorien eine »egalitäre Basis«, den Gedanken der Gleichbehandlung aller, gemeinsam haben. Trotzdem haben noch bis vor kurzem die maßgebenden politischen Philosophen die Diskriminierung aufgrund des Geschlechts verteidigt oder zumindest gelten lassen. Viele derartige Vorstellungen sind zwar in letzter Zeit immer stärker aufgegeben worden, doch viele Feministinnen meinen, die im Zeichen männlicher Erfahrungen und Interessen entwickelten Grundsätze könnten den Bedürfnissen und Erfahrungen der Frauen nicht gerecht werden. Ich möchte drei Argumente für diesen Vorbehalt betrachten. Das erste konzentriert sich auf die »geschlechtsneutrale« Analyse der Geschlechterdiskriminierung, das zweite auf die Unterscheidung zwischen Öffentlichem und Privatem. Beide behaupten, die demokratisch-liberale Gerechtigkeitsauffassung sei in wichtigen Aspekten einseitig männlich geprägt. Das dritte Argument dagegen behauptet, daß schon die Betonung der Gerechtigkeit überhaupt männlich bestimmt ist. Eine den Interessen und Erfahrungen der Frauen entsprechende Theorie müsse statt der Gerechtigkeit die Fürsorge betonen. Diese drei Argumente vermitteln nur ein beschränktes Bild von der Bandbreite der heutigen feministischen Theorie, doch sie werfen wichtige Probleme auf, mit denen sich jede Theorie der Gleichberechtigung der Geschlechter auseinandersetzen muß, und sie bilden drei der wichtigsten Berührungspunkte zwischen dem Feminismus und der Hauptströmung der politischen Philosophie.

7.1 Gleichstellung und Diskriminierung

Bis weit in unser Jahrhundert hinein waren die meisten männlichen Theoretiker des gesamten politischen Spektrums der Auffassung, es gebe eine »natürliche Grundlage« für die Beschränkung der Frau auf die Familie und die »rechtliche und herkömmliche Unterordnung der Frau unter den Mann« in der Familie (Okin 1979: 200).[2] Beschränkungen der bürgerlichen und politischen Rechte der Frauen wurden damit begründet, daß die Frauen von Natur aus für politische und wirtschaftliche Betätigungen außerhalb des Hauses ungeeignet seien. Die heutigen Theoretiker haben von dieser These der natürlichen Unterlegenheit der Frau zunehmend Abstand genommen und lassen die Frauen als »freie und gleiche Menschenwesen« gelten, die der Selbstbestimmung und eines Gerechtigkeitssinnes fähig sind und daher auch frei sind, sich öffentlich zu betätigen. Und die liberalen Demokratien haben in zunehmendem Maße Diskriminierungsverbote eingeführt, die den Frauen gleichen Zugang zu Bildung, Beschäftigung, politischen Ämtern usw. sichern sollen.

Doch diese Diskriminierungsverbote haben keine Gleichstellung der Geschlechter herbeigeführt. In den Vereinigten Staaten und in Kanada nimmt der Frauenanteil in den niedrigstbezahlten Beschäftigungen zu. Wenn sich die gegenwärtigen Trends fortsetzen, werden in Amerika im Jahre 2000 alle Menschen unterhalb der Armutsgrenze Frauen oder Kinder sein (Weitzman, 1985: 350). Außerdem nehmen häusliche Gewalt, Vergewaltigung und andere Formen gegen Frauen gerichteter Gewalt und Erniedrigung zu. Catherine MacKinnon faßt ihre Untersuchung der Auswirkungen der Gleichberechtigung in den Vereinigten Staaten folgendermaßen zusammen: »Die juristische Gleichberechtigung hat völlig darin versagt, den Frauen das zu verschaffen, was sie brauchen, aber aufgrund ihrer Geburt von der Gesellschaft vorenthalten bekommen: eine Chance auf ein produktives Leben mit ausreichender physischer Sicherheit, Selbstverwirklichung, Individuation und einem Mindestmaß an Achtung und Würde.« (MacKinnon 1987: 32)

Warum ist das so? Geschlechterdiskriminierung bedeutet im üblichen Verständnis die willkürliche oder unbegründete Zuerkennung von Vorteilen oder Positionen qua Geschlecht. Danach ist die gröbste Form der Geschlechterdiskriminierung etwa die, daß jemand einer Frau eine Arbeit nicht geben will, obwohl das Geschlecht mit der Tätigkeit in keinem nachvollziehbaren Zusammenhang steht. MacKinnon nennt das den »Differenzansatz«* auf dem Gebiet der Geschlechterdiskriminierung, da er die Diskriminierung an einer ungleichen Behandlung festmacht, die sich mit keinem Geschlechtsunterschied begründen läßt.

Das einschlägige Recht wurde in den USA dem gegen die Rassendiskriminierung nachgebildet. Zielt dieses auf eine »farbenblinde« Gesellschaft, so jenes auf eine geschlechtsblinde. Eine Gesellschaft wäre nicht-diskriminierend, wenn Hautfarbe oder Geschlecht die Zuerkennung von Vorteilen nie je beeinflußt hätten. Nun ist vor-

---

* Der im Englischen von Catharine MacKinnon übernommene Begriff »difference approach« läßt sich nicht adäquat ins Deutsche übersetzen, weil hier der Terminus »Differenzansatz« auf den Kontext anderer theoretischer feministischer Ansätze im Umfeld und in der Folge des französischen und italienischen Differenzdenkens gerichtet ist. Während in diesen Debatten »Differenz« systematisch auf verschiedene Ebenen gerichtet ist (symbolische Ordnung; sexuelle Differenzen, Differenzen innerhalb weiblicher Identitätsformen und zwischen Frauen; Differenzen zwischen Männern und Frauen), wird der Begriff hier gänzlich anders verwendet. Er bezeichnet den Geschlechterunterschied zwischen Frauen und Männern und hat dabei eher eine Gleichstellungsperspektive beider Geschlechter zum Hintergrund, wie der Textkontext offenbart. Allerdings hatte MacKinnon den Terminus kritisch eingeführt, während Kymlicka ihn affirmativ verwendet. Im Sinne ihrer kritischen Position begrifflich adäquater scheint deshalb MacKinnons neuere Fassung des »Gleichheits-/Differenzansatzes« (»difference/sameness-approach«), vgl. dazu dies. 1991, S. 220 ff. Anm. d. Üb.

stellbar, daß politische und wirtschaftliche Entscheidungen völlig unabhängig von der Hautfarbe getroffen werden, aber eine völlig geschlechtsblinde Gesellschaft ist nur schwer vorstellbar. Unterstützungen für Schwangere oder nach Geschlechtern getrennter Sport sind nicht geschlechtsblind, doch das erscheint nicht als ungerecht. Nach Hautfarbe getrennte Waschräume sind eindeutig diskriminierend, nicht aber getrennte Waschräume für die Geschlechter. Der »Differenzansatz« läßt also bestimmte unterschiedliche Behandlungen der Geschlechter gelten. Diese gelten nicht als diskriminierend, sofern es einen echten Geschlechtsunterschied gibt, der sie erklärt und begründet. Gegner der Gleichberechtigung haben, um sie ad absurdum zu führen, oft das Schreckgespenst des integrierten Sports (oder Waschraums) beschworen. Die Verfechter des Differenzansatzes verweisen dagegen darauf, daß die Fälle berechtigter Unterscheidungen so selten und die unberechtigter so verbreitet seien, daß die Beweislast bei denen liege, die bei der Vergabe von sozialen Vorteilen und Positionen eine berechtigte Unterscheidung behaupten.

Dieser Differenzansatz hat als die gewöhnliche Form des Anti-Diskriminierungsrechts in den meisten westlichen Ländern gewisse Erfolge gebracht. Sein »moralischer Impuls« besteht darin, daß »den Frauen zugänglich gemacht wird, wozu die Männer Zugang haben«, und er hat tatsächlich »den Frauen gewisse Möglichkeiten bei Beschäftigung und Bildung, den öffentlichen Tätigkeiten, auch im akademischen, im Angestellten- und Arbeiterbereich, beim Militär sowie beim Sport eingebracht« (MacKinnon 1987: 33, 35). Der Differenzansatz hat dazu beigetragen, daß die sozialen Vorteile und Positionen, oder jedenfalls die Konkurrenz um sie, vom Geschlecht unabhängig wurden.

Doch die Erfolge haben ihre Grenzen, denn schon in die Definition dieser Positionen gehen Geschlechtsungleichheiten ein. Der Differenzansatz sieht die Gleichberechtigung darin, daß die Frauen nach geschlechtsneutralen Regeln um die von Männern definierten Rollen mit diesen konkurrieren können. Doch es läßt sich keine Gleichstellung erreichen, wenn die Männer soziale Institutionen nach ihren Interessen schaffen können und dann bei der Besetzung der Positionen das Geschlecht der Bewerber unberücksichtigt lassen. Die Rollen können mehr auf die Männer zugeschnitten sein, auch wenn Frauen zur Konkurrenz zugelassen werden.

Nehmen wir die Tatsache, daß die meisten Stellungen »erfordern, daß der für sie geeigneten Person – geschlechtsneutral – nicht die

Hauptfürsorge für ein Kind im Vorschulalter obliegt« (MacKinnon 1987: 37). Da diese Aufgabe in unserer Gesellschaft immer noch den Frauen zufällt, haben Männer auf solche Stellungen bessere Aussichten. Nicht weil weibliche Bewerber als solche diskriminiert würden; der Arbeitgeber möchte vielleicht sogar wirklich mehr Frauen einstellen. Aber vielen Frauen fehlt eben die nötige Voraussetzung für die Stelle, z. B. die, nicht für ein Kind sorgen zu müssen. So vernachlässigt der Differenzansatz die Tatsache, »daß das Geschlecht eben von genau dem Punkt an eine Rolle spielt, an dem eine Stelle in der Erwartung definiert wurde, daß sie mit jemandem ohne Kinderfürsorgepflichten besetzt würde« (MacKinnon 1987: 37).

Ob die Neutralität bei der Auswahl auch zu einer tatsächlichen Gleichstellung der Geschlechter führt, hängt davon ab, ob und wie das Geschlecht vorher eine Rolle gespielt hat. Janet Radcliffe Richards schreibt:

»Wird eine Gruppe lange genug von etwas ausgeschlossen, so ist es so gut wie sicher, daß sich diese Tätigkeiten in einer Weise entwickeln, die nicht auf die ausgeschlossene Gruppe paßt. Es steht fest, daß die Frauen von vielen Berufen ausgeschlossen waren, und das bedeutet, daß diese dann wahrscheinlich auch nicht mehr für sie geeignet waren. Das deutlichste Beispiel dafür ist die Diskrepanz zwischen den Anforderungen für die meisten Arbeiten und dem Gebären und Aufziehen von Kindern. Ich bin fest davon überzeugt, daß die Frauen, wären sie von Anfang an voll an den gesellschaftlichen Vorgängen beteiligt gewesen, eine Möglichkeit gefunden hätten, Arbeit und Kinder aufeinander abzustimmen. Die Männer waren dazu nicht motiviert, und die Ergebnisse sind bekannt.« (1980: 113 f.)

Diese von den Männern geschaffene Unvereinbarkeit zwischen Kinderaufzucht und Erwerbsarbeit hat für die Frauen massive Folgen. Nicht nur, daß die besten Positionen von Männern eingenommen werden, während niedrig bezahlte Teilzeitarbeit vorwiegend von Frauen geleistet wird; viele Frauen werden auch von den Männern wirtschaftlich abhängig. Wenn der Großteil des »Haushaltseinkommens« aus der Erwerbsarbeit des Mannes stammt, ist die Frau, die die unbezahlte Hausarbeit macht, finanziell von ihm abhängig. Was das bedeutet, wird bei einer Scheidung deutlich. Während der Ehe haben Mann und Frau vielleicht noch den gleichen Lebensstandard, gleichgültig, wer verdient; doch das ändert sich im Scheidungsfall ganz drastisch. In Kalifornien z. B. steigt der durchschnittliche Lebensstandard der Männer nach einer Scheidung um 42 % an, während der der Frauen um 73 % sinkt; ähnliche Verhältnisse begegnen uns in anderen Bundesstaaten (Okin 1989b: 161). Doch nach dem Differenzansatz ist das alles keine Diskriminierung, weil es eben keine willkürliche ist; die Anforderungen an die Bewerber sind ja für die Tätigkeit relevant. Die ungleichen Folgen für die Frauen spielen keine Rolle.

Ehe man fragt, ob das Geschlecht eine Rolle spielt, muß man also fragen, ob es schon einmal eine gespielt hat. Und das ist bei fast allen wichtigen Rollen und Positionen der Fall:

»So gut wie jede Eigenschaft, in der sich die Männer von den Frauen unterscheiden, wird in dieser Gesellschaft bereits ›kompensiert‹ – aber für die Männer affirmativ. Ihre Physiologie definiert die meisten Sportarten, ihre Bedürfnisse definieren die Leistungen von Autohaftpflicht- und Krankenversicherungen, ihre sozialtypischen Biographien definieren Stellenbeschreibungen und Aufstiegsmöglichkeiten, ihre Perspektiven und Interessen definieren die Maßstäbe für wissenschaftliche Leistungen, ihre Erfahrungen und Obsessionen definieren das Verdienst, ihre Objektivierung des Lebens definiert die Kunst, ihr Militärdienst definiert die Staatsbürgerschaft, ihr Vorhandensein definiert die Familie, ihre Unfähigkeit, miteinander auszukommen – ihre Kriege und Herrschaften – definiert die Geschichte, ihr Bild definiert Gott und ihre Genitalien definieren die Sexualität. Für jeden dieser Unterschiede gegenüber den Frauen ist ein »affirmative action«-Plan in kraft, will heißen, die Struktur und Werte der amerikanischen Gesellschaft.« (MacKinnon 1987: 36.)

All dies ist »geschlechtsneutral«, kein willkürlicher Ausschluß von Frauen. Aber es ist sexistisch, alles ist auf die Interessen und Werte der Männer zugeschnitten.

Es ist sogar so: Je stärker die Gesellschaft die Positionen faktisch geschlechtsrelevant definiert, desto weniger kann der Differenzansatz eine Ungleichheit finden. Man stelle sich eine Gesellschaft vor, in der Empfängnisverhütung und Schwangerschaftsunterbrechung erschwert werden, die bezahlten Stellen so definiert sind, daß sie mit Kindern unvereinbar sind, die Hausarbeit nicht bezahlt wird – alles geschlechtsneutral. Jede Frau mit einer ungeplanten Schwangerschaft, die nicht zugleich Kinder aufziehen und einer Erwerbsarbeit nachgehen kann, wird von jemandem mit einem festen Einkommen abhängig – einem Mann. Um eine solche Unterstützung zu gewinnen, muß sie für Männer sexuell attraktiv werden. In dieser Voraussicht bemühen sich viele Mädchen nicht so nachdrücklich wie Jungen um eine berufliche Qualifikation, die sich ja doch nur bei Verzicht auf Kinder auszahlt. Also hie Berufsqualifikation, da Attraktivität für Männer. Und das wiederum führt zu einem System kultureller Identifikationen, in dem Männlichkeit mit Geldverdienen und

Weiblichkeit mit sexuellen und häuslichen Dienstleistungen für Männer und dem Kinderaufziehen zusammengebracht wird. Männer und Frauen gehen also mit verschiedenen Verdienstmöglichkeiten in die Ehe, und dieser Unterschied nimmt mit der wachsenden Berufserfahrung des Mannes nur noch zu. Da sich die Frau außerhalb einer Ehe schwerer ernähren kann, ist sie stärker auf deren Aufrechterhaltung angewiesen, was dem Mann innerhalb der Ehe größeren Einfluß sichert.

In einer solchen Gesellschaft bestimmen die Männer insgesamt die Lebenschancen der Frauen (durch politische Entscheidungen über den Schwangerschaftsabbruch und wirtschaftliche über die Stellenanforderungen), und der einzelne Mann bestimmt über die ökonomisch abhängige Frau in der Ehe. Willkürliche Diskriminierung ist gar nicht nötig, alles ist völlig geschlechtsneutral in dem Sinne, daß das je eigene Geschlecht nicht bestimmt, wie jemand von denen behandelt wird, die über Verhütungsmittel, Arbeit oder die Bezahlung häuslicher Arbeit verfügen. Für den Differenzansatz ist kein Anhaltspunkt vorhanden. Vielleicht gelingt es einmal der einen oder anderen Frau, den sozialen Druck im Sinne der herkömmlichen Geschlechterrollen zu durchbrechen. Aber je stärker die männliche Vorherrschaft ist, desto seltener kann eine Frau überhaupt erfolgreich um eine Stelle konkurrieren, und desto weniger willkürliche Diskriminierung ist erforderlich. Also: Je mehr eine Gesellschaft den männlichen Interesses gemäß strukturiert ist, desto weniger Diskriminierung im Sinne des Differenzansatzes liegt vor.

Keine der heutigen westlichen Demokratien entspricht völlig diesem Modell der patriarchalischen Gesellschaft, aber alle weisen sie wesentliche Züge davon auf. Und wenn wir diese Formen der Ungerechtigkeit angehen wollen, dann müssen wir die Geschlechterungleichheit nicht als ein Problem der willkürlichen Diskriminierung, sondern der Beherrschung fassen. MacKinnon schreibt:

»Die Forderung, daß man denen gleichkommen muß, die den Maßstab gesetzt haben – und von denen man bereits sozial als verschieden definiert ist –, bedeutet schlicht und einfach, daß die Gleichstellung der Geschlechter grundsätzlich gar nicht erreicht werden kann. Diejenigen, die eine Gleichbehandlung am nötigsten hätten, sind sozial denen die Unähnlichsten, deren Maßstab bestimmt, der über den Anspruch auf Gleichbehandlung entscheidet. Theoretisch gesprochen: die tiefsten Probleme der Geschlechterungleichheit finden gar keine Frauen, die sich in ›ähnlichen Verhältnissen‹ wie Männer befinden. Noch viel weniger sind gezielte Diskriminierungen erforderlich.« (MacKinnon 1987: 44; vgl. Taub u. Schneider 1982: 134)

Die Unterdrückung der Frau ist also im Grunde keine Frage unbegründeter Unterscheidungen aufgrund des Geschlechts, sondern der männlichen Herrschaft, die Unterschiede der Geschlechter für die Verteilung von Begünstigungen maßgeblich macht, und zwar zum systematischen Nachteil der Frauen (MacKinnon 1987: 42; Frye 1983: 38).

Da es um Herrschaft geht, liegt die Lösung nicht nur in der Abschaffung der Diskriminierung, sondern in der Gewinnung von Macht. Die Gleichstellung verlangt nicht nur gleiche Chancen auf männlich definierte Rollen, sondern auch gleiche Macht, um weiblich definierte Rollen zu schaffen, oder Mittelrollen, die für beide Geschlechter gleich attraktiv sind. Das Ergebnis könnte wesentlich anders aussehen als unsere Gesellschaft oder die Gesellschaft mit gleichen Zugangsmöglichkeiten zu männlichen Institutionen, wie sie die heutige Anti-Diskriminierungs-Theorie im Auge hat. Bei Machtgleichheit in der Rollendefinition wären nicht die »männlichen« Tätigkeiten höherwertig als die »weiblichen« bestimmt worden. So wurden sogar die Rollen des männlichen und weiblichen Gesundheitspersonals von den Männern gegen den Willen der beteiligten Frauen umdefiniert. Mit der Professionalisierung der Medizin wurden die Frauen aus ihren herkömmlichen Rollen als Hebammen und Heilerinnen verdrängt und auf die Rolle der Krankenschwester verwiesen, die dem Arzt untergeordnet und niedriger bezahlt ist. Bei gleichberechtigter Mitsprache der Frauen wäre es gar nicht erst soweit gekommen. – Jetzt muß man wieder darüber nachdenken, wie die Frauen gleichgestellt werden sollen.

Aus der Herrschaftsperspektive wären viele Änderungen der Geschlechterbeziehungen notwendig. Doch welche Änderungen würde sie in unseren Theorien der Gerechtigkeit erfordern? Die meisten der in den vorhergehenden Kapiteln behandelten Theoretiker gehen stillschweigend oder ausdrücklich vom Differenzansatz aus. Weist das nun auf einen Fehler in ihren Grundsätzen oder bei deren Anwendung hin? Viele Feministinnen erblicken den Fehler schon in den Grundsätzen. Die »malestream«-Theoretiker (wie Mary O'Brien sie nennt)* auf der Rechten wie Linken, so lautet die Kritik, faßten die Gleichstellung so, daß die Unterordnung der Frauen nicht sichtbar werden könne. Manche Feministinnen sind sogar der Ansicht, man dürfe die Gerechtigkeit nicht mehr im Sinne

---

* male = männlich, Wortspiel mit mainstream = Hauptströmung, Anm. d. Ü.

der Gleichheit auffassen. Elizabeth Gross meint, damit die Frauen ihre sozialen Rollen selbst definieren können, sei ihr Ziel als eine Politik der Autonomie und nicht der Gleichheit zu bezeichnen:

»Zur Autonomie gehört, daß man seine Verhältnisse regeln kann, wie man will, und dazu kann eine Integration oder Verbindung mit anderen Gruppen und Individuen gehören oder auch nicht. Gleichheit dagegen bedeutet Messung an einem gegebenen Maßstab. Es ist die Übereinstimmung zweier (oder mehrerer) Gegenstände, von denen einer eindeutig die Rolle der Norm oder des Vorbilds spielt. Zur Autonomie dagegen gehört das Recht, solche Normen oder Maßstäbe im Einklang mit der eigenen Selbstdefinition anzuerkennen oder abzulehnen. Kampf um Gleichheit... bedeutet Anerkennung gegebener Maßstäbe und Erfüllung ihrer Erwartungen und Anforderungen. Kampf um Autonomie dagegen bedeutet das Recht, solche Maßstäbe zu verwerfen und neue zu schaffen.« (Gross 1986: 1993)

Für Gross muß die Gleichstellung der Geschlechter in Form der Beseitigung willkürlicher Diskriminierung angestrebt werden. Doch auch dieser »Herrschaftsansatz« zielt auf eine Form der Ungleichheit, und wenn man sich ihn zu eigen macht, dann ist die Autonomie Bestandteil der besten Theorie der Gleichstellung der Geschlechter und kein konkurrierender Wert. Die Forderung nach Autonomie der Frauen steht nicht ihm Gegensatz zu der tieferliegenden Idee der moralischen Gleichheit, sondern beruft sich auf sie, da sie fordert, daß die Interessen und Erfahrungen der Frauen gleiche Bedeutung bei der Gestaltung des sozialen Lebens haben sollen. Zillah Eisenstein drückt es so aus: »Gleichheit in diesem Sinne bedeutet Gleichwertigkeit als Mensch, nicht Gleichheit mit den Männern, wie sie heute sind, also Gleichheit mit den Unterdrückern.« (Eisenstein 1984: 254)

Der Herrschaftsansatz beruft sich also ebenso wie die mainstream-Theorie auf die Gleichheit. Versteht er sie aber auch ebenso? Deckt er sich z.B. mit der liberalen Anschauung von der Gütergleichheit? MacKinnon meint, er führe über die Grundsätze des Liberalismus hinaus. Stimmt das? Es stimmt, daß der ebenso wie die anderen »malestream«-Theorien dem Differenzansatz gehuldigt und damit die Unterordnung der Frauen nicht ernsthaft aufs Korn genommen hat. Man kann behaupten, damit hätten alle diese Theorien ihre eigenen Grundsätze verraten.[3] Die Unvereinbarkeit des Differenzansatzes mit liberalen Grundsätzen scheint ja auf der Hand zu liegen: Autonomie und Chancengleichheit, die absichtssensitive und ausstattungs-insensitive Güterverteilung schließen die herkömmliche Geschlechterteilung aus. Es dürfte keinen Grund geben, warum die Geschlechtsspezifität der bestehenden Rollen nicht von den Vertragspartnern im Rawlsschen Urzustand als Quelle von Ungerechtigkeit erkannt würde. Rawls selbst äußert sich zwar nicht darüber, wie seine Vertragsparteien die Gleichstellung der Geschlechter auffassen würden, doch andere haben behauptet, der Sinn seiner Konstruktion – die Beseitigung unverdienter Ungleichheiten und die Selbstbestimmung – verlange radikale Reformen. So meint Karen Green, das Interesse der Vertragspartner an Freiheit verlange die Neuverteilung der Hausarbeit (Green 1986: 31–35). Und Susan Okin meint, die Rawlsschen Vertragsparteien würden auf einer umfassenderen Berichtigung des Systems der Geschlechterdifferenzierung bestehen und sowohl die ungleiche häusliche Arbeitsteilung als auch die Verdinglichung der Sexualität beseitigen (Okin 1987: 67f.). Zu ähnlichen Ergebnissen bezüglich der Ungerechtigkeit der herkömmlichen Geschlechterrollen kommt man, wenn man sie am Dworkinschen Fairneßkriterium mißt (vgl. 3.5 oben).

Historisch haben die Liberalen zwar den Differenzansatz vertreten, aber nicht wegen falscher Grundsätze, sondern wegen ihrer falschen Anwendung. Das soll nicht heißen, sie hätten das Problem der Ungleichheit der Geschlechter gewissermaßen nur zufällig übersehen. Wenn sich die männlichen Theoretiker um den Herrschaftsansatz herumgedrückt haben, so stehen offensichtliche Interessen dahinter. Und wie wir sehen werden, wirft diese weitergehende Auffassung der Gleichstellung schwierige Fragen im Zusammenhang mit der Beziehung zwischen Öffentlichem und Privatem und zwischen Gerechtigkeit und Fürsorge auf.

7.2 Das Öffentliche und das Private

Wenden wir den Herrschaftsansatz auf die Frage der Gleichstellung der Geschlechter an, so ist eines der Hauptprobleme die ungleiche Verteilung der häuslichen Arbeit und die Beziehung zwischen häuslichen und beruflichen Verpflichtungen. Doch die theoretischen Hauptströmungen haben den Familienbeziehungen und ihrer Beurteilung nach Gerechtigkeitsmaßstäben keine Aufmerksamkeit geschenkt. So meinten die klassischen Liberalen, die Familie (mit dem Mann als Oberhaupt) sei biologisch determiniert, und die

Gerechtigkeit beziehe sich nur auf die vereinbarten Beziehungen zwischen Familien (Pateman 1980: 22–24). Die natürliche Gleichheit bezog sich für sie auf die Familienoberhäupter, der Gesellschaftsvertrag bezog sich auf die Beziehungen zwischen den Familien. Die Gerechtigkeit hatte mit der »öffentlichen« Sphäre zu tun, in der erwachsene Männer nach vereinbarten Grundsätzen miteinander in Beziehung traten. Die Familienbeziehungen gehörten zur »privaten« Sphäre, die von natürlichen Instinkten oder der Sympathie beherrscht war.

Die heutigen Theoretiker meinen nicht, daß nur Männer in der öffentlichen Sphäre handeln könnten. Doch die Gleichberechtigung der Geschlechter wird wie in der klassischen Theorie nach wie vor auf die Beziehungen außerhalb der Familie beschränkt. Die Gerechtigkeitstheorien sparen weiter die Familie aus, sie gilt weiter als ein wesentlich naturhafter Bereich. Und als die natürliche Familie gilt immer noch stillschweigend oder ausdrücklich die herkömmliche mit dem Mann als Oberhaupt, in der die Frau die unbezahlte Haus- und Reproduktionsarbeit leistet. So betonte zwar J. St. Mill, die Frauen seien auf allen Gebieten zu gleichen Leistungen wie die Männer befähigt, doch er ging davon aus, daß sie weiter die Hausarbeit verrichten würden. Diese Arbeitsteilung in der Familie »existiert schon durch Konsens, oder jedenfalls nicht von Gesetzes wegen, sondern aufgrund der allgemeinen Gewohnheit«, und er verteidigt das als »die geeignetste Arbeitsteilung zwischen den beiden Menschen«:

»Wie bei der Berufswahl eines Mannes übernimmt nach allgemeinem Verständnis die Frau bei der Heirat in erster Linie die Aufgaben des Haushalts und der Aufzucht einer Familie auf genau so viele Jahre, wie dies nötig ist; und sie verzichtet nicht überhaupt auf andere Interessen und Beschäftigungen, jedoch auf alles, was sich mit obigem nicht verträgt.« (Mill/Mill 1970: 179)

So deutlich äußern sich die heutigen Theoretiker zwar nur selten, aber stillschweigend gehen sie von der gleichen Auffassung aus (oder jedenfalls verlieren sie kein Wort über eine Entlohnung oder andere Verteilung der Hausarbeit). Wenn etwa Rawls davon spricht, daß die Familie eine der unter eine Gerechtigkeitstheorie fallenden sozialen Institutionen sei, setzt er sie einfach als gerecht voraus und geht dann zu gerechten Verteilungen der »Haushaltseinkommen« über, die den »Haushaltsvorständen« zufließen, so daß Gerechtigkeitsfragen für die Innenverfassung der Familie gar nicht gestellt werden können.[4]

Das gilt selbst für einen großen Teil des liberalen Feminismus, der »die Aufteilung in die öffentliche und die private Sphäre anerkannte und nach Gerechtigkeit in erster Linie in der öffentlichen Sphäre strebte« (Evans 1979: 19).

Die Beschränktheit jeder Analyse der Gleichstellung der Geschlechter, die die Familie vernachlässigt, ist immer deutlicher geworden. Wie wir sahen, führt der »doppelte Arbeitstag« der Frauen dazu, daß sie häufig niedrigbezahlte Teilzeittätigkeiten verrichten, was sie wiederum wirtschaftlich abhängig macht. Doch auch wenn für alle ein gleichhohes Einkommen garantiert würde, bestünde immer noch die Ungerechtigkeit, daß die Frauen zwischen Familie und Beruf wählen müssen und die Männer nicht. Mills Auffassung, die Frau, die eine Ehe eingeht, übernehme eine Vollzeitbeschäftigung wie der Mann mit seinem Beruf, ist erstaunlich unbillig. Der Mann geht ja auch die Ehe ein – warum sollte sie sich für ihn so anders auswirken als für die Frau? Familie und Beruf sollten sich nicht ausschließen, die Folgen sollten von Männern und Frauen gleichermaßen getragen werden.

Des weiteren ist zu fragen, warum die Hausarbeit so wenig öffentliche Anerkennung findet. Auch wenn sich Männer und Frauen die unbezahlte Hausarbeit teilen würden, wäre das kaum eine wirkliche Gleichstellung der Geschlechter, wenn der Grund für die Nichtbezahlung die kulturelle Abwertung der »Frauenarbeit« oder alles »Weiblichen« wäre. Sexismus kann nicht nur in der Aufteilung der Hausarbeit, sondern auch in ihrer Bewertung vorhanden sein. Da die Abwertung der Hausarbeit mit der Abwertung der Frauenarbeit überhaupt zusammenhängt, muß sich also der Kampf um die bessere Achtung der Frauen auch auf größere Achtung ihres Beitrages zur Familie richten. Die Familie steht also im Mittelpunkt der kulturellen Abwertung und wirtschaftlichen Abhängigkeit der herkömmlichen Frauenrollen. Kein Wunder, daß die Männer in fast allen Ehen die größere Macht bei Entscheidungen über Arbeit, Freizeit, Sexualität, Konsum usw. haben und diese in einer nicht zu vernachlässigenden Minderzahl von Fällen auch in Form angedrohter oder ausgeführter häuslicher Gewalt durchsetzen (Okin 1989b: 128–130).

Die Familie ist daher ein wichtiger Ort des Kampfes um die Gleichstellung der Geschlechter. Die Feministinnen sind sich zunehmend darin einig, daß sich der Kampf um die Gleichstellung über die öffentliche Diskriminierung hinaus auf die Frage der Hausarbeit und die Abwertung der Privatsphäre richten muß. Carole Pateman meint sogar: »Der feministischen Bewegung geht es letzten Endes ... um nichts anderes als um die Trennung zwischen dem Öffentlichen und dem Privaten.« (Pateman 1987: 103)

Ein Abbau der Ungerechtigkeit in der Privatsphäre würde erhebliche Veränderungen im Familienleben erfordern. Welche Veränderungen erfordert er aber in den Gerechtigkeitstheorien? In der Ausblendung der Familie aus den Gerechtigkeitstheorien kann man, wie wir sahen, einen Verrat an den liberalen Grundsätzen der Autonomie und Chancengleichheit erblicken. Nach einigen feministischen Kritikerinnen beruht dieser auf der Trennung einer öffentlichen und privaten Sphäre, wobei die Familie als Zentrum der letzteren gilt. So meint Jaggar, weil das liberale Recht auf die Privatsphäre »die persönliche Intimität von Heim, Familie, Ehe, Mutterschaft, Fortpflanzung und Kindererziehung umfaßt und schützt«, seien alle liberalen Tendenzen, in der Familie mehr Gerechtigkeit zu schaffen, »eine klare Abweichung von dieser herkömmlichen liberalen Vorstellung von der Familie als dem Zentrum des Privatlebens... Wenn nun das liberal-feministische Streben nach Gerechtigkeit den Respekt vor dem sogenannten Privatleben zunehmend in den Hintergrund drängt, könnte man sich allmählich fragen, ob die Grundwerte des Liberalismus letzten Endes überhaupt miteinander verträglich sind.« (Jaggar 1983: 199) Das heißt, die Liberalen müssen entweder die Gleichstellung der Geschlechter oder die Unterscheidung zwischen öffentlich und privat aufgeben.

Es ist aber gar nicht so klar, ob »die herkömmliche liberale Vorstellung« in der Familie »das Zentrum des Privatlebens« sieht. Vielmehr gibt es im Liberalismus zwei verschiedene Auffassungen der Unterscheidung zwischen öffentlich und privat: die eine, sie geht auf Locke zurück, ist die zwischen dem Politischen und dem Sozialen; die andere, die auf die romantisch beeinflußten Liberalen zurückgeht, ist die zwischen dem Sozialen und dem Persönlichen. Keine ordnet die Familie ausschließlich der Privatsphäre zu oder nimmt sie aus jeder Rechtsreform heraus. Vielmehr liefern beide Unterscheidungen eigentlich Gründe zur Kritik der herkömmlichen Familie, doch die Liberalen haben sie nicht auf die Familie angewandt und deren Rolle im öffentlichen wie im privaten Leben überhaupt vernachlässigt.

Staat und bürgerliche Gesellschaft

Ein Beispiel für die erste Form der liberalen Unterscheidung zwischen öffentlich und privat ist Constants Unterscheidung zwischen antiker und moderner Freiheit. Erstere bestand in der aktiven Beteiligung an der Ausübung der politischen Macht, nicht in einem friedlichen Genuß persönlicher Unabhängigkeit. Die Athener waren frei, weil sie sich gemeinsam selbst regierten, doch sie hatten keine persönliche Unabhängigkeit und keine bürgerlichen Freiheiten, sondern sollten sich in den Dienst der polis stellen. Die moderne Freiheit dagegen besteht im privaten Glücksstreben in den persönlichen Betätigungen und Beziehungen, ungehindert durch die Eingebundenheit in Staatsgeschäfte. Die Menschen der Antike opferten die private Freiheit dem politischen Leben, die Modernen sehen in der Politik ein notwendiges Mittel (und manchmal ein Opfer) zum Schutz ihres Privatlebens. Der Liberalismus orientiert sich an der modernen Freiheit, indem er die öffentliche Gewalt des Staates scharf von den privaten Beziehungen der bürgerlichen Gesellschaft trennt und den Eingriffsmöglichkeiten des Staates strenge Grenzen setzt.

Diese Betonung des Privatlebens wurde oft als antisozial kritisiert. So meinte Marx, die vom liberalen Staat betonten Rechte des einzelnen seien die Freiheiten »des Menschen als isolierter auf sich zurückgezogener Monade. (...) Das Menschenrecht der Freiheit basiert nicht auf der Verbindung des Menschen mit dem Menschen, sondern vielmehr auf der Absonderung des Menschen von dem Menschen. Es ist das *Recht* auf diese Absonderung.« (MEGA-B, I,2, S. 157f; »Zur Judenfrage«).

Doch in Wirklichkeit geht die liberale Sicht von der menschlichen Soziabilität aus. Nancy Rosenblum bemerkt:

> »Diese Grenzziehung zwischen den Sphären bedeutet nicht, daß das Privatleben völlig apolitisch oder antisozial wäre. Leben in der bürgerlichen Gesellschaft bedeutet keinen vorsozialen Naturzustand oder antisozialen Zustand der Isolierung und Distanz... Die private Freiheit gewährt Schutz vor der Überwachung und den Eingriffen der Vertreter des Staates, sie vervielfacht die Möglichkeiten für private Vereinigungen und Verbindungen... Die private Freiheit zielt keineswegs auf Teilnahmslosigkeit, sondern soll die öffentliche Diskussion und die Bildung von Gruppen begünstigen, die den einzelnen den Zugang zu größeren sozialen Kontexten und zum Staat vermitteln.« (1987: 61)

Wenn der Staat die Menschen in der »vollkommenen Unabhängigkeit« des Privatlebens läßt, dann überläßt er sie nicht der Isolation, sondern der Freiheit, »Vereinigungen und Verbindungen« zu bilden; Rawls nennt sie »freie soziale Vereinigungen«. Weil wir soziale Wesen sind, benutzen die einzelnen ihre Freiheit dazu, sich mit anderen zur Verfolgung gemeinsamer Ziele zu vereinigen. Die Freiheit beruhte für die klassischen Liberalen allerdings auf der »Vereinigung von Menschen mit Menschen«, aber sie hielten die Ergebnisse der freien Vereinigung von Menschen in der bürgerlichen Gesellschaft für unverfälschter und freier als die erzwungene Einheit politisch gesteuerter Vereinigungen. Das liberale Ideal des privaten Lebens war nicht der Schutz des einzelnen vor der Gesellschaft, sondern die Befreiung der Gesellschaft von politischen Eingriffen. Der Liberalismus ist eher »die Verherrlichung der Gesellschaft« als antisozial, denn die Liberalen »betrachteten das soziale Leben als die höchste Form menschlicher Errungenschaften und die unabdingbare Voraussetzung für die Entwicklung von Moral und Vernunft«, während das Politische reduziert wurde auf »das harte Symbol des Zwanges, der zur Aufrechterhaltung geordneter sozialer Vorgänge nötig ist« (Wolin 1960: 363, 369, 291; vgl. Holmes 1989: 248; Schwartz 1979: 245).

Die eigentliche Frage bei der Beurteilung dieser Trennung von öffentlich und privat ist nicht, wie sehr die Einzelnen die Gesellschaft für ihre Freiheit brauchen, sondern wie weit soziale Wesen den Staat für ihre Freiheit brauchen. Wie wir in Kapitel 6.4 sahen, wurde dieser Punkt von den kommunitaristischen Kritikern des liberalen »Atomismus« verschleiert. Doch wenn Aristoteles den Menschen ein zoon politikon nannte, meinte er damit nicht einfach ein soziales Wesen. »Das natürliche, gesellschaftliche Zusammenleben des Menschengeschlechts galt als eine dem Menschen durch die Notwendigkeit seines biologischen Lebendigseins auferlegte Begrenzung, gerade weil diese Notwendigkeiten ja offenbar für das menschliche Leben die gleichen sind wie für andere Formen organischen Lebens.« (Arendt 1959: 24) Das politische Leben aber war etwas Höheres als das bloß soziale.

Verschiedentlich wurde versucht, anstelle der liberalen Verherrlichung der Gesellschaft wieder die Politik als die höhere Form des Lebens zu inthronisieren. Doch der liberale Standpunkt zieht sich durch die ganze Moderne und wird noch von seinen radikalsten Kritikern stillschweigend geteilt (Wolin 1960: 290, 414–416). »Auf keinen Fall konnte man daher unter Politik etwas verstehen, was für das Wohlergehen der Gesellschaft notwendig war – ob es sich nun um eine Gesellschaft der Gläubigen handelte wie im Mittelalter, oder eine Gesellschaft von Eigentümern wie bei Locke, oder eine Erwerbsgesellschaft wie bei Hobbes, oder eine Gesellschaft von Produzenten wie bei Marx, oder eine Gesellschaft von jobholders wie in der modernen Gesellschaft der westlichen Länder, oder eine Gesellschaft von Arbeitern wie in sozialistischen oder kommunistischen Ländern. In allen diesen Fällen ist es die Freiheit der Gesellschaft, die eine Beschränkung der politischen Machtvollkommenheit verlangt und rechtfertigt. Freiheit hat ihren Sitz im Gesellschaftlichen, während Zwang und Gewalt im Politischen lokalisiert sind.« (Arendt 1981: 33) Hier, wie auch in der Frage der moralischen Gleichheit, hat der Liberalismus einfach die historische Diskussion für sich entschieden, und alle weitere Diskussion spielt sich gewissermaßen innerhalb der Grenzen der liberalen Grundpositionen ab.

Das ist die erste Form der liberalen Unterscheidung zwischen öffentlich und privat. Die Feministinnen haben gegen sie verschieden Einwände vorgebracht. Der schärfste lautet, in den meisten liberalen Beschreibungen scheine die soziale Sphäre nur aus erwachsenen (und gesunden) Männern zu bestehen, es sei keine Rede von der Arbeit, die zu ihrer Erzeugung und Ernährung nötig ist und die hauptsächlich von Frauen und hauptsächlich in der Familie geleistet werde. Pateman bemerkt: »Der Liberalismus stellt sich die bürgerliche Gesellschaft losgelöst vom häuslichen Leben vor«, daher »bleibt dieses in der theoretischen Diskussion ›vergessen‹. Die Trennung von privat und öffentlich wird so als eine Trennung innerhalb...der Männerwelt [dargestellt], und zwar nicht nur als die zwischen Privatem und Öffentlichem, sondern z. B. auch zwischen ›Gesellschaft‹ und ›Staat‹ oder ›Wirtschaft‹ und ›Politik‹ oder ›Freiheit‹ und ›Zwang‹ oder ›Sozialem‹ und ›Politischem‹« (Pateman 1987: 107), lauter Trennungslinien »innerhalb der Männerwelt«.

Das häusliche Leben paßt weder in den Bereich der Gesellschaft noch in den des Staates. Warum ist die Familie aus der bürgerlichen Gesellschaft ausgeschlossen? Man kann nicht antworten, weil sie zur privaten Sphäre gehöre, denn ihr, der Sphäre der liberalen Freiheit, wurde sie gerade nicht zugerechnet. Diese Ausblendung der Familie überrascht in einer Beziehung, denn diese ist schließlich eine soziale Institution par excellence, die auf eben jener Kooperation beruhen könnte, die die Liberalen in der übrigen Gesellschaft so hochschätzten, aber tatsächlich tief im Sumpf jener Beschränkungen steckte, die die Liberalen am Feudalismus verabscheuten. Trotzdem haben sich die Liberalen, denen es um den Schutz des sozialen Lebens und seine Öffnung für die Männer ging, weder darum gekümmert, daß das häusliche Leben nach den Grundsätzen von Gleichheit und Zustimmung organisiert sein müsse, noch darum, daß es den Frauen nicht den Zugang zu anderen Formen des sozialen Lebens erschwere. Warum zeigten die Liberalen, die sich gegen die Hierarchie in Wissenschaft, Religion, Kultur und Wirtschaft wandten, kein Interesse, dieses Engagement auch auf die häusliche Sphäre zu übertragen?[5]

Die naheliegendste Erklärung lautet, daß die männlichen Philosophen kein Interesse daran hatten, eine für sie vorteilhafte geschlechtsspezifische Arbeitsteilung in Frage zu stellen. Das wurde mit der Annahme gerechtfertigt, die Rollenverteilung sei biologisch festgelegt, und zwar entweder, weil die Frau überhaupt minderwertig sei, oder später im Sinne der Ideologie, daß die natürliche Gefühlsbindung zwischen Mutter und Kind mit den für das soziale und politische Leben nötigen Charaktereigenschaften unverträglich sei (Okin 1981). Die meisten liberalen Theoretiker haben sich zwar auf eine dieser beiden Voraussetzungen gestützt, doch es sind keine ausgesprochen liberalen Auffassungen, und es gibt keine logische oder historische Verbindung zwischen ihnen und der liberalen Unterscheidung zwischen Staat und Gesellschaft.

Die traurige Wahrheit ist, daß fast alle Politiktheoretiker der westlichen Tradition, was auch ihre Auffassung zur Unterscheidung zwischen Staat und Gesellschaft war, eine dieser Begründungen für die Ablösung des häuslichen Lebens von der übrigen Gesellschaft und seine Zuweisung an die Frauen benutzt haben. Kennedy und Mendus bemerken: »In fast allen Beziehungen sind die Theorien von Adam Smith und Hegel, von Kant und Mill, von Rousseau und Nietzsche himmelweit voneinander entfernt, aber bei der Behandlung der Frauen bilden diese Philosophen eine überraschend einheitliche Front.« Die männlichen Theoretiker an fast jeder Stelle des politischen Spektrums betrachteten »die Beschränkung der Frauen auf die private [häusliche] Sphäre als gerechtfertigt aufgrund der partikularistischen, emotionalen, nichtuniversalen Natur der Frau. Da sie nur Liebe und Freundschaft kenne, wäre sie im politischen Leben gefährlich, sie wäre vielleicht fähig, das öffentliche Interesse einer persönlichen Bindung oder privaten Vorliebe zu opfern.« (Kennedy/Mendus 1987: 3 f., 10) Das heißt also, die Liberalen haben die Trennung zwischen häuslicher und öffentlicher Sphäre aus den gleichen

Gründen befürwortet wie die Antiliberalen und nicht im Namen einer Trennung zwischen öffentlicher und privater Sphäre.[6]

Die Theoretiker, die die liberale Unterscheidung von öffentlich und privat abgelehnt haben, tendierten sogar zu einer Verschärfung der herkömmlichen Trennung von häuslicher und öffentlicher Sphäre. So kannten die alten Griechen nicht die von den Liberalen hochgehaltene Privatsphäre, wohl aber eine scharfe Trennung zwischen dem Haushalt und der öffentlichen Sphäre, die die Frauen in der Öffentlichkeit nicht in Erscheinung treten ließ (Elshtain 1981: 22; Kennedy/Mendus 1987: 6): »Das griechische Denken hat diese seinem politischen Bewußtsein zugrunde liegenden Unterscheidungen [zwischen häuslich und öffentlich] mit unvergleichlicher Klarheit und Präzision zum Ausdruck gebracht.« (Arendt 1981: 37) Ähnlich Rousseau, der die liberale Trennung von öffentlich und privat ablehnte, aber seine Vision einer integrierten Gesellschaft so darstellte, »als wäre sie völlig männlich und sollte es sein, gestützt von der privaten weiblichen Familienstruktur« (Eisenstein 1981: 77; vgl. Elshtain 1981: 165; Pateman 1975: 464). Er schloß sich sogar der griechischen Auffassung an, daß die Frau »nach ihrer Heirat aus dem öffentlichen Leben verschwindet und sich in ihren vier Wänden dem Haushalt und der Familie widmet. Das ist die für die Frauen von der Natur und der Vernunft gleichermaßen vorgezeichnete Lebensweise.« (Rousseau nach Eisenstein 1981: 66) Und während Hegel die liberale »radikale Trennung« der öffentlichen und privaten Sphäre ablehnte, bildet seine Theorie »das anschaulichste Beispiel dafür, wie man die Fähigkeiten der Frauen auf die gefühlsbeherrschte häusliche Familie festlegte und damit ihre Unterordnung, mangelnde Bildung und ihren Ausschluß aus den öffentlichen Sphären des Marktes, des bürgerlichen und des geistigen Lebens rechtfertigte« (Elshtain 1981: 176; Okin 1981: 85).

Die liberale Unterscheidung zwischen öffentlich und privat ist also etwas anderes als die zwischen häuslich und öffentlich. Gibt es irgendwelche feministischen Gründe, die liberale Unterscheidung zwischen Staat und Gesellschaft abzulehnen, wenn sie von der zwischen häuslich und öffentlich unterschieden wird? Viele heutige Feministinnen erkennen die wesentlichen Züge der liberalen Sicht des Verhältnisses zwischen Staat und Gesellschaft und somit zwischen öffentlich und privat an.[7] Die griechische Hochschätzung des Politischen beruht gerade auf einem Dualismus von Natur und Kultur, wie ihn der Feminismus als Wurzel der Abwertung der Frau in unserer Gesellschaft ansieht. Eine wichtige Form davon, besonders was das Kindergebären und -aufziehen betrifft, ist der Gedanke, es sei etwas bloß Natürliches, eine Sache des biologischen Instinkts und nicht des kulturellen Wissens. So haben die Frauen mit den bloß animalischen Funktionen der Hausarbeit zu tun, während die Männer zu einem wirklich menschlichen Leben gelangen, indem sie sich Tätigkeiten gemäß den kulturellen Zielen und nicht den natürlichen Instinkten widmen.

Daß die Politik eine höhere Form des Lebens sei, stützt sich auf die Anschauung, das soziale Leben sei, wie auch das häusliche, verstrickt »in die heteronome Sphäre von Einzelbedürfnissen, -interessen und -wünschen« (Young 1993: 272). Für die Griechen verbleibt das soziale Leben im »vorgeschriebenen Kreislauf der Natur (...) zwischen Mühsal und Ruhe, zwischen Arbeit und Verzehr, zwischen Lust und Unlust mit derselben ungestörten und unstörbaren, grundlosen und zweckfreien Gleichmäßigkeit, mit der Tag und Nacht, Leben und Tod aufeinanderfolgen« (Arendt 1981: 97). Diese »zweckfreie Gleichmäßigkeit« des täglichen Lebens ist letztlich nichtig, sie versinkt wieder in dem Staub, aus dem sie gekommen ist. Nur die Politik rettet den Bürger »vor der Nichtigkeit des individuellen Lebens« (ebd.: 56). Weil sich die Politik über die »naturhaften Zyklen« zu erheben versucht, »lag es auf der Hand, daß die Bewältigung des Lebensnotwendigen im Haushalt die Bedingung der Freiheit für die polis war... Das häusliche Leben existierte um des ›guten Lebens‹ in der polis willen.« (ebd.: 30f., 38). »Keiner nur dem Zweck des Lebensunterhaltes und der Erhaltung des Lebensprozesses dienenden Tätigkeit war es gestattet, in dem politischen Raum zu erscheinen...« (ebd.: 37) Man kann sich kaum eine Auffassung vom öffentlichen Leben vorstellen, die in stärkerem Gegensatz stünde zu Adrienne Richs Darstellung der Frauenarbeit als »Welt-Schutz, Welt-Erhaltung, Welt-Instandsetzung... das unsichtbare Weben eines abgetragenen, fadenscheinigen Familienlebens« (Rich 1979: 205).

Da ferner der Vorrang der Politik vor der Gesellschaft oft an ihrer angeblichen Universalität und Gemeinschaftsorientierung festgemacht wird, verlangt deren Schutz die Trennung der Politik vom Reich der Partikularität, und das bedeutete immer: von der häuslichen Sphäre. Iris Young bemerkt:

»Die Verherrlichung eines öffentlichen Bereiches der mannhaften Tugenden und einer Staats-Bürgerschaft als Unabhängigkeit, Allgemeinheit und leidenschaftslose Vernunft brachte mit sich, daß die Privatsphäre der Familie als der

Ort geschaffen wurde, auf den Emotionen, Empfindungen und körperliche Bedürfnisse beschränkt bleiben mußten. Die Allgemeinheit des Öffentlichen beruht also auf dem Ausschluß der Frauen ...« (Young 1993: 272)

Im Unterschied zu den Griechen, die die Politik als die Überschreitung der Natur schätzten, und den Hegelianern, die sie als die Überschreitung der Partikularität schätzten, sehen Feministinnen und Liberale in der öffentlichen Macht ein Mittel zum Schutz partikularer Interessen und Bedürfnisse.

Das bedeutet nicht, daß sich Feministinnen und Liberale über alle Seiten des Verhältnisses von Staat und Gesellschaft einig wären. Auch wenn man sich darin einig ist, daß die öffentliche Gewalt durch die Förderung der privaten Interessen in der bürgerlichen Gesellschaft gerechtfertigt werden sollte, ist noch Raum für viele Meinungsverschiedenheiten. Einmal kann man der Auffassung sein, das soziale Leben sei nicht so stabil und anpassungsfähig, wie die Liberalen meinen. Man könnte etwa meinen, die einzelnen würden nicht von sich aus das ihnen übermittelte Gewebe der sozialen Beziehungen aufrechterhalten, sondern in alle sozialen Bindungen so schnell ein- und wieder aussteigen, daß sich die Gesellschaft auflösen würde, wenn nicht der Staat aktiv zur Erhaltung sozialer Gruppen beitrüge. Das ist letzten Endes die Botschaft der Kommunitaristen, die trotz ihrer Betonung der menschlichen Soziabilität in Wirklichkeit davon ausgehen, daß die Menschen vom Staat in das soziale Leben hineingeführt werden müßten (6.4.b oben). Man kann also der Meinung sein, der Staat sollte auf die Aufrechterhaltung bestimmter sozialer Bindungen, darunter der familiären, hinwirken und den Ausstieg aus ihnen erschweren.

Zweitens könnte man die liberale Überzeugung anzweifeln, wenn jeder freien und fairen Zugang zu den Möglichkeiten der Meinungsäußerung und der Vereinigung hat, dann werde die Wahrheit über den Irrtum und das Verständnis über das Vorurteil siegen, ohne daß der Staat diese kulturellen Entwicklungen beaufsichtigen müsse. Die Liberalen neigen zu der Annahme, bei Bürgerfreiheit und materieller Gleichheit könne keine kulturelle Unterdrückung fortbestehen. Doch es könnte falsche und schädliche Kulturprodukte geben, die gegen soziale Kritik immun sind und in einem freien und fairen Konkurrenzkampf mit der Wahrheit bestehen und gedeihen können. Die Pornographie und andere kulturelle Darstellungen der Frau sind ein Beispiel. Die Liberalen meinen, wenn die Pornographie die

Frauen nicht schädigt, dann sei ihre falsche Darstellung der Sexualität kein Grund für ihre Unterdrückung, nicht weil Ideen keine Macht hätten, sondern weil die Rede- und Vereinigungsfreiheit in der bürgerlichen Gesellschaft ein besseres Versuchsfeld für Ideen sei als der staatliche Zwangsapparat. Manchen könnte das als ungebührlich naiv erscheinen, als könne die freie Rede kulturelle Unterdrückung ausmerzen. MacKinnon fragt, wenn die freie Rede auf die Wahrheit hinführe, »warum ertrinken wir dann heute, wo es mehr Pornographie gibt als je zuvor, in allen diesen Lügen?« (MacKinnon 1987: 155) Ihrer Meinung nach zeigt dieses Vertrauen auf die freie Rede, daß »die liberale Moral nicht mit Illusionen fertig wird, die die Wirklichkeit *konstituieren*« (ebd.: 162).

Diese möglichen Streitpunkte zwischen Liberalen und Feministinnen sind zwar von großer Bedeutung (und berühren einige der empirischen Fragen zu Staat und Kultur, mit denen ich mich am Ende des vorigen Kapitels beschäftigt habe), doch liegt ihnen eine gemeinsame Überzeugung vom Vorrang des sozialen Lebens vor der Politik zugrunde.

Das Persönliche und das Soziale: das Recht auf die Privatsphäre

Zu der ursprünglichen liberalen Trennung von öffentlich und privat kam in den letzten hundert Jahren eine zweite hinzu, nämlich die zwischen dem Persönlichen oder der Intimsphäre und dem Öffentlichen im Sinne von Staat und bürgerlicher Gesellschaft. Sie begann vor allem bei den Romantikern, nicht den Liberalen, und zwar zum Teil als Reaktion auf die liberale Verherrlichung der Gesellschaft. In dieser sahen die klassischen Liberalen das eigentliche Reich der persönlichen Freiheit, während die Romantiker die Auswirkungen der sozialen Konformität auf die Individualität im Auge hatten. Diese sahen sie nicht nur durch den politischen Zwang bedroht, sondern auch durch den, wie es schien, allgegenwärtigen Druck der sozialen Erwartungen. Für die Romantiker bedeutete das »Private«

»Loslösung von der weltlichen Existenz, Persönlichkeitsentwicklung, Selbstverwirklichung und künstlerisches Schaffen ... Im klassischen liberalen Denken dagegen bezog sich ›privat‹ nicht auf den Rückzug der Person, sondern auf die Gesellschaft als Bereich freier vernünftiger Tätigkeit, nicht des freien Ausdrucks. Diese Sphäre schützt der Liberalismus durch Beschränkung der Staatsgewalt und bürgerliche Freiheiten. Reine Romantik und herkömmlicher Liberalismus unterscheiden sich nicht nur in ihrer Auffassung des privaten Lebens, sondern auch durch ihre Beweggründe für die Abgrenzung einer geschützten Privatsphäre.« (Rosenblum 1987: 59)

Die Romantiker rechneten das soziale Leben zur Öffentlichkeit, weil auch die nichtpolitische Gesellschaft den einzelnen dem Urteil und möglichen Druck anderer aussetzt. Die Gegenwart anderer kann ablenkend, beunruhigend oder einfach ermüdend sein. Man braucht Zeit für sich selbst, fern vom öffentlichen Leben, zur Betrachtung, zum Umgang mit unpopulären Ideen, zur Erholung der Kräfte und zur Pflege enger menschlicher Beziehungen. Hier kann das soziale Leben ebenso fordernd sein wie das politische. Ja, die moderne Privatsphäre in ihren wichtigsten Funktionen, dem Schutz der Intimität, wurde als Gegensatz nicht zur politischen, sondern zur sozialen Sphäre entdeckt (Arendt 1981: 39; vgl. Benn/Gaus 1983: 53). Daher sahen die Romantiker »jede formelle Verbindung mit anderen außer für Intimbeziehungen wie Freundschaft und Liebe« als eine öffentliche an (Rosenblum 1987: 67).

Diese zweite Unterscheidung zwischen öffentlich und privat entstand zwar im Gegensatz zum Liberalismus, doch die modernen Liberalen haben sich viel von der romantischen Auffassung zu eigen gemacht und versucht, die Betonung des sozialen Drucks mit der klassisch-liberalen Betonung der sozialen Freiheit zusammenzubringen. Die romantische Hervorhebung des Privaten entsprach auch liberalen Befürchtungen wegen der Macht von Gruppen über ihre Mitglieder in Berufsorganisationen, Gewerkschaften, Schulen usw. und wegen des sozialen Konformitätsdrucks überhaupt, gegen den die Pluralität der Vereinigungen und der Markt der Kultur der Individualität zu wenig Schutz bot. So möchte der moderne Liberalismus nicht nur die private Sphäre des sozialen Lebens schützen, sondern innerhalb von ihr noch eine Sphäre abgrenzen, die Sphäre der privaten Intimität. Privates Leben heißt heute für die Liberalen sowohl aktive Beteiligung an den Institutionen der bürgerlichen Gesellschaft, wie für die klassischen Liberalen, als auch persönlichen Rückzug aus diesem geordneten sozialen Leben, wie für die Romantiker.[8]

Diese zweite Form der liberalen Unterscheidung zwischen öffentlich und privat wird oft in Form ihrer juristischen Einkleidung als »Recht auf die Privatsphäre« diskutiert, und wie die erste Unterscheidung hat sie feministische Kritik auf sich gezogen. In der höchstrichterlichen Entscheidung, die dem Recht auf die Privatsphäre Verfassungsrang verlieh (*Griswold v. Connecticut*, 381 US 479 (1965)), wurde zunächst ein Sieg für die Frauen gesehen, da sie Gesetze, die verheirateten Frauen Verhütungsmittel vorenthalten, zu einer Verletzung des Rechts auf die Privatsphäre erklärte. Doch seither hat sich gezeigt, daß dieses Recht in seiner Interpretation durch das Oberste Gericht der Vereinigten Staaten auch ein Hindernis für weitere Veränderungen der häuslichen Unterdrückung der Frauen sein kann, wenn nämlich jede Einmischung von außen in die Familie als eine Verletzung dieses Rechtes gewertet wird. Darunter fallen staatliche Maßnahmen zum Schutz der Frauen vor Mißhandlung, Klagerecht wegen mangelnder wirtschaftlicher Unterstützung oder offizielle Anerkennung des Wertes der Hausarbeit (Taub/Schneider 1982: 122). Das Recht auf die Privatsphäre »stärkt die Trennung zwischen öffentlich und privat, die ... die Privatsphäre einer öffentlichen Korrektur entzieht und die Unterdrückung der Frauen in ihr entpolitisiert« (MacKinnon 1987: 102).

Daher hat diese zweite Unterscheidung zwischen öffentlich und privat die Tendenz gefestigt, die Familienbeziehungen keinen öffentlichen Gerechtigkeitsmaßstäben zu unterwerfen. Merkwürdig an der Auffassung des Obersten Gerichts ist, daß sie das Recht auf die Privatsphäre der Familie als ganzer und nicht ihren einzelnen Mitgliedern zuschreibt, die somit keinen Anspruch auf eine Privatsphäre innerhalb der Familie haben, insbesondere auch nicht die Frau. Der Staat darf nicht einmal etwas zur Förderung ihrer Selbständigkeit in der Familie tun.

In einigen Fällen hat das Oberste Gericht ausdrücklich auf die *individuelle* Privatsphäre der Frau auch innerhalb der Familie abgehoben, doch das scheinen Ausnahmen zu sein (Eichbaum 1979). Wie erklärt sich die Ausblendung der Familienbeziehungen? Daß die Familie als das Herzstück des Privatlebens gesehen wird, kann nicht die Antwort sein, weil gerade innerhalb von ihr der Begriff der Privatsphäre nicht angewandt wird. June Eichbaum meint sogar, eine der Familie als ganzer zukommende Privatsphäre widerspreche dem Sinn eines Rechts auf Privatsphäre: »Ein Recht auf Privatsphäre, das das Interesse eines Kollektivs, der Familie, auf Kosten der Autonomie des einzelnen schützt, geht an dem menschlichen Bedürfnis nach einer Privatsphäre überhaupt vorbei und verfälscht notwendig deren tiefere Bedeutung.« (Eichbaum 1979: 368) Die Frauen (und Kinder) bekommen so keine Sphäre garantiert, in die sie sich vor den anderen zurückziehen oder in der sie sich deren Erwartungsdruck entziehen können.

Warum hat das Oberste Gericht die Familie als ganze zum Bezugspunkt genommen? Möglicherweise spielen hier noch herumgeisternde vorliberale Vorstellungen von der Naturbedingtheit der herkömmlichen Familie eine Rolle. Das wird aus der langen Tradition gerichtlicher Verteidigungen der Unantastbarkeit der Familie deutlich, in der das »Recht auf Privatsphäre« nur das letzte Glied ist. Die älteste Verteidigung der familienbezogenen Privatheit war die Doktrin vom pater familias, die »den Familienhaushalt als Fortsetzung der Person des pater familias« ansah, so daß »eine Einmischung in die Familiendinge eines Mannes eine Einmischung in seine persönliche Privatsphäre war..., im Grunde nichts anderes als wenn man von ihm verlangt hätte, öfter zu baden« (Benn/Gaus 1983: 38). Nach dieser Doktrin wurde die Frau mit der Heirat zum Eigentum des Mannes und hörte auf, juristische Person zu sein; ihre Interessen wurden von der Familie bestimmt und geschluckt, die als ihr natürlicher Ort galt. Allmählich wurden auch Rechte anderer Familienmitglieder anerkannt und die Macht des Vaters in Frage gestellt. Doch die Doktrin vom pater familias wurde noch in den 1920er Jahren von konservativen Gerichten in Form einer Lehre von der »Familienautonomie« erneut bestätigt. Der Haushalt war zwar nicht Eigentum des Vaters, doch die Grundstruktur der herkömmlichen Familie erfuhr keinerlei rechtliche Reform, weil sie als Hochburg der Kultur und Voraussetzung der sozialen Stabilität angesehen wurde (s. z. B. *Meyer v. Nebraska*, 262 US 390 (1923)).

In den 1960er Jahren änderte sich die Auffassung von der Familie. Nun wurde die Doktrin von der Familienautonomie in Frage gestellt, und das Gericht brauchte eine neue Rechtfertigung, um das Recht von der Familie fernzuhalten. Dazu bot sich das wachsende Interesse an der Privatsphäre an, denn das liberale Anliegen die individuelle Intimsphäre betreffend deckte sich teilweise mit der konservativen Sorge um die Familienautonomie und lieferte eine moderne Legitimation für die alte Politik. Es handelte sich freilich mehr um eine bloß kosmetische Veränderung, denn das, was das Gericht unter der Privatsphäre versteht, ähnelt auffallend dem, was früher mit dem pater familias oder der Familienautonomie gemeint war.[9] Das Oberste Gericht der Vereinigten Staaten hat nicht einmal bestritten, daß sein auf die Familie als ganze bezogenes Recht auf Privatsphäre eine Fortsetzung der alten Lehre von der Familienautonomie ist. Es hat sich »bei seinen Entscheidungen darauf berufen, daß die Ehe etwas Uraltes und Heiliges sei« (Grey 1980: 84f.; vgl. Eichbaum 1979: 372). Und es negierte selbst die Grundzüge einer liberalen Auffassung der individuellen Privatsphäre, wenn es um Abweichungen von der herkömmlichen Familienstruktur geht. So wurde etwa das Verbot einverständiger homosexueller Beziehungen zwischen Erwachsenen in der eigenen Wohnung aufrechterhalten und verneint, daß diese Gesetze ein Eingriff in die Privatsphäre seien (*Bowers v. Hardwick*, 478 US 186 (1986)).

So ging also das romantische Ideal der Privatheit zusammen mit dem konservativen Ideal der heterosexuellen, offiziell organisierten Familie als Bastion der Gesellschaft in das Recht ein. Das Gericht bedient sich der Sprache einer liberalen Unterscheidung von öffentlich und privat, doch in Wirklichkeit trifft es eine illiberale Unterscheidung zwischen öffentlich und häuslich, die die Privatsphäre des einzelnen der Familienautonomie unterordnet. MacKinnon bemerkt:

> »Es ist wohl kein Zufall, daß genau die Dinge im Mittelpunkt der Lehre von der Privatsphäre stehen, die der Feminismus als zentral für die Unterdrückung der Frauen ansieht: genau der Ort, der Körper; genau die Beziehungen, die heterosexuellen; genau die Handlungen, Geschlechtsverkehr und Fortpflanzung; und genau die Gefühle, die intimen. Damit schirmt der juristische Begriff der Privatsphäre Gewalt, Vergewaltigung in der Ehe und die Ausbeutung der weiblichen Arbeit ab; er schützt die zentralen Institutionen, die den Frauen Identität, Autonomie, Macht und Selbstdefinition vorenthalten... Dieses Recht auf die Privatsphäre ist ein Recht der Männer, dazu ›in Frieden gelassen zu werden‹, die Frauen einzeln zu unterdrücken... Es hält einige Männer aus den Schlafzimmern anderer Männer fern.« (MacKinnon 1987: 101f.)

Daß das Recht auf Privatsphäre die häusliche Sphäre rechtlich immunisiert hat, geschah nicht, weil das aus der liberalen Privatheit folgen würde, sondern weil sich die Hüter von Heim und Herd die liberale Sprache angeeignet haben.

Wenn einmal die patriarchalischen Vorstellungen von der Familienautonomie abgestreift sind, dann, so meine ich, befürworten die meisten Feministinnen die liberale Absicht der Achtung der Privatsphäre, nämlich daß man sich von den anderen auch einmal absetzen, sich mit unpopulären Ideen beschäftigen und enge persönliche Beziehungen pflegen kann (Allen 1988). (Man denke an die bekannte Forderung Virginia Woolfs, jede Frau brauche »ein eigenes Zimmer«.) Jedenfalls ist die liberale Auffassung von der Privatsphäre und der Unterscheidung von öffentlich und privat keine Verteidigung der Spaltung zwischen häuslicher und öffentlicher Sphäre. Die Intimität muß außerhalb und das Für-sich-sein-Können innerhalb der Familie geschützt werden. Der Unterschied zwischen privat und nichtprivat ist also etwas anderes als der zwischen häuslich und öffentlich. Die Familie soll eine »Sphäre der Privatheit und persönliches Refugium« sein, doch für viele Menschen ist sie umgekehrt eine Institution, der gegenüber sie sich ein Refugium wünschen, und vielleicht sollte der Staat zur Sicherung der Privatheit und zum Schutz vor Mißhandlung ordnend in die häusliche Sphäre eingreifen.[10]

Angesichts der entscheidenden Bedeutung der Familie für die Geschlechterungleichheit ist es unbedingt notwendig, daß sich die Gerechtigkeitstheorien mit den Auswirkungen der Familienorganisation auf das Leben der Frauen befassen. Daß die maßgeblichen Theorien das bisher unterlassen haben, wird oft damit erklärt, daß die Familie eben zur Privatsphäre gerechnet werde. Doch in gewissem Sinne wird damit das Problem unterschätzt, denn die Familie ist völlig ausgeblendet worden. Die Interessen der Frauen werden verletzt, wenn die politische Theorie weder die öffentlichen noch die privaten Seiten der Familie in den Blick nimmt. Denn die mit der herkömmlichen Familie verbundenen Geschlechterrollen stehen nicht nur im Widerspruch zu den öffentlichen Idealen der Gleichheit der Rechte und Ressourcen, sondern auch zu dem liberalen Verständnis der Bedingungen und Werte des privaten Lebens.

7.3 Eine Ethik der Fürsorge

Eine Konsequenz der Unterscheidung zwischen öffentlicher und häuslicher Sphäre und der Beschränkung der Frauen auf letztere ist die, daß man Männern und Frauen verschiedene Weisen des Denkens und Fühlens zuschreibt. In der ganzen Geschichte der abendländischen Philosophie finden sich Politiktheoretiker, die zwischen den intuitiven, gefühlsbetonten, partikularistischen Fähigkeiten, die für das häusliche Leben der Frauen nötig seien, und dem rationalen, unparteiischen, leidenschaftslosen Denken unterscheiden, das für das öffentliche Leben der Männer nötig sei. Die Moral

»... sei im Sinne einer durch den Geschlechtsunterschied bestimmten ›moralischen Arbeitsteilung‹ zu verstehen... Während Männer die Aufgaben des

Regierens, die Regelung der sozialen Ordnung und die Verwaltung anderer ›öffentlicher‹ Institutionen als privilegierte Bereiche für sich selbst monopolisierten, wurde die Aufrechterhaltung privatisierter zwischenmenschlicher Beziehungen Frauen aufgezwungen oder einfach überlassen. Die beiden Geschlechter werden als Ausführende spezifischer und unverwechselbarer moralischer Projekte begriffen. Die moralischen Normen, Werte und Tugenden sind für Männer durch Gerechtigkeit und Recht strukturiert, für Frauen hingegen durch Fürsorge und Zuwendung.« (Friedman 1993: 245)

Diese beiden »moralischen Ziele« wurden als grundverschieden, ja unvereinbar betrachtet: die weiblichen partikularistischen Neigungen seien zwar in der Familie am Platze, im öffentlichen Leben aber, das der unparteiischen Gerechtigkeit bedürfe, durchaus schädlich, so daß die Frauen aus der öffentlichen Sphäre ausgeschlossen werden müßten (Okin 1990; Pateman 1980).

Weil dieser Gegensatz historisch zur Rechtfertigung des Patriarchats gedient hatte, behaupteten frühe Feministinnen wie Mary Wollstonecraft, die angebliche partikularistische, gefühlsbetonte Natur der Frau beruhe einfach darauf, daß die Frauen an der vollständigen Ausbildung ihrer rationalen Fähigkeiten gehindert wurden. Wenn die Frauen nur an die Bedürfnisse der ihnen Nahestehenden und nicht an das öffentliche Wohl dächten, so deshalb, weil sie zwangsweise von öffentlicher Verantwortung ausgeschlossen worden seien (Pateman 1980: 31). Manche heutigen Feministinnen meinen, die ganze Tradition der Unterscheidung »männlicher« und »weiblicher« Moral sei ein kultureller Mythos ohne empirische Grundlage. Doch eine wichtige Strömung des heutigen Feminismus möchte eine andere weibliche Moral ernst genommen wissen; es handle sich um eine Art des moralischen Denkens und nicht bloß um Intuition und Gefühl, um eine Bereicherung der Moral und nicht bloß um ein Kunstprodukt der Geschlechterungleichheit. Die partikularistische weibliche Moral sei etwas Vernünftiges und für die Öffentlichkeit besser Geeignetes als die Unparteilichkeit der Männer, oder zumindest eine notwendige Ergänzung zu dieser, vor allem auch im Zusammenhang mit der geforderten Durchbrechung der Trennung zwischen öffentlicher und häuslicher Sphäre.

Das neue feministische Interesse an einer weiblichen Moral geht großenteils von den Untersuchungen Carol Gilligans über die moralische Entwicklung der Frau aus, wonach diese tatsächlich anders verläuft als die des Mannes. Frauen scheinen mit einer ›anderen Stimme‹ zu sprechen:

»In dieser Konzeption entsteht das Moralproblem aus einander widersprechenden Verantwortlichkeiten und nicht aus konkurrierenden Rechten, und es setzt zu seiner Lösung eine Denkweise voraus, die kontextbezogen und narrativ und nicht formal und abstrakt ist. Diese Konzeption der Moral, bei der es um *care* (Fürsorge, Pflege, Zuwendung) geht, stellt das Gefühl für Verantwortung und Beziehungen in den Mittelpunkt, während die Konzeption der Moral als Fairneß die moralische Entwicklung vom Verständnis von Rechten und Spielregeln abhängig macht.« (Gilligan 1988: 30)

Diese beiden »Stimmen« wurden als »Fürsorgeethik« und »Gerechtigkeitsethik« bezeichnet und sind nach Gilligan »grundsätzlich unvereinbar« (Gilligan 1986: 238).

Es ist nicht ganz unumstritten, ob es diese andere weibliche Stimme wirklich gibt, und wenn ja, ob sie wirklich mit dem Geschlecht zusammenhängt. Einige meinen, Fürsorge und Gerechtigkeit seien wohl wesentlich verschiedene moralische Gesichtspunkte, aber Männer und Frauen wendeten sie ungefähr gleich häufig an. Andere meinen, Männer und Frauen drückten sich wohl oft verschieden aus, doch im Grunde seien sie sich viel einiger: »Die Moralisierung der Geschlechter ist eher eine Angelegenheit des Denkens über moralisches Urteilen als dessen, wie wir wirklich urteilen...« »Folglich *erwarten* in unserer Kultur beide Geschlechter von Frauen und Männern, daß sie dieser moralischen Dichotomie entsprechen... Gleichgültig *mit welchen* moralischen Angelegeheiten *auch immer* sich Männer beschäftigen, sie werden als Angelegenheiten von ›Gerechtigkeit und Recht‹ kategorisiert, während die moralischen Anliegen von Frauen den entwertenden Kategorien von ›Fürsorge und persönlichen Beziehungen‹ zugeordnet werden.« (Friedman 1993: 247; vgl. Baier 1987a: 48).[11] Vielleicht sprechen Frauen und Männer mit verschiedenen Stimmen, nicht weil ihr Denken unterschiedlich ist, sondern vielleicht, weil Männer denken, sie sollten Gerechtigkeit und Rechte in den Vordergrund stellen, und Frauen fühlen, sie sollten sich für die Bewahrung sozialer Beziehungen engagieren.

Wie immer die empirischen Befunde aussehen mögen, es bleibt die Frage, ob es neben der gerechtigkeitsorientierten eine fürsorgeorientierte Behandlung politischer Fragen gibt, und wenn, ob sie besser ist. Manche haben die Befunde Gilligans damit kommentiert, daß die Fürsorgeethik zwar eine ernstzunehmende moralische Sichtweise, aber nur im »privaten« Bereich von Familie und Freundschaft anwendbar sei (Kohlberg 1984: 358; Nunner-Winkler 1984). Doch viele Feministinnen meinen, sie habe sich zwar zunächst in der privaten Sphäre entwickelt, sollte aber auf die öffentlichen Angelegenheiten angewendet werden.

Worin besteht die Fürsorgeethik? Nach der Zusammenfassung von Gilligan unterscheiden sich die beiden moralischen Stimmen in mehr als einer Hinsicht. Die Unterschiede lassen sich unter drei Gesichtspunkten betrachten (vgl. Tronto 1987: 648):

1. moralische Fähigkeiten: Lernen moralischer Grundsätze (Gerechtigkeit) versus Entwicklung moralischer Dispositionen (Fürsorge);
2. moralisches Denken: Lösen von Problemen mit Hilfe allgemeingültiger Grundsätze (Gerechtigkeit) versus Suchen einer dem Einzelfall angemessenen Reaktion (Fürsorge);
3. moralische Begriffe: Orientierung an Rechten und Fairneß (Gerechtigkeit) versus Verantwortlichkeiten und Beziehungen (Fürsorge).

Ich möchte kurz auf (1) und (2) eingehen, ehe ich mich auf (3) konzentriere, worin ich den Kernpunkt des Streites erblicke.

Moralische Fähigkeiten

Nach Joan Tronto gehört zur Fürsorgeethik »der Übergang von der Frage, was die besten moralischen Grundsätze sind, zu der Frage, wie die Menschen am besten zu moralischem Handeln befähigt werden« (Tronto 1987: 657). Es gehe weniger um die Kenntnis der richtigen Grundsätze als vielmehr um die angemessenen Dispositionen, etwa die, Bedürfnisse der Menschen richtig zu erkennen und sie auf kreative Weise zu befriedigen.

Es ist richtig, daß sich die meisten aktuellen Gerechtigkeitstheorien mehr auf die Formulierung von Grundsätzen konzentrieren als darauf, wie die Menschen »zu moralischem Handeln befähigt« werden. Doch das erste führt ganz natürlich zum zweiten, denn auch die Gerechtigkeitsethik ist auf diese moralischen Dispositionen angewiesen. Zur Gerechtigkeit gehört die Anwendung richtiger Grundsätze, doch »wie sie auf konkrete Situationen anzuwenden sind, dazu sind Charaktereigenschaften und Sensibilitäten nötig, die selbst moralischer Art sind und sich nicht in der Heranziehung eines Grundsatzes und der Orientierung des eigenen Willens und Handelns an diesem erschöpfen« (Blum 1988: 485). Nehmen wir die Dispositionen, die ein Richter braucht, um bei einem Fahrlässigkeitsvorwurf zu entscheiden, ob jemand »angemessene Sorgfalt« walten ließ, oder um zu entscheiden, ob bestimmte Unterschiede in der Bezahlung herkömmlich männlicher und weiblicher Tätigkeiten »diskriminierend« sind. Er muß ebenso für historische Faktoren und heutige Möglichkeiten aufgeschlossen sein wie in der Lage sein, »intellektuell einen Grundsatz aufstellen oder finden« zu können (Blum 1988: 486; vgl. Stocker 1987: 60). Wie wir sehen werden, kommt es unter manchen Umständen darauf an, Gerechtigkeitsgrundsätze zu verstehen und die Ergebnisse ihrer Anwendung abzusehen. Doch oft ist eine moralische Sensibilität nötig, um zu erkennen, ob gewisse Gerechtigkeitsgrundsätze für eine Situation relevant sind und was sie verlangen. Daher müßten die Gerechtigkeitstheoretiker mit Gilligan der »Annahme, die Leidenschaften der Menschen spielten keine Rolle, solange ihr vernunftgesteuerter Wille sie beherrschen könne«, skeptisch gegenüberstehen (Baier 1987b: 55). Auch wenn zur Gerechtigkeit die Anwendung abstrakter Grundsätze gehört, werden die Menschen einen wirksamen »Gerechtigkeitssinn« nur dann entwickeln, wenn sie ein breites Spektrum moralischer Fähigkeiten erwerben, darunter die einfühlende und kreative Wahrnehmung der Anforderungen einer bestimmten Situation.

Warum haben die Gerechtigkeitstheoretiker die zum Gerechtigkeitssinn gehörenden affektiven Fähigkeiten vernachlässigt? Vielleicht weil der Gerechtigkeitssinn einer in der Familie gelernten Fürsorgehaltung entspringt. Man könnte Kindern nichts über Fairneß beibringen, wenn sie nicht schon in der Familie »etwas über Entgegenkommen und Einfühlsamkeit gegenüber den Zielen und Interessen anderer« gelernt hätten (Flanagan/Jackson 1987: 635; vgl. Baier 1987a: 42). Viele Gerechtigkeitstheoretiker sind sich der Rolle der Familie bei der Entwicklung des Gerechtigkeitssinns bewußt. Rawls z. B. diskutiert sie ganz ausführlich (1975a: 503–512, Orig. 1971: 462–479). Doch damit entsteht nach Okin in der Tradition der Gerechtigkeitstheorie ein Widerspruch: Rawls »betrachtet im Einklang mit einer langen Tradition der politischen Philosophie die Familie als Schule der Moral, als Primär-Sozialisationsinstanz für gerechte Bürger. Gleichzeitig vernachlässigt er im Verein mit anderen Vertretern der Tradition die Frage der Gerechtigkeit oder Ungerechtigkeit der vom Geschlechterunterschied beherrschten Familie selbst. Daraus ergibt sich eine Spannung in seiner Theorie, die nur gelöst werden kann, wenn die Frage der Gerechtigkeit innerhalb der Familie auf die Tagesordnung gesetzt wird.« (Okin 1989a: 230f.) Rawls beginnt seine Darstellung der moralischen Entwicklung mit den Worten: »Angenommen, die Familieninstitutionen sind gerecht ...« (Rawls 1975a: 532, Orig. 1971: 490). Doch wie wir gesehen haben, unternimmt er nichts, um zu zeigen, daß sie gerecht sind. Und »wenn die auf dem Geschlechterunterschied beruhenden Familieninstitutionen *nicht* gerecht sind, sondern ein Überbleibsel von Kasten- oder Feudalgesellschaften, in denen Rollen, Verantwortlichkeiten und Güter nicht gemäß den beiden Rawlsschen Gerechtigkeitsgrundsätzen verteilt sind, sondern nach angeborenen Unterschieden, die mit einer ungeheuren sozialen Bedeutung beladen sind, dann dürfte das ganze Rawlssche Gebäude der moralischen Entwicklung auf unsicherem Boden stehen«. (Okin 1989a: 237; vgl. Kearns 1983: 34–40) Was garantiert zum Beispiel, daß die Kinder etwas über Gleichheit und nicht über Despotismus lernen, oder über Gegenseitigkeit und nicht über Ausbeutung? Weil dies unklar ist, bedarf es einer Untersuchung der Gerechtigkeit innerhalb der Familie als Ort nicht nur der Geschlechterungleichheit, sondern auch des kindlichen Lernens des Gerechtigkeitssinnes.

Statt sich dieser Frage zu stellen, haben sich die meisten Gerechtigkeitstheoretiker mit der Annahme begnügt, daß die Menschen irgendwie die nötigen Fähigkeiten entwickelt haben. Dazu äußern sie sich freilich wenig, sie erkennen aber an: »Wer in sich die Fähigkeit zur Rücksicht auf andere nicht entwickelt hat, dem fehlt die Moral, und sei es auch nur, weil viele Pflichten von einem kalten und gefühllosen Menschen gar nicht erfüllt werden können.« (Sommers 1987: 78, vgl. dt. 1991: 296)

Das moralische Denken

Der moralisch Handelnde braucht also »die allgemeineren moralischen Fähigkeiten«, die Tronto diskutiert. Können die aber an die Stelle von Grundsätzen treten? Nach Tronto besagt die Fürsorgeethik, *statt* »moralische Grundsätze aufzustellen«, müßten »moralische Phantasie, Charakter und Handlungen der Komplexität einer gegebenen Situation entsprechen« (Tronto 1987: 657f.; vgl. Baier 1987a: 40). Womöglich sind Grundsätze sogar abträglich. »Die Idee eines gerechten und liebenden Blicks auf eine individuelle Wirklichkeit... ist das rechte Kennzeichen des moralisch Handelnden«, und diese »ethische Fürsorge« hat nichts mit »Regeln oder Grundsätzen« zu tun (Iris Murdoch, zit. n. Grimshaw 1986: 234; vgl. Ruddick 1984a: 223 f.; Noddings 1984: 81-94).

Was bedeutet es aber, eine Situation in den Mittelpunkt zu rücken? Schließlich sind nicht alle Aspekte einer bestimmten Situation für moralische Entscheidungen von Bedeutung. Wir möchten gewiß, daß die Menschen der Komplexität der Situation gerecht werden, aber wir möchten auch, daß sie richtig erkennen, welche Eigenschaften von moralischer Bedeutung sind. Und das scheint eher eine Frage von Grundsätzen als der Sensibilität zu sein: »Wir haben noch gar nichts über [die Fürsorgeethik] erfahren, ehe wir wissen, welche Eigenschaften einer Situation kontext-sensitive Menschen als moralisch wichtig herausgreifen, wie sie sie gewichten usw. ... Wir müssen einfach viel genauer wissen, wofür und wem gegenüber sich Frauen verantwortlich fühlen und worauf sich ihre Fürsorge eigentlich richtet.« (Flanagan/Adler 1983: 592; Sher 1987: 180, dt. 1991: 194 ff.)

Ruddick behauptet, es würden gewiß wichtige und unwichtige Eigenschaften moralischer Situationen unterschieden, aber das geschehe aus der Zuwendung zur Situation heraus und nicht aus an sie herangetragenen Grundsätzen. Die Situation stelle dann schon selbst ihre Anforderungen. Nun drängen sich manche moralischen Gesichtspunkte vielleicht jedem auf, der sich einer Situation einfühlend zuwendet, aber es gibt auch weniger offensichtliche. Z.B.: Welche für eine Arbeitsstelle geforderten Qualifikationen sind diskriminierend? Wie wir sahen, können die bestehenden Verhältnisse in der Arbeitswelt jemanden »verlangen«, der keine Kinder zu betreuen hat, oder der eine gewisse Körpergröße oder Stärke hat. Wenn das wirklich relevante Kriterien für die Tätigkeit sind, dann ist nur unter einer größeren sozialen Perspektive zu erkennen, wie insgesamt ein System der Geschlechterungleichheit zustande kommt. Auch die Frage, ob eine positive Diskriminierung, eine fördernde Aktion am Platze ist, erfordert mehr als die einfühlende Zuwendung zu einer bestimmten Situation.

Und auch wenn man alle einschlägigen Anforderungen wahrgenommen hat, können sie in Konflikt miteinander geraten, und wenn dann keine übergeordneten Grundsätze zur Verfügung stehen, ist vielleicht die Entscheidung blockiert. Geht es um die gegensätzlichen Interessen jetziger männlicher und zukünftiger weiblicher

Kandidaten, so könnte eine einfühlsame Zuwendung zu der Situation vielleicht nur zeigen, wie schmerzlich der Konflikt über fördernde Maßnahmen ist. Held bemerkt: »Wir haben nur begrenzte Mittel der Fürsorge. Wir können nicht für jeden sorgen oder alles tun, was im Sinne der Fürsorge läge. Wir brauchen moralische Richtlinien, um unsere Prioritäten zu ordnen.« (Held 1987: 119; Grimshaw 1986: 219)

Ruddick und Gilligan tun so, als bedeutete die Heranziehung von Grundsätzen, daß von der Besonderheit der Situation abstrahiert wird. Doch wie Grimshaw bemerkt, sind Grundsätze keine Anweisungen, die Besonderheiten auszuklammern, sondern Anweisungen dafür, auf welche man achten soll. Im Unterschied zu »Regeln« wie den Zehn Geboten, die ohne viel Nachdenken anwendbar sein sollen, ist es bei einem Grundsatz »ganz anders. Er dient gerade dazu, das Nachdenken *anzuregen* und nicht zu unterbinden«, denn er ist »ein allgemeiner Gesichtspunkt, den man für wichtig hält, wenn es darum geht, wie man richtig handeln soll« (Grimshaw 1986: 207f.). Jede moralische Theorie muß irgendeinen Zugang zu allgemeinen Gesichtspunkten enthalten, und oft enthalten die Gerechtigkeitstheorien solche, die die Beachtung besonderer Einzelheiten verlangen und nicht etwa ausschließen (Friedman 1987b: 203).

Einige Fürsorgetheoretikerinnen meinen, die Berufung auf Grundsätze zur Entscheidung in Konfliktfällen blockiere die wichtigere Tendenz, Lösungen zu finden, in denen die Konflikte vermieden werden. So behauptet Gilligan, bei der Behandlung moralischer Probleme im Sinne der Gerechtigkeit oder der Fürsorge seien ihre Versuchspersonen entweder »von der Situation zurückgetreten und auf eine Regel oder einen Grundsatz zurückgegangen, um über die gegensätzlichen Ansprüche zu entscheiden, oder in die Situation hineingegangen, um eine Möglichkeit zu finden oder zu schaffen, auf alle Bedürfnisse einzugehen« (Gilligan 1987: 27, vgl. dt. 1991: 90f.), und sie führt auch viele Fälle an, in denen Mädchen eine Lösung fanden, die auf alle Bedürfnisse in der betreffenden Situation einging, die aber von Jungen nicht gefunden wurde, weil sie unbedingt eine von Grundsätzen getragene Entscheidung des Konflikts suchten. Doch es dürfte nicht immer eine Möglichkeit geben, gegensätzliche Anforderungen aufeinander abzustimmen, und es ist auch nicht ausgemacht, daß man stets versuchen sollte, auf alle einzugehen. Nehmen wir die Forderungen eines rassistischen oder sexistischen Ehrenkodex. Das sind offensichtlich »Anforderungen«, aber viele davon sind unberechtigt. Daß weiße Männer erwarten, daß ihnen unterwürfig begegnet wird, ist kein Grund, dem stattzugeben. Auch wenn wir es könnten, würden wir vielleicht lieber einen Konflikt heraufbeschwören, um unsere Mißbilligung kundzugeben. Und wenn man diese Forderungen in Frage stellen will, dann »kann man nicht *lediglich* die Einzelheiten und Nuancen der vorliegenden Situation in Betracht ziehen«, sondern muß sie in den Rahmen allgemeinerer normativer Grundsätze stellen (Grimshaw 1986: 238; Wilson 1988: 18f.).

Moralische Begriffe

Die Frage ist also nicht, ob wir Grundsätze brauchen, sondern ob sie sich auf »Rechte und Fairneß« oder auf »Verantwortlichkeiten und Beziehungen« berufen sollen. Der Unterschied zwischen diesen moralischen Begriffen läßt sich auf mindestens drei Arten auffassen:

1. Universalität oder Beachtung spezieller Beziehungen;
2. Achtung der gemeinsamen Menschlichkeit oder der Individualität;
3. Achtung von Rechten oder Übernahme von Verantwortlichkeiten.

Ich betrachte sie der Reihe nach.

a) Universalität oder Beachtung spezieller Beziehungen

Fürsorge und Gerechtigkeit werden häufig in dem Sinne unterschieden, daß die Gerechtigkeit auf Universalität und Unparteilichkeit ziele und die Fürsorge auf Beachtung des »Gewebes laufender Beziehungen« (Blum 1988: 473; Tronto 1987: 660). Gilligan beschreibt den Unterschied so: »Unter dem Gerechtigkeitsgesichtspunkt steht das moralisch handelnde Ich als Figur vor dem Hintergrund der sozialen Beziehungen, beurteilt die gegensätzlichen Ansprüche seiner selbst und der anderen nach einem Maßstab der Gleichheit oder Gleichachtung (dem kategorischen Imperativ, der Goldenen Regel). Unter dem Fürsorgegesichtspunkt wird die Beziehung zur Figur, die das Ich und die anderen definiert, und in diesem Kontext nimmt das moralisch handelnde Ich die Bedürfnisse wahr und reagiert auf sie.« (Gilligan 1987: 23, vgl. dt. 1991: 84) Daher gilt für Gilligan: »Die Moral beruht auf einem Gefühl für die konkreten Verbindungen und unmittelbaren Reaktionen zwischen Personen, das vor den moralischen Anschauungen über recht und unrecht oder über Grundsätze da ist. Das moralische Handeln soll diese Verbindungen zu bestimmten anderen Menschen ausdrücken und unterstützen.« (Blum 1988: 476)

Der Begriff des »bestehenden Gewebes von Beziehungen« ist nicht ganz klar. Nach einer Auffassung sind es die historisch verwurzelten Beziehungen zu bestimmten anderen. Doch dann läuft die Fürsorgeethik Gefahr, gerade die Bedürftigsten auszuschließen, die ja am wenigsten in das Gewebe der Beziehungen eingebunden sind. Viele Fürsorgetheoretikerinnen erkennen diese Gefahr. Tronto meint, »wegen der Pflege bestehender Beziehungen ist die Fürsorgeethik konservativ gefärbt«, und wie dafür gesorgt werden kann, »daß das Gewebe der Beziehungen weit genug gesponnen ist, damit niemand herausfällt, bleibt eine entscheidende Frage. Welche Schwächen der Kantische Universalismus vielleicht auch hat, sein Grundsatz des gleichen moralischen Wertes und der gleichen moralischen Würde aller Menschen hat etwas für sich, weil er dieses Problem vermeidet.« (Tronto 1987: 660f.) Doch es geht nicht bloß darum, *wie* »die sozialen Institutionen gestaltet werden könnten, damit diese herkömmlichen Grenzen der Fürsorge erweitert werden«, sondern darum, *warum* sie überhaupt umgestaltet werden sollten, wenn man nicht einen universalistischen Grundsatz des gleichen moralischen Wertes zugrundelegt. Trontos erstaunlich tastende Antwort lautet: »Vielleicht läßt sich der Zwang zu speziellen Erwägungen umgehen, ohne universelle moralische Grundsätze einzuführen; wenn ja, könnte eine Fürsorgeethik möglich sein.« (Ebd.: 661, 660)

Andere Fürsorgetheoretikerinnen fassen das »bestehende Gewebe von Beziehungen« weiter auf. Wie für Tronto ist auch für Gilligan »jede Person in ein Gewebe sich fortspinnender Beziehungen eingebunden, und die Moral besteht schwerpunktmäßig oder sogar ausschließlich in der Beachtung, dem Verstehen und dem gefühlsmäßigen Eingehen auf die Menschen, zu denen man in diesen Beziehungen steht«. (Blum 1988: 473) Doch »nach Gilligan soll dieses Gewebe alle Menschen umfassen und nicht nur die, die man kennt«. (ebd.) Eine der Frauen aus Gilligans Untersuchung formulierte es so: »Der andere Mensch ist ein Teil eines riesigen Kollektivs, dem wir alle angehören. (...) Auch der Fremde ist ein Mensch, der dieser Gruppe angehört; Menschen sind miteinander verbunden, *einfach weil sie Menschen sind*.« (Gilligan 1988: 76; Hervorhebung von mir; vgl. 1982: 160) Was die Menschen in diesem riesigen Beziehungsgewebe verbindet, ist für Gilligan nicht unbedingt, daß sie unmittelbar miteinander zu tun haben, sondern ihr Menschsein. Da also jeder dazugehört, steht Gilligans Absicht, das Beziehungsgewebe zu bewahren, durchaus im Einklang mit ihrer Aussage, das Motiv für die Fürsorgeethik sei, »daß jeder gehört und einbezogen werden wird, daß niemand allein gelassen oder verletzt werden wird«. (Gilligan 1988: 82)

Wenn aber alle, »weil sie andere Menschen sind«, dazugehören, scheint auch die Fürsorgeethik einen Universalitätsgrundsatz zu haben. Sind Fürsorge und Beachtung »von speziellen und historisch verwurzelten Beziehungen losgelöst, so daß sie unter den Betroffenen aufkommen werden, bloß weil sie alle Menschen sind oder alle Interessen haben oder leiden können«, dann »verschwindet der Gegensatz zwischen der beziehungsorientierten Partikularität und der grundsatzorientierten Universalität völlig. Übrig bleibt ein Ansatz, der moralische Konflikte durch einfühlende Identifikation mit allen Betroffenen zu lösen versucht.« Und diese Universalität ist »mindestens eng verwandt mit der des bekannten unparteiischen und menschenfreundlichen Beobachters« der Kantischen und der utilitaristischen Theorien (Sher 1987: 184, vgl. dt. 1991: 201). Gilligan vermeide zwar die Sprache der Universalität, doch ihre Untersuchungen »zeigen, daß die Fürsorge und das Verantwortungsgefühl der Frauen für andere oft universell sind« (Okin 1990: 158; vgl. Broughton 1983: 606; Kohlberg 1984: 356).

Die Absicht der »Bewahrung des Beziehungsgewebes« kann also, je nachdem, wie man sie auffaßt, mit der Universalität in Konflikt stehen oder nicht. Ein großer Teil der fürsorgeethischen Literatur dreht sich um die »konfliktreiche, aber produktive Spannung« zwischen universalistischen und stärker partikularistischen Fassungen unserer Verbindung mit anderen (Ruddick 1984: 239). Die Fürsorgetheoretikerinnen meinen, wir »machen moralische Fortschritte..., indem der Bereich der Aufforderung zur Fürsorge und Bewahrung der Beziehungen erweitert wird« (Meyers 1987: 142), was freilich die »Umbildung« und »Verallgemeinerung« mancher bestehenden Fürsorgepraktiken verlange (Ruddick 1984a: 222, 226). Andererseits versucht das »Verantwortungsgefühl, das im Mittelpunkt des Fürsorgeansatzes steht«, zu vermeiden, daß »Unparteilichkeit auf Kosten einer lebendigen Bindung verordnet wird« (Meyers 1987: 142). Anscheinend sind sich also die meisten Fürsorgetheoretikerinnen mit Gilligan in der Universalität des Beziehungsgewebes einig, möchten aber eine gewisse Verbindung mit Trontos partikularistischerem Beziehungsgewebe aufrechterhalten. Doch wie Blum bemerkt, »wird nicht erklärt, wie diese Erweiterung auf alle Menschen zustandekommen soll« (Blum 1988: 473).[12]

b) Achtung des Menschseins und Achtung der Individualität

Manche Fürsorgetheoretikerinnen meinen, das Problem bei der Gerechtigkeit sei nicht, daß sie sich universell allen Menschen zuwendet, sondern daß sie deren Individualität vernachlässige: »Die moralische Bedeutung der Person beruht nur auf ihren völlig allgemeinen und wiederholbaren Eigenschaften.« (Blum 1988: 475) Die Gerechtigkeit handle vom »verallgemeinerten Anderen« und vernachlässige den »konkreten Anderen«:

»Jede(r) darf mit Recht bei den anderen Verhaltensweisen voraussetzen und von ihnen erwarten, durch die die anderen sich als konkrete, individuelle Wesen mit bestimmten Bedürfnissen, Talenten und Fähigkeiten erkannt und bestätigt fühlen. Die Unterschiede, die zwischen uns bestehen, stellen so betrachtet nicht einander ausschließende Gegensätze dar, sondern ergänzen einander. Die Normen unserer Interaktion sind meist, wenn auch nicht ausschließlich, privater, nicht-institutioneller Natur; es sind Normen der Freundschaft, Liebe und Anteilnahme. Diese Normen verlangen in verschiedener Hinsicht mehr als die bloße Feststellung meiner Rechte und Pflichten angesichts deiner Bedürfnisse. Indem ich mich dir gegenüber den Normen der Freundschaft, Liebe und Anteilnahme entsprechend verhalte, bestätige ich über dein Menschsein hinaus auch deine Individualität.« (Benhabib 1995: 176; vgl. Meyers 1987: 146f.; Friedman 1993)

Benhabib betont, die Perspektiven des allgemeinen wie auch des konkreten Anderen seien universalistisch (sie bezeichnet sie sogar als »substitutiven« und »interaktiven Universalismus«). Doch im Gegensatz zur Gerechtigkeit gehe die Fürsorge von den konkreten Unterschieden statt vom abstrakten Menschsein aus.

Diese Entgegensetzung dürfte freilich in beiden Richtungen überzogen sein. Einmal geht eine Fürsorgeethik, sobald sie universalistisch gefaßt wird, ebenfalls vom allgemeinen Menschsein aus. Wenn nach Sher Fürsorge und Berücksichtigung »gegenüber den Betroffenen aufkommen, bloß weil sie alle Menschen sind oder alle Interessen haben oder leiden können«, dann werden sie »als richtige Reaktionen auf gemeinsame und wiederholbare Eigenschaften gesehen« (Sher 1987: 184, vgl. dt. 1991: 201).

Zweitens beschränken sich Gerechtigkeitstheorien nicht darauf, die Achtung des verallgemeinerten Anderen zu fordern. Das ist im Falle des Utilitarismus deutlich, der die individuellen Besonderheiten berücksichtigen muß, um zu wissen, womit die Wünsche der verschiedenen Menschen am besten erfüllt werden. Weniger deutlich ist dies vielleicht bei der Rawlsschen Theorie, und es überrascht nicht, daß viele Feministinnen den Rawlsschen Urzustand als Musterbeispiel des Gerechtigkeitsdenkens anführen. Weil er die einzelnen ihrer Individualität entkleidet, stehe er für eine Tradition, die »das moralische Selbst als ein von allen Zusammenhängen losgelöstes, entkörperlichtes Wesen sieht« (Benhabib 1995:167). Doch das ist ein Mißverständnis des Urzustands.

»Der Urzustand verlangt, daß wir als moralische Subjekte die Identitäten, Ziele und Bindungen aller anderen als gleichberechtigt mit den unseren betrachten, wie verschieden sie auch von uns seien. Wenn wir, die wir sehr wohl wissen, wer wir sind, so tun sollen, als befänden wir uns im Urzustand, dann müssen wir eine Menge Einfühlung und Kommunikation mit anderen entwickeln und uns dem öffnen, wie verschieden das menschliche Leben sein kann. Doch das genügt noch nicht für einen Gerechtigkeitssinn. Wir kennen uns selbst und unsere speziellen Interessen und Vorstellungen vom Guten, und so brauchen wir auch viel Bereitschaft zu Wohlwollen, viel *Fürsorglichkeit* für jeden anderen so gut wie für uns selbst.« (Okin 1989a: 246)

Daher »beruht die Rawlssche Gerechtigkeitstheorie entscheidend auf der Fähigkeit der moralischen Person, sich um andere zu kümmern, besonders um solche, die von ihr selbst am verschiedensten sind« (ebd.: 247). Die Fürsorgetheoretikerinnen sagen oft, »zu Konfliktlösungen sollte man mit dem kontextbezogenen und induktiven Denken gelangen, das sich in den konkreten Anderen hineinversetzt« (Harding 1987: 297, vgl. dt. 1991: 162). Genau dies aber verlangt der Urzustand von uns.

Benhabib bezweifelt, daß das »sich in andere Hineinversetzen« wirklich mit dem Überlegen hinter einem Schleier des Nichtwissens verträglich sei, denn damit werde die Gerechtigkeit mit dem »verfechtbare[n] Kern der Idee der Reziprozität und Fairneß mit der Sichtweise des losgelösten, entkörperlichten verallgemeinerten Anderen gleichgesetzt. (...) Laut Kohlberg und Rawls bedingt Reziprozität in moralischen Belangen die Fähigkeit, den Standpunkt des anderen einzunehmen, sich gedanklich an die Stelle des anderen zu versetzen; aber unter den Bedingungen eines ›Schleiers des Nichtwissens‹ ist dieser andere *nicht mehr vom Selbst unterschieden.*« (Benhabib 1995: 177f.; vgl. Blum 1988: 475; Gilligan 1986: 240; 1987: 31, dt. 1991: 96f.) Doch auch das ist ein Mißverständnis. Daß man bei der Betrachtung des anderen von der eigenen sozialen Position, natürlichen Begabung und dem persönlichen Geschmack absehen soll, bedeutet nicht, daß man alle diese Eigenschaften beim anderen unbeachtet lassen müßte. Wie wir sahen, betont Rawls sogar, daß sie beachtet werden müssen (s. 3.3 oben). Benhabib versteht den Urzustand so, daß die Vertragspartner die gegenseitigen Interessen beachten müssen (die alle hinter dem Schleier des Nichtwissens zu »verallgemeinerten Anderen« werden). Doch in Wirklichkeit wirkt sich der Schleier des Nichtwissens so aus, daß es für den Vertragschließenden »im Urzustand keine Rolle mehr spielt, wer, und ob überhaupt jemand, außer ihm seine Position einnimmt, oder was er für Interessen hat. Wichtig für ihn sind die Wünsche und Ziele jedes *tatsächlichen* Mitglieds seiner Gesellschaft, denn der Schleier des Nichtwissens zwingt ihn, so vorzugehen, *als wäre er jeder beliebige andere*« (Hampton 1980: 335). Wie wir sahen, gilt das gleiche für Hares idealen Mitfühlenden (s. 2.5.b oben). Beide Kunstgriffe, der unparteiische Vertragspartner und der ideale Mitfühlende, kommen dadurch zum Zuge, daß man konkrete Andere in Betracht ziehen muß (vgl. Broughton 1983: 610; Sher 1987: 184, dt. 1991: 201).[13]

c) Die Forderung von Rechten und die Übernahme von Verantwortlichkeiten

Da beide Ethiken universell sind und das Gemeinsame ebenso wie die Individualität berücksichtigen, muß der Unterschied, wenn es einen gibt, anderswo liegen. Ein letzter von Gilligan angegebener Unterschied soll darin bestehen, daß Gerechtigkeit die Rechte anderer berücksichtigt, während Fürsorge Verantwortlichkeiten gegenüber anderen übernimmt. Doch was bedeutet dieser Unterschied? Entscheidend ist nach Gilligan, daß das Übernehmen von Verantwortung für andere eine positive Sorge um deren Wohl erfordere, während Rechte im wesentlichen Selbstschutzmechanismen seien, die dadurch geachtet werden könnten, daß man die anderen einfach sich selbst überläßt. Daher setzt sie den Rechte-Ansatz mit Individualismus und Egoismus gleich, die ihm entsprechenden Pflichten gegenüber anderen mit Nichteinmischung (Gilligan 1988: 33, 168, 181; vgl. Meyers 1987: 146).

Doch das gilt nur für eine libertaristische Theorie der Rechte.

Alle anderen von mir untersuchten Theorien erkennen positive Pflichten im Hinblick auf das Wohl der Anderen an. Der Gerechtigkeits-Ansatz betont zwar die Rechte der Menschen, doch man kann durchaus sagen, daß diese Rechte anderen Verantwortlichkeiten auferlegen. In diesem Sinne beschreiben in der Tat einige der von Gilligan untersuchten Frauen die Fürsorgeethik. Ein Beispiel: »Die Menschen leiden, und das verleiht ihnen gewisse Rechte, und das schafft für einen eine gewisse Verantwortung.« (zit. nach Broughton 1983: 605) Es ist richtig, daß manche Frauen »weniger darüber nachdenken, wozu sie berechtigt sind, als darüber, wofür sie verantwortlich sind«. Aber zur Fürsorge fühlen sie sich vielleicht gerade deshalb verpflichtet, weil sie den anderen ein Recht darauf zuerkennen: »Anderenfalls verwechselt man die gut gestützte Behauptung, daß es den Frauen weniger als den Männern um den Schutz *ihrer* Rechte geht, mit der ganz anderen Behauptung (oder damit funktional äquivalenten Auffassungen), die Frauen meinten weniger als die Männer, daß die Menschen Rechte *haben*.« (Sher 1987: 187, vgl. dt. 1991: 206)

Geht man von der libertaristischen Auffassung der Rechte im Sinne der Nichteinmischung ab, dann droht der ganze Gegensatz von Verantwortlichkeiten und Rechten in sich zusammenzufallen (Okin 1990: 157). Broughton drückt es so aus: »Gilligan und ihre Versuchspersonen scheinen von etwas auszugehen wie dem ›Recht aller auf Achtung als Person‹, dem ›Recht, mit Einfühlung und als Gleicher behandelt zu werden‹ und der ›Pflicht, die anderen zu achten und nicht zu verletzen‹.« Daher »ist schwer einzusehen, in welcher Beziehung sie hier nicht mehr oder weniger verbindliche Rechte und Pflichten oder sogar ›Grundsätze‹ des persönlichen Wohls und der menschenfreundlichen Beachtung empfiehlt«. (Broughton 1983: 612) Gilligan behauptet zwar, die beiden Ethiken seien grundsätzlich verschieden, aber über ihre Beziehung zueinander scheint sie sich nicht recht im klaren zu sein. Sie »schwankt zwischen dem Gedanken, die beiden Ethiken seien unvereinbar, aber beide normativ vertretbar, dem Gedanken, sie ergänzten einander und stünden in einem etwas gespannten Wechselverhältnis, und dem Gedanken, jede sei ohne die andere unvollständig und beide müßten integriert werden« (Flanagan/Jackson 1987: 628). Dieses Schwanken ist nicht verwunderlich, wenn, wie ich zu zeigen versuchte, Gilligans Grundbegriffe, in denen sich die beiden Ethiken unterscheiden sollen, gar keine wirklichen Gegensätze bilden.[14]

Rechte und Verantwortlichkeiten sind zwar keine gegensätzlichen moralischen Begriffe, doch den beiden Ethiken entsprechen verschiedenartige Verantwortlichkeiten. Nach Sandra Harding zeigen die Untersuchungen Gilligans, daß »eine subjektiv empfundene Verletzung den Frauen als unmoralisch erscheint, gleichgültig, ob sie fair ist oder nicht«, während die Männer »eher nur objektive Unfairneß als unmoralisch ansehen, gleichgültig, ob sie subjektiv als verletzend empfunden wird« (Harding 1982: 237f.; 1987: 297, dt. 1991: 162). So empfinden Männer weniger moralische Verpflichtung, jemandes selbstverschuldete Nachteile auszugleichen, weil zwar subjektive Unbill, aber keine objektive Unfairneß vorliegt, während dieser Unterschied für Frauen moralisch keine Rolle spielt.

Ist das nun der Grundunterschied zwischen Fürsorge und Gerechtigkeit? Gewiß machen die meisten Gerechtigkeitstheoretiker moralische Ansprüche an objektiver Unfairneß und nicht an subjektiver Unbill fest.[15] Weniger klar ist, ob nach der Fürsorgeethik alle subjektiven Unbilden, und nur diese, die Grundlage für moralische Ansprüche bilden. Für jemanden sorgen heißt nicht unbedingt sich moralisch verpflichtet fühlen, jedem Wunsch zu entsprechen oder alle subjektiven Frustrationen und Enttäuschungen von ihm fernzuhalten. Die Fürsorgetheoretikerinnen haben bisher nicht viel darüber gesagt, wie sie die Beziehung zwischen subjektiver Unbill, objektiver Unfairneß und moralischen Ansprüchen sehen, und wahrscheinlich würden verschiedene fürsorgeethische Ansätze zu verschiedenen Ergebnissen kommen. Es wäre also voreilig anzunehmen, daß Fürsorge und Gerechtigkeit hier grundsätzlich auseinandergingen.

Freilich scheinen die Fürsorgetheoretikerinnen eher die subjektive Unbill als die objektive Unfairneß als Grundlage moralischer Ansprüche zu betonen. Ehe ich auf einige Begründungen dafür eingehe, möchte ich einige der Begründungen der Gerechtigkeitstheoretiker für die gegenteilige Position untersuchen. Ich möchte zeigen, daß die Betonung der objektiven Unfairneß zwar zunächst einleuchtet, aber nur in bestimmten Situationen gerechtfertigt ist, nämlich bei Beziehungen zwischen mündigen Erwachsenen, und vielleicht auch nur, wenn diese scharf von den Beziehungen zu Abhängigen abgesetzt werden. Und die Diskussion über Fürsorge und Gerechtigkeit würde dann untrennbar mit der über die Trennung der häuslichen von der und öffentlichen Sphäre verknüpft.

Warum möchten sich die Gerechtigkeitstheoretiker auf die Forderungen der Fairneß beschränken? Wenn subjektive Unbill immer Anlaß zu moralischen Ansprüchen gibt, dann kann ich fürsorgeethisch von den anderen verlangen, sich um alle meine Interessen zu kümmern. Doch für den Gerechtigkeitstheoretiker wird damit übersehen, daß man für einige seiner Interessen selbst die volle Verantwortung übernehmen sollte. Im Sinne der Gerechtigkeit als Fairneß kann man von den anderen nur verlangen, sich um *einige* meiner Interessen zu sorgen, auch wenn sie das bei der Verfolgung ihrer eigenen einschränkt. Aber manche meiner Interessen fallen unter meine eigene Verantwortung, und es wäre falsch, für diese Engagement von anderen zu verlangen.

Betrachten wir jemanden, der mit seiner Zeit und seinem Geld großzügig ist, wenn seine Freunde in Not sind, der aber auch bei seinen eigenen Ausgaben äußerst leichtfertig ist. Deshalb ist er (unnötigerweise) oft hilfsbedürftig, und er verläßt sich darauf, daß ihm die anderen die Folgen seines Leichtsinns abnehmen. Hat er einen berechtigten moralischen Anspruch auf diese Hilfe? Nach dem an der subjektiven Unbill orientierten Ansatz handeln wir unverantwortlich, wenn wir ihm nicht beispringen, obwohl seine eigene Sorglosigkeit und Maßlosigkeit schuld an der Misere ist. Nach der Gerechtigkeitsethik aber wäre es unmoralisch, andere dafür haftbar machen zu wollen.

So gesehen, ist der Streit um Unbill oder Unfairneß nicht gegenstandslos. Für die Fürsorgetheoretikerinnen wird mit der Betonung der objektiven Unfairneß eine Absage an moralische Verpflichtungen gerechtfertigt und vermeidbares Leiden in Kauf genommen. Für die Gerechtigkeitstheoretiker wird mit der Betonung der subjektiven Unbill eine Absage an moralische Verpflichtungen gerechtfertigt und der Leichtsinn belohnt, während die benachteiligt werden, die verantwortlich handeln.

Der Streit um Fürsorge oder Gerechtigkeit geht also nicht um Verantwortlichkeiten oder Rechte; vielmehr steht die Verantwortlichkeit im Mittelpunkt der Gerechtigkeitsethik. Daß nur Ansprüche im Sinne der Fairneß zählen, hängt für diese nicht damit zusammen, daß die anderen Rechte haben, sondern damit, daß ich Verpflichtungen ihnen gegenüber habe, und dazu gehört, daß ich die Verantwortung für meine Wünsche und die Folgen meiner Entscheidungen übernehme. Nach Rawls beruht seine Theorie »auf unserer Fähigkeit, die Verantwortung für unsere Ziele zu übernehmen« (Rawls 1982b: 169). Wer aber moralische Verpflichtungen an subjektive Unbill statt objektive Unfairneß knüpfe, der könne die Menschen nicht als verantwortlich Handelnde ansehen, sondern müsse sich auf den Standpunkt stellen, »es sei ungerecht oder mindestens unvernünftig, [Menschen] für ihre Wünsche verantwortlich zu machen und sie ihren eigenen Fähigkeiten zu überlassen« (Rawls 1982b: 168). Da die Rawlssche Theorie von dieser Verantwortlichkeit ausgeht, verlangt sie, die eigenen Vorhaben dem zu erwartenden Einkommen anzupassen. Wer sich leichtfertig und extravagant verhält, kann die anderen nicht dafür haftbar machen: »Es gilt als unfair, daß sie jetzt weniger haben sollen, um [ihn] vor den Folgen [seiner] Kurzsichtigkeit oder Unbeherrschtheit zu bewahren.« (Rawls 1982b: 169) Wenn die Menschen vor aller subjektiven Unbill bewahrt werden sollen, dann müssen diejenigen, die sich verantwortlich um ihre Angelegenheiten gekümmert haben, stets für jene eintreten, die unverantwortlich leichtsinnig oder unmäßig waren, und das wäre unfair.

Es wäre nicht nur unfair, wenn subjektive Unbill stets Anlaß zu moralischen Ansprüchen geben würde; es könnte Unterdrückung verschleiern. Subjektive Unbill hängt mit Erwartungen zusammen, und ungerechte Gesellschaften können ungerechte Erwartungen nähren. Nehmen wir die herkömmliche Ehe, in der »die Männer den Frauen nicht in dem Maße dienen wie die Frauen den Männern« (Frye 1983: 9, 10; vgl. Friedman 1987a: 100f.; Grimshaw 1986: 216-219). Die Männer erwarten von den Frauen, daß sie für ihre Bedürfnisse sorgen, und fühlen sich subjektiv verletzt, wenn sie die Bürden des Haushalts mittragen sollen. »Bei allen Versuchen, ausbeuterische oder unterdrückerische Beziehungen zu verändern, wird jemandem etwas genommen, vielleicht Aufmerksamkeit, Dienstbarkeit oder Bequemlichkeit, woran er gewöhnt ist. Das kann gewisse Härten oder Schwierigkeiten mit sich bringen und als Mangel an Fürsorge empfunden werden.« (Grimshaw 1986: 218) Die Unterdrücker empfinden lebhaft jeden Verlust an Vorrechten, während die Unterdrückten oft so sozialisiert sind, daß sie ihre Unterdrückung subjektiv nicht als Verletzung empfinden. So läßt die Konzentration auf die subjektive Empfindung als Grund für moralische Ansprüche die Unterdrückung in den Hintergrund treten. Nach dem Gerechtigkeitsansatz dagegen hat die subjektive Empfindung der Unterdrücker kein moralisches Gewicht, da sie auf unfairen und egoistischen Erwartungen beruht. Gerechte Ansprüche beruhen auf den berechtigten und nicht den tatsächlichen Erwartungen der Menschen. (Das erklärt, warum die Gerechtigkeitstheoretiker nicht nur der subjektiven Unbill ohne objektive Unfairneß das moralische Gewicht absprechen, sondern die Unfairneß selbst bei Fehlen subjektiver Unbill für unmoralisch erklären, etwa wenn die Menschen auf ihre Unterdrückung hin sozialisiert sind; vgl. Harding 1987: 297, dt. 1991: 162.) In diesem Sinne gilt: »Moralisch relevante Formen der Fürsorge und Gemeinschaft setzen gerechte Verhältnisse und Gerechtigkeitsurteile voraus.« (Kohlberg 1984: 305)[16]

Mit der subjektiven Unbill als Grundlage moralischer Ansprüche ist noch ein weiteres Problem verbunden: das eigene Wohl bekommt zu wenig und das der anderen zu viel Gewicht. Wenn jede subjektive Unbill Fürsorge verlangt, dann scheint die Verantwortlichkeit gegenüber den anderen keine Grenzen zu haben. Man kann immer noch mehr für die anderen tun, wenn man nur genug auf ihre Wünsche eingeht, es gibt immer noch irgendeinen unerfüllten Wunsch. Das verstärkt sich selbst, denn wenn jemand weiß, daß wir uns um ihn kümmern, wird er genau das erwarten und sich umso stärker verletzt fühlen, wenn es nicht geschieht. Damit steht der Handelnde fortwährend vor moralischen Ansprüchen auf seine Zeit und Kraft, die seinen eigenen Zielen keinen Raum mehr lassen.

Wenn subjektive Unbill Anlaß zu moralischen Ansprüchen geben würde, wären sowohl Fairneß als auch Autonomie bedroht. Viele Fürsorgetheoretikerinnen erkennen dieses Problem und versuchen, den berechtigten Ansprüchen der anderen Grenzen zu ziehen. Einige sagen, die Fürsorgenden sollten ihrem eigenen Autonomiebedürfnis stattgeben, oder zur echten Fürsorge gehöre eine gewisse Gegenseitigkeit, so daß die Ansprüche auf unerwiderte Hilfe ihre Grenzen finden (Ruddick 1984: 238; Gilligan 1988: 183; Noddings 1984: 105). Auf diese und andere Weise distanzieren sich Fürsorgetheoretikerinnen von einer simplen Gleichsetzung von subjektiver Unbill und moralischem Anspruch.

Wieviel Autonomie kann man aber für sich selbst in Anspruch nehmen, und wieviel Gegenseitigkeit kann man von den anderen verlangen, ohne ihre subjektive Unbill unverantwortlich zu übergehen? Die Fürsorgetheoretikerinnen sagen im Einklang mit ihrem allgemeinen Ansatz, der Konflikt zwischen Autonomie und Verantwortlichkeit müsse kontextbezogen gelöst werden. Im Unterschied zu einem der von Gilligan befragten Männer, der meinte, man solle diesen Konflikt als »mathematische Gleichung« behandeln mit einer Lösung wie »1/4 für die anderen und 3/4 für sich selbst« (Gilligan 1988: 39, 42), möchten die Fürsorgetheoretikerinnen das Urteil über die Berechtigung irgendeiner Autonomie- oder Gegenseitigkeitsforderung »davon abhängig machen, was man von dem Umsorgten im Rahmen der gegebenen Fürsorgebeziehung vernünftigerweise erwarten kann und sollte« (Wilson 1988: 20). Sie versuchen nicht, ein umfassendes System abstrakter Regeln zu entwickeln, das über die Besonderheiten der Personen und ihrer Beziehungen hinweggeht.

Doch hier wäre Abstraktion eine wichtige Tugend. Soll dafür gesorgt werden, daß die freie Verfolgung der eigenen Ziele nicht durch die ethischen Forderungen der Fürsorge völlig unterdrückt wird, dann sind nicht bloß Grenzen, sondern *absehbare* Grenzen für unsere moralischen Verpflichtungen nötig. Wenn wir langfristige Pläne machen wollen, müssen wir *im voraus* wissen, worauf wir uns verlassen können und wofür wir verantwortlich sind. Es klingt nicht sehr praktikabel, jemandem in letzter Minute mitzuteilen, daß heute niemand seine moralische Hilfe braucht und er gewissermaßen einen moralischen Urlaubstag hat. Urlaub kann man nur ausnützen, wenn man ihn planen kann, und dazu muß man *jetzt* wissen, für welche Interessen man *später* verantwortlich sein soll. Und das wieder erfordert, daß die spätere Entscheidung, wer sich um andere kümmern muß, nicht völlig kontextabhängig sein darf.

Wenn es etwa um Urlaubnehmen am Arbeitsplatz geht, dann wird nicht gefragt, wer am nötigsten gebraucht wird, sondern wer nach den Regeln an der Reihe ist. Dadurch können Menschen frustriert werden, denen eine kontextabhängigere Entscheidung besser gedient hätte (andere Leute hätte man im Büro weniger vermißt). Doch wenn man sich seinen Plänen ernsthaft widmen können soll, müssen die Ansprüche darauf in gewissem Maße von den kontingenten Wünschen der anderen unabhängig gemacht werden. Abstrakte Regeln gewähren eine gewisse Sicherheit angesichts dieser wechselnden Wünsche.

Natürlich haben die Fürsorgetheoretikerinnen damit recht, daß manche Beziehungen andere Maßstäbe für den Ausgleich von Autonomie und Verantwortlichkeit verlangen. So kann man von Kindern nicht die gleiche Achtung von Autonomie und Gegenseitigkeit erwarten wie von Erwachsenen (ich komme darauf noch zurück). Doch bei Beziehungen zwischen mündigen Erwachsenen kann man den Ausgleich der Ansprüche von Verantwortlichkeit und Autonomie durch die Festlegung einiger Verantwortlichkeiten vor dem Eintritt konkreter Situationen regeln, statt sich ständig mit diesem Konflikt auseinanderzusetzen.

Bedeutet diese Orientierung an abstrakten Regeln, daß die Gerechtigkeit unsere »besondere Individualität« unberücksichtigt läßt? Gewiß, sie verlangt keine Anpassung dessen, was »vernünftigerweise erwartet werden kann«, an die besonderen Bedürfnisse der anderen. Die Rechte und Pflichten werden im voraus durch abstrakte Regeln festgelegt und nicht durch kontextabhängige Beurteilungen der Bedürfnisse der anderen. Doch darin ist keine Verschlossenheit gegenüber speziellen Bedürfnissen zu erblicken. Das Endergebnis ist nämlich eine vollständigerer Schutz der Individualität. Je stärker die eigenen Ansprüche von der kontextabhängigen Berücksichtigung der speziellen Wünsche der anderen abhängen, desto stärker sind die eigenen Vorhaben gefährdet, und desto weniger kann man langfristig disponieren. Autonomie verlangt Voraussehbarkeit, und diese verlangt eine gewisse Einschränkung der Kontextabhängigkeit.

Das läßt immer noch die Möglichkeit offen, daß einige Menschen starke Wünsche haben, auf die die Anwendung abstrakter Regeln nicht eingeht. Doch wie wir sahen, geht die Gerechtigkeitsethik davon aus, daß mündige Erwachsene ihre Ziele auf die öffentlichen Maßstäbe abstimmen können. Dann leiden nur noch die Maßlosen oder Leichtsinnigen, deren Ambitionen mit den gerechterweise zugewiesenen Mitteln nicht befriedigt werden können. Solche Menschen kann es in jeder Situation geben, und ihre Unbill findet in einer Gesellschaft, in der abstrakte Regeln gelten und keine kontextorientierte Berücksichtigung besonderer Bedürfnisse stattfindet, vielleicht weniger Beachtung. Doch das ist ihr Problem, und es wäre unfair, andere für ihr unverantwortliches Verhalten haftbar zu machen.

Die Schwierigkeit, in der Fürsorgeethik der persönlichen Autonomie einen Platz zu verschaffen, läßt an ein ähnliches Problem innerhalb des Utilitarismus denken (2.3.a oben). In beiden Fällen steht der moralisch Handelnde vor einer scheinbar »unbegrenzten Verantwortung«, »in einem Kausalsystem das Beste zu tun, das in erheblichem Maße durch die Vorhaben [anderer] geprägt ist«. Seine Entscheidungen werden »davon abhängig, was er von seinem augenblicklichen Standort aus alles für Befriedigungen schaffen kann, und damit in unbeschränktem Maße von den Plänen anderer«; für seine eigenen Wünsche und Überzeugungen bleibt nur noch wenig Raum (Williams 1973: 115).[17] Diese Parallele ist wohl nicht überraschend, denn während die Fürsorgetheoretikerinnen die utilitaristische Maximierung ablehnen, möchten beide Theorien die moralischen

Ansprüche auf subjektive Unbill und Befriedigung und nicht auf objektive Unfairneß gründen. Deshalb bedeutet in beiden Theorien die Rücksicht auf andere in erster Linie, auf deren bereits bestehende Bedürfnisse einzugehen. Doch Fairneß und Autonomie lassen sich so nicht schützen, sondern nur, wenn das Eingehen auf andere in die Bildung unserer Wünsche selbst eingeht: Nicht alle jeweiligen Wünsche sind maßgebend für die gerechte Verteilung, sondern nur die den Gerechtigkeitsgrundsätzen entsprechenden. Rawls schreibt, nach der Gerechtigkeitsethik seien die Menschen dafür verantwortlich, »ihre Ziele und Bestrebungen im Lichte dessen, was sie vernünftigerweise erwarten können«, zu gestalten. Wer es nicht tut, dessen starke Wünsche können unerfüllt bleiben, und die Menschen wissen, daß »das Gewicht ihrer Ansprüche nicht durch die Stärke und die Intensität ihrer Wünsche und Bedürfnisse bestimmt wird« (Rawls 1992: 122, Orig. 1980: 545). Also zählen nicht subjektive Unbill oder Befriedigung, sondern die objektive Unfairneß ist die Grundlage moralischer Ansprüche.

Jetzt läßt sich der Kern erkennen, der in den beiden früheren Gegenüberstellungen von Fürsorge und Gerechtigkeit enthalten ist. Nach Tronto ist bei der Gerechtigkeit das Lernen von Regeln wichtiger als das moralischer Sensibilitäten, und die Anwendung abstrakter Grundsätze ist wichtiger als die kontextabhängige Beurteilung spezieller Bedürfnisse. Dieser Streit über Abstraktheit oder Kontextabhängigkeit unserer moralischen Fähigkeiten und unseres moralischen Denkens wird oft als etwas anderes hingestellt als der Streit über Rechte oder Verantwortlichkeiten als moralische Begriffe. Er wird oft als ein erkenntnistheoretischer Streit betrachtet, als hielten die Gerechtigkeitstheoretiker abstrakte Grundsätze für »objektiver« oder »vernünftiger« und die Fürsorgetheoretikerinnen die Objektivität für erkenntnistheoretisch unstimmig (so Jaggar 1983: 357; Young 1987: 60). Ich behauptete oben, der ganze Gegensatz sei überzeichnet, weil die beim gerechtigkeitsorientierten Denken stattfindende Abstraktion der Kontext-Sensitivität nicht notwendig widerspreche (z. B. muß die moralische Sensitivität ein guter Schiedsrichter sein). Doch jetzt können wir erkennen, daß auch da, wo die Gerechtigkeit weniger kontextorientiert ist, die Erklärung eine moralische und keine erkenntnistheoretische ist. Die Gerechtigkeit betont das Lernen und Anwenden von Regeln, weil es um der Fairneß und Autonomie willen nötig ist. Wenn wirkliche Autonomie gegeben sein soll, muß man im voraus seine Verantwortlichkeiten kennen, und die müssen in gewissem Maße von der kontextabhängigen Feststellung spezieller Wünsche unabhängig sein. Im Ergebnis müssen einige subjektive Unbilden moralisch unberücksichtigt bleiben; die Menschen müssen im voraus wissen, welche das sind, damit sie ihre Ziele darauf abstimmen können. Aus diesen beiden Gründen sind abstraktere und weniger kontextorientierte Regeln nötig.[18] Somit beruhen alle etwaigen Unterschiede bei der Bewertung der Kontext-Sensitivität im Rahmen unserer moralischen Fähigkeiten und unseres moralischen Denkens auf grundlegenderen Unterschieden bei der Bewertung von Fairneß und persönlicher Verantwortung als moralischen Begriffen. Die ersten beiden Gegensätze sind Nebenprodukte des dritten.

Es ist nicht verwunderlich, daß diese Vorstellung von der Verantwortlichkeit für die eigenen Ziele der Grundunterschied zwischen Fürsorge und Gerechtigkeit ist, wo doch die Unterscheidung von öffentlich und häuslich in unserem ganzen Denken eine so große Rolle spielt. Daß wir für unsere Ziele verantwortlich seien, leuchtet genau in dem Maße ein, wie die Fürsorge für Abhängige aus der Gerechtigkeit ausgeklammert wird. Rawls lehnt die Auffassung, daß subjektive Wünsche der Maßstab für moralische Ansprüche seien, mit der Begründung ab: »Das schiene vorauszusetzen, daß die Wünsche der Menschen ihrer Kontrolle entzogen sind und wie Neigungen oder Süchte einfach da sind.« (Rawls 1982b: 168f.) Diese Voraussetzung trifft auf viele Menschen durchaus zu. Die Rawlssche Ablehnung der subjektiven Unbill als Grundlage moralischer Ansprüche leuchtet ein, solange man nur an (körperlich und geistig gesunde) Erwachsene denkt, die im öffentlichen Leben miteinander zu tun haben, während die Kranken, Hilflosen und Jungen sorgfältig ausgeblendet werden.[19] Nach Rawls sind die Interaktionen zwischen körperlich normalen Erwachsenen der »Grundgegenstand« der Gerechtigkeit. Doch wenn man einmal über die öffentliche Sphäre hinausblickt, dann ändert sich der »Grundgegenstand«. Willard Gaylin bemerkt: »Das Leben von uns allen führt unausweichlich von einem anfänglichen zu einem schließlichen Zustand der Abhängigkeit. Wenn wir das Glück haben, dazwischen Macht und relative Unabhängigkeit zu gewinnen, dann ist es ein vergängliches Glück.« (zit. n. Zaretsky 1983: 193)

Und daß subjektive Unbill zu moralischen Ansprüchen führe, leuchtet in dem Maße ein, wie man verallgemeinernd von den Fürsorgebeziehungen Kindern gegenüber ausgeht. Ein Kleinkind ist in keiner Weise für seine Bedürfnisse verantwortlich, und man kann von ihm nicht erwarten, daß es auf das Wohl seiner Eltern Rücksicht nimmt: »Kinder können die Fürsorge nicht auf gleichem Fuße erwidern, sie verlangen eine ganz spezielle Selbstlosigkeit und Zuwendung.« Doch aus eben diesem Grunde kann eine Elternrolle »oft verlangen, ein Verhalten zu dulden, zu akzeptieren und sich durch es nicht verletzt zu fühlen, das in den meisten Beziehungen zwischen Erwachsenen völlig unerträglich oder ein Anlaß zu Zorn wäre... Sieht man die weiblichen ›Tugenden‹ oder Prioritäten als hauptsächlich aus den Beziehungen zu Kindern erwachsend, so könnte das dazu verleiten, zu übersehen, wie aus Spannkraft Resignation und Hinnehmen wird, aus Aufmerksamkeit chronische Ängstlichkeit und aus Fürsorge und Ansprechbarkeit chronische Selbstverleugnung.« (Grimshaw 1986: 251, 253)

Sollten wir sagen, die Fürsorge gelte für die Beziehungen zu Abhängigen und die Gerechtigkeit für die zu mündigen Erwachsenen? Ein Problem besteht darin, daß die Verteilung der Fürsorge selbst ein Gerechtigkeitsproblem ist. Die Gerechtigkeitstheoretiker sind davon ausgegangen, daß einige Menschen (nämlich Frauen) im Rahmen ihres Lebensplans »natürlicherweise« für andere sorgen möchten, so daß die Sorge für Abhängige zu keinen moralischen Verpflichtungen für alle führe. Doch Baier meint, man könne die Fürsorge nicht einfach als einen möglichen Lebensplan ansehen, sondern müsse sie als eine Einschränkung für alle Lebenspläne verstehen, denn »die Befürwortung dessen, daß einige ihm folgen und andere nicht, könnte leicht zur Ausbeutung der ersteren führen. Daß andere die Sorge (für die Kranken, die Hilflosen, die Jungen) übernehmen, hat offensichtlich einigen in den meisten Gesellschaften recht gut gepaßt, konnten sie doch so ihre eigenen, weniger altruistischen Ziele ungestört verfolgen.« Und natürlich bestand »das lange unbemerkt gebliebene moralische Proletariat aus den meist weiblichen Verrichtern der Hausarbeit« (Baier 1987b: 49f.). Wenn wir dafür sorgen wollen, daß die »freie Affektivität« für einige nicht »auf der gewöhnlich unfreien Affektivität« für jene, die für Abhängige sorgen, »beruht und sie ausbeutet«, dann kann unsere politische Theorie »die Fürsorge für neue und zukünftige Menschen nicht als eine freiwillige Wohltätigkeit betrachten, die denen überlassen bleibt, die eine Neigung dazu haben. Wenn die aus der Theorie fließende Moral Bestand haben soll, muß sie für ihre künftigen Subjekte sorgen und sich nicht lediglich einen eifrig hochgeredeten Mutterinstinkt borgen.« (Baier 1987b: 53f.; 1988: 328)

Außerdem verlangt, wie wir gesehen haben, die Beseitigung der Geschlechterungleichheit nicht nur die Umverteilung der Hausarbeit, sondern auch eine Auflösung der scharfen Unterscheidung zwischen öffentlich und häuslich. Es müssen Wege gefunden werden, um z. B. öffentliches Leben und Elternschaft zu integrieren, statt die Kinderaufzucht in eine abgetrennte Sphäre zu verbannen. Diese Integration des Öffentlichen und des Häuslichen ist für die Gerechtigkeit zwischen den Geschlechtern notwendig, aber sie droht die Ausgangspunkte des Gerechtigkeitsdenkens zu untergraben. Denn die Gerechtigkeit setzt nicht nur mündige Erwachsene voraus, sondern sie scheint auch Erwachsene vorauszusetzen, *die nicht für Abhängige zu sorgen haben*. Sind einmal die Menschen für die (unvorhersehbaren) Anforderungen der Abhängigen verantwortlich, so können sie für ihre eigene Vorhersehbarkeit nicht mehr einstehen. Vielleicht setzt die ganze Vorstellung von der Autonomie als der freien Verfolgung von Vorhaben, die im Lichte abstrakter Maßstäbe konzipiert sind, voraus, daß die Sorge für Abhängige anderen oder dem Staat übertragen werden kann. Es ist bemerkenswert, wie wenig die Fürsorgetheoretikerinnen von jener Autonomie sprechen, die die männlichen Theoretiker ausführlich diskutieren: das Setzen persönlicher Ziele, die Hingabe an persönliche Vorhaben. Nach Baier macht der Fürsorgeansatz »die Autonomie nicht einmal zu einem Ideal... Eine bestimmte Freiheit ist ein Ideal, nämlich die Gedanken- und Redefreiheit, aber ›sein eigenes Leben auf seine eigene Art zu leben‹ gehört selten zu den Zielen der Menschen.« (Baier 1987a: 46) Ähnlich meint Ruddick, zum mütterlichen Denken gehöre »eine metaphysische Grundhaltung«, die sie als das »Halten« bezeichnet und die durch »den Vorrang des Haltens vor dem Erwerben gekennzeichnet ist«, wobei die Bewahrung bestehender Bindungen den Vorrang vor der Verfolgung neuer Vorhaben hat (Ruddick 1984a: 217; 1987: 242). Hiernach bedeutet Autonomie nicht das Abstecken von Boden für persönliche Vorhaben oder von den wechselnden Bedürfnissen bestimmter anderer unabhängig zu sein, sondern die Befriedigung dieser Bedürfnisse auf mutige und phantasievolle und nicht servile oder unterwürfige Art. Jede stärkere Erweiterung der Autonomie ist nur unter Aufgabe unserer Verantwortlichkeiten möglich.[20]

Können wir unsere Verpflichtungen gegenüber Abhängigen erfüllen, ohne das robustere Bild der Autonomie und die ihm zugrundeliegenden Vorstellungen von Verantwortlichkeit und Gerechtigkeit aufzugeben? Es läßt sich noch nicht sagen. Die Gerechtigkeitstheoretiker haben eindrucksvolle Gebäude errichtet, indem sie die herkömmlichen Vorstellungen von Fairneß und Verantwortlichkeit verfeinerten. Doch indem diese geistigen Leistungen wie schon seit Jahrhunderten die Grundanliegen der Kindererziehung und die Sorge für Abhängige vernachlässigen, stehen sie auf einem ungeprüften und gefährlich unsicheren Boden. Jede brauchbare Theorie der Geschlechtergleichstellung muß sich mit diesen Fragen auseinandersetzen. Die herkömmlichen Vorstellungen von Diskriminierung und Privatsphäre haben sie bisher nur dem Blick entzogen.

Anmerkungen

Anmerkungen zu Kapitel 2

1 Diese bekannte Formel ist irreführend, weil sie zwei verschiedene zu maximierende Größen enthält: »größtes Glück« und »größte Zahl«. Keine Theorie kann einen doppelten Maximanden enthalten, und jeder Versuch, ihn zu realisieren, bleibt sehr bald stecken (lauten etwa zwei mögliche Verteilungen des Glücks auf drei Individuen: 10, 10, 10 und 20, 20, 0, dann ist nicht gleichzeitig die größte Glückssumme und die größte Anzahl Glücklicher zu erreichen). Siehe Griffin (1986: 151–154); Rescher (1966: 25–28).
2 Wenn ich, falls informiert, A vorziehen würde, so folgt natürlich nicht, daß mir A bei meiner jetzigen Uninformiertheit irgendeinen Nutzen bringt. Das macht die Bestimmung des Nutzens anhand der wohlinformierten Wünsche komplizierter, aber nicht unmöglich. Was meinem Wohl dient, ist nicht dasselbe wie das, was meine aktuellen Wünsche erfüllt; freilich auch nicht dasselbe wie das, was meine ideal informierten Wünsche erfüllt (Griffin 1986: 11f., 32f.). Doch eine Vervollständigung dieser Analyse könnte sie in die Nähe dessen bringen, was gelegentlich als »objective list«-Theorie bezeichnet wird (Parfit 1984: 493–502).
3 Ich spreche den Wünschen Verstorbener nicht jedes moralische Gewicht ab. Was nach unserem Tode geschieht, kann unsere Lebensqualität beeinflussen, und darauf können sich im Leben große Bemühungen richten. Hätten die Wünsche Verstorbener nicht manchmal moralisches Gewicht, so wäre unser Umgang mit Testamenten unverständlich. Siehe die Diskussion bei Lomasky (1987: 212–221) und Feinberg (1980: 173–176); zur Bindung an die Erlebnisse allgemeiner vgl. Larmore (1987: 48f.), Lomasky (1987: 231–233), Griffin (1986: 13–23), Parfit (1984: 149–153).
4 Als Ausnahme könnten politische Theorien erscheinen, die von der Güterverteilung ohne deren Auswirkung auf das Wohl der einzelnen handeln. Doch wie ich in Kapitel 3 ausführen werde, ist dem nicht so, auch güterbezogene Theorien müssen eine Theorie der wesentlichen menschlichen Interessen »im allgemeinsten Sinne« enthalten (Dworkin 1983: 24).
5 Es ist nicht klar, ob sich der Utilitarismus wirklich auf die Grundstruktur der Gesellschaft oder die politischen Entscheidungen beschränken kann. Auch wenn er sich zunächst auf politische Entscheidungen oder gesell-

schaftliche Institutionen und nicht das persönliche Verhalten des einzelnen bezieht, muß doch der Staat über den richtigen Umfang der Privatsphäre entscheiden. Wenn die Menschen in ihrem Privatleben ihren Nutzen nicht maximieren, dann könnte eine Korrektur der Grundstruktur in Richtung auf Einschränkung der Privatsphäre den Nutzen vergrößern. Wenn der umfassende Utilitarismus unsere Vorstellung vom Wert persönlicher Bindungen nicht erfassen kann, dann gibt es für den politischen Utilitarismus keinen Grund, eine Privatsphäre zu wahren. Wie dem auch sei, die Vorherrschaft des Utilitarismus in der politischen Philosophie beruht größtenteils auf dem Glauben, er sei die einzige konsequente oder systematische Moralphilosophie (Rawls 1975a: 11f., Orig. 1971: VIIf.), und daher wird dem Hang zum politischen Utilitarismus der Boden entzogen, wenn gezeigt wird, daß der umfassende moralische Utilitarismus nicht haltbar ist.

6 Der U-Akteur wird oft als »Handlungs-Utilitarist« bezeichnet, weil er unmittelbar aufgrund utilitaristischer Berechnungen handelt. Doch das ist insofern irreführend, als dem »Handlungs-Utilitarismus« gewöhnlich der »Regel-Utilitarismus« entgegengesetzt wird. Der U-Akteur ist dadurch definiert, daß er die Nutzenmaximierung *unmittelbar* zum Entscheidungsverfahren macht, und das kann er, wie wir sehen werden, auch dann, wenn er sich auf Regeln statt Handlungen konzentriert. Die Unterscheidung zwischen direktem und indirektem Utilitarismus ist verschieden von der zwischen Handlungs- und Regel-Utilitarismus (Railton 1984: 156f.). Im ersten Fall geht es darum, ob die Nutzenmaximierung als Entscheidungsverfahren oder als Moralkriterium genommen wird, und nicht darum, ob sie (sei es als Moralkriterium oder als Entscheidungsverfahren) auf Handlungen oder auf Regeln angewandt wird.

7 Die Unterscheidung zwischen moralischen Maßstäben und Entscheidungsverfahren ist zwar brauchbar, aber es ist nicht klar, ob man sie aus der Sicht des indirekten Utilitarismus treffen kann. Während für den Regel-Utilitaristen Versprechen ein kluges Verfahren zur Nutzenmaximierung sind, sind dies für den indirekten Utilitaristen unsere *Vorstellungen im Zusammenhang mit Versprechen*. Doch so sehen die Menschen ihre moralischen Vorstellungen nicht, und können es wohl gar nicht (Smith 1988). Und wenn man zu großen Wert auf die Unterscheidung legt, dann ist nicht klar, warum der Utilitarismus als moralischer Maßstab nicht völlig aus unseren bewußten Vorstellungen verschwinden sollte (Williams 1973: 135).

8 Auch Kritiker des Utilitarismus vermischen die beiden Formen, so z.B. Rawls mit seiner Behauptung, der Utilitarismus übersehe die Selbständigkeit der Einzelpersonen. Nach Rawls sind die Utilitaristen für den Grundsatz der Nutzenmaximierung, weil sie die Verhältnisse der Einzelperson (für den einzelnen ist es vernünftig, sein Glück zu maximieren) auf eine Personenmehrheit übertragen (für die Gesellschaft ist es vernünftig, ihr Glück zu maximieren). Dagegen wendet sich Rawls, weil die Gesellschaft wie eine Einzelperson behandelt werde und damit der Unterschied zwischen einem Ausgleich innerhalb des Lebens einer Person und zwischen verschiedenen Personen vernachlässigt werde (Rawls 1975a: 45, Orig. 1971: 27; vgl. Nozick o.J.: 43f., Orig. 1974: 32f.; Gordon 1980: 40; Mackie 1984: 86f.). Doch das gilt weder für die egalitäre noch die für teleologische Form des Utilitarismus,

und Rawls' Behauptung beruht auf der Vermengung beider Dazu s. Kymlicka (1988b: 182–185).

9 Das ist nur ein Teil dessen, was die Gleichbehandlung fordert; es gibt auch Verpflichtungen gegenüber Menschen, die sich nicht selbst helfen können, und Samariter-Verpflichtungen gegenüber Menschen in Not. Das sind Verpflichtungen, die nicht an die Achtung berechtigter Ansprüche gebunden sind. Auf diese Fragen komme ich in Kapitel 7 zurück.

10 Das zeigt, warum man nicht behaupten kann, Dworkins egalitäres Niveau sei »rein formal« oder »leer«, weil es mit vielen verschiedenen Verteilungen vereinbar ist (Hart 1979: 95f.; Goodin 1982: 89f.; Mapel 1989: 54; Larmore 1987: 6; Raz 1986: Kap. 9). Dworkin bemerkt, dieser Einwand »mißversteht die Rolle abstrakter Begriffe in der politischen Theorie und Diskussion« (Dworkin 1977: 368). Die Idee der Gleichbehandlung ist abstrakt, aber nicht formal; im Gegenteil, sie ist ein inhaltliches Ideal, das bestimmte Theorien ausschließt (etwa rassistische) und für andere Theorien einen Zielpunkt bildet. Daß ein abstrakter Begriff ausgedeutet werden muß, und daß das verschiedene Theorien auf verschiedene Weise tun, erweist ihn nicht als leer oder jede Deutung als ebenso gut wie jede andere.

Anmerkungen zu Kapitel 3

1 Bei Rawls gibt es eine Reihe von Zusatzargumenten für seine beiden Gerechtigkeitsgrundsätze. Diese erfüllen nach Rawls die Bedingungen der »Öffentlichkeit« (1975: 155f., Orig. 1971: 133) und »Stabilität« (1975a: 202–210 [mit vielen Änderungen gegenüber dem] Orig. 1971: 176–202) besser als andere Gerechtigkeitstheorien. Gerechtigkeitsgrundsätze müßten öffentlich bekannt und einfach anwendbar sein, und die ihnen entsprechende Gerechtigkeitsvorstellung müsse stabil und selbstverstärkend sein (so dürfe nichts »Unerträgliches verlangt« werden (1975a: 202, Orig. 1971: 176)). Rawls legt auf solche Argumente manchmal erhebliches Gewicht, doch aus ihnen allein ergibt sich noch keine bestimmte Theorie der Gerechtigkeit, es sind also nur Hilfsargumente zu den beiden von mir diskutierten Hauptargumenten. Ein Überblick über die Zusatzargumente findet sich bei Parekh (1982: 161 f.).

2 Durch diese Anprangerung der Unfairneß des herkömmlichen Naturzustands unterscheidet sich Rawls von einer anderen vertragstheoretischen Tradition, die von Hobbes zu heutigen Theoretikern wie David Gauthier und James Buchanan führt. Sie möchten ebenso wie Rawls Grundsätze für das gesellschaftliche Leben aus dem Gedanken einer Vereinbarung in einem Anfangszustand herleiten. Doch im Unterschied zu ihm zielt die Vereinbarung auf gegenseitigen Vorteil statt auf Gerechtigkeit ab, und daher ist es zulässig und sogar wesentlich, daß der Anfangszustand die Unterschiede der Verhandlungsmacht in der wirklichen Welt widerspiegelt.

3 Nach Rawls ist die Wahl von Gerechtigkeitsgrundsätzen im Urzustand etwas wesentlich anderes als das Zerteilen eines Kuchens, wenn man nicht weiß, welches Stück man bekommen wird. Das eine ist für ihn ein Fall von »reiner«, das andere von »vollkommener Verfahrensgerechtigkeit«. In bei-

den Fällen liefert ein Verfahren gerechte Ergebnisse, doch im ersten Fall gibt es im Unterschied zum zweiten kein »unabhängiges und schon vorgegebenes Kriterium dafür, was gerecht ... ist« (Rawls 1992: 91, Orig. 1980: 523). Doch in diesem Fall ist der Gegensatz überzeichnet, denn wie wir sehen werden, gibt es durchaus einige »unabhängige und vorgegebene Kriterien« zur Beurteilung der Ergebnisse des Urzustands. Jedenfalls ist in beiden Fällen das gegeben, worauf es mir ankommt, nämlich die Ausnützung von Unkenntnis, um unparteiische Entscheidungen zu erzielen.

4 Rawls bestreitet eine wesentliche Ähnlichkeit zwischen seiner Vertragstheorie und Hares unparteiischem Mitfühlenden. Doch Barry erblickt darin nur eine »Spiegelfechterei« (Barry 1989: 410, Anm. 30). Rawls tut nicht gut daran, den Unterschied zwischen seiner Theorie und der Hares zu überzeichnen, denn das schlägt zu Ungunsten der seinigen aus. S. die Diskussion der feministischen Kritik an Rawls in 7.3.c.ii unten.

5 Diesen Einwand erheben Barry und Sen, führen aber das Problem fälschlich darauf zurück, daß Rawls die am wenigsten begünstigte Position anhand der Grundgüter definiert (Barry 1973: 55–57; Sen 1980: 215f.). In Wirklichkeit besteht es darin, daß er nicht alle Grundgüter heranzieht, sondern die natürlichen willkürlich wegläßt. Rawls beschäftigt sich durchaus mit dem Gedanken des Ausgleichs für natürliche Benachteiligungen, doch nur im Sinne eines »Ausgleichsprinzips«, das die unmittelbaren Auswirkungen der Benachteiligung beseitigen und so Chancengleichheit herstellen soll (1975a: 121–123, Orig. 1971: 100–102). Das lehnt Rawls mit Recht als unmöglich und nicht wünschenswert ab. Doch warum sollte sich ein Ausgleich nicht auf unverdiente Nachteile bei den Grundgütern überhaupt beziehen? Ein Ausgleich natürlicher Benachteiligungen sollte nicht die volle Konkurrenzfähigkeit mit den Nichtbenachteiligten herstellen wollen, aber wie bei diesen ein befriedigendes Leben ermöglichen. Mehr dazu bei Michelman (1975: 330–339), Gutmann (1980: 126f.,) und Daniels (1985: Kap. 3) im Vergleich mit Pogge (1989: 183–188) und Mapel (1989: 101–106).
Einige Kommentatoren meinen, Rawls sei doch für den Ausgleich natürlicher Nachteile, aber nicht als Sache der Gerechtigkeit, sondern als »humanitäre öffentliche Pflicht« (Martin 1985: 189–191) oder »moralische Pflicht« (Pogge 1989: 186–191, 275). Es handle sich dabei nicht um reine Mildtätigkeit, da sie vom Staat verordnet werden solle, aber auch nicht um eine Gerechtigkeitsforderung. Nach Pogge und Martin geht es in der Rawlsschen Theorie um die »Grundgerechtigkeit«, beim Ausgleich natürlicher Nachteile dagegen um »die Gesamt-Fairneß der Welt« (Martin 1985: 180; Pogge 1989: 189). Leider wird weder erklärt, worin dieser Unterschied bestehen soll, noch wie er sich damit verträgt, daß Rawls »die Wirkungen der natürlichen und gesellschaftlichen Zufälligkeiten abschwächen« möchte (Rawls 1975a: 635, Orig. 1971: 585). So scheint Martin zu meinen, die Abschwächung der Auswirkungen verschiedener natürlicher *Fähigkeiten* sei Sache der Grundgerechtigkeit, die natürlicher *Beeinträchtigungen* dagegen eine humanitäre Aufgabe (Martin 1985: 178). Es ist nicht recht einzusehen, womit diese Unterscheidung im Rahmen eines Rawlsschen Ansatzes zu begründen wäre. (Nach Brian Barry ist diese Einschränkung nur berechtigt, wenn Rawls die ganze Idee der Gerechtigkeit als gleiche Berücksichtigung (equal considera-

tion) aufgibt und zur Hobbesschen Idee der Gerechtigkeit als gegenseitigem Vorteil übergeht: Barry 1989, 243–246; vgl. Anm. 2 oben.)

6 Man kann sich vorstellen, daß jemand noch nicht zufrieden ist, auch wenn das Neidkriterium erfüllt ist. Dieses sagt nichts über das Wohlergehen, daher kann sich von zwei gleich Begabten der eine elend und der andere großartig fühlen. Die Erfüllung des Neidkriteriums besagt lediglich, daß sich der Elende noch elender fühlen würde, wenn er das Güterbündel des anderen hätte. Denken wir uns einen Menschen, der konstitutionell melancholisch und schweigsam ist, was immer er besitzt und welchen Erfolg er auch hat. Ihm vermittelt die Erfüllung des Neidkriteriums nicht den gleichen Nutzen wie anderen. Da der Melancholiker nichts für seine Veranlagung kann, könnte man daran denken, ihm mehr Ressourcen zuzuerkennen. (Da andererseits sein Elend ex hypothesi nicht auf seinem Ressourcenbündel beruht, ist nicht klar, wie irgendeine andere Verteilung sein Elend beheben könnte.) Dieses Beispiel weist darauf hin, daß Dworkins einfache Typologie unzureichend ist. Für ihn fällt alles entweder unter die Absichten (d.h. unsere aus der Persönlichkeit entspringenden Entscheidungen) oder die »Ausstattung« (die Ressourcen, die man sich nicht ausgesucht hat). Doch es gibt Persönlichkeitseigenschaften oder psychische Dispositionen (wie Griesgrämigkeit), die nicht ohne weiteres in eine dieser beiden Kategorien passen, aber sich darauf auswirken, wieviel Nutzen den Menschen die gesellschaftlichen Ressourcen bringen. Eine Kritik der Dworkinschen Kategorien findet sich bei Cohen (1989: 914–936); Arneson (1989); Alexander u. Schwarzschild (1987: 99); Roemer (1985a). Ich kann auf diese Beispiele nicht gründlicher eingehen, meine aber, daß sie (ebenso wie andere schwierige Fälle wie Sucht) die Ziele und Methoden von Dworkins Theorie nicht zu Fall bringen, sondern nur Komplikationen darstellen. (Nach Dworkin können Sucht oder konstitutionelle Melancholie als natürliche Benachteiligungen betrachtet werden, die mit anderen geistigen oder körperlichen Behinderungen unter die Versicherung fallen: Dworkin 1981: 301–304).

7 Vielleicht gibt es einen besseren Mittelweg zwischen Nichtbeachtung und Angleichung der Lebensumstände als Dworkins Versicherungsmodell. Eine Möglichkeit ist das Modell der »Gleichheit der Fähigkeiten« von Amartya Sen, das Rawls selbst für die Behinderten zu unterstützen scheint (Rawls 1982b: 168; vgl. Sen 1980: 218f.). Sen möchte eine Art Angleichung für die von der Natur Benachteiligten, aber nur bei den »Grundfähigkeiten«; es handelt sich also nicht um die nach Dworkin unmögliche vollständige Gleichstellung. Wie weit sie gehen kann, oder wie weit etwas anderes herauskommen kann als bei Dworkins Versicherungsmodell, ist schwer zu sagen (Cohen 1989: 942; vgl. Sen 1985: 143 f.; 1990: 115 Anm. 12).

8 Während für Dworkin eine gerechte Verteilung mehr wohlfahrtsstaatliche Umverteilung erfordern würde als heute gegeben, ist für Rawls weniger geboten. Er scheint anzunehmen, daß die marktbestimmten Einkommen in einer Eigentums-Demokratie von selbst das Unterschiedsprinzip erfüllen (Rawls 1971: 87 [dt. 1975a: gestrichen]) und sogar Dworkins absichts-sensitiver und ausstattungs-insensitiver Verteilung entsprechen würden (Rawls 1975a: 341, Orig. 1971: 305; vgl. DiQuattro 1983: 62f.). Daher ist er gegen die progressive Einkommensteuer und eine starke Umverteilung der markt-

bestimmten Einkommen (1975a: 312f., Orig. 1971: 278f.). Mit Mill scheint er Wohlfahrtsleistungen für »kaum noch wichtig« zu halten, wenn »die Besitzverteilung stimmt« (Mill 1965: 960). Doch wie Dworkin die Notwendigkeit einer gleichmäßigeren Verteilung des Besitzes übersieht, so Rawls die einer fairen Einkommensumverteilung. Denn auch in seiner Eigentums-Demokratie gibt es noch unverdiente Einkommensunterschiede aufgrund natürlicher Gaben wie auch unverdiente Bedürfnisunterschiede aufgrund natürlicher Behinderungen und anderer Benachteiligungen (Krouse u. McPherson 1988: 94-99; Carens 1985: 49-59; 1986: 40f.). Das verweist auf einen weiteren interessanten Unterschied zwischen Rawls und Dworkin. Nach Rawls ähnelt das Unterschiedsprinzip in der Praxis Dworkins absichts-sensitivem und ausstattungs-insensitivem Verteilungsideal, weil der Markt von selbst eine solche Verteilung erzeuge. Und Dworkin meint, dieses sein Ideal ähnele in der Praxis dem Rawlsschen Unterschiedsprinzip, weil weder der Markt noch der Staat zwischen Ausstattung und Absichten unterscheiden könne. Beide meinen also, ihre Theorie laufe in der Praxis auf die des anderen hinaus, aber aus gegensätzlichen Gründen.

9 Mir ging es in erster Linie darum, zu zeigen, daß die im Sinne des liberalen Gleichheitsideals gerechte Gesellschaft einige ziemlich radikale Ziele enthält. Eine andere Frage ist, ob die Liberalen dazu radikale Mittel einsetzen sollten. Hierin sind Rawls und Dworkin ausgesprochen reformistisch und nicht revolutionär. Für beide hat die Achtung der Freiheit Vorrang vor dem Streben nach einer gerechten Verteilung der materiellen Ressourcen und setzt dieser Grenzen (Rawls 1975a: 337 [mit Änderungen gegenüber dem] Orig. 1971: 303; 1982b: 11; Dworkin 1987: 48f.). Ich kann darauf hier nicht näher eingehen, möchte aber bemerken, daß mir das als recht willkürlich erscheint und den Motiven der Rawlsschen Vertragspartner keineswegs entspricht (Pogge 1989: 127-148).

Anmerkungen zu Kapitel 4

1 Es ist besonders wichtig, die Libertären von den sogenannten Neokonservativen zu unterscheiden, obwohl beide zu der Freimarkt-Bewegung unter Thatcher und Reagan gehörten und deshalb manchmal unter der Bezeichnung »Neue Rechte« zusammengefaßt werden. Wie wir sehen werden, verteidigt der Libertarismus seine Marktorientierung durch Berufung auf einen allgemeineren Begriff der persönlichen Freiheit, auf das Recht jedes einzelnen, frei nach Gutdünken über die Verwendung seiner Fähigkeiten und Besitztümer zu entscheiden. Daher sind die Libertären für die Liberalisierung z. B. des Homosexualitäts-, Scheidungs- und Abtreibungsrechts und sehen darin eine nahtlose Fortsetzung ihrer Marktorientierung. Die Neokonservativen dagegen »sind hauptsächlich an der Wiederaufrichtung herkömmlicher Werte interessiert..., an der Stärkung von Vaterlands- und Familiengefühlen, einer starken nationalistischen oder antikommunistischen Außenpolitik und der Stärkung von Autorität« (Brittan 1988: 213). Der Neokonservative ist für die Marktkräfte »mehr wegen der Disziplin, die

sie auferlegen, als wegen der Freiheit, die sie gewähren. Er/sie sieht im Wohlfahrtsstaat, einer liberalen Moral und einem ›ungenügenden‹ Militärhaushalt oder Kampfeswillen eher lauter Beispiele übermäßiger Verweichlichung, die den Westen aushöhle.« Vom libertären Standpunkt aus sind deshalb die Neokonservativen die »neuen Spartaner«, und die chauvinistische Außen- und moralistische Sozialpolitik Reagans und Thatchers steht im Gegensatz zu ihrem Bekenntnis zur persönlichen Freiheit (Brittan 1988: 240–242; vgl. Carey 1984).

2 Es ist nicht klar, ob Nozick selbst anerkennen würde, daß die Behandlung der Menschen als »Zwecke an sich selbst« gleichbedeutend mit ihrer Gleichbehandlung sei, und ob er Dworkins egalitäres Niveau akzeptieren würde. Rawls knüpft die Idee des Zwecks an sich selbst an einen Gleichheitsgrundsatz (Rawls 1975a: 283–290, Orig. 1971: 251–257), und Kai Nielsen meint, Dworkins egalitäres Niveau sei »ebenso Bestandteil von Nozicks moralischem Inventar« wie das Rawlssche (Nielsen 1985: 307). Doch auch wenn Nozicks Kantischer Grundsatz des Zwecks an sich selbst und Dworkins egalitäres Niveau nicht ganz zusammenfallen, sind sie doch eindeutig miteinander verwandt, und in meiner folgenden Argumentation stütze ich mich nirgends auf eine angeblich noch engere Verbindung. Für meine Zwecke ist lediglich von Bedeutung, daß Nozick den Libertarismus im Namen der Achtung vor dem moralischen Status und dem unveräußerlichen Wert der Einzelperson verteidigt.

3 Nozicks Position ist hier unklar. Er sagt nicht, worin die »gewöhnliche« Aneignung besteht. Deshalb ist nicht klar, ob die Nicht-Schlechterstellung für die rechtmäßige Aneignung nur eine notwendige Bedingung (neben dem »gewöhnlichen Vorgang«) ist oder eine hinreichende (so daß jede Aneignung, die nicht schlechter stellt, rechtmäßig wäre). Falls sie keine hinreichende ist, erfahren wir nicht, was eine solche wäre (Cohen 1986a: 123).

4 Die älteren Libertären erkannten die unüberwindlichen Schwierigkeiten bei der Rechtfertigung einer ungleichen Aneignung der anfänglich herrenlosen Welt, und viele akzeptierten (widerwillig) die Verstaatlichung von Grund und Boden (Steiner 1981: 561 f.; Vogel 1988). Selbst Locke schien der Meinung zu sein, ungleiches Eigentum könne sich aus keinem Recht der ursprünglichen Aneignung ergeben. Sie erforderte eine kollektive Zustimmung in Form der Annahme eines Kaufpreises (Christman 1968: 163). Norman Barry meint in seinem Überblick über den heutigen Libertarismus, keine von dessen Formen (die utilitaristische, die vertragstheoretische, die naturrechtliche, die egoistische) verfüge über eine brauchbare Analyse der ursprünglichen Eigentumsbildung (Barry 1986: 90–93, 100f., 127f., 158, 178).

5 Andrew Kernohan meint, aus dem Selbsteigentum ergebe sich doch etwas für das Sacheigentum. Einige im Selbsteigentum enthaltenen Rechte hätten Ansprüche auf Güter zur logischen Folge. Das Eigentum, im vollen juristischen Sinne, an den eigenen Potenzen bedeute das Eigentum an deren Betätigung, und dazu gehöre das Recht, sie selbst zu betätigen, das Anweisungsrecht dafür, wer sie sonst betätigen darf, und das Einnahmerecht auf alle Erträge der Betätigung. Keines dieser Rechte könne ohne gewisse Rechte über Güter ausgeübt werden (Kernohan 1988: 66f.). Doch diese logische

Verknüpfung zwischen Selbsteigentum und Sacheigentum läßt noch viele gerechte Eigentumsordnungen offen. Ja, die einzige, die sie ausschließt, ist gerade die von Nozick verteidigte, bei der ja manche Menschen über gar keine Güter verfügen. Und das ist nach Kernohan eine Negation ihres Selbsteigentums.

Anmerkungen zu Kapitel 5

1 Marxisten und Liberale betonen beide die materielle Gleichheit, sind aber uneins über die Mittel dazu. Wenn eine Gesellschaft das Unterschiedsprinzip verletzt, aber die Bürgerrechte achtet, dann lassen Rawls und Dworkin keine Einschränkung der Bürgerrechte zu, die die materielle Ungleichheit berichtigen soll. Wie ich in Kapitel 3 erwähnte, haben sie radikale Ziele, lehnen aber radikale Mittel ab (s.o. Kap. 3, Anm. 9).
2 Der Gedanke der moralischen Gleichheit kommt bei Marx oft in der gleichen Form vor wie bei Kant, Rawls und Nozick, nämlich daß die Menschen als Zweck an sich selbst und nicht als Mittel behandelt werden sollen. Marx meinte, der Kapitalismus verstoße dagegen sowohl bei den Produktionsverhältnissen (wo der Arbeiter zum Ding, zum Mittel gemacht werde, das vom Kapitalisten ausgebeutet wird) als auch bei den Austauschverhältnissen (wo »jeder die Bedürfnisse und Wünsche des anderen nicht als solche sieht, sondern als manipulierbare Hebel, als ausnützbare Schwächen« – Buchanan 1982: 39).
3 Nach Marx wäre das Leben im Kommunismus ein »gesellschaftliches Leben« (Ök.-phil. Manuskr., Heft III, »Privateigentum und Kommunismus«, Nr. 3: MEGA-B I 2, S. 389–92), und die kommunistischen Individuen wären »gesellschaftliche Individuen« (Grundrisse, Heft VII, »Entfremdung«: MEGA-B II 1.2, S. 582, 698). Er sprach aber nicht von einer Harmonie der Interessen, oder daß man danach streben sollte. Was diese Forderungen zum gesellschaftlichen Leben bedeuten, dazu s. Kymlicka (1989a: Kap. 6).
4 Die Marxisten haben noch andere Einwände gegen die Gerechtigkeit, etwa, daß die Berufung auf sie aufspaltend wirke, weil man über sie endlos streiten könne, und daß sie unnötig sei, weil der Motor der Geschichte das vernünftige Interesse der Benachteiligten sei. Auch seien die Gerechtigkeitsvorstellungen ideologisch und auf die bestehenden Eigentumsverhältnisse zugeschnitten, so daß eine sozialistische Gerechtigkeitsvorstellung der Veränderung der Eigentumsverhältnisse folgen und nicht vorausgehen müsse. Viele dieser angeblichen Mängel des Gerechtigkeitsgedankens sollen aus Marxens historischem Materialismus folgen. Zum Ideologievorwurf s. Wood (1981: 131 f.); Brenkert (1983: 154 f.); Wood (1972: 274). Entgegnungen bei Geras (1989: 226–228); Nielsen (1989); Arneson (1981: 217–222). Zur Rolle des moralischen Motivs im Klassenkampf s. Wood (1984); Miller (1984: 15–97) sowie die Entgegnung bei Geras (1989: 251–254); Nielsen (1987).
5 Reiman bestreitet, daß erzwungene Hilfe für Schwache als Ausbeutung anzusehen ist, weil man darin eine von jedermann gekaufte Versicherung

erblicken könne und somit den »mittelbaren Rückfluß an den einzelnen von ebensoviel Arbeit, wie er hergegeben hat, so daß sich am eigentlichen Verteilungsgrundsatz nichts ändert« (Reiman 1989: 312, Anm. 12). Doch das gilt für viele Empfänger solcher Leistungen keineswegs, etwa für Erbkranke. Holmstrom, der wie Reiman die Ausbeutung als »erzwungene unbezahlte Mehrarbeit« definiert (Holmstrom 1977: 358), hält die Unterstützung für Kranke nicht für ausbeuterisch, weil »der Mehrwert unter der Kontrolle derer steht, die ihn erzeugen. Es gibt keine Klasse von Nichtproduzenten, die sich das von den Arbeitern Erzeugte aneignen. Die Arbeiter verbrauchen es nicht ganz, weder direkt noch indirekt, aber sie verfügen darüber als Klasse.« (Holmstrom 1977: 363) Das aber zeigt nicht, daß die einzelnen Arbeiter nicht gezwungen würden, ein Mehrprodukt anderen auszuhändigen. Wie steht es, wenn ich als einzelner Arbeiter etwas dagegen habe, wie die Arbeiterklasse als ganze über das Mehrprodukt entscheidet? Kann ich darauf bestehen, daß ich den vollen Wert des von mir Erzeugten bekomme? Wenn nicht, und wenn ich für meinen Lebensunterhalt arbeiten muß, dann werde ich nach Holmstroms Definition ausgebeutet. Und wenn Wohlfahrtsrechte durch die Verfassung garantiert werden und die Arbeiter gesetzlich verpflichtet sind, die Kranken zu unterstützen? Dann wird nach ihrer Definition die Arbeiterklasse als ganze ausgebeutet, weil sie nach der Rechtslage nicht über den gesamten Mehrwert verfügt.

6 Roemer möchte diese Konsequenz mit Hilfe einer »Dominanzbedingung« vermeiden (Roemer 1982a: 237) oder mit Hilfe der Forderung, daß es keine »externen Effekte des Verbrauchs« gibt (daß die Arbeiter keine Befriedigung daraus ziehen, daß sie den Schwachen helfen) (Roemer 1989: 259). Doch das sind ad-hoc-Manöver, es besteht keine Verbindung zu dem »ethischen Imperativ«, der für ihn die Grundlage der Ausbeutungstheorie bildet (das gibt er selbst zu – Roemer 1982c: 277). Es dürfte sich in der Tat um zirkuläre Versuche handeln, sich von dem libertären Gehalt der Ausbeutungstheorie zu distanzieren und libertären Behauptungen einen Riegel vorzuschieben, der Wohlfahrtsstaat sei ausbeuterisch (Bertram 1988: 126 f.).

7 Roemer hat stellenweise diese Gleichsetzung von Ungerechtigkeit und Ausbeutung aufgegeben. Um dem Alltagssinn zu entsprechen, daß zur Ausbeutung die Übervorteilung des einen durch einen anderen gehört, fügt er folgende Bedingung hinzu: Die ausgebeutete Gruppe muß sich nicht nur besser stellen, wenn sie mit ihren Fähigkeiten und dem Pro-Kopf-Anteil an den Gütern aussteigt, sondern die Ausbeuter müssen sich dann auch schlechter stellen (Roemer 1982b: 285). Ist diese Zusatzbedingung nicht erfüllt, so liegt keine »Ausbeutung«, sondern eine »Unfairness im marxistischen Sinne« vor, weil kein Fremdvorteil gegeben ist (»sie könnten aussteigen, ohne daß sich das Einkommen der anderen ändern würde« – Roemer 1982b: 292). Doch er gibt zu, daß auch die Zusatzbedingung die intuitive Bedeutung der »unfairen Übervorteilung« nicht erfaßt (Roemer 1982b: 304, Anm. 12; vgl. Elster 1982: 366–369). In seinem letzten Buch kehrt Roemer zu seiner ursprünglichen Definition der Ausbeutung zurück als »Verlust einer Person infolge einer ungleichen anfänglichen Besitzverteilung« (Roemer 1988: 134), gleichgültig, ob eine Übervorteilung vorliegt oder nicht. Somit wird jemand kapitalistisch ausgebeutet, »wenn er durch eine egalitäre Neuverteilung der veräu-

ßerlichten Produktionsmittel der Gesellschaft etwas gewinnen würde« (Roemer 1988: 135), und nach diesem Kriterium werden die Arbeitslosen ebenso ausgebeutet wie die Lohnarbeiter.
8 Wegen Roemers Versuch, das Argument zu widerlegen, s. Roemer (1988: 149–155). Sein Haupteinwand lautet, auch bei [anfänglicher, d. Üb.] Gütergleichverteilung würde das aus den Entscheidungen der Menschen hervorgehende ungleiche Kapitaleigentum großenteils noch frühere Ungerechtigkeiten widerspiegeln. Wer in eine arme Familie hineingeboren wurde, lerne kein Risikoverhalten und keinen Befriedigungsaufschub wie in einer reichen Familie. Unterschiedliche Neigungen in bezug auf Arbeit und Freizeit rechtfertigten keinen unterschiedlichen Produktionsmittelbesitz, weil sie selbst unter ungerechten Bedingungen entstanden seien (Roemer 1988: 62 f., 152 f.; 1985b: 52). Das ist ein richtiger Gesichtspunkt – die Menschen sind für ihre Entscheidungen nur dann voll verantwortlich, wenn sich ihre Neigungen unter gerechten Verhältnissen gebildet haben (vgl. Rawls 1979: 14; Arneson 1981: 205; Scanlon 1988: 185–201). Doch das spricht wohl kaum für ein Pauschalverbot des Privateigentums. Ein oder zwei Generationen lang muß man auf diese Einflüsse achten und sie vielleicht ausgleichen. Vielleicht könnte man den benachteiligten Gruppen mit Unterstützungsprogrammen die nötigen Dispositionen näher bringen. Das besagt nichts gegen den allgemeinen Grundsatz, daß verschiedene Lebensziele zu berechtigten Unterschieden des Produktionsmittelbesitzes führen können.
9 Einige Sozialisten, die für eine absichts-sensitive Verteilung sind, möchten doch die sich daraus ergebenden Ungleichheiten begrenzen. So meinen einige, starke Einkommensunterschiede beschädigten die Selbstachtung (Nielsen 1978: 230; Daniels 1975: 273–277; Doppelt 1981: 259–307; Keat 1982: 68–70; vgl. aber Rawls 1975a: 128, Orig. 1971: 107; DiQuattro 1983: 59 f.; Gutmann 1980: 135–138) oder untergrüben die Voraussetzungen für die Entwicklung eines Sinnes für Gerechtigkeit (Clark u. Gintis 1978: 315 f.) oder Solidarität (Crocker 1977: 263). Ich bezweifle, daß solche Einkommensunterschiede das Neidkriterium erfüllen würden (wie könnten die größeren Mittel anderer meine Selbstachtung gefährden, wenn ich den entsprechenden Lebensstil aus freien Stücken abgelehnt habe?). Einige meinen, große Einkommensunterschiede würden die für die Demokratie notwendige Gleichheit der politischen Macht untergraben (Daniels 1975: 256–258) oder ungleiche Chancen für die Kinder schaffen (Nielsen 1985: 297f.). Das sind ernstzunehmende Bedenken, doch Rawls und Dworkin erkennen sie an und verbinden mit ihnen Einschränkungen für die zulässigen Ungleichheiten (zur politischen Gleichheit s. Rawls 1975a: 256 f., Orig. 1971: 225 f.; Dworkin 1988; zur Chancengleichheit s. Rawls 1975a: 93 f., Orig 1971: 73). Weitere sozialistische Äußerungen zur Absichts-Sensitivität finden sich bei Nielsen (1985: 293–302); Elster (1985; 231 f., 524); Levine (1988: 53). Nach Carens liegt der entscheidende Unterschied zwischen Sozialisten und Liberalen nicht beim Bedürfnisgrundsatz, sondern bei der anderen Hälfte der berühmten Marxschen Formel (»Jeder nach seinen Fähigkeiten«). Für Carens enthält das eine Verpflichtung auf nützliche Leistungen, auf einen »guten Gebrauch« der Fähigkeiten, während die Liberalen hier eine Versklavung der Fähigen befürchten, indem sie sich auf eine Weise betätigen müs-

sen, die ihnen vielleicht nicht liegt (Carens 1986: 41–45). Ich glaube nicht, daß die meisten Marxisten die Marxsche Formel wie Carens im Sinne einer Verpflichtung auffassen, doch es handelt sich um eine wichtige Frage, die noch nicht genügend diskutiert ist.

10 Lukes macht bei Marx auch eine »utilitaristische« Denkrichtung aus, doch auf sie möchte ich nicht eingehen, teils weil wir den Utilitarismus bereits untersucht haben und teils, weil sie auf die heutigen Marxisten weniger Einfluß ausgeübt hat als die kantianische und die perfektionistische Denkrichtung. Überdies bezweifle ich, daß es bei Marx wirklich eine utilitaristische Denkrichtung gegeben hat. Er lehnte es ab, daß jemand geschädigt werden dürfe, nur weil es den Gesamtnutzen erhöht (Murphy 1973: 217–220; vgl. aber Allen 1973; Brenkert 1981).

11 Marx selbst meinte einmal: »Das Reich der Freiheit beginnt in der Tat erst da, wo das Arbeiten, das durch Not und äußere Zweckmäßigkeit bestimmt ist, aufhört; es liegt also der Natur der Sache nach jenseits der Sphäre der eigentlichen materiellen Produktion.« (*Das Kapital*, 3. Bd., Kap. 48.III: MEGA-A 25, S. 828) So wird die Sache gewöhnlich nicht gesehen, auch von den meisten heutigen Marxisten nicht (z.B. Cohen 1978: 323–325), doch gewiß ist »die Entwicklung der menschlichen Potenzen als Selbstzweck« außerhalb der Produktion möglich, und »die Freizeit kann durchaus zum Hauptschauplatz jener von Marx gerühmten freien, vielseitigen Entwicklung der Person werden« (Arneson 1987: 526).
Auch wenn man den Schwerpunkt der Selbsterfüllung in der Produktion sieht, sind doch neben der Nichtentfremdung noch andere Werte im Spiel. Für die Marxisten liegt der Wert der produktiven Arbeit in der »Entwicklung der menschlichen Potenzen als Selbstzweck«. Doch andere sehen ihn im Beitrag zur organisierten und effizienten Befriedigung der Lebensbedürfnisse. Für solche »dienstleistungsorientierten« Arbeiter ist Demokratie am Arbeitsplatz vielleicht ein »Luxus«, der das Wohl der Arbeiter über das der Verbraucher stellt (Arneson 1987: 525). Für die Perfektionisten ist die Arbeit nur in Verbindung mit Arbeiterdemokratie sinnvoll (Nielsen 1978: 239; Schwartz 1982: 644). Doch warum sollte man nicht wichtiger nehmen, was geleistet wird, als wie es geleistet wird? Die Arbeit hat viele positive Wirkungen – Arneson zählt 17 auf –, von denen die freie Entfaltung der eigenen Fähigkeiten nur eine ist, und für die einen ist diese, für die anderen jene Organisationsform der Arbeit und des Eigentums günstig (Arneson 1987: 527). Es gibt also keinen einfachen Zusammenhang zwischen der Vergesellschaftung der Produktionsmittel und stärker wertverwirklichender Arbeit.

Anmerkungen zu Kapitel 6

1 Bestimmte paternalistische Akte gegenüber mündigen Erwachsenen sind vielleicht gerechtfertigt, wenn eine ausgesprochene Willensschwäche vorliegt. So wissen die meisten, daß der Sicherheitsgewinn die Mühe des Anlegens des Sicherheitsgurtes wohl wert ist. Trotzdem lassen sie sich oft von der momentanen Unbequemlichkeit bestimmen. Die Gurtpflicht wirkt dem

entgegen und bildet ein zusätzliches Motiv zu einer Handlung, zu der die Menschen, wie sie sehr gut wissen, ohnehin Grund genug hatten.

2 Erzwungene religiöse Handlungen waren ein beliebtes Beispiel der Liberalen von Locke bis Rawls. Es ist aber nicht klar, daß das ein gutes Beispiel für den allgemeinen Fall ist, denn das Gebet muß mit einer Überzeugung verbunden sein, was nicht in allen anderen Fällen gilt. Ich glaube allerdings, daß die Forderung der Überzeugtheit für die meisten wertvollen und wichtigen menschlichen Betätigungen sinnvoll ist (Dworkin 1989: 484–487; Raz 1986: 291–293; vgl. aber Daniels 1975: 266). Manche Liberale meinen, im Lichte dieser Forderung führe sich der Perfektionismus selbst ad absurdum. Auch wenn der Staat die Menschen zu einem bestimmten Verhalten veranlassen oder zwingen könne, so doch nicht dazu, daß es aus den richtigen Gründen geschieht, aus einer Überzeugung vom wirklichen Wert dieser Lebensweise heraus (Waldron 1989: 1145f.; Lomasky 1987: 253f.). Das ist ein richtiger Gesichtspunkt gegen auf Zwang setzende und manipulative Formen des Perfektionismus, aber nicht gegen kurzfristige staatliche Maßnahmen, die den Menschen eine wertvolle Lebensweise erst einmal nahe bringen sollen. Wenn sie sich ihr zunächst aus den falschen Gründen anschließen, so erkennen sie vielleicht mit der Zeit noch ihren wahren Wert. Das ist nicht grundsätzlich abzulehnen, und es kommt auf dem Markt der Kultur oft genug vor. Im Namen der Überzeugtheitsforderung allein kann man also nicht alle Formen des staatlichen Perfektionismus ablehnen.

3 Die Revidierbarkeit der menschlichen Ziele hat in der Rawlsschen Theorie nicht immer die gleiche Rolle gespielt. In seinen neuesten Arbeiten hat Rawls seine ursprüngliche Auffassung dahin geändert, daß man zur Bestimmung der öffentlichen Rechte und Pflichten von der Revidierbarkeit ausgehen soll, ohne freilich darin unbedingt eine richtige Darstellung unseres individuellen Selbstverständnisses zu sehen (Rawls 1992: 120, Orig. 1980: 545; 1992: 277–279, Orig. 1985: 240–244; vgl. Buchanan 1982: 138–144). Ich konzentriere mich auf Rawls' ursprüngliche Auffassung, teils, weil die meisten Kommunitaristen zu ihr Stellung genommen haben, und teils, weil ich Zweifel an seiner neueren Auffassung hege (Kymlicka 1989a: 58–61).

4 Andere wichtige Darstellungen der liberalen Neutralität finden sich bei Ackerman (1980: 11, 61); Larmore (1987: 44–47); Dworkin (1978: 127; 1985: 222). »Neutralität« ist vielleicht nicht das beste Wort. Rawls selbst benutzt es wegen seiner verschiedenen und oft irreführenden Bedeutungen nicht. Im Alltagsgebrauch bezeichnet es oft das Folgen von Handlungen und nicht ihre Begründungen (Rawls 1992: 375–380, Orig. 1988: 260–265; vgl. Raz 1986: Kap. 5). Eine neutrale Politik in diesem Alltagssinne würde dafür sorgen, daß alle Wertvorstellungen in der Gesellschaft gleich gut zum Zuge kommen, gleichgültig, wie aufwendig oder unattraktiv sie sind. Einige Kritiker haben Rawls so verstanden (z. B. Raz 1986: 117). Doch eine solche Neutralität wäre durchaus illiberal, sie würde die Wahlfreiheit beschränken und den Menschen nicht die Kosten ihrer Entscheidungen auferlegen. Wenn aber die verschiedenen Lebensweisen um die freie Zustimmung der Bürger konkurrieren und die Menschen für die Kosten ihrer Entscheidungen einstehen müssen, dann sind aufwendige und unattraktive Lebensformen eben stark im Nachteil. Das akzeptieren die Liberalen, sie legen sogar Wert darauf.

Somit ist die liberale Neutralität, nach der der Staat nicht zu den verschiedenen Lebensweisen Stellung nehmen soll, etwas anderes als die Neutralität im Alltagssinne, ja ihr Gegenteil (vgl. Kymlicka 1989b: 883–886). Um diesem möglichen Mißverständnis entgegenzutreten, spricht Rawls vom »Vorrang des Rechten vor dem Guten« (1992: 364ff., Orig.: 1988). Doch auch das schließt Mißverständnisse nicht aus, denn Rawls meint damit einerseits die Neutralität im Gegensatz zum Perfektionismus, andererseits aber auch die Deontologie im Gegensatz zur Teleologie. Man muß beides auseinanderhalten, und in beiden Fällen, für sich betrachtet, kann man eigentlich nicht gut von einem »Vorrang des Rechten« sprechen; eine Kritik findet sich bei Kymlicka (1988b: 173–190). Mangels eines eindeutig besseren Ausdrucks spreche ich weiter von »Neutralität«.

5 Noch ein anderer Einwand ist erwähnenswert, er hat mit der Notwendigkeit einer sozialen Bestätigung unserer individuellen Urteile zu tun. Einige Kommunitaristen meinen, die innere Überzeugtheit vom Wert des eigenen Handelns sei zwar wichtig, doch mindestens ebenso wichtig sei die Bestätigung durch andere. Ohne diese verliere man die Selbstachtung und den Glauben an seine eigenen Urteile. Daher würde ein kommunitaristischer Staat Dworkins Bedingung der individuellen Überzeugtheit einschränken, wenn sie zu stark mit der kommunitaristischen Bedingung der sozialen Bestätigung in Konflikt gerät. S. dazu Kymlicka (1988a: 195–197); vgl. Williams (1985: 169f.); Smith (1985: 188–192); Dworkin (1987: 16f.).

6 Ich habe mich auf die Arbeiten von Sandel konzentriert, doch die nämliche Unklarheit in der kommunitaristischen Theorie des Ichs findet sich bei MacIntyre (1981: 200–206) und Taylor (1979: 157–160); zu diesen s. Kymlicka (1989a: 56f.). Sandels Behauptung, die Rawlssche Sicht des Ichs widerstreite unserem Selbstverständnis, gewinnt einen großen Teil ihres Gewichts aus der Verbindung mit der weiteren Behauptung, für Rawls seien die Menschen im Grunde körperlos. Daß Rawls den Menschen nicht die besonderen Erträge ihrer natürlichen Gaben zugestehen will, liegt nach Sandel daran, daß er diese nicht als wesentliche Teile der persönlichen Identität ansehe, sondern nur als Besitztümer (Sandel 1982: 72–94; Larmore 1987: 127). Doch dem ist nicht so. Der Grund ist bei Rawls, daß niemand sein Los in der Lotterie der Natur, seine besonderen Talente verdient hat (s. 3.2 oben). Und das ist durchaus damit verträglich, daß die natürlichen Fähigkeiten wesentliche Bestandteile des Ichs sind. Das wiederum bedeutet nicht, daß es ein begabtes Kind verdient hätte, als begabter geboren zu sein als ein anderes. Freilich würden viele Liberale nicht alle natürlichen Gaben als wesentliche Bestandteile des Ichs ansehen wollen (so Dworkin 1983: 39), und ich selbst bin mir nicht sicher, wo man die Grenze ziehen soll (s. 4.5 oben). Jedenfalls aber stützt unsere Körpergebundenheit (being physically embodied) nicht Sandels Vorstellung von der Gesellschaftsgebundenheit (being socially embedded).

7 Taylor möchte die Lehre vom »Vorrang der Rechte« kritisieren, worunter er die Behauptung versteht, die Rechte des einzelnen hätten den Vorrang vor anderen moralischen Gesichtspunkten, etwa den Pflichten des einzelnen, dem Gemeinwohl, der Tugend u.ä. Er macht diese Lehre bei Hobbes, Locke und Nozick aus. Ich finde den Gesichtspunkt unfruchtbar, denn man kann

keinem dieser moralischen Gesichtspunkte sinnvoll einen Vorrang zusprechen. (Übrigens behauptet Nozick etwas, was Hobbes, der ja bei Taylor in dieselbe Kategorie fällt, leugnet, nämlich daß dem Individuum ein eigener moralischer Rang zukomme; somit muß jegliche Übereinstimmung der beiden im Hinblick auf die Rechte des einzelnen etwas Abgeleitetes und nicht moralisch Primäres sein; vgl. 4.3 oben.) Taylors Problem sollte lieber so gestellt werden, ob bestimmte Recht, Pflichten, Tugenden usw. in den liberalen oder, wie Taylor sie nennt, »ultraliberalen« Theorien zu kurz kommen. Und dann lautet eines von seinen Argumenten, die Neutralität könne die notwendigen sozialen Bedingungen der individuellen Autonomie untergraben. Und diese Frage ist für die liberalen und utilitaristischen Theorien von Bedeutung, ob sie nun von einem »Vorrang der Rechte« sprechen oder nicht. Für manche Kommunitaristen widerlegt die Sozialthese den Liberalismus in noch grundsätzlicherem Sinne, nämlich als moralischen Individualismus. Für diesen sind die einzelnen Menschen die Träger des moralischen Wertes, und alle Verpflichtungen gegenüber größeren Gebilden (etwa der Gemeinschaft) müssen aus solchen gegenüber Personen abgeleitet werden. Doch die Kommunitaristen meinen, wenn man die atomistische Sichtweise ablehnt, die Menschen seien aus sich selbst entspringende (self-originating) Personen, dann müsse man auch die Rawlssche Behauptung ablehnen, sie seien »selbstschaffende (self-originating) Quellen berechtigter Ansprüche« (Rawls 1992: 119, Orig. 1980: 543). Doch das folgt keineswegs. Rawls spricht nicht über die soziale Entwicklung der Person, sondern über den Ort des moralischen Wertes. Galston schreibt: »Der Einfluß der Gesellschaft ist gewiß entscheidend, aber er betrifft immer noch *Individuen*. Ich kann alles mit anderen gemeinsam haben, aber *ich bin es* doch, auf den das zutrifft, ein selbständiges Bewußtsein, ein eigener Ort von Lust und Schmerz, ein abgegrenztes Wesen mit Interessen, die gefördert oder mißachtet werden können« (Galston 1986: 91). Was ich als gut für mich empfinde, ist das Ergebnis sozialer Einflüsse, aber es geht immer noch um *mein* Wohl, und jede vernünftige politische Theorie muß die Interessen eines jeden gleich behandeln.

8 Daß nichtpolitisches Handeln grundsätzlich ein vereinzeltes sei, liegt unausgesprochen etlichen kommunitaristischen Arbeiten zugrunde. So behauptet Sandel, unter einer kommunitaristischen Politik »können wir ein Gut in Gemeinschaft erkennen, das wir als einzelne nicht erkennen können« (Sandel 1982: 183). Und Sullivan behauptet, der Staatsperfektionismus sei nötig, damit niemand von kollektiven Überlegungen »abgeschnitten« werde (Sullivan 1983: 158). Die Liberalen gehen umgekehrt davon aus, daß der Staat nicht nötig sei, um die Menschen zu kollektiven Zusammenschlüssen und Überlegungen zu führen (Macedo 1988: 127f.; Feinberg 1988: 105–113).

9 Taylor nennt zwar einige Bedingungen der Legitimität, die seiner Ansicht nach von der liberalen Neutralität nicht erfüllt werden können, vor allem die Bürgerbeteiligung (so Taylor 1986: 225; 1989: 177–181). Aber warum das so sei, macht er nicht genügend klar. Was ihm eigentlich vorschwebt, ist m.E. eine Art »bürokratische Vormundschaft«, die den Sachverständigen über die demokratische Politik stellt (Taylor 1989: 180). Doch das ist kein spezifisches Problem des Liberalismus.

10 In einer neueren Arbeit meint Sandel, die amerikanischen Gesetze gegen die

Perversion sollten aufgehoben werden, weil manche homosexuellen Beziehungen im Grunde das gleiche anstrebten wie die heterosexuelle Ehe, welcher das Oberste Gericht schon immer Rechtsschutz habe angedeihen lassen (Sandel 1989: 344f.). Aber warum sollte die Freiheit der Homosexuellen davon abhängen, daß sie dasselbe anstreben wie Heterosexuelle? Viele Schwulengruppen würden von sich weisen, daß sie die gleichen (restriktiven) Vorstellungen von Intimität und Sexualität haben wie die herkömmliche heterosexuelle Ehe. Und wie ist es, wenn Rechte für die Homosexuellen – nach einem jüngsten Urteil des Obersten Gerichts, das die bestehende Gesetzgebung für gültig erklärte – die Heiligkeit der heterosexuellen Familie *bedrohen*? Wie dem auch sei, Sandel erklärt nicht, wie seine neue Ansicht, daß das Verbot der Homosexualität verfassungswidrig sei, zu seiner früheren Auffassung paßt, daß die lokalen Gemeinschaften gegen Verhaltensweisen einschreiten könnten, die für ihre Lebensform anstößig sind.

11 Zu den ausgrenzenden Tendenzen des Kommunitarismus s. Gutmann (1985: 318–322, dt. 1994: 79ff.); Herzog (1986: 481–490); Hirsch (1986: 435–438); Rosenblum (1987: 178–181). Ich habe andernorts die Auffassung vertreten, daß viele dieser Gesichtspunkte auch gegen nichtkommunitaristische Formen der perfektionistischen Eingriffe in den Markt der Kultur sprechen. Auch wenn der staatliche Perfektionismus nicht ausdrücklich die Lebensform der Gemeinschaft fördern will, würde er die freie Beurteilung der Lebensformen beeinträchtigen, die herrschende ohne Rücksicht auf ihren wirklichen Wert zementieren und die Werte und Ziele von benachteiligten und Randgruppen unfair ausgrenzen (Kymlicka 1989b: 990–902).

12 Für Rawls spricht der Legitimitätsbedarf gerade für und nicht gegen die Neutralität. Der Perfektionismus gefährde den öffentlichen Konsens, weil die Menschen einer staatlichen Politik, die auf ihnen fremden Wertvorstellungen beruht, keine Legitimität zugestehen würden. Das scheint seiner Meinung nach für jede Gesellschaft zu gelten, in der es gegensätzliche Wertvorstellungen gibt. In dieser Allgemeinheit ist das sicher nicht richtig. Raz zeigt, daß sich Menschen mit verschiedenen Leitbildern doch auf ein Verfahren zur öffentlichen Bewertung verschiedener Lebensweisen einigen oder sogar eine in ihren Augen falsche öffentliche Bewertung anerkennen können, weil sie ihnen immer noch als besser erscheint als die Neutralität (Raz 1986: 126–132). Es gibt keine grundsätzliche Verknüpfung zwischen Neutralität und Legitimität des Staates. Doch die gegensätzlichen Leitbilder in den modernen Demokratien und ihre Geschichte sind von solcher Art, daß ein kommunitaristischer Perfektionismus mit Sicherheit die Legitimität des Staates bedrohen würde.

13 Nützliche Vorschläge zur Unterscheidung verschiedener empirischer Probleme finden sich bei Buchanan (1989) und Walzer (1994, Orig. 1990). Ein philosophisch orientierter Versuch einer empirischen Stützung des Kommunitarismus findet sich bei Bellah et al. (1985); vgl. jedoch Macedo (1988); Stout (1986).

14 Die kulturelle Homogenität der politischen Gemeinschaft wird an einer Reihe von Stellen bei Rawls und Dworkin vorausgesetzt (Rawls 1992: 56, Orig. 1978: 55; Dworkin 1985: 230–233), und sie ist für die Herleitung der Rechte der Menschen durchaus relevant; doch beide Autoren beschäftigen

sich nirgends mit der Frage, was in multikulturellen Ländern anders wäre, ja, sie scheinen nicht einmal zu erkennen, daß sich da an ihren Ergebnissen etwas ändern müßte. Ich lege eine liberale Theorie der Rechte von Minderheitskulturen vor in Kymlicka (1989a: Kap. 7-10); vgl. Van Dyke (1975).

Anmerkungen zu Kapitel 7

1 Einführungen in diese verschiedenen Strömungen finden sich bei Jaggar (1983); Nye (1988); Charvet (1982); Tong (1989).
2 Indem die klassischen Liberalen diese herrschende Auffassung von einer »natürlichen Grundlage« für die Herrschaft des Ehemannes »als des Fähigeren und Stärkeren« (Locke, nach Okin 1979: 200) anerkannten, verwickelten sie sich in einen Widerspruch. Denn sie behaupteten auch, alle Menschen seien von Natur gleich, die Natur liefere keinen Grund für ungleiche Rechte. Das war, wie wir sahen, der springende Punkt ihrer Theorien vom Naturzustand (3.3 oben). Warum sollte dann die angebliche Tatsache, daß die Männer »fähiger und stärker« seien, ungleiche Rechte für die Frauen rechtfertigen, wo doch, wie Locke selbst sagte, »unterschiedliche körperliche Qualitäten oder unterschiedliche Fähigkeiten« keine ungleichen Rechte begründen? Man kann schlecht die Gleichberechtigung aller verkünden, weil es keine unterschiedlichen Rechte aufgrund unterschiedlicher Fähigkeiten gebe, und gleichzeitig die Frauen davon ausnehmen, weil sie weniger fähig seien. Dann hätte man auch alle Männer ausnehmen müssen, die weniger fähig als der durchschnittliche Mann waren. Okin: »Wenn sein Individualismus Hand und Fuß haben sollte, hätte er sagen müssen, die einzelnen Frauen seien den einzelnen Männern gleichgestellt, genau wie die schwächeren Männer den stärkeren gleichgestellt waren.« (Okin 1979: 199)
3 Vielleicht können die Kommunitaristen den Herrschaftsansatz nicht anerkennen, weil er davon ausgeht, daß die Menschen ihre Rollen auf eine Weise in Frage stellen können, die der Kommunitarismus bestreitet oder verurteilt (s. 6.3 oben; zur Spannung zwischen Feminismus und Kommunitarismus s. Greschner 1989; Okin 1989b 41-62; Friedman 1989). Und da die Libertären schon die beschränkte Chancengleichheit des Differenzansatzes nicht akzeptieren, sind sie überhaupt nicht bereit, den Herrschaftsansatz zu akzeptieren. Die anderen Theorien dagegen dürften den Herrschaftsansatz übernehmen können. MacKinnon meint, er gehe über den Horizont des Liberalismus hinaus, weil dieser auf ein »formales« oder »abstraktes« Recht ohne Inhalt ziele. Diese Entgegensetzung von »Form« und »Inhalt« kann ich nicht nachvollziehen, ich erkenne auch keinen Zusammenhang mit den traditionellen liberalen Grundsätzen der Freiheit und Gleichheit. MacKinnon scheint den Liberalismus mit einer bestimmten Richtung der amerikanischen Verfassungsinterpretation gleichzusetzen.
4 Siehe Rawls (1975a: 151, 170, Orig. 1971: 128, 146), Diskussionen bei Okin (1987); Green (1986); English (1977); Kearns (1983). Der »Aristotelische Überhang«, die Menschen in Form von »Haushaltvorständen« zu betrachten, ist in der Politikwissenschaft immer noch gang und gäbe (Stiehm 1983).

5 Eine Erklärung geht dahin, daß die Liberalen die häusliche Sphäre ebenso geringschätzten, wie es bereits die Antike tat, diese, weil man sie abstreifen müsse, um zum politischen Leben frei zu sein, jene, weil man sie beherrschen müsse, um zum sozialen Leben frei zu sein. Das könnte zum Teil erklären, warum Mill und Marx die Fortpflanzung nicht als ein Reich der Freiheit und Gleichheit betrachteten, sondern die herkömmliche Frauenrolle als etwas bloß »Natürliches«, keiner kulturellen Entwicklung Fähiges beschrieben (vgl. Jaggar 1983: Kap. 4; Okin 1979: Kap. 9).

6 Viele Feministinnen meinen, die Trennung zwischen häuslicher und öffentlicher Sphäre sei mit der liberalen Trennung zwischen öffentlicher und privater Sphäre entstanden oder habe sich in ihr widergespiegelt (so Nicholson 1986: 201; Kennedy/Mendus 1987: 6f.; Coltheart 1986: 112). Doch das ist historisch nicht richtig, denn »die Zuweisung der öffentlichen Sphäre an die Männer und der [häuslichen] an die Frauen zieht sich durch die ganze westliche Geschichte« (Eisenstein 1981: 22). Der Liberalismus übernahm diese Trennung von öffentlich und häuslich, er schuf sie nicht. Vielleicht verdecken die Liberalen mit ihrer Unterscheidung zwischen dem Öffentlichen und dem Privaten innerhalb der bürgerlichen Gesellschaft die grundlegendere zwischen Öffentlichem und Häuslichem (Pateman 1987: 109). Doch dann ist es eine vorliberale Unterscheidung zwischen männlicher und weiblicher Sphäre, die verdeckt wird (Eisenstein 1981: 223; vgl. Green 1986: 34; Nicholson 1986: 161).
Warum ist diese ursprüngliche liberale Sicht der Privatsphäre verloren gegangen, so daß »die Rede von einem Ideal der privaten Welt in der heutigen amerikanischen Gesellschaft auf die Familie hinausläuft«? (Elshtain 1981: 322; vgl. Benn/Gaus 1983: 54). Vielleicht weil man sich das Öffentliche und das Private als räumlich getrennt vorstellt. Der Ort des Privaten ist dann der Familienhaushalt. Aber die liberale Trennung von öffentlich und privat ist keine räumliche, »Gesellschaft« (society) und »Gemeinwesen« (polity) bedeuten im wesentlichen dasselbe. Es ist eine Unterscheidung zwischen verschiedenen Zielen und Verantwortlichkeiten. Öffentlich handeln heißt Verantwortung für das Gemeinwohl übernehmen im Sinne der unparteiischen Beachtung der Interessen eines jeden. Privates Handeln braucht nicht unparteiisch zu sein, man kann seine eigenen Ziele im Einklang mit den Rechten der anderen verfolgen und sich mit anderen zur Verfolgung gemeinsamer Ziele verbinden. Beides kann an jedem Ort in der Gesellschaft stattfinden.

7 Es gibt eine feministische Kritik an der liberalen Trennung zwischen Staat und Gesellschaft, auch wenn sie von der patriarchalischen Trennung zwischen häuslicher und öffentlicher Sphäre unterschieden wird. So meint Pateman, im Unterschied zu den republikanischen Kritikern, die bloß »das Politische im öffentlichen Leben wieder verankern« möchten, »besteht« die feministische Kritik »darauf, daß eine Alternative zur liberalen Auffassung auch die Beziehung zwischen öffentlichem und häuslichem Leben einbeziehen muß« (Pateman 1987: 108). Doch sie erklärt nicht, warum ein Feminismus, der die Unterscheidung zwischen öffentlich und häuslich ablehnt, sich auch mit der liberalen Unterscheidung zwischen öffentlich und privat auseinandersetzen sollte. Ihre Bemerkungen erwecken den Eindruck, daß es

keine klare Vorstellung davon gibt, wie sich eine Einbeziehung der Politik in die bürgerliche Gesellschaft auf die Entgegensetzung des Öffentlichen und Häuslichen auswirken würde (Pateman 1987: 120). Frances Olsen legt eine auf die Marxschen Gedanken zur Entfremdung gestützte feministische Kritik der Unterscheidung zwischen Staat und Gesellschaft vor (Olsen 1983: 1561–1564).

8 Diese romantische Sicht des Privaten ist so fest in den modernen Liberalismus eingegangen, daß manche darin die ursprüngliche liberale Auffassung sehen (so Benn/Gaus 1983: 57f.). Zwar findet sich der Gedanke des Rückzugs aus der Gesellschaft bei klassischen Liberalen (so in Lockes *Letter of Toleration*), doch im wesentlichen ist er vom Liberalismus erst später übernommen worden. Privatheit als Rückzug von allen Rollen der bürgerlichen Gesellschaft ist keineswegs die ursprüngliche liberale Position, sie bedeutet, daß »das Persönliche und Private praktisch von allem Institutionellen abgesondert wird. Das Ergebnis ist ein dramatischer Zusammenbruch der herkömmlichen liberalen Unterscheidung zwischen öffentlich und privat im Sinne von Staat und Gesellschaft.« (Rosenblum 1987: 66)

9 Es ist schon interessant, wie die gleichen Regelungen, die früher mit dem Privateigentum des Mannes an der Familie gerechtfertigt wurden, jetzt damit gerechtfertigt werden, daß Mann und Frau gleiches Recht auf eine Privatsphäre haben (s. z. B. Benn/Gaus 1983: 38). Taub u. Schneider bemerken: »Die Nichtregelung der häuslichen Sphäre durch den Staat wird jetzt oft damit begründet, daß das Recht nicht in die Gefühlsbeziehungen der Familie eingreifen sollte, weil es ein zu grobes Instrument sei ... Doch diese angebliche Besorgnis wird durch die Tatsache ad absurdum geführt, daß das gleiche Ergebnis früher mit Rechtsfiktionen wie dem zivilrechtlichen Tod bei der Heirat begründet wurde.« (1982: 122)

10 Einige liberale Feministinnen haben die herkömmliche Familie aufs Korn genommen. Daß es dem liberalen Feminismus nur um den Zugang zur öffentlichen Sphäre gehe, »ist immer zweifelhafter geworden. Die liberalen Feministinnen haben sich wie viele andere ständig mit dem persönlichen Leben der Frauen befaßt.« (Nicholson 1986: 22f.; vgl. Wendell 1987) Paradoxerweise wird den Liberalen, wenn sie für eine Familienreform eintreten, oft vorgeworfen, daß sie »die Privatsphäre entwerten« (Elshtain 1981: 243; vgl. Nicholson 1986: 24). Jean Elshtain behauptet, der »liberale Imperativ« gehe dahin, »die Privatsphäre gründlich zu politisieren oder in die Öffentlichkeit einzubinden« (Elshtain 1981: 248). Wenn der Liberalismus die Kindererziehung zu einer öffentlichen Sache machen wolle, würde das »die Privatsphäre ihrer wichtigsten raison d'être und der Hauptquelle menschlicher Gefühle und Werte berauben. Auch die Überführung aller Haushaltstätigkeiten in die Öffentlichkeit würde die Privatsphäre weiter beeinträchtigen. ›Alle würden, so weit wie möglich, zu öffentlichen Personen gemacht, und die mit der Industrialisierung begonnene Spaltung der Formen des sozialen Lebens würde durch das weitestmögliche Aufgehen des Privaten im Öffentlichen zur Vollendung geführt.‹ Das ist die Erfüllung des liberalen Imperativs.« (Elshtain 1981: 248; zit. wird R. P. Wolff) Eine Diskussion neuerer feministischer Einwände gegen eine »Liberalisierung der Familie« (d. h. die Ausdehnung des Vertragsgedankens auf Ehe und Familie) findet sich bei Kymlicka (1991).

11 Auch die Erklärung etwaiger Geschlechtsunterschiede beim moralischen Denken ist nicht unumstritten. Die Ansätze reichen von der Sozialisierung in einer Geschlechtsrolle (Meyers 1987: 142–146) bis zur frühkindlichen Muttererfahrung (Gilligan 1987: 20). Es gibt auch weniger geschlechtsorientierte Erklärungen, etwa daß machtlose Gruppen oft Einfühlungsvermögen lernen, weil sie von anderen abhängig sind, und »da [die Frauen] in einer von den Männern beherrschten Gesellschaft untergeordnet sind, müssen sie psychische Eigenschaften entwickeln, die der herrschenden Gruppe gefallen und ihre Bedürfnisse befriedigen« (Okin 1990: 154). Etwa: »Eine Frau, die von einem Mann abhängig ist, entwickelt vielleicht großes Geschick, ihn aufmerksam zu umsorgen, in seinem Verhalten und seinen Stimmungen zu ›lesen‹ und seine Wünsche zu erfüllen, noch ehe er sie aussprechen mußte.« (Grimshaw 1986: 252) Das erklärt vielleicht, warum die Mitglieder unterdrückter Klassen oder Ethnien gewisse Züge einer Fürsorgeethik zeigen (Tronto 1987: 649–651; Harding 1987: 307, dt. 1991: 176).
12 Wie Okin bemerkt, stellen sich die Untersuchungen Gilligans nicht der Frage, »wie Frauen denken, wenn sie vor einen moralischen Konflikt zwischen den Bedürfnissen oder Interessen ihrer Familie oder engen Freunde und denen entfernterer Menschen gestellt werden«. (Okin 1990: 158) Ruddick antwortet: »Mütter können... zu der Erkenntnis kommen, daß das Wohl ihrer Kinder mit dem aller Kinder verknüpft ist« (Ruddick 1984: 239; vgl. aber 1987: 250f.). Doch es ist zu bezweifeln, daß das Wohl des eigenen Kindes mit dem aller auch noch so weit entfernten Kindern zusammenhängt; und auch wenn das der Fall ist, kann der Zusammenhang ein konkurrierender statt komplementärer sein, weil bestimmte Güter entweder nur diesem oder nur jenem Kind zugute kommen können. Wenn die Erweiterung des Beziehungsgewebes davon abhängt, daß eine Interessengemeinschaft mit anderen gesehen wird, dann könnte sie schon bald an ihre Grenzen stoßen. Es ist wohl hoffnungslos optimistisch, zu meinen, die Berücksichtigung entfernter anderer gehe nicht auf Kosten der bestehenden Bindungen, oder »Ungerechtigkeit belaste beide Seiten einer ungleichen Beziehung« (Gilligan 1988: 213). Nur eine ausdrückliche Festlegung auf unparteiische Berücksichtigung und nicht bloß auf Bewahrung bestehender Beziehungen könnte die Allgemeinheit sichern, auf die Gilligan und Ruddick abzielen.
13 Iris Young gibt eine allgemeinere Begründung für die Behauptung an, daß der »unparteiische Standpunkt« die Unterschiede unterdrücke: »Die unparteiische Vernunft muß unabhängig von den Sichtweisen der einzelnen Beteiligten urteilen und diese zu einem Ganzen, einem Gemeinwillen zusammenfassen... Das unparteiische Subjekt braucht keine anderen Subjekte anzuerkennen, deren Sichtweisen zu berücksichtigen und mit ihnen zu diskutieren ... Von diesem unparteiischen Standpunkt aus braucht man keinen anderen zu Rate zu ziehen, weil er bereits alle möglichen Sichtweisen einbezieht.« (Young 1987: 62) Doch wie wir gesehen haben, besteht die Rawlssche Unparteilichkeit gerade in der Forderung, alle möglichen Standpunkte zu berücksichtigen. Anscheinend verwechselt Young die moralische Forderung der Unparteilichkeit mit der erkenntnistheoretischen der Unpersönlichkeit oder Objektivität: »Als Eigenschaft der Vernunft bedeutet Unparteilichkeit

etwas anderes als pragmatische Fairneß, die die Bedürfnisse und Wünsche der anderen so stark berücksichtigt wie die eigenen. Sie sieht vielmehr von allen Interessen und Wünschen ab, sieht das Ganze, die Beziehungen aller besonderen Perspektiven und Interessen in einer moralischen Situation zueinander auf eine Weise, wie sie jede einzelne Perspektive wegen ihrer Parteilichkeit nicht sehen kann. Der unparteiisch moralisch Denkende steht also interesselos außerhalb und über der Situation, mit der er sich beschäftigt, oder soll sich eine solche Einstellung zu eigen machen.« (Young 1987: 60) Doch man kann die moralischen Forderungen des Urzustands als Mechanismus zur Berücksichtigung der Interessen der anderen annehmen, ohne sich das erkenntnistheoretische Ideal zu eigen zu machen, über der Situation zu stehen. (Und umgekehrt gewährleistet die Ablehnung des Ideals der Unparteilichkeit nicht, daß die Interessen der anderen berücksichtigt werden.)

14 Nach einigen Kommentatoren ist die Schwierigkeit, die beiden Ethiken zu vereinbaren, keine theoretische, sondern eine entwicklungspsychologische. Nach Gilligan beruhen die verschiedenen Züge der moralischen Entwicklung auf grundverschiedenen Kindheitserfahrungen: eine kindliche Erfahrung der Ungleichheit und Machtlosigkeit führt zum Streben nach Unabhängigkeit und Gleichheit, eine Erfahrung tiefer Zuneigung und Verbundenheit dagegen zu Mitleid und Liebe (Gilligan 1987: 20). Dann aber können unterschiedliche kindliche Erfahrungen mit den Eltern die Fähigkeit zum Lernen verschiedener Züge der Moral beeinflussen (Flanagan/Jackson 1987: 629).

15 Die meisten Gerechtigkeitstheoretiker erkennen aber »Samariterpflichten« an, die nichts mit objektiver Unfairneß zu tun haben (s.o. Kap. 2, Anm. 9).

16 Einige Kommentatoren meinen, Gilligan setze sich wegen ihrer Vernachlässigung unterdrückerischer Beziehungen der Gefahr des »moralischen Essentialismus« aus: sie »trennt Fürsorge und Nähe von ihrem Kontext der Ungleichheit und Unterdrückung und möchte sie rein als solche gewürdigt sehen« (Houston 1988: 176). Tronto bemerkt: »Ist die Bewahrung eines Beziehungsgewebes der Ausgangspunkt einer Fürsorgeethik, so gibt es wenig Raum für kritische Überlegungen darüber, ob diese Beziehungen gut, gesund oder erhaltenswert sind.« (Tronto 1987: 660; vgl. Wilson 1988: 17f.)

17 Daher ist es ganz irreführend, zu behaupten, Gilligan gehe mit Williams darin einig, daß die Unparteilichkeit »zu viel verlange«, oder mit seiner Hoffnung, durch Betonung des »persönlichen Standpunkts« könne man die eigenen Vorhaben von moralischen Ansprüchen freistellen (dies gegen Adler 1987: 226, 205; Kittay/Meyers 1987: 8). Wie Blum bemerkt, gelten die persönlichen Anliegen für Williams »als berechtigt weniger unter *moralischen* als vielmehr unter praktisch-vernünftigen Gesichtspunkten. Demgegenüber meint Gilligan..., Fürsorge und Verantwortlichkeit im Rahmen persönlicher Beziehungen seien ein wichtiger Bestandteil der Moral selbst und unterschieden sich grundsätzlich von Unparteilichkeit. Für Gilligan ist jede Person in ein Gewebe sich fortspinnender Beziehungen eingebettet, und die Moral besteht schwerpunktmäßig oder sogar ausschließlich in der Beachtung, dem Verstehen und dem gefühlsmäßigen Eingehen auf die Menschen, zu denen man in diesen Beziehungen steht... Nagels oder Williams' Vorstel-

lungen vom persönlichen Bereich erfassen (trotz gelegentlicher gegenteiliger Versicherungen) nicht die Fürsorge und Verantwortlichkeit im Rahmen persönlicher Beziehungen und erklären nicht, warum dies ausgesprochen moralische Erscheinungen sind.« (Blum 1988: 473) Blum schließt mit der Feststellung, Gilligans Kritik sei »wesentlich verschieden« von Williams' Kritik der Unparteilichkeit, aber »widerspricht [ihr] nicht« (ebd.). Doch das spielt das Problem immer noch herunter, denn Williams möchte eindeutig den *nichtmoralischen* Wert persönlicher Vorhaben betonen und die Moral so beschränken, daß diese nichtmoralischen Werte geschützt werden. Gilligan möchte gerade jene Bindungen in die Moral einbeziehen, denen Williams eine nichtmoralische Bedeutung zuschreibt.

18 Das Argument für öffentliche Maßstäbe ist auch für die Demokratie von Bedeutung. Die fürsorgeethische Einstellung, daß moralische Probleme nicht anhand öffentlicher Regeln oder Grundsätze, sondern mit Hilfe der moralischen Sensibilitäten des moralisch reifen Handelnden gelöst werden sollten, ähnelt stark den konservativen Argumenten, daß die politischen Führer nicht allzusehr zur demokratischen Verantwortung gezogen werden sollten (so Oakeshott 1984). Weisen politischen Führern müsse man vertrauen und sie nicht unter die Lupe nehmen, weil ihre Überlegungen oft stillschweigend vor sich gingen und unmöglich systematisch dargestellt werden könnten. Doch wie bei den Gerechtigkeitsregeln verlangt man von den politischen Führern klare öffentliche Rechtfertigungsmaßstäbe nicht wegen ihrer größeren Objektivität, sondern weil sie demokratischer sind. Eine Kritik des mütterlichen Denkens, das politische Werte wie die Demokratie vernachlässige, findet sich bei Dietz (1985).

19 Andere Theorien, so die von Rawls und Dworkin, erkennen Verpflichtungen gegenüber Abhängigen an (s. 3.4.b oben), doch sie stellen sie als eine Frage des fairen Güteranteils der Kinder und Unmündigen dar. Eine Fürsorgepflicht für Abhängige wird nicht diskutiert.

20 So erblickt Leslie Wilson den Grund dafür, daß die »ethische Person eine bestimmte Autonomie braucht«, darin, daß sie dadurch »ein wirklich fürsorglicher Mensch werden« könne. Ein autonomer Mensch betätigt also seine Autonomie, »indem er herauszufinden versucht, wie er ein besser sorgender Mensch werden könnte« (1988: 21 f.). Ähnlich meint Ruddick, aufmerksame Liebe erfordere »realistische Selbsterhaltung« und nicht »chronische Selbstverleugnung«. (Ruddick 1984a: 238) Das ist ziemlich weit entfernt von der herkömmlichen Auffassung der Autonomie als der freien Verfolgung von Zielen, die ihren Eigenwert besitzen und die gelegentlich Ansprüche an unsere Zeit und Kraft stellen, die mit den moralischen Verpflichtungen konkurrieren.

Literaturverzeichnis

Ackerman, B. (1980): *Social Justice in the Liberal State*. New Haven, Conn.
Adler, J. (1987): »Moral Development and the Personal Point of View«, in Kittay/Meyers (1987).
Alexander, L./Schwarzschild, M. (1987): »Liberalism, Neutrality, and Equality of Welfare vs. Equality of Resources«. *Philosophy and Public Affairs* 16/1: 85–110.
Allen, A. (1988): *Uneasy Access: Privacy for Women in a Free Society.* Totowa, NJ.
Allen, D. (1973): »The Utilitarianism of Marx and Engels«. *American Philosophical Quarterly* 10/3: 189–199.
Arendt, H. (1981): *Vita Activa oder Vom tätigen Leben*. München. (Original 1959).
Arneson, R. (1981): »What's Wrong with Exploitation?« *Ethics* 91/2: 202–227.
- (1985): »Freedom and Desire«. *Canadian Journal of Philosophy* 15/3: 425–448.
- (1987): »Meaningful Work and Market Socialism«. *Ethics* 98/3: 517–545.
- (1989): »Equality and Equal Opportunity for Welfare«. *Philosophical Studies* 56: 77–93.
Arthur, J. (1987): »Resource Acquisition and Harm«. *Canadian Journal of Philosophy* 17/2: 337–347.

Baier, A. (1987a): *Hume, the Women's Moral Theorist?*, in Kittay/Meyers (1987).
- (1987b): »The Need for More than Justice«. *Canadian Journal of Philosophy,* Erg.bd. 13: 14–56.
- (1988): »Pilgrim's Progress«. *Canadian Journal of Philosophy* 18/2: 315–330.
Baker, C. (1985): »Sandel on Rawls«. *University of Pennsylvania Law Review* 133/4: 895–928.
Barry, B. (1973): *The Liberal Theory of Justice*. Oxford.
- (1989): *Theories of Justice*. University of California Press, Berkeley, Calif.
Barry, N. (1986): *On Classical Liberalism and Libertarianism*. London.
Beiner, R. (1983): *Political Judgment*. London.
- (1989): »What's the Matter with Liberalism«, in A. Hutchinson, L. Green (Hgg.): *Law and the Community.* Toronto.
Bellah, R., et al. (1985): *Habits of the Heart: Individualism and Commitment in American Life*. Berkeley, Calif. Dt. *Gewohnheiten des Herzens*. Köln 1987.

Benhabib, S. (1986): *Critique, Norm, and Utopia*. New York. Dt. *Kritik, Norm, Utopie. Die normativen Grundlagen der Kritischen Theorie*. Frankfurt 1992.
- (1987): »The Generalized and the Concrete Other: The Kohlberg-Gilligan Controversy and Feminist Theory«, in S. Benhabib/D. Cornell (Hgg.): *Feminism as Critique*. Minneapolis, Minn. Dt. *Der verallgemeinerte und der konkrete Andere. Die Kohlberg/Gilligan-Kontroverse aus der Sicht der Moraltheorie*, in dies. 1995, S. 161–191.
- (1995): *Selbst im Kontext*. Frankfurt.

Benn, S./Gaus, G. (1983): *Public and Private in Social Life*. Kent.
Berlin, I. (1969): *Four Essays on Liberty*. London.
Bertram, C. (1988): »A Critique of John Roemer's General Theory of Exploitation«. *Political Studies* 36/1: 123–130.
Blum, L. (1988): »Gilligan and Kohlberg: Implications for Moral Theory«. *Ethics* 98/3: 472–491.
Bogart, L. (1985): »Lockean Provisos and State of Nature Theories«. *Ethics* 95/4: 828–836.
Brandt, R. B. (1959): *Ethical Theory*. Englewood Cliffs, NJ.
Braverman, H. (1974): *Labor and Monopoly Capital*. New York. Dt. *Die Arbeit im modernen Produktionsprozeß*. Frankfurt ^{2}1985.
Brenkert, G. (1981): »Marx's Critique of Utilitarianism«. *Canadian Journal of Philosophy*, Erg.bd. 7: 193–220.
- (1983): *Marx's Ethics of Freedom*. London.

Brink, D. (1986): »Utilitarian Morality and the Personal Point of View«. *Journal of Philosophy* 83/8: 417–438.
Brittan, S. (1988): *A Restatement od Economic Liberalism*. London.
Broome, J. (1990/91): »Fairness«. *Proceedings of the Aristotelian Society* 91: 87–102.
Broughton, J. (1983): »Women's Rationality and Men's Virtues«. *Social Research* 50/3: 597–642.
Brown, A. (1986): *Modern Political Philosophy: Theories of the Just Society*. Harmondsworth.
Buchanan, A. (1982): *Marx and Justice: The Radical Critique of Liberalism*. London.
- (1989): »Assessing the Communitarian Critique of Liberalism«. *Ethics* 99/4: 852–882.

Buchanan, J. (1975): *The Limits of Liberty: Between Anarchy and Leviathan*. Chicago, Ill.

Campbell, T. (1983): *The Left and Rights: A Conceptual Analysis of the Idea of Socialist Rights*. London.
- (1988): *Justice*. Basingstoke.

Carens, J. (1985): »Compensatory Justice and Social Institutions«. *Economics and Philosophy* 1/1: 39–67.
- (1986): »Rights and Duties in an Egalitarian Society«. *Political Theory* 14/1: 31–49.

Carey, G. (1984): *Freedom and Virtue: The Conservative/Libertarian Debate*. Lanham, Md.
Charvet, J. (1982): *Feminism*. London.

Christman, J. (1986): »Can Ownership be Justified by Natural Rights?« *Philosophy and Public Affairs* 15/2: 156–177.
Clark, B./Gintis, H. (1978): »Rawlsian Justice and Economic Systems«. *Philosophy and Public Affairs* 7/4: 302–325.
Cohen, G. A. (1978): *Karl Marx's Theory of History: A Defence.* Princeton, NJ.
- (1979): »Capitalism, Freedom and the Proletariat«, in A. Ryan (Hg.): *The Idea of Freedom.* Oxford.
- (1986a): »Self-Ownership, World-Ownership and Equality«, in F. Lucash (Hg.): *Justice and Equality Here and Now.* Ithaca, NY.
- (1986b): »Self-Ownership, World-Ownership and Equality: Part 2«. *Social Philosophy and Policy* 3/2: 77–96.
- (1988): *History, Labour, and Freedom: Themes from Marx.* Oxford.
- (1989): »On the Currency of Egalitarian Justice«. *Ethics* 99/4: 906–944.
- (1990a): »Marxism and Contemporary Political Philosophy, or: Why Nozick Exercises some Marxists more than he does any Egalitarian Liberals«, *Canadian Journal of Philosophy,* Erg.bd. 16: 363–387.
- (1990b): »Self-Ownership, Communism and Equality«. *Proceedings of the Aristotelian Society,* Erg.bd. 64.
Coltheart, D. (1986): »Desire, Consent and Liberal Theory«, in C. Pateman/ E. Gross (Hgg.): *Feminist Challenges: Social and Political Theory.* Boston, Mass.
Connolly, W. (1984): »The Dilemma of Legitimacy«, in W. Connolly (Hg.): *Legitimacy and the State.* Oxford.
Copp, D. (1990): »Contractarianism and Moral Skepticism«, in P. Vallentyne (Hg.): *Contractarianism and Rational Choice: Essays on Gauthier.* New York.
Cragg, W. (1986): »Two Concepts of Community or Moral Theory and Canadian Culture«. *Dialogue* 25/1: 31–52.
Crocker, L. (1977): »Equality, Solidarity and Rawls' Maximin«. *Philosophy and Public Affairs* 6/3: 262–266.
Crowley, B. (1987): *The Self, the Individual and the Community: Liberalism in the Political Thought of F. A. Hayek and Sidney and Beatrice Webb.* Oxford.

Daniels, N. (1975): »Equal Liberty and Unequal Worth of Liberty«, in N. Daniels (Hg.): *Reading Rawls.* New York.
- (1985): *Just Health Care.* Cambridge.
Dick, J. (1975): »How to Justify a Distribution of Earnings«. *Philosophy and Public Affairs* 4/3: 248–272.
Dietz, M. (1985): »Citizenship with a Feminist Face: The Problem with Maternal Thinking«. *Political Theory* 13/1: 19–37.
Diggs, B. (1981): »A Contractarian View of Respect for Persons«. *American Philosophical Quarterly* 18/4: 273–283.
DiQuattro, A. (1983): »Rawls and Left Criticism«. *Political Theory* 11/1: 53–78.
Doppelt, G. (1981): »Rawls' System of Justice: A Critique from the Left«. *Nous* 15/3: 259–307.
Dworkin, R. (1977): *Taking Rights Seriously.* Duckworth, London. Dt. *Bürgerrechte ernstgenommen.* Frankfurt 1984.
- (1978): »Liberalism«, in S. Hampshire (Hg.): *Public and Private Morality.* Cambridge.

- (1981): »What is Equality? Part I: Equality of Welfare; Part II: Equality of Resources«. *Philosophy and Public Affairs* 10/3-4: 185–246, 283–345.
- (1983): »In Defense of Equality«. *Social Philosophy and Policy* 1/1: 24–40.
- (1984): *Bürgerrechte ernstgenommen*. Frankfurt (M).
- (1985): *A Matter of Principle*. London.
- (1986): *Law's Empire*. Cambridge, Mass.
- (1987): »What is Equality? Part III: The Place of Liberty«. *Iowa Law Review* 73/1: 1–54.
- (1988): »What is Equality? Part IV: Political Equality«. *University of San Francisco Law Review* 22/1: 1–30.
- (1989): »Liberal Community«. *California Law Review* 77/3: 479–504.

Ehrenreich, B./English, J. (1973): *Witches, Midwives, and Nurses: A History of Women Healers*. Old Westbury.
Eichbaum, J. (1979): »Towards an Autonomy-Based Theory of Constitutional Privacy: Beyond the Ideology of Familial Privacy«. *Harvard Civil Rights-Civil Liberties Law Review* 14/2: 361–384.
Eisenstein, Z. (1981): *The Radical Future of Liberal Feminism*. New York.
- (1984): *Feminism and Sexual Equality: Crisis in Liberal America*. Monthly Review Press, New York.

Elshtain, J. (1981): *Public Man, Private Women: Women in Social and Political Thought*. Princeton, NJ.
Elster, J. (1982): »Roemer vs. Roemer«. *Politics and Society* 11/3: 363–373.
- (1983): »Exploitation, Freedom, and Justice«, in J. R. Pennock/J. W. Chapman (Hgg.): *Marxism: Nomos 26*. New York.
- (1985): *Making Sense of Marx*. Cambridge.
- (1986): »Self-Realization in Work and Politics: The Marxist Conception of the Good Life«. *Social Philosophy and Policy* 3/2: 97–126.

English, J. (1977): »Justice Between Generations«. *Philosophical Studies* 31/2: 91–104.
Evans, S. (1979): *Personal Politics: The Roots of Women's Liberation in the Civil Rights Movement and the New Left*. New York.
Exdell, J. (1977): »Distributive Justice: Nozick on Property Rights«. *Ethics* 87/2: 142–149.

Feinberg, J. (1980): *Rights, Justice, and the Bounds of Liberty*. Princeton, NJ.
- (1988): *Harmless Wrongdoing*. Bd. 4 von *The Moral Limits of the Criminal Law*. Oxford.

Flanagan, O./Adler, J. (1983): »Impartiality and Particularity«. *Social Research* 50/3: 576–596.
- u. Jackson, K. (1987): »Justice, Care, and Gender: The Kohlberg-Gilligan Debate Revisited«. *Ethics* 97/3: 622–637.

Flew, A. (1979): *A Dictionary of Philosophy*. London.
- (1989): *Equality in Liberty and Justice*. London.

Frey, R. (1984): *Utility and Rights*. Minneapolis, Minn.
Fried, C. (1978): *Rigth and Wrong*. Cambridge/Mass.
- (1983): »Distributive Justice«. *Social Philosophy and Policy* 1/1: 45–59.

Friedman, M. (1993): »Jenseits von Fürsorglichkeit. Die Entmoralisierung der

Geschlechter«, in: Herta Nagl-Docecal/Herlinde Pauer-Studer (Hgg.), *Jenseits der Geschlechtermoral. Beiträge zur feministischen Ethik*. Frankfurt, S. 241–265. (Original 1987).
- (1987b): »Care and Context in Moral Reasoning«, in Kittay/Meyers (1987).
- (1989): »Feminism and Modern Friendship: Dislocating the Community«. *Ethics* 99/2: 275–290.

Frye, M. (1983): *The Politics of Reality: Essays in Feminist Theory*. Trumansburg.

Funk, N. (1988): »Habermas and the Social Goods«. *Social Text* 18: 19–37.

Galston, W. (1980): *Justice and the Human Good*. Chicago, Ill.
- (1986): »Equality of Opportunity and Liberal Theory«, in F. Lucash (Hg.): *Justice and Equality Here and Now*. Ithaca, NY.

Gauthier, D. (1986): *Morals by Agreement*. Oxford.

Geras, N. (1989): »The Controversy about Marx and Justice«, in A. Callinicos (Hg.): *Marxist Theory*. Oxford.

Gibbard, A. (1985): »What's Morally Special about Free Exchange?« *Social Philosophy and Policy* 2/2: 20–28.

Gilligan, C. (1986): »Remapping the Moral Domain«, in T. Heller/M. Sosna, D. Wellbury (Hgg.): *Reconstructing Individualism: Autonomy, Indivduality, and the Self in Western Thought*. Stanford, Calif.
- (1987): »Moral Orientation and Moral Development«, in Kittay/Meyers (1987): 19–33. Dt.: 1991.
- (1988): *Die andere Stimme. Lebenskonflikte und Moral der Frau*. München. (Original 1982).
- (1991): »Moralische Orientierung und moralische Entwicklung«, in G. Nunner-Winkler (Hg.): *Weibliche Moral*, 79–100. Frankfurt (M); Tb. München 1995.

Goodin, R. (1982): *Political Theory and Public Policy*. Chicago, Ill.
- (1988): *Reasons for Welfare*. Princeton, NJ.

Gordon, S. (1980): *Welfare, Justice, and Freedom*. New York.

Gough, J. W. (1957): *The Social Contract*, 2. Aufl. Oxford.

Gould, C. (1978): *Marx's Social Ontology*. Cambridge, Mass.

Gray, J. (1986a): *Liberalism*. Minneapolis, Minn.
- (1986b): »Marxian Freedom, Individual Liberty, and the End of Alienation«. *Social Philosophy and Policy* 3/2: 160–187.
- (1989): *Liberalisms: Essays in Political Philosophy*. London.

Green, K. (1986): »Rawls, Women and the Priority of Liberty«. *Australasian Journal of Philosophy*, Erg. zu Bd. 64: 26–36.

Greschner, D. (1989): »Feminist Concerns with the New Communitarians«, in A. Hutchinson/L. Green (Hgg.): *Law and the Community*. Toronto.

Grey, T. (1980): »Eros, Civilization, and the Burger Court«. *Law and Contemporary Problems* 43/3: 83–100.

Grice, G. (1967): *The Grounds of Moral Judgment*. Cambridge.

Griffin, J. (1986): *Well-Being: Its Meaning, Measurement, and Moral Importance*. Oxford.

Grimshaw, J. (1986): *Philosophy and Feminist Thinking*. Minneapolis, Minn.

Gross, E. (1986): »What is Feminist Theory?«, in C. Pateman/ E. Gross (Hgg.): *Feminist Challenges: Social and Political Theory*. Boston, Mass.

Gutmann, A. (1980): *Liberal Equality.* Cambridge.
- (1985): »Communitarian Critics of Liberalism«. *Philosophy and Public Affairs* 14/3: 308–322. Dt. »Die kommunitaristischen Kritiker des Liberalismus«, in A. Honneth (Hg.): *Kommunitarismus*, 68–83. Frankfurt 1994.

Habermas, J. (1976): *Zur Rekonstruktion des dialektischen Materialismus.* Frankfurt (M).
- (1985): »Questions and Counterquestions«, in R. Bernstein (Hg.): *Habermas and Modernity.* Cambridge, Mass.

Hampton, J. (1980): »Contracts and Choices: Does Rawls Have a Social Contract Theory?« *Journal of Philosophy* 77/6: 315–338.
- (1986): *Hobbes and the Social Contract Tradition.* Cambridge.

Harding, S. (1982): »Is Gender a Variable in Conceptions of Rationality? A Survey of Issues«. *Dialectica* 36/2: 225–242.
- (1987): »The Curious Coincidence of Feminine and African Moralities: Challenges for Feminist Theory«, in Kittay/Meyers (1987): 236–315. Dt.: »Die auffällige Übereinstimmung feministischer und afrikanischer Moralvorstellungen. Eine Herausforderung für feministische Theoriebildung«, in G. Nunner-Winkler (Hg.): *Weibliche Moral*, 162–189. Frankfurt 1991; Tb. München 1995.

Hare, R. M. (1963): *Freedom and Reason.* Oxford.
- (1971): *Essays on Philosophical Method.* London.
- (1975): »Rawls' Theory of Justice«, in N. Daniels (Hg.): *Reading Rawls.* New York.
- (1978): »Justice and Equality«, in J. Arthur/W. Shaw (Hgg.): *Justice and Economic Distribution.* Englewood Cliffs, NJ.
- (1982): »Ethical Theory and Utilitarianism«, in A. Sen/ B. Williams (Hgg.): *Utilitarianism and Beyond.* Cambridge.
- (1984): »Rights, Utility, and Universalization: Reply to J. L. Mackie«, in Frey (1984).

Harman, G. (1983): »Human Flourishing, Ethics, and Liberty«. *Philosophy and Public Affairs* 12/4: 307–322.

Harsanyi, J. (1976): *Essays on Ethics, Social Behavior and Scientific Explanation.* Dordrecht.
- (1977): *Rational Behavior and Bargaining Equilibrium in Games and Social Situations.* Cambridge.
- (1985): »Rule Utilitarianism, Equality, and Justice«. *Social Philosophy and Policy* 2/2: 115–127.

Hart, H. L. A. (1975): »Rawls on Liberty and its Priority«, in N. Daniels (Hg.): *Reading Rawls.* New York.
- (1979): »Between Utility and Rights«, in A. Ryan (Hg.): *The Idea of Freedom.* Oxford.

Haslett, D. (1987): *Equal Consideration: A Theory of Moral Justification.* Newark, NJ.

Hayek, F. A. (1960): *The Constitution of Liberty.* London.

Held, V. (1987): »Feminism and Moral Theory«, in Kittay/Meyers (1987).

Herzog, F. (1986): »Some Questions for Republicans«. *Political Theory* 14/3: 473–493.

Hirsch, H. (1986): »The Threnody of Liberalism: Constitutional Liberty and the Renewal of Community«. *Political Theory* 14/3: 423–449.
Holmes, S. (1989): »The Permanent Structure of Antiliberal Thought«, in N. Rosenblum (Hg.): *Liberalism and the Moral Life*. Cambridge, Mass.
Holmstrom, N. (1977): »Exploitation«. *Canadian Journal of Philosophy* 7/2: 353–369.
Hoff Sommers, C.: s. Sommers.
Hospers, J. (1961): *Human Conduct: An Introduction to the Problem of Ethics*. New York.
Houston, B. (1988): »Gilligan and the Politics of a Distinctive Women's Morality«, in L. Code, S. Mullett/C. Overall (Hgg.): *Feminist Perspectives: Philosophical Essays on Method and Morals*. Toronto.

Jaggar, A. (1983): *Feminist Politics and Human Nature*. Totowa, NJ.
Jones, P. (1982): »Freedom and the Redistribution of Resources«. *Journal of Social Policy* 11/2: 217–238.

Kearns, D. (1983): »A Theory of Justice – and Love: Rawls on the Family«. *Politics* 18/2: 36–42.
Keat, R. (1982): »Liberal Rights and Socialism«, in K. Graham (Hg.): *Contemporary Political Philosophy: Radical Studies*. Cambridge.
Kennedy, E./ Mendus, S. (1987): *Women in Western Political Philosophy*. Brighton.
Kernohan, A. (1988): »Capitalism and Self-Ownership«. *Social Philosophy and Policy* 6/1: 60–76.
Kittay, E./ Meyers, D. (1987): *Women and Moral Theory*. Savage, Md.
Kohlberg, L. (1984): *Essays on Moral Development* II. San Francisco.
Krouse, R./McPherson, M. (1988): »Capitalism, ›Property-Owning Democracy‹, and the Welfare State«, in A. Gutmann (Hg.): *Democracy and the Welfare State*. Princeton, NJ.
Kymlicka, W. (1988a): »Liberalism and Communitarianism«. *Canadian Journal of Philosophy* 18/2: 181–203.
- (1988b): »Rawls on Teleology and Deontology«. *Philosophy and Public Affairs* 17/3: 173–190.
- (1989a): *Liberalism, Community, and Culture*. Oxford University Press, Oxford.
- (1989b): »Liberal Individualism and Liberal Neutrality«. *Ethics* 99/4: 883–905.
- (1991): »Rethinking the Family«. *Philosophy and Public Affairs* 20.

Ladenson, R. (1983): *A Philosophy of Free Expression and its Constitutional Applications*. Totowa, NJ.
Larmore, C. (1987): *Patterns of Moral Complexity*. Cambridge.
Lessnoff, M. (1986): *Social Contract*. London.
Levine, A. (1988): »Capitalist Persons«. *Social Philosophy and Policy* 6/1: 39–59.
- (1989): »What is a Marxist Today?« *Canadian Journal of Philosophy*, Erg.bd. 15: 29–58.
Lindblom, C. (1977): *Politics and Markets*. New York.

Loevinsohn, E. (1977): »Liberty and the Redistribution of Property«. *Philosophy and Public Affairs* 6/3: 226–239.
Lomasky, L. (1987): *Persons, Rights, and the Moral Community.* Oxford.
Lukes, S. (1985): *Marxism and Morality.* Oxford.
Lyons, D. (1965): *Forms and Limits of Utilitarianism.* London.
- (1981): »The New Indian Claims and Original Rights to Land«, in Paul (1981).

MacCallum, G. (1967): »Negative and Positive Freedom«. *Philosophical Review* 76/3: 312–334.
Macedo, S. (1988): »Capitalism, Citizenship and Community«. *Social Philosophy and Policy* 6/1: 113–139.
MacIntyre, A. (1981): *After Virtue: A Study in Moral Theory.* Duckworth, London. Dt. *Der Verlust der Tugend.* Frankfurt 1987, Tb. Frankfurt 1995.
Mackie, J. (1984): »Rights, Utility, and Universalization«, in Frey (1984).
MacKinnon, C. (1987): *Feminism Unmodified: Discourses on Life and Law.* Cambridge, Mass.
- (1991): *Towards a Feminist Theory of the State.* Cambridge, Mass.
Macpherson, C. B. (1973): *Democratic Theory: Essays in Retrieval.* Oxford University Press, Oxford.
Mapel, D. (1989): *Social Justice Reconsidered.* Urbana, Ill.
Martin, R. (1985): *Rawls and Rights.* Lawrence, Kan.
MEGA-A: *Marx-Engels-Gesamtausgabe.* Berlin, 1962 ff.
MEGA-B: *Marx-Engels-Gesamtausgabe.* Berlin, 1975 ff.
Meyers, D. (1987): »The Socialized Individual and Individual Autonomy«, in Kittay/Meyers (1987).
Michelman, F. (1975): »Constitutional Welfare Rights and *A Theory of Justice*«, in N. Daniels (Hg.): *Reading Rawls.* New York.
Midgley, M. (1978): *Beast and Man: The Roots of Human Nature.* New York.
Mill, J. S. (1962): *Mill on Bentham and Coleridge,* hg. v. F. Leavis. London.
- (1965): *Principles of Political Economy,* in *Collected Works,* Bd. 3. Toronto.
- (1967): »Chapters on Socialism«, in *Collected Works,* Bd. 5. Toronto.
- (1968): *Utilitarianism, Liberty, Representative Government,* hg. v. A. D. Lindsay. London.
- (1974): *On Liberty,* hg. v. G. Himmelfarb. Harmondsworth.
- u. Mill, H. T. (1970): *Essays on Sex Equality,* hg. v. A. Rossi. Chicago, Ill.
Miller, D. (1976): *Social Justice.* Oxford.
- (1989): »In What Sense must Socialism be Communitarian?« *Social Philosophy and Policy* 6/2: 51–73.
Miller, R. (1984): *Analyzing Marx.* Princeton, NJ.
Moore, G. E. (1912): *Ethics.* Oxford.
Morris, C. (1988): »The Relation between Self-Interet and Justice in Contractarian Ethics«. *Social Philosophy and Policy* 5/2: 119–153.
Murphy, J. (1973): »Marxism and Retribution«. *Philosophy and Public Affairs* 2/3: 214–241.

Nagel, T. (1979): *Mortal Questions.* Cambridge.
- (1980): »The Limits of Objectivity«, in S. McMurrin (Hg.): *The Tanner Lectures on Human Values,* I. Salt Lake City, Utah.

- (1981): »Libertarianism without Foundations«, in Paul (1981).
- (1986): *The View from Nowhere.* Oxford.

Narveson, J. (1983): »On Dworkinian Equality«. *Social Philosophy and Policy* 1/1: 1–23.
- (1988): *The Libertarian Idea.* Philadelphia, Pa.

Nicholson, L. (1986): *Gender and History: The Limits of Social Theory and the Age of the Family.* New York.

Nielsen, K. (1978): »Class and Justice«, in J. Arthur/W. Shaw (Hgg.): *Justice and Economic Distribution.* Englewood Cliffs, NJ.
- (1985): *Equality and Liberty: A Defense of Radical Egalitarianism.* Totowa, NJ.
- (1987): »Rejecting Egalitarianism: On Miller's Nonegalitarian Marx«. *Political Theory* 15/3: 411–423.
- (1989): *Marxism and the Moral Point of View.* Westview Press, Boulder, Colo.

Noddings, N. (1984): *Caring: A Feminine Approach to Ethics and Moral Education.* Berkeley, Calif.

Nove, A. (1983): *The Economics of Feasible Socialism.* London.

Nozick, R. (o. J.): *Anarchie, Staat, Utopia.* München.
- (1974): *Anarchy, State, and Utopia.* Basic Books, New York. Dt.: Anarchie, Staat und Utopie. München o. J.
- (1981): *Philosophical Explanations.* Cambridge, Mass.

Nunner-Winkler, G. (1984): »Two Moralities?«, in W. Kurtines, J. Gewirtz (Hgg.): *Morality, Moral Behavior and Moral Development.* New York.

Nye, A. (1988): *Feminist Theory and the Philosophies of Man.* London.

Oakeshott, M. (1984): »Political Education«, in M. Sandel (Hg.): *Liberalism and its Critics.* Oxford.

O'Brien, M. (1981): *The Politics of Reproduction.* London.

Okin, S. (1979): *Women in Western Political Thought.* Princeton, NJ.
- (1981): »Women and the Making of the Sentimental Family«. *Philosophy and Public Affairs* 11/1: 65–88.
- (1987): »Justice and Gender«. *Philosophy and Public Affairs* 17/1: 42–72.
- (1989a): »Reason and Feeling in Thinking about Justice«. *Ethics* 99/2: 229–249.
- (1989b): *Justice, Gender, and the Family.* New York.
- (1990): »Thinking like a Woman«, in D. Rhode (Hg.): *Theoretical Perspectives on Sexual Difference.* New Haven, Conn.

Olsen, F. (1983): »The Family and the Market: A Study of Ideology and Legal Reform«. *Harvard Law Review* 96/7: 1497–1578.

O'Neill, O. (1980): »The Most Extensive Liberty«. *Proceedings of the Aristotelian Society* 80: 45–59.

Parekh, B. (1982): *Contemporary Political Thinkers.* Oxford.

Parfit, D. (1984): *Reasons and Persons.* Oxford.

Pateman, C. (1975): »Sublimation and Reification: Locke, Wolin and the Liberal Democratic Conception of the Political«. *Politics and Society* 5/4: 441–467.
- (1980): »›The Disorder of Women‹: Women, Love, and the Sense of Justice«. *Ethics* 91/1: 20–34.

- (1987): »Feminist Critiques of the Public/Private Dichotomy«, in A. Phillips (Hg.): *Feminism and Equality.* Oxford.
Paul, J. (1981): *Reading Nozick.* Totowa, NJ.
Pettit, P. (1980): *Judging Justice: An Introduction to Contemporary Political Philosophy.* London.
Pogge, T. (1989): *Realizing Rawls.* Ithaca, NY.

Radcliffe Richards, J. (1980): *The Sceptical Feminist: A Philosophical Enquiry.* London.
Railton, P. (1984): »Alienation, Consequentialism, and the Demands of Morality«. *Philosophy and Public Affairs* 13/2: 134–171.
Raphael, D. D. (1970): *Problems of Political Philosophy.* Pall Mall, London.
- (1981): *Moral Philosophy.* Oxford.
Rawls, J. (1971): *A Theory of Justice.* London. Dt. (revidiert) 1975a.
- (1974): »A Reply to Alexander & Musgrave«, *Quarterly Journal of Economics* 88/4: 633–655.
- (1975a): *Eine Theorie der Gerechtigkeit.* (Revidierte Ausgabe von 1971).) Frankfurt (M).
- (1975b): »Fairness to Goodness«. *Philosophical Review* 84: 536–554.
- (1978): »The Basic Structure as a Subject«, in A. Goldman/K. Kim (Hgg.): *Values and Morals.* Dordrecht. Dt.: in 1992.
- (1979): »A Well-Ordered Society«, in P. Laslett, J. Fishkin (Hgg.): *Philosophy, Politics, and Society,* 5. ser. New Haven, Conn.
- (1980): »Kantian Constructivism in Moral Theory«. *Journal of Philosophy* 77/9: 515–572. Dt.: in 1992.
- (1982a): »The Basic Liberties and their Priority«, in S. McMurrin (Hg.): *The Tanner Lectures on Human Values,* III. Salt Lake City, Utah. Dt.: in 1992.
- (1982b): »Social Unity and Primary Goods«, in A. Sen/B. Williams (Hgg.): *Utilitarianism and Beyond.* Cambridge.
- (1985): »Justice as Fairness: Political not Metaphysical«. *Philosophy and Public Affairs* 14/3: 223–251. Dt. »Gerechtigkeit als Fairneß: politisch und nicht metaphysisch«, in A. Honneth (Hg.): *Kommunitarismus,* 36–67, Frankfurt/M. 1994, sowie in Rawls 1992.
- (1988): »The Priority of Right and Ideas of the Good«. *Philosophy and Public Affairs* 17/4: 251–276. Dt.: in 1992.
- (1992): *Die Idee des politischen Liberalismus,* hg. v. W. Hinsch. Frankfurt (M).
Raz, J. (1986): *The Morality of Freedom.* Oxford.
Reimann, J. (1981): »The Possibility of a Marxian Theory of Justice«. *Canadian Journal of Philosophy,* Erg.bd. 7: 307–322.
- (1983): »The Labor Theory of the Difference Principle«. *Philosophy and Public Affairs* 16/1: 3–41.
- (1987): Exploitation, Force, and the Moral Assessment of Capitalism: Thoughts of Roemer and Cohen. *Philosophy and Public Affairs* 16/1: 3–41.
- (1989): »An Alternative to ›Distributive‹ Marxism: Further Thoughts on Roemer, Cohen, and Exploitation«. *Canadian Journal of Philosophy,* Erg.bd. 15: 299–331.
Rescher, N. (1966): *Distributive Justice: A Constructive Critique of the Utilitarian Theory of Distribution.* Indianapolis, Ind.

Rich, A. (1979): *On Lies, Secrets and Silence: Selected Prose, 1966–1978*. New York.
Roemer, J. (1982a): *A General Theory of Exploitation and Class*. Cambridge, Mass.
- (1982b): »Property Relations vs. Surplus Value in Marxian Exploitation«. *Philosophy and Public Affairs* 11/4: 281–313.
- (1982c): »New Directions in the Marxian Theory of Exploitation and Class«. *Politics and Society* 11/3: 253–287.
- (1985a): »Equality of Talent«. *Economics and Philosophy* 1/2: 151–187.
- (1985b): »Should Marxists Be Interested in Exploitation?« *Philosophy and Public Affairs* 14/1: 30–65.
- (1986): »The Mismarriage of Bargaining Theory and Distributive Justice«. *Ethics* 97/1: 88–110.
- (1988): *Free to Lose: An Introduction to Marxist Economic Philosophy*. Cambridge, Mass.
- (1989): »Second Thoughts on Property Relations and Exploitation«. *Canadian Journal of Philosophy*, Erg.bd. 15: 257–266.
Rorty, R. (1985): »Postmodernist Bourgeois Liberalism«, in R. Hollinger (Hg.): *Hermeneutics and Praxis*. Notre Dame, Ind.
Rosenblum, N. (1987): *Another Liberalism: Romanticism and the Reconstruction of Liberal Thought*. Cambridge, Mass.
Ross, W. D. (1930): *The Right and the Good*. London.
Rothbard, M. (1982): *The Ethics of Liberty*. Atlantic Highlands, NJ.
Ruddick, S. (1984a): »Maternal Thinking«, in J. Treblicot (Hg.): *Mothering: Essays in Feminist Theory*. Totowa, NJ. Dt.*Mütterliches Denken. Für eine Politik der Gewaltlosigkeit*. Frankfurt 1993.
- (1984b): »Preservative Love and Military Destruction«, in J. Treblicot (Hg.): *Mothering: Essays in Feminist Theory*. Totowa, NJ.
- (1987): »Remarks on the Sexual Politics of Reason«, in Kittay/Meyers (1987).

Sandel, M. (1982): *Liberalism and the Limits of Justice*. Cambridge.
- (1984a): »The Procedural Republic and the Unencumbered Self«. *Political Theory* 12/1: 81–96. Dt. »Die verfahrensrechtliche Republik und das ungebundene Selbst«, in A. Honneth (Hg.): *Kommunitarismus*, Frankfurt/M. 1994, 18–35.
- (1984b): »Morality and the Liberal Ideal«. *New Republic* 190 (7.5.1984): 15–17.
- (1989): »Moral Argument and Liberal Toleration: Abortion and Homosexuality«. *California Law Review* 77/3: 521–538.
- (1994): »Die verfahrensrechtliche Republik und das ungebundene Selbst«, in A. Honneth (Hg.): *Kommunitarismus*, 2. Aufl., 18–35. Frankfurt (M).
Sartorius, R. (1969): »Utilitarianism and Obligation«. *Journal of Philosophy* 66/3: 67–81.
Scanlon, T. (1982): »Contractualism and Utilitarianism«, in A. Sen/B. Williams (Hgg.): *Utilitarianism and Beyond*. Cambridge.
- (1983): »Freedom of Expression and Categories of Expression«, in D. Copp, S. Wendell (Hgg.): *Pornography and Censorship*. Buffalo, NY.
- (1988): »The Significance of Choice«, in S. McMurrin (Hg.): *The Tanner Lectures on Human Values*, VIII. Salt Lake City, Utah.

Schwartz, A. (1982): »Meaningful Work«. *Ethics* 92/4: 634–646.
Schwartz, N. (1979): »Distinction between Public and Private Life: Marx on the zoon politikon«. *Political Theory* 7/2: 245–266.
Schweickart, D. (1978): »Should Rawls be a Socialist?« *Social Theory and Practice* 5/1: 1–27.
Sen, A. (1980): »Equality of What?«, in S. McMurrin (Hg.): *The Tanner Lectures on Human Values*, I. Salt Lake City, Utah.
- (1985): »Rights ad Capabilities«, in T. Honderich (Hg.): *Morality and Objectivity*. London.
- (1990): »Justice: Means versus Freedom«. *Philosophy and Public Affairs* 19/2: 111–121.
Sher, G. (1975): »Justifying Reverse Discrimination in Employment«. *Philosophy and Public Affairs* 4/2: 159–170.
- (1987): »Other Voices, Other Rooms? Women's Psychology and Moral Theory«, in Kittay/Meyers (1987). Dt.: 1991.
- (1991): »Das Gleiche in anderen Stimmen. Weibliche Psychologie und Ethik«, in G. Nunner-Winkler (Hg.): *Weibliche Moral*, 193–209. Frankfurt 1991, Tb. München 1995.
Singer, P. (1979): *Practical Ethics*. Cambridge University Press, Cambridge. Dt.: *Praktische Ethik*. Stuttgart. 1984.
Smart, J. J. C. (1973): »An Outline of a System of Utilitarian Ethics«, in J. J. C. Smart, B. Williams (Hgg.): *Utilitarianism: For and Against*. Cambridge.
Smith, M. (1988): »Consequentialism and Moral Character«. Unveröff. Ms., Philosophy Dept., Monash University, vorgetragen vor der Philosophical Society, Oxford University, Juni 1988.
Smith, R. (1985): *Liberalism and American Constitutional Law*. Cambridge, Mass.
Sommers, C. (1987): »Filial Morality«, in Kittay/Meyers (1987). Dt.: 1991.
- (1991): »Filiale Moralität«, in G. Nunner-Winkler (Hg.): *Weibliche Moral*, 284–306. Frankfurt 1991, Tb. München 1995.
Steiner, H. (1977): »The Natural Right to the Means of Production«. *Philosophical Quarterly* 27/106: 41–49.
- (1981): »Liberty and Equality«. *Political Studies* 29/4: 555–569.
- (1983): »How Free: Computing Personal Liberty«, in A. P. Griffiths (Hg.): *On Liberty*. Cambridge.
Sterba, J. (1988): *How to Make People Just: A Practical Reconciliation of Alternative Conceptions of Justice*. Totowa, NJ.
Stiehm, J. (1983): »The Unit of Political Analysis: Our Aristotelian Hangover«, in S. Harding, M. Hintikka (Hgg.): *Discovering Reality*. Dordrecht.
Stocker, M. (1987): »Duty and Friendship: Towards a Synthesis of Gilligan's Contrastive Moral Concepts«, in Kittay/Meyers (1987).
Stout, J. (1986): »Liberal Society and the Languages of Morals«. *Soundings* 69/1-2: 32–59.
Sullivan, W. (1982): *Reconstructing Public Philosophy*. Berkeley, Calif.
Sumner, L. W. (1987): *The Moral Foundation of Rights*. Oxford.

Taub, N./Schneider, E. (1982): »Perspectives on Women's Subordination and the Role of Law«, in D. Kairys (Hg.): *The Politics of Law*. New York.

Taylor, C. (1979): *Hegel and Modern Society.* Cambridge.
- (1985): *Philosophy and the Human Sciences: Philosophical Papers*, II. Cambridge.
- (1986): »Alternative Futures: Legitimacy, Identity and Alienation in Late Twentieth Century Cancada«, in A. Cairns/C. Williams (Hgg.): *Constitutionalism, Citizenship and Society in Canada.* Toronto.
- (1989): »Cross-Purposes: The Liberal-Communitarian Debate«, in N. Rosenblum (Hg.): *Liberalism and the Moral Life.* Cambridge, Mass. Dt. »Aneinander vorbei: Die Debatte zwischen Liberalismus und Kommunitarismus«, in A. Honneth (Hg.): *Kommunitarismus*, 2. Aufl., 103–130. Frankfurt 1994.

Tong, R. (1989): *Feminist Thought: A Comprehensive Introduction.* Boulder, Colo.
Tronto, J. (1987): »Beyond Gender Difference to a Theroy of Care«. *Signs* 12/4: 644–663.

Unger, R. (1984): *Knowledge and Politics.* New York.

Van der Veen, R./van Parijs, P. (1985): »Entitlement Theories of Justice«. *Economics and Philosophy* 1/1: 69–81.
Van Dyke, V. (1975): »Justice as Fairness: For Groups?« *American Political Science Review* 69: 607–614.
Varian, H. (1985): »Dworkin on Equality of Resources«. *Economics and Philosophy* 1/1: 110–125.
Vogel, U. (1988): »When the Earth Belonged to All: Land Questions in Eighteenth Century Justifications of Private Property«. *Political Studies* 36/1: 102–122.

Waldron, J. (1986): »Welfare and the Images of Charity«, *Philosophical Quarterly* 36/145: 463–482.
- (1987): »Theoretical Foundations of Liberalism«. *Philosophical Quarterly* 37/147: 127–150.
- (1989): »Autonomy and Perfectionism in Raz's *Morality of Freedom*«. *Southern California Law Review* 62/3-4: 1097–1152.

Walzer, M. (1983): *Spheres of Justice: A Defence of Pluralism and Equality.* Oxford. Dt.: 1992.
- (1992): *Sphären der Gerechtigkeit. Ein Plädoyer für Pluralität und Gleichheit.* Frankfurt (M).
- (1990): »The Communitarian Critique of Liberalism«. *Political Theory* 18/1: 6–23. Dt.: »Die kommunitaristische Kritik am Liberalismus«, in A. Honneth (Hg.): *Kommunitarismus*, 2. Aufl., 157–180. Frankfurt (M). 1994.

Weale, A. (1982): *Political Theory and Social Policy.* London.
Weitzman, L. (1985): *The Divorce Revolution: The Unexpected Social and Economic Consequences for Women and Children in America.* New York.
Wendell, S. (1987): »A (Qualified) Defense of Liberal Feminism«. *Hypatia* 2/2: 65–93.
Williams, B. (1971): »The Idea of Equality«, in H. Bedau (Hg.): *Justice and Equality.* Englewood Cliffs, NJ.
- (1972): *Morality: An Introduction to Ethics.* Harper and Row, New York.

- (1973): »A Critique of Utilitarianism«, in J. J. C. Smart/B. Williams (Hgg.): *Utilitarianism: For and Against.* Cambridge.
- (1981): *Moral Luck.* Cambridge.
- (1985): *Ethics and the Limits of Philosophy.* London.

Wilson, L. (1988): »Is a ›Feminine‹ Ethic Enough?« *Atlantis* 13/2: 15–23.

Wolff, R. (1977): *Understanding Rawls.* Princeton, NJ.

Wolgast, E. (1987): *The Grammar of Justice.* Ithaca, NY.

Wolin, S. (1960): *Politics and Vision.* Boston, Mass.

Wood, A. (1972): »The Marxian Critique of Justice«. *Philosophy and Public Affairs* 1/3: 244–282.

- (1979): »Marx on Right and Justice«. *Philosophy and Public Affairs* 8/3: 267–295.
- (1981): »Marx and Equality«, in J. Mepham/D. H. Ruben (Hgg.): *Issues in Marxist Philosophy,* IV. Brighton.
- (1984): »Justice and Class Interest«. *Philosophica* 33/1: 9–32.

Young, I. (1981): »Toward a Critical Theory of Justice«. *Social Theory and Practice* 7/3: 279–302.

- (1987): »Impartiality and the Civic Republic«, in S. Benhabib/D. Cornell (Hgg.): *Feminism as Critique.* Minneapolis, Minn.
- (1993): Das politische Gemeinwesen und die Gruppendifferenz. Eine Kritik am Ideal des universalen Staatsbürgerstatus, in Herta Nagl-Docecal/Herlinde Pauer-Studer (Hg.), *Jenseits der Geschlechtermoral. Beiträge zur feministischen Ethik.* Frankfurt, S. 267–304. (Original 1989).

Zaretsky, E. (1982): »The Place of the Family in the Origins of the Welfare State«, in B. Thorne/M. Yalom (Hgg.): *Rethinking the Family: Some Feminist Questions.* New York.

Register

Auf Anmerkungen wird mit Kapitel- und Anmerkungsnummer verwiesen, z. B. 1A2 = Kap. 1, Anm. 2.

Abhängigkeit 116, 153, 247ff.; 7A9
Absichts-Sensitivität (Dworkin) 81ff., 88–91, 101, 128f., 132, 153f., 158, 208f.; 3A6, 3A8, 5A9
Abstraktion 52f., 66, 232f., 236ff., 244–247; 2A10
Abtreibung s. Schwangerschaftsunterbrechung
Ackerman, B. 6A4
Adler, J. 231; 7A17
Ästhetik 18, 43
Affirmatives Handeln 205
– s. auch Förderung
Alexander, L. 3A6
Allen, A. 224
Allen, D. 5A10
Alte 167
American Civil Liberties Union 198
Analphabetentum 198
Anarchismus 65
Androgynie 9
Aneignung, private, von Land (enclosure) 113
Anspruchstheorie der Gerechtigkeit (Nozick) 100–127
Anstrengung (Bemühung) 60f., 80f., 128f.
Antikes Griechenland 193, 213ff., 217ff.
Arbeit 106, 110, 114f., 162, 163f., 172f., 178, 180
– entfremdete, erniedrigende 95, 161; 5A2
– als Hauptbedürfnis 138, 161, 163; 5A11

– Lohn- 79f., 115, 116ff., 123, 135f., 144–156, 160ff., 166ff.
– Zwangs- 99, 146f., 153; 5A5
Arbeitslosigkeit 149–153, 155; 5A7
Arbeitsteilung 94f., 115, 138
– männlich-weiblich s. Geschlechterrollen
– geistig-körperlich 93f.
– gesellschaftlich-persönlich 12f., 81; 7A7
Arbeitswerttheorie 145f.
Arendt, H. 215f., 217f., 221
Aristoteles 214
Armut 95, 102, 123, 131, 201f.
Arneson, R. 135, 136, 148, 151–155, 158f., 161f., 163ff.; 3A6, 5A4, 5A8, 5A11
Arthur, J. 119
Assimilierung 198f.
Atomismus 184, 187, 191, 213ff.; 6A7
Ausbeutung 124, 133, 135f., 144–156, 166ff., 230, 242, 248; 5A5, 5A6, 5A7
– Ungerechtigkeit 144f., 152f.; 5A7
– kapitalistische und sozialistische 151f.
Ausgleich 77f., 84–89, 128–131, 159; 3A7
– sprinzip (Rawls) 3A5
– s. auch Ausstattungs-Insensitivität
Ausstattung s. Begabung, natürliche; Nachteile, natürliche
Ausstattungs-Insensitivität (Dworkin) 80–91, 101, 132, 153f., 158f., 208f.; 3A7, 3A8

Australien 199
Autonomie 116ff., 119, 184f., 188, 190, 208, 212, 223f.; 6A7
- in der Fürsorgeethik 243–250; 7A20
- s. auch Selbstbestimmung

Baier, A. 227, 229, 230, 248f.
Baker, C. 140
Barmherziger Samariter s. Samariter
Barry, B. 71, 75, 70; 3A4, 3A5
Barry, N. 98; 4A4
Bedürfnisse 52, 69, 83f., 134f., 137, 141, 167f., 190, 218f., 228, 245f., 249
Bedürfnisgrundsatz 148f., 156–160; 5A9
Begabung, natürliche 61, 66, 73, 76ff.; 3A5, 5A9
- Ertrag 61ff., 76f., 86ff., 102f., 105, 109f., 122, 124f., 127, 135, 158f.; 3A8, 4A5, 6A6
- s. auch Nachteile, natürliche
Begriffe, abstrakte, und Verschiedenheit von Vorstellungen 53; 2A10
Behinderung s. Nachteile, natürliche
Beiner, R. 188
Belgien 199
Bellah, R. 6A13
Bemühung s. Anstrengung
Benhabib, S. 236ff.
Benn, S. 221, 223; 7A6, 7A8, 7A9
Bentham, J. 20, 39
Berlin, I. 178
Bertram, C. 5A6
Beseitigung von Ungerechtigkeit (Nozick) 100, 104, 112f.
Bildung 128f., 174, 198f.
Bindungen, persönliche 32f., 37f., 51, 162, 164, 177–184, 213f., 218f., 221, 225ff., 233ff.; 7A12, 7A17
- s. auch Vorstellungen vom Guten
Blum, L. 228, 234, 236, 238; 7A17
Bogart, L. 124
Brandt, R. B. 48, 52
Braverman, H. 94
Brenkert, G. 5A4, 5A10

Brink, D. 28, 37
Brittan, S. 4A1
Broome, J. 41
Broughton, J. 235, 238, 239
Brown, A. 163
Buchanan, A. 95, 135, 137–140; 5A2, 6A3, 6A13
Buchanan, J. 3A2
Bürgerliche Gesellschaft 186, 190f., 213–221, 7A6, 7A7, 7A8
Bürgerrechte 58, 99, 132, 187, 201, 213, 221; 5A1, 6A4
- s. auch politische Rechte
Bürokratisierung 6A9

Campbell, T. 160
Carens, J. 90, 133; 3A8, 5A9
Carey, G. 4A1
»Chamberlain, W.« (Nozick) 102–106, 127
Chancengleichheit 10, 52, 57–63, 68, 76, 78, 79f., 94, 102ff., 116f., 128, 132, 141f., 208, 212; 3A5, 5A9
Charakter 177f.
- und Fürsorgeethik 228–233
- und Utilitarismus 32f.
Charvet, J. 7A1
Christman, J. 120; 4A4
Clark, B. 95, 145; 5A9
Cohen, G. A. 108, 112, 117–121, 126, 136, 138, 142, 145–149, 151, 156, 163, 167; 3A6, 3A7, 4A3, 5A11
- s. auch Ausbeutung, Marxismus
Coltheart, D. 7A6
Connolly, W. 92f.
Constant, B. 213f.
Cragg, W. 185
Crocker, L. 5A9
Crowley, B. 180, 188f.

Daniels, N. 132; 3A5, 5A9, 6A2
Demokratie 12, 98f., 193; 7A18
Dick, J. 133
Dietz, M. 7A18
Diggs, B. J. 74
DiQuattro, A. 95, 132, 143; 3A8, 5A9

Diskriminierung
- Geschlechter- 149, 200–209, 228, 231, 250
- – Betrachtung der Unterschiede 202–209
- – der Machtverhältnisse 206–209; 7A3
- Rassen- 33f., 61, 129, 194f., 202f.

Dispositionen und Grundsätze 228–233, 234f., 245ff.; 7A18
Doppelt, G. 95, 161, 5A9
Dworkin, R. 9, 10f., 23, 45, 53, 61, 64f., 68, 80f., 82–97, 101, 109, 119, 121, 130, 132, 136, 151, 153, 158ff., 165, 170 173, 175, 185, 186f., 192, 196f., 199, 209; 2A4, 2A10, 4A2, 5A1, 5A9, 6A2, 6A4, 6A5, 6A6, 6A14, 7A19
Dylan, B. 18

Egalitäres Niveau (Dworkin) 10f., 20038; 2A10, 4A2
Egoismus 69; 4A
Egoistische Präferenzen 46–52, 70, 140f., 242f.
Ehe 178, 205f., 210f., 216f., 221ff.; 6A10
Ehebruch 24
Ehescheidung 204; 4A1
Ehrenreich, B. 94
Eichbaum, J. 222, 224
Eigentumsdemokratie 94f., 136, 143f.; 3A8
Eigentumsrechte 100–106, 111–125; 4A5
- kollektive 117f., 120–123, 133, 142ff., 160f.

Einwanderer 193
Eisenstein, Z. 208, 217; 7A6
Elshtain, J. 217; 7A6, 7A10
Elster, J. 122, 135, 156–159, 160, 162; 5A7, 5A9
Engels, F. 138, 143, 164
England 113, 123
English, J. 94; 7A4
Entfremdung 133, 159–168, 170; 7A7
Entscheidung
- im Unterschied zu gegebenen Verhältnissen 70f., 79–82, 88ff., 103, 128ff., 157f.; 3A8
- Freiheit der 128ff., 154, 169–175, 167–179, 187, 192f., 198, 209; 6A4
- – Wert 169–175, 176–179
- soziale Bestätigung der 70
- sozialer Kontext der 173f., 176–199
- Verantwortlichkeit für Folgen 48f., 79–83, 88–91, 128f., 154, 157f., 240–243, 245ff.; 3A6, 5A8, 6A4

Erbrecht 95f.
Erlebnisbezogenheit 23ff.; 2A3
Erlebnismaschine 20ff., 24
Evans, S. 211
Exdell, J. 120

Fahrlässigkeit 228f., 240
Falsches Bewußtsein 22, 190
Familie 51, 162ff., 180, 215–218; 4A1
- der Gerechtigkeit enthoben 8, 95f., 137, 139f., 209ff., 221–227, 229f.; 7A5, 7A9
- Geschlechterrollen in der 183, 201f., 203–206, 209ff., 215–218, 223–226, 229f., 242, 248f.; 7A2, 7A5, 7A6
- als Grundgegenstand der politischen Theorie 209f.; 7A4
- vom Mann beherrscht 201, 209f., 223; 7A2
- »Natürlichkeit« 201, 209f., 215f., 218f., 260; 7A2
- und Privatsphäre 221–225; 7A6
- Ungerechtigkeit in der 204ff., 211f., 221f., 224, 229f., 248f.

»Farbenblindheit« 202
Feinberg, J. 2A3, 6A8
Feminismus 7, 9, 14, 96f., 149, 195f., 200–250
- und Fürsorgeethik 225–250
- und Geschlechtsneutralität 200–209
- liberaler 200, 210, 212; 7A10
- und öffentliche und private Sphäre 209–225

Feudalismus 65, 215, 230
Flanagan, O. 229, 231, 239; 7A14
Flew, A. 130
Förderung(smaßnahmen) 60f., 92, 231; 5A8
– s. auch affirmatives Handeln
Frankreich 139
Französische Kanadier 198
Frauen
– kulturelle Abwertung 96, 211, 218ff., 226; 7A5
– Ausschluß aus dem öffentlichen Leben 149ff., 194f., 201, 209f., 215–218, 225f.
– spezifisches moralisches Denken 216f., 225ff.; 7A11
– Unterordnung 195f., 200, 206ff., 211, 221f., 224, 242f.; 7A11
– wirtschaftliche Schwäche 89, 242ff., 249
Freiheit 107, 124f., 133, 196f.
– antike und moderne 213f.
– als Grundwert 9, 11
– kommunitaristische Kritik 177–180
– Meinungs- 58, 174, 179, 187, 189f., 198, 219f., 249f.
– Religions- 173f.; 6A2
– Vereinigungs- 188–190, 198, 213f., 219f.
– – s. auch Vereinigungen
– Vertrags- 100
– s. auch Autonomie, Entscheidungsfreiheit
Freiheitsgrundsatz (Rawls) 57f., 132, 169, 174f., 209; 3A9
Freizeit s. Muße
Fried, C. 84, 122, 124
Friedman, M. 225f., 227, 232, 236, 242; 7A3
Frye, M. 207, 242
Fürsorge, Ethik der 13, 225–250
– und moralische Grundsätze 228–233, 234f., 245ff.; 7A18
– und Rechte und Pflichten (Verantwortlichkeiten) 238–249
– und Selbstverleugnung 242–246, 247f.; 7A20

Galston, W. 141; 6A7
Gaus, G. 221, 223; 7A6, 7A8, 7A9
Gauthier, D. 74; 3A2
Gaylin, W. 247
Gegenseitiger Vorteil 102,107; 3A2, 3A5 Ende
Gegenseitigkeit 230, 237, 243f.
Gemeinwohl, Politik des 175ff., 184f., 192–197, 199; 6A10
– s. auch Kommunitarismus
Geras, N. 135, 137, 142, 155, 156, 158; 5A4
Gerechtfertigte Ungleichheiten 56ff., 60f., 69f., 79–83, 91f., 129, 154
Gerechtigkeit
– als Fairness (Rawls) s. Unterschiedsprinzip
– und Familie 8, 95f., 137, 139f., 209–212, 221–227, 229f.; 7A5, 7A9
– und Fürsorgeethik 225–250
– marxistische Kritik der 134–142
– Motivation für die 69, 141f., 192f., 236f.
– öffentliche Anerkennung 193, 196f., 245ff.; 3A1
– als bloß symptomlindernde Tugend 133, 136–142
– heischende Verhältnisse 136–139
– Vorrang der 133, 139f.
Gerechtigksitssinn 69, 193, 201, 229f., 236f.; 5A9
Gerechtigkeitsvorstellung 53; 2A10
– allgemeine (Rawls) 56f.
– spezielle (Rawls) 57f.
– sollte nichts Unerträgliches verlangen 3A1
Geschlechterbeziehungen 164, 174, 176, 183f., 211, 224
Geschlechterdiskriminierung 149, 200–209, 229, 231, 250
– Betrachtung der Unterschiede 202–209
– der Machtverhältnisse 206–209; 7A3
Geschlechterrollen 8, 93f., 163, 183f., 194ff., 201, 203–211, 215–218,

223–226, 229f., 242, 248f.; 7A2, 7A5, 7A6
Geschlechtsneutralität 202–206
– s. auch Geschlechterdiskriminierung, Gleichstellung der Geschlechter
Geschmack, aufwendiger 48ff., 79–82, 88, 157f.; 6A4
Gesellschaftsvertrag 9, 59, 63–76, 77, 191, 209; 3A2, 3A4
– s. auch Hobbessche Vertragstheorie, Urzustand
Gesundheit 69, 76f., 83f., 100f., 248
Gewalt, sexuelle 195, 202, 211, 224
Gilligan, C. 226–240, 243; 7A11, 7A12, 7A14, 7A16, 7A17
– s. auch Fürsorge, Ethik der
Gintis, H. 95, 143; 5A9
Gleichbehandlung der Personen 10f., 39–53, 75, 79ff., 86f., 90f., 95, 101f., 107–110, 113ff., 119, 124ff., 130f., 134f., 157f., 174f., 192f., 233f., 238f.; 3A5, 4A2
– Entwürfe 47, 50, 65–69, 72–76, 83, 86, 108f., 236ff.
Gleichheit 12, 126, 196f., 208, 215f., 230f.
– des Einkommens 10f., 52, 58f., 79f., 85
– der Fähigkeiten (Sen) 3A7
– als gemeinsamer Grundwert 10f., 39f., 52f., 200; 2A10, 4A2
– der Güter 47–50, 57f., 82–95, 124ff., 132, 142ff., 150–153, 158, 164
– moralische 39–44, 49f., 52f., 65–68, 72–75, 83, 90, 105, 107, 110, 133ff., 142, 208, 215, 233–235; 5A
– – s. auch Gleichbehandlung
– als linker Wert 8f., 91
– des Wohlergehens 52, 80f., 157f.; 3A6
– s. auch Chancengleichheit, egalitäres Niveau
Gleichstellung der Geschlechter 8, 95f., 201–205, 211f., 231f., 250
Goodin, R. 46, 156; 2A10

Gordon, S. 2A8
Gott 17, 120, 173
Gould, C. 209f.
Gray, J. 178f.
Green, K. 209; 7A4, 7A6
Grenznutzen, abnehmender 48, 98
Greschner, D. 7A3
Grey, T. 224
Griffin, J. 21, 25, 40; 2A1, 2A2, 2A3
Grimshaw, J. 231ff., 242, 248; 7A11
Gross, E. 208
Grundfreiheiten (Rawls) 58
– s. auch Freiheit, Bürgerrechte
Grundgüter (Rawls) 56, 69f., 76ff., 175
– natürliche und gesellschaftliche 69, 76ff., 81; 3A5
Grundsätze und Dispositionen 228–233, 234ff., 245ff.; 7A18
Grundstruktur der Gesellschaft 16; 2A5
Gutes s. Vorstellungen vom
Gutmann, A. 96; 3A5, 5A9, 6A11

Häusliche Sphäre s. öffentliche und private Sphäre
Hampton, J. 238
Harding, S. 237, 240, 243; 7A11
Hare, R. M. 17, 24, 30, 36, 40, 44, 46–50, 52, 71, 74, 75, 238; 3A4
– s. auch »idealer Mitfühlender«, Utilitarismus
Harsanyi, J. 36, 40, 46
Hart, H. L. A. 54; 2A10
Haslett, D. 40
Hausarbeit 92, 205, 209ff., 215f., 218, 221f., 249f.
Hayek, F. A. 98f.
Hedonismus 20f., 26
Hegel, G. W. F. 216f.
Held, V. 232
Herzog, D. 197; 6A11
Hirsch, H. 195; 6A11
Hobbes, T. 64, 215; 3A2, 6A7
– Vertragstheorie 3A2, 3A5
Holmes, S. 175, 214
Holmstrom, N. 135, 146, 155; 5A5

Homosexualität 17f., 34, 167, 195f.;
   4A1, 6A10
Hospers, J. 52
Houston, B. 7A16

Ideal, persönliches s. Vorstellungen
   vom Guten
»Idealer Mitfühlender« 47–50, 74,
   234f., 238; 3A4
Identität, persönliche 130f., 180–183,
   188; 6A6
Indianer, nordamerikanische 113,
   194, 198f.
Individualität 173, 220f., 236f., 245
Information, unvollständige 88ff.
Intuitionen, durchdachte s.
   moralische Überzeugungen
Intuitionismus in der Gerechtigkeits-
   theorie 54–58, 75

Jackson, K. 229, 239; 7A14
Jaggar, A. 163, 171, 184, 200, 212, 247;
   7A1, 7A5
Jefferson, T. 143
Jesus 40

Kanada 198f.
Kant, I. 64, 66, 107, 140, 176, 216;
   5A2
Kapital s. Produktionsmittel
Kapitalismus 8f., 91, 94, 98–110,
   118f., 121–127
– Ausbeutung durch 144–156,
   166f.
– und Eigentumsdemokratie 94f.
– und Freiheit 8f., 91, 98f.
– Verteidigungen des 98f., 118, 121

Kategorischer Imperativ 233f.
Kearns, D. 7A4
Keat, R. 5A9
Kennedy, E. 217; 7A6
Kernohan, A. 117; 4A5
Kinder 101, 102, 129, 147, 150, 170,
   229f., 244f., 247ff.; 5A9
– Sorge für 129, 163, 203ff., 212,
   215f., 217f., 231f., 247–250; 7A10
– – s. auch Hausarbeit

Kittay, E. 7A7
Klasse 135f., 166f.; 5A4, 5A5
Knappheit 137ff., 158f.
Kohlberg, L. 227, 235, 237, 243
Kommunismus 10, 132–144, 156–168
– und Gerechtigkeit 133–142
– gesellschaftliches Leben im 133,
   136–140; 5A3
– Gleichheit im 10f., 133–136,
   142f.
– Überfluß im 135, 139, 156, 158f.
– s. auch Marxismus, Sozialismus
Kommunitarismus 8f., 137, 166–169,
   214, 219; 7A3
– Exklusivität 194ff.; 6A11
– und liberaler Individualismus
   169, 184–191
– und Persönlichkeit 176–184; 6A6
– und Neutralität des Staates 175f.,
   184–197
– s. auch Gemeinwohl, Politik des
Konflikt
– sozialer 136–139, 193; 6A12
– letzter Werte 8–11, 55
Konformität, soziale 194–197, 220f.
Konkreter anderer (Benhabib)
   236ff.
Konsens 65, 93, 107f., 116f., 122, 125,
   210, 215; 4A4
Konsequentialismus 17f., 26f., 33,
   35, 51
Konsum 161f., 165, 211
Kontextabhängigkeit 227, 230–233,
   237f., 243–247
Kooperation s. Zusammenarbeit
Krouse, R. 92, 94f.; 3A8
Kultur
– als Marktgeschehen 185ff., 190f.,
   221; 6A2, 6A11
– Schutz der 185ff.
Kulturelle Praktiken s. soziale Rollen

Ladenson, R. 178
Larmore, C. 21; 2A3, 2A10, 6A4,
   6A6
Lebenschance, faire (Mackie) 47f.,
   52, 60, 104, 105
Lebensform, gemeinsame 192

Lebensplan s. Vorstellungen vom Guten
Legitimität des Staates 191–197; 6A9, 6A12
Leistungsgrundsatz 134f.
Levine, A. 158; 5A9
Liberalismus 8, 14, 54–97, 160
- und Entscheidungsfreiheit 58, 128ff., 169–175, 176–179, 187f., 191ff., 197, 209; 6A4
- und Familie 95f., 208–212, 215ff., 224f.; 7A2, 7A4, 7A5, 7A6, 7A10
- Gleichheitsvorstellung 83, 91–97, 100ff., 108ff., 121, 128ff., 132f., 135f., 142f., 153, 157ff., 168, 208f., 212; 7A3
- und Neutralität des Staates 174ff., 184–193, 196f., 199; 6A4, 6A7, 6A12
- und öffentliche und private Sphäre 213–225; 7A5, 7A6
- und Persönlichkeit 169–175, 176–184
- Reformforderungen des 92–97, 136, 208f., 212; 3A9
- und Wohlfahrtsstaat 8, 91–97, 124f.
- Zweiteilung 92f.
Libertarismus 9, 10, 14, 91, 98–127, 128–131, 132, 147, 238; 5A6, 7A3
- und liberale Gleichheit 101–110, 119f., 121–125, 128ff.
- und Lockesche Bedingung 113–121
- und Eigentumsrechte 100–106, 111–126; 4A5
- und Selbsteigentum 102–127, 147; 4A5
Liebe 21, 164, 216, 221; 7A14
- und Gerechtigkeit 137–142, 236
Lindblom, C. 156
Locke, J. 64ff., 113f., 120, 212, 215; 4A4, 6A2, 6A7, 7A2, 7A8
Lockesche Bedingung (Nozick) 113–121
Lomasky, L. 21; 2A3, 6A2
Lotterie der Natur 62f., 73, 86; 6A6
Lukes, S. 137, 138, 159; 5A10

Lyons, D. 36, 113

Macedo, S. 6A8, 6A13
MacIntyre, A. 176f.; 6A6
Mackie, J. 46ff., 52, 60, 104; 2A8
MacKinnon, C. 195, 202–208, 220, 221, 224; 7A3
- s. auch Diskriminierung, Geschlechter-; Feminismus
Macpherson, C. B. 132, 143
MacPherson, M. 92, 95; 3A8
»Malestream«-Theoretiker 207f.
Mapel, D. 90; 2A10, 3A5
Markt
- Effizienz 98
- freier 8, 98–106, 110, 115, 125, 159; 4A1
- s. auch Eigentumsrechte, Libertarismus
Marktsozialismus 95
Martin, R. 3A5
Marx, K. 10, 134–139, 142f., 149f., 154, 156–160, 162ff., 213, 215; 5A2, 5A3, 5A4, 5A9, 5A10, 5A11, 7A5, 7A7
Marxismus 14, 22, 91, 132–168
- und Ausbeutung 144–156, 166ff.; 5A5, 5A6, 5A7
- und Bedürfnisse 148, 156–161; 5A9
- und Entfremdung 159–168, 170; 7A7
- und Gerechtigkeit 133–142
- – liberale 132f., 135f., 142ff., 151, 153, 157ff., 160, 165, 168; 5A1
- s. auch Kommunismus, Sozialismus
Maximin (Rawls) 70f., 77
McPherson, M. s. MacPherson, M.
Mehrwert 145–156
Mendus, S. 216; 7A6
Menschenfreundlichkeit s. Wohlwollen
Menschenrechte 36, 99
Meyers, S. 235, 236, 238; 7A11, 7A17
Michelman, F. 3A5
Midgley, M. 162f.
Mildtätigkeit 3A5

Mill, J. St. 40, 94, 123, 173, 178, 187, 197, 210f., 216; 3A8, 7A5
Miller, D. 159
Miller, R. 134; 5A4
Minderheitenrechte 198f.; 6A14
Minimalstaat 100f.
Moore, G. E. 43
Moralische Erziehung 228ff.; 7A14
Moralische Gleichheit 39–44, 50, 52f., 65–68, 72ff., 83, 90, 105, 107, 109, 133ff., 142, 208, 215, 234; 5A2
– s. auch Gleichbehandlung der Personen
»Moralische Mehrheit« 195
Moralische Überzeugungen, Berufung auf 13f., 17ff., 38, 43, 51ff., 54ff., 61f., 72–76, 90f., 102–105
– s. auch Intuitionismus; Überlegungsgleichgewicht
Moralische Unbegründetheit von Ungleichheiten 60ff., 76ff., 83, 87, 90f., 104, 159
– s. auch Ausstattungs-Insensitivität; Ungleichheit, unverdiente
Moralischer Gesichtspunkt 39f., 60ff.
Moralischer Konflikt s. Konflikt letzter Werte
Moralphilosophie 12ff.
Mütterliches Denken (Ruddick) 249; 7A18
Murdoch, I. 231
Murphy, J. 5A10
Muße 80, 86f., 154, 156, 161, 164f., 171, 211, 249; 5A8, 5A11

Nachteile
– natürliche 61ff., 66f., 73, 101–106, 124, 134f.
– – Ausgleich für 61ff., 76–91, 101, 104ff., 109, 121f., 127, 128, 130f., 151f., 154, 157, 159; 3A5, 3A6, 3A7, 3A8, 5A5, 5A6, 6A2
– gesellschaftliche 60–63, 101f., 201–209
– – Ausgleich für 61ff., 77f., 80, 87, 90, 92–96, 101, 124f., 128–131, 152, 207ff.
– s. auch Ausgleich
Nagel, T. 10, 41, 101; 7A17
Narveson, J. 87
Nationalstaat 198f.; 6A14
Natürliche Gleichheit 65f., 73, 201, 209; 7A2
Natürliche Rechte 7
Natürliche Ressourcen 100f., 108f., 144
– Aneignung 100f., 111–121, 154f.; 4A3, 4A4
– gleiche Rechte auf 119ff.
Natur und Kultur 218f.; 7A5
Naturzustand 63–67; 3A2, 7A2
Neidkriterium (Dworkin) 83, 87–90, 154, 165; 3A6, 5A9
Neokonservativismus 50
Neue Rechte, die 50
Neuseeland 199
Neutralität des Staates 174ff., 184–193, 195ff., 199; 6A4, 6A7, 6A12
– s. auch Liberalismus, Perfektionismus
Nicholson, L. 7A6, 7A10
Nielsen, K. 132, 143; 4A2, 5A4, 5A9, 5A11
Nietzsche, F. 42, 177, 216
Noddings, N. 231, 243
Nove, A. 138, 159
Nozick, R. 7, 10, 12, 20f., 29, 100–127, 130, 155, 174; 2A8, 5A2, 6A7
– s. auch Libertarismus, Selbsteigentum
Nunner-Winkler, G. 227
Nutzen
– Definition 19–26
– Schwierigkeiten der Messung 24f.
Nye, A. 7A1

Oakeshott, M. 7A18
Objektive Unfairness 240–248; 7A15
Objektivität 246f.; 7A13
O'Brien, M. 163, 207
Öffentliche und private Sphäre 209–225

- öffentliche und häusliche Sphäre 9, 215–218, 221–225, 240f., 246f., 249f.; 7A5, 7A6, 7A7, 7A9, 7A10
- soziale und persönliche Sphäre 220–225; 7A8
- Staat und Gesellschaft 213–221; 7A6, 7A7, 7A8

Öffentlichkeit 3A1, 7A18
Okin, S. 96, 201, 204f., 209, 211, 216, 217, 229f., 235, 237, 239; 7A2, 7A3, 7A4, 7A5, 7A11, 7A12
Olsen, F. 7A7

Parekh, B. 3A1
Parfit, D. 41; 2A2, 2A3
Pateman, C. 209, 212, 215, 217, 226; 7A6, 7A7
Pater familias 223; 7A9
Paternalismus 117, 119, 138, 170f., 173; 6A1
Perfektionismus 160–165, 169ff., 173–176, 185–189; 5A10, 5A11, 6A2, 6A8, 6A11, 6A12
Persönliche Beziehungen, besondere s. Bindungen, persönliche
Persönliche Identität 130, 180–184, 188; 6A6
Pogge, T. 3A5, 3A9
Politische Legitimität 191–197; 6A9, 6A12
Politische Philosophie, Methode der 12–15, 52f., 54ff., 75f., 230–233
Politische Rechte [Mehrzahl von Recht] 58f., 99, 132, 201, 213ff.; 5A9
- s. auch Bürgerrechte
Pornographie 195f., 219f.
Präferenzen 22–26, 119, 175, 237f.
- aufwendige 49f., 79–82, 88, 157f.; 6A4
- egoistische 46–52, 70, 140, 242f.
- Erlebnisbezogenheit 24f.; 2A3
- fremdbezogene 45f., 195f.
- persönliche (nicht fremdbezogene) 45f.
- von Toten 25; 2A3

- unberechtigte 33–38, 45–51, 70, 175f.
Privateigentum, Aufhebung des 142ff., 159ff.
Privatsphäre 220–225, 250; 7A8
- Recht auf 212, 221–224; 7A9
Produktionsmittel 112, 133, 135f., 148–151, 154; 5A8
- Vergesellschaftung der 133, 143f., 155f., 160f.; 5A11
Profit 145, 161

Radcliffe Richards, J. 204f.
Railton, P. 37; 2A6
Raphael, D. D. 52
Rassendiskriminierung 33f., 61, 129, 194f., 202f.
Rationale Entscheidung 69ff., 74f., 76f.
Rawls, J. 9, 13, 16, 34, 40ff., 50, 54–83, 85, 90f., 93ff., 101, 103–109, 112, 119ff., 125, 128f., 132f., 136, 141, 142ff., 151, 153, 155, 157, 169, 172, 174ff., 181f., 185–189, 192f., 197, 209, 214, 237f., 242f., 246f.; 2A5, 2A8, 4A2, 5A1, 5A2, 5A8, 5A9, 6A2, 6A3, 6A4, 6A6, 6A7, 6A12, 6A14, 7A13, 7A19
- s. auch Liberalismus, Unterschiedsprinzip
Raz, J. 24, 172, 186; 2A10, 6A2, 6A4, 6A12
Reagan, R. 4A1
Rechte [Mehrzahl von Recht]
- Begriff 107f., 135–142, 192f.
- »unnachgiebige« 139f.
- und Utilitarismus 34ff., 51ff., 54, 59, 70, 108
- und Verantwortlichkeiten (Pflichten) 227, 228, 233, 238–242
- s. auch Bürgerrechte, politische Rechte
Regeln 35f., 231f., 243–247
Reiman, J. 135, 146f., 152; 5A5
Religion 17, 21, 163, 173, 176, 180, 183, 215, 216; 6A2
Rescher, N. 52; 2A1

Rich, A. 218
Risikoscheu 70f., 154ff.; 5A8
Roemer, J. 90, 149, 150–155, 158, 164, 166, 167; 3A6, 5A6, 5A7, 5A8
- s. auch Ausbeutung, Marxismus
Rollen s. soziale Rollen
Romantik 212, 220f.; 7A8
Rorty, R. 181
Rosenblum, N. 213, 221; 6A11, 7A8
Ross, W. D. 32
Rousseau, J.-J. 64ff., 217
Ruddick, S. 231, 232, 235, 243, 249; 7A12, 7A20

Samariter, barmherziger 2A9, 7A15
Sandel, M. 139, 175, 180–183, 194ff.; 6A6, 6A8, 6A10
- s. auch Gemeinwohl, Politik des; Kommunitarismus
Sartorius, R. 30f.
Scanlon, T. 74f., 189f.; 5A8
Schleier des Nichtwissens (Rawls) 66–71, 73f., 85, 122, 237
Schneider, E. 206, 221; 7A9
Schwangerschaftsunterbrechung 4A1
Schwartz, A. 161; 5A11
Schwartz, N. 214
Schwarzschild, M. 3A6
Schweickart, D. 143
Schweiz 199
Selbstachtung 129; 5A9
Selbständigkeit der Personen 107, 124; 2A8, 6A7
Selbstbestimmung 122–127, 128, 132, 156, 169–175, 176–179, 183–186, 190f., 198f., 201
Selbsteigentum 101, 104, 107–127, 147ff., 151, 167f.; 4A5
- formales und konkretes (Selbstbestimmung) 122–127, 132
- als Grundlage des Sacheigentums 107–126; 4A5
Sen, A. 3A5, 3A7
Sexuelle Gewalt 195, 201, 211, 224
Sher, G. 231, 235, 236, 238, 239
Singer, P. 40
Skeptizismus 171

Sklaverei 13, 108f., 122, 123, 126
Smart, J. J. C. 20
Smith, A. 216
Smith, M. 2A7
Smith, R. 6A5
Sommers, C. 230
Soziale Konformität 194ff., 220f.
Soziale Rollen 93f., 176f., 183f., 194ff., 203–211, 215–218, 225, 229, 248f.; 7A3, 7A8
Sozialismus 8, 9, 22, 95, 96f., 132, 143, 155, 160f., 163
Sozialthese (Taylor) 184f., 191, 197, 199; 6A7
Staat s. Minimalstaat, Nationalstaat, Wohlfahrtsstaat
Stabilität 99, 219, 223; 3A1
Steiner, H. 119, 120; 4A4
Sterba, J. 91
Steuern 79f., 85, 87–91, 92ff., 98–101, 104ff., 116f., 124f., 135f., 147f., 186; 3A8
- s. auch Umverteilung des Einkommens, Wohlfahrtsstaat
Stiehm J. 7A4
Stocker, M. 229
Stout, J. 6A13
Subjektive Verletztheit 240–248
Sullivan, W. 171 188, 199; 6A8
Sympathie 74, 210, 229, 231f., 234f.

Taub, N. 206, 221; 7A9
Taylor, C. 175, 176, 177–180, 184–187, 192–195; 6A6, 6A7, 6A9
- s. auch Kommunitarismus, Sozialthese
Technisierung des Menschlichen 128, 130
Teleologie 40–44; 6A4
Thatcher, M. 41
Toleranz 13, 190f., 192f., 198f.
Tong, R. 7A1
Tronto, J. 228, 230, 233f., 236, 246; 7A11, 7A16
Tyrannei 98f.

Überfluß 135, 138f., 156, 159

Überlegungsgleichgewicht (Rawls) 75
Übertragungsgrundsatz (Nozick) 100, 102–106, 111 ff., 115
- s. auch Markt, freier
Umverteilung
- des Einkommens 80, 85–89, 92 ff., 98 f., 102–106, 109 f., 116, 121, 124 f., 135 f., 143; 3A8
- des Vermögens 92, 94 f., 112 f., 135 f.; 3A8
Unger, R. 171
Ungerechtigkeit, Beseitigung von (Nozick) 100, 104, 112 f.
Ungleichheiten
- gerechtfertigte 56 ff., 60 f., 69 f., 80–93, 91 f., 129, 154
- unverdiente 60 ff., 66 f., 73, 76–95, 101–106, 109, 124 f., 127, 128 ff., 152, 154 f., 209; 3A5, 3A6, 3A7, 3A8, 6A6
- s. auch Absichts-Sensitivität, Ausstattungs-Insensivität, moralische Unbegründetheit
UNICEF 31
Unparteilichkeit 17, 69, 73 f., 75 f., 225 f., 234 ff.; 7A6, 7A12, 7A13
- Kritik durch die Fürsorgeethik 233–237; 7A13, 7A17
Unterschiedsprinzip (Rawls) 56–63, 68, 71, 76–82, 90 f., 103 ff., 112, 119 f., 132, 142 ff.; 5A1
- Ausgleich für Nachteile 61 ff., 76–83, 90 f., 105 f., 109 f., 120 f., 127, 209
- und Chancengleichheit 59–63, 78, 90
- und Gütergleichheit 90 f.; 3A8
- und Gleichheit des Wohlergehens 81
- und Maximin-Strategie 70 f., 77
- und Sozialismus 132, 142 ff., 153
- und Utilitarismus 57 ff., 90
Unvergleichbarkeit von Werten 25
Unvollständige Information 88 ff.
Ureinwohnersprachen 198 f.
Urzustand (Rawls) 59, 63–77, 85, 95, 209, 237; 3A2, 3A3

- und »idealer Mitfühlender« 74 f., 237 f.; 3A4
- feministische Kritik an 95 f., 237 f.; 7A13
- als Konkretisierung der Gleichheit 65–68, 72–75, 108 f., 237 f.
- s. auch Gesellschaftsvertrag, Unterschiedsprinzip
USA 20, 129, 199, 221 ff.
- Oberstes Gericht 129, 221 ff.
Utilitarismus 9, 11, 14, 16–53, 75, 90 f., 98, 107 f., 110, 235, 237, 245 f.; 5A10
- direkter und indirekter 28, 36 ff., 45, 51 f.; 2A6, 2A7
- als Konkretisierung der Gleichheit 39–53, 90, 107
- und Güterverteilung 47–50, 98 f.
- Handlungs- und Regel- 35 ff.; 2A6
- Implausibilität 28–39, 44–53, 54, 75
- Nutzen
- – Definition 19–26
- – Schwierigkeiten der Messung 24 ff.
- und besondere persönliche Beziehungen 13, 28–33, 35 ff., 51, 245 f.
- und Rechte [Mehrzahl von Recht] 34–37, 51 ff., 70, 108
- Stärken 17 ff., 43, 51, 90
- als teleologische Theorie 40–44; 2A8
- umfassender und politischer 13, 16, 27 f.; 2A5
- und unberechtigte Präferenzen 33–38, 45–52, 70

Van der Veen, R. 104
Van Dyke, V. 6A14
Van Parijs, P. 104
Varian, H. 90
Verantwortlichkeit
- für die Folgen eigener Entscheidungen 49–53, 79–83, 88 ff., 240 f., 245 f.

- in der Fürsorgeethik 233ff., 238–242
- individuelle und soziale 13f., 80f.; 7A6

Vereinigungen 185f., 188f., 213f., 221

Verhandlungsgewicht, Verhandlungsmacht 66f., 93f., 143f.; 3A2
- s. auch Hobbessche Vertragstheorie

Verpflichtungen gegenüber Einzelpersonen 13, 28–33, 35–38, 51, 218f., 227, 233–237; 7A12, 7A17
- Samariter- 2A9, 7A15

Versicherungsmodell (Dworkin) 85–91, 109, 159; 3A6, 3A7

Versklavung der Fähigen 86f.; 5A9

Versprechen (Zusicherung) 28–32, 35ff.

Versteigerung (Dworkin) 82–87, 90ff., 95, 158

Vertragliche Einigung 9, 63ff., 68, 122
- s. auch Gesellschaftsvertrag, Vertragsfreiheit

Vogel, U. 4A4

Vorhersehbarkeit von Verpflichtungen 244ff., 249

Vorstellungen vom Guten 68f., 107f., 116f.
- Freiheit zur Verwirklichung 116f., 123–127, 161–165, 169–176, 177ff., 192f., 243–249; 7A6, 7A17, 7A20
- gemeinsame 136ff., 175f., 180, 188–196, 213f.; 7A6
- und Grundgüter 68f., 174f.
- konstitutiv für die Persönlichkeit 180–184
- und kulturelle Praktiken 173f., 175ff., 179f., 184–191, 194–197, 205–208, 220f., 242f., 248f.; 6A5, 6A8, 6A10, 6A11, 6A12
- öffentliche Bewertung 175f., 185–191, 192f.; 6A12
- Revidierbarkeit 23ff., 172–175, 176–183; 6A3

- unzulässige 50, 175f.
- Verantwortlichkeit für 49f., 79–83, 88–91, 128f., 154, 157f., 240ff., 245ff.; 3A6, 5A8, 6A4
- Verschiedenheit 68f., 136f., 185–188, 191–197

Vorstellungen und abstrakte Begriffe 53; 2A10

Vorurteil 34ff., 45, 129

Waldron, J. 68f., 186; 6A2
Walzer, M. 6A13
Weale, A. 143, 156
Weiblichkeit 205, 211
Weitzman, L. 202
Wendell, S. 7A10
Werte, gemeinsame s. Vorstellungen vom Guten, gemeinsame
Wertvorstellungen, Beachtung der (Dworkin) 173f.; 6A2, 6A5
Williams, B. 17, 30, 32f., 36, 40, 130, 245; 2A7, 6A5, 7A17
Wilson, L. 233, 244; 7A16, 7A20
Wohlergehen, Wohlfahrt s. Nutzen
Wohlfahrtsstaat 8, 91–97, 98, 124f., 146f., 156, 192; 3A8, 4A1, 5A6
- als Kompromiß zwischen Freiheit und Gleichheit 8, 91f.

Wohlwollen 32, 69, 236f., 239f.; 3A5
Wolff., R. P. 95, 135; 7A10
Wolgast, E. 184
Wolin, S. 214
Wollstonecraft, M. 226
Wood, A. 134f., 156; 5A4
Woolf, V. 224
Wünsche s. Präferenzen
Würde 107f., 124f., 202

Young, I. 135, 218f., 246; 7A13

Zeitpräferenz 24
Zukünftige Generationen 41, 186f.
Zusammenarbeit 35, 59, 62, 108, 160f., 215
Zwang 12, 110, 215, 219f.